德国
法律精神与司法现实

The Spirit and Practice of the German Laws

钱跃君 著

社会科学文献出版社
SOCIAL SCIENCES ACADEMIC PRESS (CHINA)

目录 CONTENTS

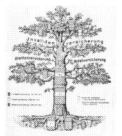

第一篇 法律与文化

002 法律与正义
　　社会公正的理想与现实

013 人的尊严不可侵犯
　　德国宪法开篇第一句

033 从专制国到法制国
　　普鲁士历史上的几场著名公案

048 法制国漫谈
　　社会良性发展的基础

065 社会国漫谈
　　建立有人性的法制社会

086 古罗马法与古日耳曼法的结晶
　　从古罗马法看德国法律精神与司法原则

101 法律解释与法律延伸
　　司法的基本原则与思路

116 法律漏洞漫谈
　　制定法无可避免各种法律漏洞

第二篇　法律与经济

- **136**　市场经济与良性竞争
  　　漫谈反恶性竞争法 UWG
- **152**　知识产权是技术进步的动力
  　　漫谈知识产权的法律保护
- **164**　美观新设计的知识产权
- **178**　商标法漫谈
- **196**　音乐界的匪警
  　　音乐作品的版权问题
- **210**　网络世界的法律问题
- **226**　退出合同的法律问题
- **234**　网上订购的退货问题
- **246**　合同高于民法
  　　退出合同的法律问题
- **256**　天有不测风云
  　　情况变化而退出合同
- **265**　三方大战：险中求胜的运土诉讼案

第三篇　法律与社会

- **276**　刑法原则与刑法论证
- **292**　复仇·惩罚·教育
  　　漫谈对犯罪者的惩罚
- **300**　抗议文化与法制国底线
  　　漫谈集会自由与社会秩序
- **310**　手术是成功的，但病人死了
  　　医疗事故的法律赔偿问题
- **320**　父母要赔偿孩子引起的损失
  　　儿童的风险责任
- **329**　法律纠纷中的书信往来
- **338**　超越道德底线的暴利
  　　发生在巴黎的律师费风波

第一篇

法律与文化

法律与正义

社会公正的理想与现实

一、法制国也无法避免冤假错案,因为冤假错案源于各种不可避免的局限,法制只是要在制度上尽量减少冤假错案的产生。

二、法制追求的是正义,指导人们从善。但正义本身是多样的,各个正义原则之间还会产生冲突,实现了一种正义往往会伤害另一种正义。

三、经济领域的法制就是合理的利益分配,但分配的同时还要考虑现实,兼顾贫富之间的利益平衡。

四、合理的司法是以事实为依据,但法庭上事实并不清晰。刑法要求不惜代价地搞清事实真相,而民法上只根据双方的陈述来推测事实真相。

五、三级法院各自任务不同:初级法院收集双方陈述,以此判断事实并做判决;二级法院不征集事实资料,只审核初级法院根据这些资料而做的判决是否合理;三级法院不判断前面法院判决是否合理,只审核前面法院对法律本身的解释是否正确。

无论是民主国家还是专制国家,只要实现了真正的法制,所有刑法都只是传统道德与社会良知的积累。你不用知道刑法上怎么写,仅仅凭你的良知就应当知道,你的行为是否犯罪,刑法只是限制对这一犯罪行为的最高惩罚额度,以防止惩罚过重——刑法旨在惩罚犯罪,但具体的刑法条款却是在保护犯罪者的基本权利。所有民法只是人与人之间交往的规范化。你不用知道民法上怎么写，事实上没有一位德国律师、法官和政治家通读过洋洋万言的德国民法典（共1921款）。你只要静心想一想，如何在经济交往中避免或减少不必要的纠纷，就应当能够想象，民法上会怎么规范。只是对懒于思考或没有精力思考的人，可以通过民法来了解这个国家的老百姓是怎样小心翼翼地与人经济交往的。法官不能因为你不懂法甚至都不认字，就可以对你多一分惩罚——那就不再是法制国。

法制国的冤假错案

经常遇到朋友到我这里诉苦，明明是别人欺骗了他，告到法庭他居然败诉。谦虚一点的自叹倒霉，埋怨德国法院太不公平；愤青一点的埋怨德国法官欺负外国人。我没有读过原始案卷，不能轻易下结论。而当我阅读完全部案卷后，发现案卷中的实际情况并不是这位朋友口述的那样，其实对方也感到很冤。当然，我遇到更多的情况是，我也认为这是一场冤案，所以完全理解这位朋友的苦衷。但我又认为，法官并没有判错，如果我是法官，也会这样判。有人自叹不懂德国法律才遇到这样的冤案，但不完全如此。法官主持的是公正或正义（gerechtigkeit/justice），而不是维护法律（gesetz/law）。

其实，这里出现的问题既不在法制，更不在法律，而在于现实中法庭审案所无法避免的局限。这种局限可以出于人们对正义的理解、对事实的澄清，甚至出于国家的财政限制。就像牛顿力学（法律）没有错，科学思想（法制）也没有错，但还是出现火车头尾相撞、卫星刚发射上天就爆炸等技术事故，不能因此归罪于牛顿力学。古希腊哲学家亚里士多德看到：这里的困难在于，尽管法是合理的，但成文的法律却可能有偏差，因为法律是针对普遍情况的，对个别情况却可能不合理，需要在个案中给予修正。但尽管如此，有法律总要比没有法律好。

法律与正义

法制文化源远流长，可追溯到古希腊的哲学巨匠们。柏拉图认为，社会公正是人类社会永恒不变的道德核心，是人的灵魂的一个部分。他的学生亚里士多德及中世纪神学奠基人托马斯·阿奎那，提出了比较现实可行的观点：社会公正不仅是人的美德，也是人与人之间交往所应持有的规则。人与人通过社会分工、共同相处而形成人类社会，法律是这个社会自然形成的共识，每个社会成员都应当依循。

第一篇 法律与文化

社会在发展，人与人交往的形式和内容都在发生变化，所以，法律或法制也要随着社会的变迁而变化。但亚里士多德明确指出，法律或法制不能任意变化，国无常法何以取信于民，法律始终要以"公正"为准绳。为此，柏拉图、亚里士多德等花了最多篇幅，不是讨论"法律"，而是讨论"公正"或"正义"。古罗马时代已经有专门的法学者与学生，古罗马五大法学家之一的 Ulpian 说："如果谁要学习法学，首先要知道，'法（ius/Recht）'这个词的来源，它是由'正义（iustitia/gerechtigkeit）'这个词来命名的。就如 Celsus 说的，法是善与正义的艺术。……我们服务于正义，也教授学生善与正义的学问，以区分非正义。……我们不是通过法律致力于让人们害怕受到惩罚，而是鼓励人们从善。"（《法学阶梯》Ulp.D.1，1，1）

正义是一种社会秩序，这种社会秩序是依靠社会共同体即国家来体现和维护的。古罗马法学家西塞罗甚至直言，"人民的幸福就是最高的法"，西塞罗（Marcus Tullius Cicero，公元前 106~前 43）的《De Legibus》(book III, part III, sub. VIII) 中的名句"Salus populi suprema lex esto"。因为共和国就是由人民组成的——"共和国"的拉丁原文 res populica，直译就是"人民的事业"。随着古罗马帝国疆域的扩大，国家行政体系逐步完善，成文法被加强，法学家们有意识地以社会正义的理念来建立社会秩序。亚里士多德在《尼各马可伦理学》中说："为此，我们不能让某个人来统治，而要让法律来统治。"即不能搞人治，而要搞法治，法治是实现社会公正的途径，而不是相反。

古罗马皇帝查士丁尼（527~565）在推出让他名垂青史、今日世界各国法律的母体《查士丁尼法典》时，明确表示了古罗马法的立法宗旨："所谓的法律就是：（保障国民）有尊严地生活，不侵害他人，维护属于他自己的（财产）。"该言源自乌尔比安对个人状态的界定，后被查士丁尼写进《法学阶梯》第一卷第一篇第 3 条："法律的基本原则是：为人诚实，不损害别人，给予每个人他应得的部分。"由此可见，如果一部法律不是在于维护人的尊严和财产，那不仅是一部恶法，而且根本不能称之为法。中世纪教父学创始人圣·奥古斯丁在他的《上帝之城》中说："一个没有社会正义的国家，无异于一个大的强盗团伙。"这种法制黑暗现象，在德国纳粹时期表现得尤为显著，法律（如纽伦堡法）成为剥夺犹太人财产与生命的手段。纳粹镇压政治异己者，制造社会黑色恐怖，都是以"法律"或"人民"的名义。所以，不要一听到"依法治国"就以为是好事，要看一下，依的是正义之法（善法）还是非正义之法（恶法）。

正义原则的多样及其冲突

亚里士多德将公正划分为"普遍公正"和人与人之间的"交往公正"两大类型。

东西方文化中最古老、最经典的"交往公正",就是做人的黄金准则(Goldene Regel/Golden Rule):己所不欲,勿施于人——最早出现在3000年前的古埃及文化和犹太教中,此后的中国、印度、古希腊、基督教等文化都以不同的方式表达了同样的意思。传统的刑法理念是"以眼还眼、以牙还牙",以对方同样的手段来报复与惩罚对方。而黄金准则刚好相反,设身处地为他人着想,主动放弃那些损害他人的手段。而且这与康德的"绝对命令"(Imperativ)也不一样,不是出于社会对个体的强制要求,而是将心比心,从一个个体想到另一个个体。其表达得如此形象具体和通俗易懂,被誉为活在民间的人类道德的核心。

图1 古希腊哲学家亚里士多德

两千多年下来,在学术研究与法庭实践中,人们就不同的生活领域以不同的视角,建立起一系列更为具体的公正原则,例如以下所示。

合同原则:双方事先约定了就必须双方遵守,双方兑现。

贡献原则:谁对社会做出的贡献多,就应当从社会获得的回报多,即**多劳多得原则**。

平等原则:法律面前人人平等,但不强求竞争之后的结果平等。现代法制国原则又将之引申为:同样的情况要平等地对待,不同样的情况要不平等地对待。

机会平等原则:特殊情况下,可以采取抽签或抽奖中彩形式,但要保障抽签人的胜负机会均等,不得有人作弊。

需求原则:不同的人有不同的需求,如老人、儿童、妇女、病者、穷者、工人、农民。如果社会有一定的经济资源或法律权利,就应当根据人们的实际需求进行合理分配。

发展原则:人人都有权利施展自己之长,争取自己所需,不能因为人的出身、种族、信仰等原因而受到限制。

持续原则：人的消费不得超出自然界所能再生产的物质程度，即现代环保原则……

正义是一种价值判断，价值判断就与人的观念联系在一起。从哲学角度来说，正义概念本身是建立在人有理性的假设之上，所以尼采会怀疑能否明确定义"正义"，因为人其实并不完全按照理性做事，很多时候是按照感情行事。许多朋友因为太重感情而做了非理性的事，例如，朋友之间不好启口去签署"伤感情"的书面合同。但过后发生了纠纷，法官只能按照理性所建立的正义原则来判决，这让许多人在感情上很难接受。因为事实上，你所谓的"朋友"就是在利益面前无情地出卖了你。

人的观念有时间性，随着社会的变化而变化，昨天认为正义的，今天不一定；人的观念又有文化性，在中国认为是正义的，在欧洲不一定。于是，不同的人有不同的价值观，就会形成不同的正义观。法官也是人，他的正义观取决于他的人生观，不同法官做出不同的判决结果，就很自然了。

尽管人与人、民族与民族千差万别，但在任何社会都有许多被人们普遍接受、比较成熟的观念。法官受社会委托进行司法，就必须根据这些普遍观念（所谓的基本原则）来判决。麻烦的是，现实社会发生的事千姿百态，对同样一件事，从不同视角，根据不同的正义原则又可能得出完全不同的结论，甚至相互矛盾。

图2 《圣经》中葡萄山的故事

实例1:《新约·马太福音20》中耶稣讲了一个故事:一个葡萄园主一早雇人来干活,说好干到收工时发一钱银子。然后他到下午12点、15点、18点又分别雇人来干活,也说好干到收工时给一钱银子。收工时排队发工资,晚来的还排在前面。早来的干了一整天得到一钱银子,晚来的干了一小时也得到一钱银子。早到者心里不高兴,因为这太不公平了。葡萄园主就对早来的人说:我没有亏待你呀,当时与你说好干一天拿一钱银子,现在确实给了你一钱银子。

这个故事的社会意义是按需分配原则,当时一个家庭每天有一钱银子就足以生活,所以每位劳动者都获得一钱银子,劳动仅仅为了生活,"共产主义"的拉丁文原词communis(共同的)就是13世纪的基督教社团。该故事的宗教意义是:无论早信还是晚信上帝,都能获得上帝同等的恩泽。如果不考虑社会含义或宗教含义,这里就涉及上述"合同原则"与"贡献原则"之间的冲突:葡萄园主按照事先双方的约定来支付工资,从合同原则来说是正义的,早来者无可妒忌后来者;但早来与晚来获得同样的工资,显然违背贡献原则,多干的与少干的获得同样的报酬,缺乏正义,所以引发矛盾。只是,合同原则是绝对的,之前怎么说好,过后必须兑现,这也是法制的基础;而贡献原则是相对的,只有与他人的比较中才能体现。无论对人还是司法,都要尽量做到合情、合理、合法,葡萄园主的做法是合法的(合同原则),却不合理(贡献原则)。如果这样的争议提到法庭,法庭无法判葡萄园主败诉,尽管谁都知道,如果他在确定工资时略微考虑工作时间的长短,就会更加体现正义,从而减少矛盾。

正义原则必须落实在具体的法制体系中,即颁布符合正义的法律,进行符合正义的司法。两德统一前的东德民众追求正义(gerechtigkeit/justice),谁知两德统一后,东德人民获得的不是正义,只是法制(rechtsstaat/state of justice)——正义是法制的理想追求,但建立了法制并不意味着实现了正义,只能减少、但无法杜绝冤假错案的出现。

利益分配与利益平衡

实例2:父母要买房,大儿子因为富裕(家产10万)给了父母4万欧元(尚余6万);小儿子家境较差(家产4万),所以给了2万欧元(尚余2万)。几年后父母去世,因为房地产增值,卖出价为12万欧元。这时大儿子已有家产8万欧元,小儿子有家产3万欧元。父母没有遗嘱,两个儿子该如何划分遗产?

方案一（当作遗产）：根据通常遗产法，不考虑其他因素，则两个儿子各获一半。结论：大儿子6万，小儿子6万。

方案二（当作贷款）：分遗产前大儿子先拿回之前给出的4万，小儿子取回2万。还剩6万，两人各半（3万）。结论：大儿子7万，小儿子5万。

方案三（当作共同投资）：因为这套房子实际是两个儿子共同投资（共6万），于是按照投资比例来划分遗产，即大儿子投入4/6，小儿子投入2/6。结论：大儿子8万，小儿子4万。

方案四（当作自己的投资）：如果当时双方都没有给父母钱，而是拿这钱自己创业来增加财富。则大儿子现在从6万增加到8万，依此比例他给父母的4万可增长到5.33万。小儿子从2万增加到3万，依此比例他给父母的2万也可以增长到3万。于是两个儿子各拿去5.33万和3万，剩下的按遗产平分。结论：大儿子获得7.17万，小儿子4.83万。

方案五（平等原则）：两个儿子对赡养父母有平等的义务（支付赡养费）和平等的权利（遗产继承）。而事实上，大儿子相对小儿子多给了父母2万，所以应当先将其取回，剩余部分平分。结论：大儿子7万，小儿子5万。

方案六（折中方案）：这毕竟是一笔遗产（方案一），考虑到双方对父母的贡献（方案三），于是折中一下：取出一半（6万）作为遗产，两人各半（3万）；另一半考虑各人对父母的贡献，即大儿子获得其中的4/6（4万），小儿子获得2/6（2万）。结论：大儿子获得7万，小儿子获得5万。结果如方案二和五，但是另一种思路。

方案七（血缘公正）：大儿子有4个孩子，小儿子有2个孩子。对他们的父母而言，都是同等的孙儿女，所以要按照孙儿女的比例来分遗产。结论：大儿子8万，小儿子4万。

方案八（社会公正）：大儿子已经有8万家产，小儿子只有3万，而小儿子体弱多病，所以遗产中应当照顾这样的实际情况，多给小儿子0.5万欧元。如参用方案二、五、六。结论：大儿子6.5万，小儿子5.5万。

……

读者还可以想象出更多、大致看来都比较合理的方案。哪个方案最合理？如果你是法官，你会如何判？可以说，不同的时代，不同的社会阶层，甚至不同的年龄，不同的性别，都会对此做出完全不同的判断，而且都非常有道理。

面对这么多重的公正原则，先哲亚里士多德都无能为力，但他为后人提供了迄今都被法学界奉为金科玉律的基本思路，即把正义划分成"公正的利益分配"（austeilende gerechtigkeit/iustitia distributiva）与"公正的利益平衡"（ausgleichende gerechtigkeit/iustitia commutativa），两者都以平等为基础。父母作为本案的第三者，将他们的财产分送给两个儿子，就属于"利益分配"。如果仅仅要实现公正的利益分配，则方案一即可。但显然不尽如人意，在两个儿子之间还要有公正的"利益平衡"，即考虑两人之间的历史原因，如方案二到五。两种公正原则的简单结合，就是方案六。

古希腊时代的柏拉图、亚里士多德讨论的还是铁板一块的公正。直到19世纪社会主义思潮兴起后，才引出了"社会公正"（soziale gerechtigkeit/social justice）的思想——当心："公正"与"社会公正"是两回事，两者在理念上是相互对立的。前者是自由主义的法制国原则，后者是社会主义的社会国原则——即考虑利益双方的实际社会地位与生活状况，做一定的利益补偿，如方案八。方案七可能会被归为血统观念的残余。

司法一旦涉及"利益平衡"，就非常令法官头痛，在铁板一块的公正原则中，还得加入人性，各个法官之间的判案差别就显露出来了。

> 实例3：母亲有两个女儿，她一直与单身的小女儿同住，病重时也都是小女儿服侍，大女儿装着不知道。母亲去世后，大女儿要求平分遗产（一套住房），而小女儿就住在里面。告到法庭后，法官也犯难。如果严格按照遗产法，应当两个女儿对半分（利益分配）。但显然不合理，因为之前都是小女儿在服侍母亲。法官最后判决：小女儿服侍母亲期间，按照通常全日服侍老人的待遇算成工资，这部分是母亲欠女儿的"工钱"，先从遗产中取出支付给小女儿（利益平衡），剩下部分再两人平分。这样的判决也不够合理，但现实中很难找到更合理、同时又能自圆其说的方案——这就是现实中的"公正"。

到了近代社会，因为发生了史无前例的工业化与城市化，人们的正义观念也发生了相应改变。一方面要最大限度地保障人的自由与平等，人与人、个体与社会（国家）之间都是合同式的关系，合同双方一律平等——即基于传统的"正义"观念（自由主义思想），建立起司法中的法制国原则。但同时又要兼顾不平衡的社会发展与个人发展，使社会的每个成员都能享用到社会发展的成果，通过国家干涉来实现贫富之间的利益平衡——即基于现代的"社会正义"观念（社会主义思想），建立起司法中的社会国原则。

形式真相与事实真相

司法的关键是法官，但法制国无法对法官提出超越凡人的要求，而只能要求法官具备一定的法律知识，遵循司法程序，充分了解案情。案件中涉及较专业的内容，就要找专业人士鉴定。最重要的是，要在争议的双方之间保持中立。

许多人怀疑法官的理解能力，怀疑法官有歧视外国人倾向，甚至怀疑法官与对方律师有什么人情关系，那都是自我安慰的无稽之谈。就我个人经历而言，德国律师的水平良莠不齐，对案件的认真程度参差不齐。但德国法官的水平相当高，高出普通律师一个等级。尽管在一些特殊领域各个法官的观念略有分歧，但总体而言，尤其在民法领域，德国法官的判案总体是公正的。尽管如此，还是经常出现冤案，我也相信这是冤案。但产生冤案的原因经常不在于法官的不公正，而在于当事人在整个事件上和法庭陈述中的种种失误，导致法官只能判你败诉，甚至有意想帮你都无法帮。

实例4：甲到乙的公司去推销商品，要卖给乙10吨大米。甲说6000欧元，乙说5000欧元，最后双方谈妥5500欧元，但没有书面合同。于是甲向乙发货，乙收到货后只给甲汇款4500欧元，而且声称当时谈妥的就是4500欧元。甲把乙告上法庭。法庭上不用旁听就会知道，一定是甲坚称5500欧元，乙坚称4500欧元。法律上也很简单（都不用民法）：如果当时说好5500欧元，则乙败诉；如果是4500欧元，则甲败诉；如果是5000欧元，则输赢各半——这样的官司小学生都能判，所以谈不上法官水平的高低。但本案的关键是，到底当时谈定的价格是多少？只有你知我知上帝知，而上帝又无法下凡来为你做证，你让法官相信谁？法官面对的只有你们双方的起诉书、反诉书，只能通过这些资料来推断谁说得"可信"，或两相比较谁更可信。

甲当时没有留下书面合同（哪怕不拘形式的一张便条），这是甲自己的前期过失。甲向律师说，当时谈好5500欧元，于是律师不假思索地原话照抄：当时谈好5500欧元——简单陈述（behauptung/claim）是法庭证词中最大的忌讳。而对方则绘声绘色地说当时在什么环境下谈妥了这笔生意：他事先就了解10吨大米的市场价在4500~5000元。甲出于经费运作或库存原因急于出手大米。起先甲开价5000欧元，被乙压到4500欧元。如果是4750欧元乙就不会现在就买，因为他还有库存（附上证据），何况他与另一家谈判已经谈到4600欧元（证据）……从当时谈判的形式上，甲一人去了对方公司，甲作为起诉人无法同时作为证人；而乙方公司在座的员工个个可以做证，尽管是伪证——甲又输入一招。

在这种情况下，甲只是一句简单的陈述，而对方却说得有理有据、有逻辑、有证人，你让法官相信谁？判你败诉法官不用承担风险，而判对方败诉法官连依据都没有。法制国有个基本原则"法律保障"（rechtssicherheit/legal security），任何递交到法庭的官司都必须判，所以法官不能说"鉴于事实不详，暂时搁置不判"，而必须就现在所能获得的所有资料进行推断，做出判决，所以判出冤假错案在所难免。如果上诉中级法院，中级法院只能根据现有资料（不容许增加新资料），审核初级法院的判断是否合理，显然还得甲输。

这里要明白民法与刑法的区别。民法仅仅处理经济纠纷，哪怕你被人打了一拳，你只能将这一拳折算成多少钱，法庭上唯一诉求就是向对方讨这笔钱。法官判案的唯一依据就是双方的陈述，法官无权动用纳税人的钱来为你的经济利益去寻找新的证据。甚至要证人出场，也需纠纷双方中有一方提出，谁提出就由谁先支付这笔证人费。比如网上别人骂了你，技术上完全有可能通过IP地址找到对方。但这要你自己花钱通过软件公司和律师去找，法官不会为你去找——民法满足的只是形式上的事实真相（formelle wahrheit/formal truth）。

而刑法情况就完全不同。如果遇到人命案，公诉方（检察官）会动用所有技术手段、不惜任何代价把事实搞得水落石出。有一起儿童失踪案，警方动用50多位警察地毯式寻找该儿童，花了4天终于找到了儿童的尸体。如果按每天8小时工作、每人每小时40欧元计，那仅仅动用的警察，国家就耗费6.4万欧元，还没算侦查出罪犯的费用。所以，刑法上发生的冤假错案非常少——刑法追求的是实际上的事实真相（materielle wahrheit/material truth）。

但相对小的刑事案就不一样。除非你递交了确凿证据说某某人偷了你的东西，否则检察官不愿管，法官更不管。笔者邻居家被窃，报警后警察前来询问并做详细记录。出门时警察说，这种事在法兰克福很正常，所以只是备案，不做调查。于是笔者去查德国撬窃案情况，居然平均每4分钟就发生一起，平均每起窃得2000欧元实物，你让国家拿出6.4万欧元来为你的2000欧元破案？有一次笔者的车被窃，3天后接到警方电话，说车找到了，窃贼也找到了。原来窃贼开车太快，因超速而被摄下，所以扔下车子落荒而逃。照片上窃贼的脸都很清晰，但几年过去了，迄今没有破案。

由此可见，司法上实现绝对正义要付出昂贵的经济代价，国家有足够能力将事实真相搞得水落石出，但不愿为你个人的经济利益（私法）去耗费纳税人的钱。

所以，只有靠你自己的精力去收集材料，阐述材料。正因如此，法学界所称谓的事实真相，民法上是"形式上的事实真相"，刑法上是"内容上的事实真相"。

三级法院的各自领域

有些朋友在初级法院败诉后，愤愤地要上诉到中级法院；再输，要上诉到高级法院。德国还多出一个宪法法院，于是在律师的煽动下，官司一直打到宪法法院。这种"秋菊打官司"的勇气非常可嘉，但实际上大可不必。打官司不用气势汹汹，而要心平气和，就像与人下棋一样，而且是明棋，所有智慧要花在所走的每一步棋上，而且从还没有上法庭时就开始下起，等到上法庭可能已经晚了。

如果初级法庭输了，笔者通常劝朋友要认输——认输也需要勇气、理性和智慧——不要再上诉到中级法院，笔者还很少听说初级法院败诉、到中级法院奇迹般胜诉的先例。笔者之所以这样劝朋友，因为知道到中级法院一定也是输。德国法庭是一级、二级和三级法庭，表面形式上可能全世界都一样，但内涵上不完全一样。

一级法院的重点，是通过双方陈述尽可能搞清事实真相，即就整个事件情况画出一幅画，法官对着这幅画来判决。

到中级法院时，不再调查新的资料，即初级法院画出的画原封不动，最多做少许修改补充。于是面对同一幅画，审核初级法院对这幅画的审判是否合理。而甲现在败诉的原因，是甲自己的画没有画好（事实本身没有说清楚），而不是法官判断有误，甲怎么可能指望中级法院会推翻初级法院的判决？

高级法院就连这幅画都不看了，只是检验一级、二级法院援用法律时（如果这段法律本身有点模棱两可，或与其他法律冲突）对该法律的理解是否有误。你现在的官司根本没有涉及法律本身问题，完全是事实层面的讨论（4500还是5500），所以一递交上去就要被打回，法院的解释是：不予审理。

宪法法院连法律都不解释了，只是审核，法官所援用的法律是否违背人权。如果有，那不仅是这个案子的问题，而是宣布取消整个法律，勒令德国议会重新制法——通常的民法官司能沾上那个边吗？

由此可见，在现实司法中实现的不是理想的正义，而是尽可能接近正义，至少是实现不违背正义原则的自圆其说。

人的尊严不可侵犯

德国宪法开篇第一句

一、"人的尊严不可侵犯"被写在德国宪法第一条第一款，成为"宪法中的宪法"。德国法律的结构：最高价值为人性尊严，其次为基本人权，再次为公民权，然后才是公民的各项政治、经济与社会权利。所以，不了解"人的尊严不可侵犯"，就根本无法理解德国法律。

二、人的尊严体现人的基本价值，细分为人性尊严与人格尊严。人性尊严的最高价值是人的生命，任何政治与主义都不准以人的生命为代价。基本人权可以被剥夺，但人的尊严永远不得被人剥夺。

三、人们无法对人性尊严做出正面定义，所以使用反面定义：一个压制人性的社会、国家或个人行为，就是反人性行为，即反人类罪，最早的法庭实践是"二战"之后设在德国纽伦堡与日本东京的国际法庭。人性尊严被写入《联合国宪章》序言，被写入《世界人权宣言》第一条："人人生而自由，在尊严和权利上一律平等。"

四、人性尊严不是一个空洞的理念，其体现在生活的各个领域，许多德国法律（如隐私权，名誉权，最低生活费，反恐怖政策，堕胎与基因技术，废除酷刑与死刑，等等），就是直接引自人性尊严。人的法律保障通常始于出生、终于死亡；而人的尊严是德国唯一超越生死界限的法律：从尚在胚胎时就开始，直到死后几十年依旧受到保护。

将人性尊严的意思写入宪法的欧洲国家很多，但明确地写在头款头条的仅仅是德国宪法。这既是德国近代人文思想的结晶，更是德国战后全民反思忏悔的结果。"为了阻止那些蔑视人的生命、以一种政治理念而任意决定一个生命死活的（纳粹）政权"（判例1）。德国，一个没有人权传统，曾受到人权践踏最严重的国度，当全民醒悟后，痛定思痛，其对人性尊严、基本人权的维护力度，超越了世界上其他任何国家，德国宪法堪称世界上唯一的一部典型的人权宪法，英法等国将各自的人权宣言视为具有宪法地位，而人性尊严是整个人权的基础。

人的尊严三大特征

从自然法而言，人性尊严、人的基本权利，先于国家暨法律的出现就已经存在（vorpositive），所以超越流传几千年的传统法与习惯法，更高于人为制定的现代法（包括宪法）。所以，并不是宪法赋予了人以尊严，而是宪法再次以文字形式确认了这一人类最古老的权利。德国历史上第一次将人的尊严写入宪法，是要明确表明其人本主义原则：国家是为了人而建立，而不是人为了国家而存在，人更不是为了主义而生存。

"人的尊严"表现在人生的各个阶段，生活的各个领域。但德国宪法中，没有一个条款像"人的尊严不可侵犯"这样抽象、适用边缘这样模糊。什么是"人的尊严"？人人都可以想象这句话可能的内涵，其含义却深不见底，很难用语言表达。康德提出近代意义的人性尊严概念，但未敢轻下定义，席勒也只能用诗的语言描绘。德国宪法施行60多年来，迄今没有一位学者、法官或政治家，能对"人的尊严"做出完整的定义，因为任何定义都将削弱这一概念的真正内涵——名可名，非常名——就像物理学中的时间与空间、哲学上的欲望与自由。看来，"人"的概念不是人所能定义的，而要靠上帝启示（基督教）或内心感悟（佛教）。

无论是唯物论还是唯心论，对一个事物的理解决定于人的主观感受，而人的感受又决定于其生活方式和社会环境。所以，人的尊严是相对的，不同时代、不同文化，都可能对此做出不同的解说。但"人的尊严"毕竟是实在的，德国宪法法院没有能力定义"人的尊严"，只能以"人"的三大特征来间接描述（判例2）。

（1）人不是纯粹的生物，而是富有精神与道德的生物。

（2）人在自由中发展，并能自由决定自己的行为。

（3）人的自由与人类社会联系在一起，所以自由不是无界限的。

人的尊严不可侵犯

那又如何理解"不可侵犯"？宪法中写上这句，其实是从反面表示：在现实中，人的尊严经常被侵犯。孟子以"威武不能屈"来鼓励人们抵御外界对你尊严的侵犯，甚至不惜付出生命的代价，历史上出现了无数为保持正义气节而不惜一死的英烈。但孟子的"尊严说"，是要求每个个体来维护自己的尊严，而德国宪法是赋予国家的义务：在这片国土上，不仅国家不容许侵犯任何人的尊严，每个个人要维护自己的尊严，而且国家有义务保护每个人的尊严，每个人也有权利要求国家来保护他们的尊严。

保障人的尊严是绝对权利

德国宪法第一条第一款："人的尊严不可侵犯，尊重与维护人的尊严是整个国家权力的义务。"即宪法赋予国家的义务：首先国家不得伤害任何一个人的尊严（尊重），这是宪法强制国家的禁令；其次，国家要阻止他人侵犯一个人的尊严（维护）。

实例1：纽约"9·11"事件发生后，欧美各国全面反恐。当时的恐怖事件发生在飞机上，所以各国都对航空安全做了重点防范。德国根据欧盟决议而修改航空安全法，偏偏在2003年1月5日，一位有精神障碍的人驾驶单人飞机盘旋在欧洲金融中心法兰克福城的上空，做出要冲击银行大厦的架势，引起德国警方、社会一片恐慌。事后德国议会讨论，如果真的再发生类似"9·11"事件，并且已经确认某架飞机被恐怖分子劫持，怎么办？任其飞行，灾难将降临在某个大城市，死难无数平民；如果用导弹击落，飞机上的无辜乘客又将殉葬。通过权衡死难人数的多少，德国议会认为应当将飞机击落。于是在2006年2月15日修改的航空安全法上加了一款：如果种种迹象表明，该飞机很可能会成为杀伤人的工具，又没有其他方式制止，则容许直接使用武器予以制止（§14 III LuftsiG）。

图3　2001年纽约"9·11"事件

第一篇　法律与文化

简单想想这段法律无可非议，以牺牲少数人的生命换取多数人的生命。但以法律形式剥夺无辜乘客的生命，引起了政治上、法律上和道德上的社会争议。法律上违背的恰恰是"人的尊严不可侵犯"。航空安全法在议会通过后，德国总统表示疑义而迟迟不愿签署，使该法一时无法生效。两位德国前任内政部长及四位著名政治家联名向联邦宪法法院提出起诉，应诉法人代表是现任德国内政部长。2006年2月15日宪法法院正式判决（判例3），确认该法律条款因违背宪法而立即取缔！该判决书指出该法律违宪性表现在以下方面。

（1）保障人的尊严是一个人不可侵犯的绝对权利，而不是相对权利，所以永远不存在"如果……就还是可以……"的利益权衡问题。法庭表示不可想象，国家将绝对保障的"人的尊严"松动化，居然以立法形式授权军队，"如果……就还是可以故意杀害一批无辜者！"

（2）如果击落飞机，则飞机上的乘客及机组人员生命实际上成为这次国家救援行动的牺牲品，成为实现某一目的的工具。康德对保障人的尊严做过一个基本定论：人的生命只能以人的生命本身为目的，而不能成为他人的工具。把人的生命工具化，人成为国家权力的客体，毫无选择地接受国家对他们生命的"裁决"，这是侵犯人的尊严。

（3）击落飞机是以牺牲少数人的生命来挽回多数人的生命，但少数人的生命与多数人的生命具有同等的价值。人的尊严是不可转让的，任何人都没有义务（当然可以自愿）牺牲自己的生命来挽回他人的生命。而现在却以国家权力来强制他们去牺牲自己。每个人都是不可复制的生命个体，将人的生命数学化、数字化本身，就是践踏人的尊严。

（4）即使不把飞机击落，几分钟后飞机也会坠毁，这些乘客同样难免一死。但危难的环境丝毫没有降低这些乘客的人性尊严，生命的长短不能成为衡量人性尊严的尺度。只要他们的生命还存在一分钟，他们就完整地享有宪法保障的所有尊严，国家就有义务想方设法保护他们的生命，哪怕延长生命一分钟，而绝不容许为了他人目的而提前一分钟摧毁他们的生命。

应当说，德国社会总体的"人的尊严"意识还是较强。在该法案讨论的时候，德国杂志《焦点》Focus对该问题做了民意调查，即在危害到国家和社会安全的情况下，是否要击落被恐怖分子劫持的客机。结果显示，65%的民众反对击落客机（支持的21%）。其中男性公民反对的为59%（支持的27%），女性公民反对的为71%（支持的15%）。在受访民意调查者的党派倾向统计中，提出此案的执政党基民盟（CDU）也仅有35%赞成，而49%反对。反对者中最坚决的绿党有82%反对，表示支持者仅有8%。

其实，宪法并没有绝对禁止为了一个人的生命而可以侵犯另一个人的生命。如果一个人的生命受到犯罪者的威胁，警察根据实际情况可以开枪射杀犯罪者（如巴登符腾堡州警察法§54 II PolG），即采取紧急状况下的权衡原则（opportunitaetsprinzip/opportunity principle），而不再适用法庭判决前对犯罪嫌疑犯的无罪假设（unschuldsvermutung/ presumption of innocence）。如被犯罪者被绑架或强奸，受害者有权利采取任何手段抵御（Abwehrrecht，刑法§32 StGB），甚至不惜置犯罪者于死地。

作为争议：1977年9月5日"红色之旅"恐怖组织RAF绑架了德国企业家协会主席Schleyer，挟持人要求德国政府释放被捕的红色之旅成员，被德国政府拒绝。Schleyer家属以"人的尊严不可侵犯"为由向联邦宪法法院提出紧急起诉，要求政府满足红色之旅的要求以挽回Schleyer的生命，结果败诉。Schleyer后来确实被挟持到法国后枪杀。宪法法院在判决中表示：如果满足犯罪者的要求，就意味着犯罪者可以通过绑架手段来达到他们的目的，从而瓦解国家对人民生命保护的能力（判例4）。该案与上述航空安全法的宪法区别是：前者是国家直接杀害一群无辜者的生命（相当于被动人权），这是国家犯罪（禁令）；后者是国家没有全力维护一个人的生命（主动人权），属于国家失职（义务）。

人性尊严历史演变

人类在世上存在几百万年，也没多少人去问一下自己：人与其他动物有什么区别？教科书上定义：人是高级动物——高级在哪里？近代欧洲人类学界还认为，人是自然界的残废动物。猫有自己特定的生存空间，本能地知道如何生存，它的所有行为，所有器官——夜色中能看见东西的眼睛，弹跳力很强的四足，运动中身体平衡的能力都围绕着生存。"动物与他的活动方式是一体的，它就等于它的活动。"马克思《1844年经济哲学手稿》（Ökonomisch-philosophische Manuskripte aus dem Jahre 1844）[在德国以《巴黎手稿》（Pariser Manuskripte）著称，20世纪20年代末发现，1932年由德国社会民主党首次出版]，"动物和它的生命活动是直接同一的，……它就是这种生命活动。"所以，动物世界几万年来没有变化，没有"进步"。而人没有本能的生活方式：既没有特殊的身体器官，也没有特定的生存空间，必须靠改变环境来适应自己的生存。因为人类有这样的生理缺陷，无法独立生活而只能群居生活，以与自己的同类互补残缺，这就形成了人类社会。维持社会的和谐共处需要人有理性，理性产生文化，文化形成道德，以道德来维系人类社会不至于崩溃，又靠人的欲望来推进社会进化。进化结果却产生了国王与奴隶，富商与奴工，产生了更大的社会不平等，人类"进化"的特征就是非人化：费尔巴哈看到经过几千年的宗教束缚而人性异化，马克思看到工业社会的生产方式造成人性异化，尼采受费尔巴哈的唯物论和叔本华的权力意志论影响，发现人类在不断动物化……所以，只有残缺动物（人）才会思考尊严，讨论维护人的尊严。否则，人就会在无意之中堕落成非人。

古希腊哲学大师亚里士多德在研究生物中发现（亚氏动物学中的 de anima 章），生物的背后有不同等级的灵魂：

植物灵魂：保障生物的营养吸收与新陈代谢（如花草）；

动物灵魂：给予生物感官知觉和本能欲望，并为满足这一欲望而运动（如猫觅食）；

人的灵魂：赋予生物一种理性，一种对社会的责任感，而不完全按照其本能欲望来行动，所以只有在人类社会才形成文化与道德。

亚里士多德从生物学和政治学角度分析了人的特征，却没有引申出人的尊严。按照启蒙运动后人们对尊严的理解，如果将人格降低成会说话的工具（奴隶或奴工），就是践踏人的尊严。亚里士多德的学生亚历山大大帝要将占领区的民众当作平民对待，亚氏大为恼火，认为外国民众就是天然的奴隶。可见，亚氏丝毫没有今日意义上人性尊严的意识。

图4　古罗马政治家与法学家西塞罗

最早提出尊严说的是古罗马执政官和法学家西塞罗，他将人的尊严（dignitas）与人对社会贡献的联系在一起，表现在一个人得到的荣誉（其实是今日意义的"人格尊严"）。因为人有理性，所以人一出生就具有一定量的尊严，"尊严量"随着他对社会贡献的多少而相应增加或减少。而贡献又不等同于一个人所做的事业，凯撒大帝将罗马帝国的疆域扩大到高卢（今法国），但因为凯撒的人格缺陷，西塞罗并不认为凯撒具有很高的尊严（社会荣誉）——与现代法学中"人的尊严"的意义相反，西塞罗将人的"尊严量"作为划分人高贵与低贱的尺度。他反对民主制度，理由是：按照民主制度人手一票，那具有高贵尊严的人与低贱尊严的人还有什么区别？正因为人的尊严有高有低，所以也不可能"不可侵犯"。

尽管古希腊哲学家没有提出人格尊严和人性尊严，但柏拉图在《蒂迈欧篇》（Timaeus）中对上帝创造世界的描述，亚里士多德在《政治学》中对人的理性的阐述，都揭示了人有别于其他生物的特性。古希腊后期的斯多噶派在研究人性与道德形成的关系时发现，神才是世界的灵魂，人的灵魂是神的一部分，人性中具有神性。基督教以古希腊哲学为基础、以《圣经》为核心，从基督的使徒圣保罗到中世纪早期的圣·奥古斯丁，他们的教父学建立在柏拉图的哲学体系上，将《旧约·创世记》解释成：上帝按照自己的形象创造了人。既然人的形象就是上帝的形象，人必须是有尊严的，否则不仅在贬低人，而且在玷污上帝。例如人必须有衣穿、有饭吃、有屋住，这就是欧洲教会兴起慈善事业的起源；上帝是万能的，具有上帝形象的人至少得有一定的知识，这就是教会创学的开始；无论男女老少都是上帝的孩子，所以基督教禁止非人道地体罚小孩（违者要判坐牢5天），更禁止把小孩当作商品买卖（最高判刑3年）。这里的尊严，已不再是简单的荣誉，而是从西塞罗的人格尊严，逐步上升到人性尊严。

今日法学意义的人性尊严是启蒙运动的产物，最重要的阐述者是洛克，最系统的是康德和他的《社会道德的形而上基础》（1785）。人与人之间的社会责任源于人类特有的社会道德，这种道德在动物世界没有：哺乳动物也有钟爱自己孩子的倾向，但可以吞食其他动物的孩子，那是出于动物本能。三条饿狼争夺食物，不会发扬尊老爱幼的精神。狼群中有一个最强壮、最凶猛的狼作为领头狼，领头狼年老后就被年轻的狼咬死或赶出狼群。而人却能思考自己的行为，有自我克制能力，不绝对追逐他所有的本能欲望。这种深藏于人内心的理性就是人的特征。正因为人具有这样的理性（神性），所以人是有尊严的，不能像没有理性、甚至没有感觉的生物那样，成为一个国家的客体或他人使用的工具（康德）。

有史以来，人的尊严只属于哲学和神学范畴。直到19世纪后叶社会主义运动兴起，才将"人的尊严"政治化。马克思分析了人性在工业社会的异化现象，拉萨尔呼吁提高工人的经济地位以保障工人有尊严地生活，普鲁东更提出没有人性尊严就没有社会公正，从而将人性尊严与社会公正和法律权利联系起来。于是，德国魏玛共和国正式将"人的尊严"写入宪法：经济秩序必须以社会公正来保障每个人有尊严地生活为基本原则（Art.151 WRV）。联邦德国将之写到宪法的头条首款——上千年来，"人的尊严"从宗教义化，理性思考，政治诉求，终于走向法律保障。

人乃天地之心（《礼记·礼运》），万物之灵（《尚书·泰誓》），中国的先秦文化就充满了人性尊严的思想，"人命关天"也被民间普遍接受。但这种思想并没有形成社会思潮和政治行为，从而两千多年下来，也没有完全实现人性尊严的法律保障。

因为"人的尊严"概念有这样的历史演变，穿插着东西方文化的差异，常常会被人误解。英语/法语/西班牙语等语言中，"尊严"一词都不幸沿用了拉丁文原词 dignity/dignite/dignidad，容易引人误解成西塞罗理解中的"人格尊严"（荣誉）。而"人的尊严"最重要的是人性尊严，德语用了"人的价值"（Menschenwert）（直译）。只是，物的价值可以估量，可以买卖交换而成为他人的工具。而每个人都是世上唯一的、一次性的，人的价值无法估量，不能进行市场交换和移让他人。但人确实是有价值的，于是康德通过文字考证而援用了价值（Wert）一词在公元 8 世纪查理大帝时代的古德语 Wuerde，以资区别——名可名，非常名，这就是康德的东方式智慧。

唯一超越生死界限的法律

基督教提倡平等观，无论贫富老少，人人都是上帝的子民，从而所有信徒都有同等的尊严，这就是今日宪法中"法律面前人人平等"的文化基础。尽管如此，上帝直接按照自己的形象所创造的是亚当，而不是夏娃，所以直到 19 世纪，欧洲还在争议：女人是否算"人"？如果是，是否算完整的"人"？婴儿还不会说话，学龄前的儿童还不知道做人的道理，是否也算"人"？那几岁之后才具有人的尊严？等等。这些争议现在都不存在了。

既然人具有尊严是因为人有理性，那还没有理性的胎儿，失去理性的精神失常者，昏迷不醒的病人，甚至已经死去的人，他们是否也有人的尊严？近代学界认为，尽管他们现在没有理性，但他们由人生出，他们的内心存在具有理性的可能，或他们曾经拥有过理性，所以他们享有人的尊严。这就引申出，人从什么时候开始有尊严？《世界人权宣言》第 1 款写道："人生而自由，并具有同等的尊严与权利。"言下之意，人到出生后才有尊严。那出生前的胎儿就不是人？就没有尊严？阿奎那的基督教神学建立在亚里士多德的哲学体系上，所以援用亚里士多德的生物学解释：胚胎最早只有简单的"植物灵魂"，然后被赋予"动物灵魂"，怀孕 40 天（男）或 90 天（女）后，就被赋予"人的灵魂"。即在 40 天或 90 天后，胚胎就算"人"了，从而开始享有人的尊严。

实例 2：这里涉及的一大社会议题是堕胎问题。堕胎就是杀害一个尚未出生但活着的生命，这一生命从怀孕那天起，就拥有独立的人格与尊严，已经受到宪法暨国家的保护（判例5）。孩子由父母所生，但不是父母的私有财产，即使母亲也没有权利杀害自己的孩子，德国刑法中将堕胎以杀人论罪（§218 StGB）。只是出于现实考虑，法律宽松成：怀孕12周之内、经过专家咨询而堕胎，尽管还是犯罪，但免于刑事追究（判例6）。刑法以12周（约90天）为界，一定是援用亚氏暨基督教的理论：胎儿90天内还没有被赋予人的灵魂，还相当于植物或动物，其被杀害尽管也不"兽道"，但不能以"杀人"论罪。伊斯兰教认为胚胎到120天才被真主赋予人的灵魂，所以怀孕4个月内是否可以堕胎尚存疑义，但4个月后是绝对禁止堕胎的。

实例3：基因技术也充满了法律与道德争议。1949年制定宪法的政治家们不可能想象，今日的科学技术已经能够直接影响胚胎的取用与生长。人们从养在试管内的胚胎中取出一个细胞试验，有缺陷的就扔掉，好的植入母亲子宫，或索性从精库中选取"优良品种"；人成为一种科技产品，根据市场需要或人的愿望而任意研制新的"生物品种"，人的尊严何在？人与植物还有何区别？尤其那些被取出的胚胎，那是一个生命，却被用来做生物试验，显微镜下决定其被留下还是被处死。"人的生命只能以人的生命本身为目的"（康德），在显微镜下精选甚至培植的生命，以获得他人欢心、达到一定生物特征为目的，这从根本上践踏了人的尊严。当然也有相反意见，"人的尊严"概念应当随着时代发展而发展，否则一个抽象的法律概念会阻碍医学发展，结果阻碍人类本身的进化——如果人类以失去人性尊严为代价来片面追求人的"进化"，生理上的进化带来心理上和精神上的退化，这种进化又有什么意义？"人的尊严不可侵犯"是宪法中不得修改的永久条款，严格说来，德国必须永久禁止基因技术使用在人体上。

人死或昏迷之后失去了理性，但同样享有人的尊严（post mortem personal right），因为他曾经有过理性。德国中世纪直到近代，死者可以继续作为独立法人，享有所有的法律权利，只是由他人代理。而在当今的德国法律、包括宪法中所定义的所有权利，除了特例外（如知识产权），都是从人出生开始，到死亡结束，如人的姓名权、档案保密权等。唯一超出生死界限的，只留下"人的尊严不可侵犯"。例如德国以法律保障死者的人格尊严，禁止任何人、以任何理由破坏墓地、在墓地辱骂等（totenruhe/dead peace，刑法§168 StGB），违法者最高判处3年徒刑。

实例 4：一家出版社出版了一部长篇小说，小说主人公明显是以著名演员 Gustaf Gruendgens（1899~1963）为原型，带有贬义。该演员的儿子提出起诉，禁止该小说出版，在三级法院均获胜。出版社以宪法中的"艺术自由"到联邦宪法法院起诉，败诉（判例 7）。法院陈述的理由是：艺术自由是宪法保障的基本人权（Art.5 III GG），但行使自由是以不侵犯他人自由为界限。该小说明显侵犯了该演员的名誉，从而侵犯了他的尊严。"人的尊严不可侵犯"不仅适用于在世的人，也适用于过世的人，所以出版社行使的艺术自由，触犯了宪法保障的人格尊严。

1989 年，德国最高法院在对德国著名表现主义画家 Emil Nolde 的判决中表示（判例 8）：死者受到名誉保护的时间，随着死去年数的增加而减小，直到人们改变死者声誉已失去了现实意义。例如上例中的演员，只有他的同代人知道他，所以只要他的同代人还在，就要保护他的名誉；而对一位留下许多艺术品的著名画家，则保护声誉的年数显然要更长，至少到他离世 30 年后。

从语言学角度来说，人与动物之间的界限经常因为文化的不同而不同。在欧洲文化中，只要长得像"人"，就都是上帝根据自己的形象所创造的人。而例如在南亚某地，将生长在野外的猿人也视作人；而在巴西，却将原始部落的人看作动物。

人的尊严与个人隐私

人是社会动物，但又是独立于社会的个体，有完全属于其个人的生活与心灵天地，即拥有隐私权，这种隐私（intimus）只有他自己或他最亲近的人知道。但在整个德国宪法中，可以找到许多人权条款，却找不到一条是对隐私权的保障，似乎隐私权不属于宪法保障的基本人权，显然有悖常理。于是，对隐私权的权威解释，就落到了联邦宪法法院的身上——典型的"法官立法"。而宪法法院的唯一宪法依据，就是"人的尊严不可侵犯"："就宪法逻辑而言，人的尊严具有最高的价值……为此，宪法保障每个人拥有一个不可被侵犯的私人生活领域，这个领域不得受到公共权力（国家）的干扰。……这个空间只属于他自己。他可以回到这个不容许外界进入的空间以获得安宁，享受孤独。"（判例 9）

一个人的隐私范围，可以因不同的文化和时代而不同，通常是一个人的（赤裸）身体，性生活，私人日记或信件，并延伸到他的家庭生活、与异性朋友的交往等。如果暴露这些隐私会影响他的声誉，加重他的心理压力，就属于侵犯他的隐私权，即侵犯他宪法保障的尊严。

实例5：一位男教师与女学生有暧昧关系。女生在法庭宣誓证言：这位教师利用职权勾引她。该教师被检察院公诉。后来检察官发现了该女生的一本日记，记叙她是如何主动与男教师交往，还详细记叙了她与男教师的性生活情景。那说明，男教师并不是利用职权勾引女性。法院宣布男教师无罪，却对女生提出公诉，因为她之前在法庭做了伪证，证据就是她的日记。官司打到最高法院，法院判女生无罪（判例10）。理由是：尽管事实上该女生可能做了伪证，但法庭依据的是她的日记。这本日记记叙了她的许多性生活，这是绝对不能对外公开的个人隐私，检察院与法庭即使拿到这样的日记，也不容许翻阅，更何况拿出来作为罪证而公开化。所以，该日记不能在法庭作为证据，没有这本日记，检察院就没有证据确认该女生在做伪证，所以罪名不成立。

后来，男教师因为受到爱情打击而自杀，自杀前给女生写了绝命书，描述了他与女生的许多性爱情节。女生出于隐私权而不想公开该信。官司打到宪法法院，法院判决如下（判例11）：这次涉及一个命案，检察院要分析男教师临自杀前的心理状况，以确认该教师为何自杀。在本案中，在涉及命案的重大案情时，根据法制国的权衡原则，公众利益超越女生隐私的个人利益，检察院和法院容许阅读该遗书，从而容许将这份遗书作为法庭判案的依据。

出于同样保护个人隐私的理由，法律禁止警方不经法庭事先许可而在私人家庭安装窃听器或录像机。甚至对那些他人制作涉及个人隐私的录像或录音，法庭都不准作为"证据"使用。宪法法院曾对此做过一个判决（判例12）：偷偷录下的录音带，甚至还没有涉及私人生活的核心部分，不能用作某犯罪活动的证据。除非该犯罪活动的危害相当大（如人命案），不用这份录音无以确认犯罪行为，才容许使用该录音带，这时的公众利益超越了隐私的个人利益。

相反情况，许多德国人将钱存入瑞士银行，以在德国偷税漏税。2010年2月瑞士银行雇员偷偷将顾客资料高价卖给德方，德国警方因此捕获了大批德国偷税漏税者，可追得几亿欧元补税。这引起德国政界与社会很大的争论，警方的行为显然侵犯了私人信息保密（datenschutz/data protection）。只是，保护个人信息（基本人权）的法律地位，低于保护个人隐私（人的尊严）。在反偷税漏税的问题上，法庭迄今没有否认可以使用这些"非法"资料作为法庭证据。

即使不是一个人最核心的生活部分，也不容许国家与个人轻易公开他的生活情况，每个人有权自我决定，他的哪些生活内容可以对外公开、怎样对外公开，这里包括一个人的身体状况、健康状况。例如一些犯罪案开庭时，作为新闻事件，许多电视台蜂拥而来拍摄、转播。但事件过后，新闻媒体在没有征得当事人许可的情况下，就不再容许拍摄当事人，因为这带有侮辱当事人的人格尊严的意味。

实例6：在反恐问题上，为了追踪恐怖活动，2007年底德国议会通过一项法律，容许德国政府将全德的私人电话、电子邮件等内容存储起来保留半年。对反恐大家都没有异议，但想到此后警方的幽灵可以偷偷钻入家里的计算机读私人信件，在打私人电话时居然被人合法"窃听"，写私人电子邮件时居然在第三者那里存档备份，这本身就是令人不寒而栗的恐怖活动，为此该项法律引起了社会的抗议。3.5万人联名到宪法法院起诉，成为德国历史上起诉人数最多的一场诉讼。2010年3月2日联邦宪法法院判决该法律违宪，立即取缔（判例13）。法院表示：这样的法律很大程度上侵犯了公民的信息保密权，对公民是一种精神上的威胁。如此深入公民的私人生活，是联邦德国历史上从来没有过的。法院并没有绝对禁止存储部分犯罪嫌疑人的电话与电子邮件内容，但这些记录只能存储在电信公司，严格保密。如果不是为确认犯罪嫌疑，这些信息不得流入政府之手。如果存储了哪位公民的信息，必须书面告知该公民已经"存档在案"。

另一难题是飞机场的安全检查，德国政府想引入全身扫描检查，这就相当于乘客赤身裸体地站在安检人员的屏幕前，人的尊严何在？该检查方案无法在议会通过。没想到2009年一个恐怖分子居然将炸药绑在腿上混进了从比利时飞往美国的飞机，引起世界哗然，于是德国开始采取全身扫描检查。这里涉及的宪法争议是：保障人的生命与保障人体隐私都属于不可侵犯的"人的尊严"，但在两者矛盾的时候，人的生命高于人体隐私。

人性尊严与人的生命

尽管宪法上明确了人的尊严不受侵犯，但侵犯人的尊严往往是潜意识的。笔者有一次参加波恩的外国人法讨论会，刚好有许多非洲人横渡地中海逃亡到欧洲大陆。有些发言者带有歧视口吻，似乎难民就成了社会的另类，是低一等的人种。笔者站起来提醒大家："'非法移民'只表示他们在德国的居留形式是'非法'的，但'人'却永远是合法的，他们与我们有同等的尊严。"

实例7：2002年9月，一位法律系学生绑架了法兰克福银行世家 Metzler 的11岁儿子索取钱财，被警方逮捕后，他就是不说出孩子藏在哪里。为了挽救孩子的生命，法兰克福警察局副局长 Daschner 情急之下打了该罪犯"逼供"。过后孩子被确认身亡，罪犯被判处无期徒刑。监狱中，该罪犯起诉副局长打他，侵犯他的人权和尊严。社会舆论普遍认为，副局长是为了挽救孩子的生命而打了该罪犯，情有可原。但"人的尊严不可侵犯"是宪法赋予每个人（包括犯罪者）的绝对权利，宪法 Art.104 I GG 更是明文规定："对已经捉拿归案的人，不得给予肉体上与精神上的虐待。"所以打人就是违宪，就是犯罪，不管打的是谁。最后副局长个人被法庭确认犯罪。只是出于当时的特殊情况，只给予了罚款。此案在法学界引起了很大争议：为了挽救受害者的生命，是否容许迫害犯罪者的生命？两者的尊严是否有高低或优劣之分？

德国刑法明文禁止警察采用任何形式的暴力逼供或欺骗利诱（如许诺坦白从宽）。法庭一旦知道该证词内容是在肉体折磨或欺骗利诱下获得的，就宣布该交代书无效，其不能作为法庭判决的依据。甚至犯人明确表示该交代书所言的情况属实，该交代书还是无效（刑法诉讼条例 §136a StPO）。经常看到一些国家对犯人的酷刑照片和录像，不忍一睹。在他们看来，人成了犯人就不算人了，人的最基本尊严都被剥夺。从古代的五马分尸，到近代的电击人体……你可看见用五马分尸的方式去杀一头猪，用电击去折磨一头羊，现在这些手段却是在对人使用，对自己的同类！

"人的尊严不可侵犯"在德国的法庭实践中有不尽合情理之处（如上述学生被打案），但却从根本上、永久地杜绝了那种人类最最野蛮、丧失人性的暴行重演。反人性的行为在国际法中被定义成反人类罪，比战争罪还严重。南联盟两位政治家被荷兰海牙的国际法庭审判，不是因为他们挑起战争，而是因为他们在被占领区大规模地屠杀平民和强奸妇女。

实例8：一位案情复杂的犯罪嫌疑者被审，医生确认他已经到了癌症晚期，估计没到判决就将病故。尽管如此，法庭还是要他频频出庭受审，精神状况上，他现在完全能够接受审讯。其实，这样的审判和判决对当事人已经没有任何实际意义，法庭只是要给民众出一口气而已。当事人将法庭告到柏林的宪法法院，法院马上判决终止审判（判例14）。这样的审判不仅不人道，

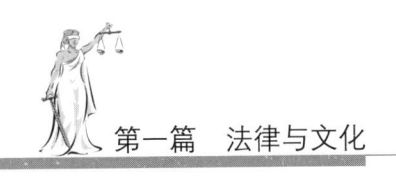

而且审判已经不是为了通过审理以做出合理的判决，而是将当事人作为国家政治的工具、让人出气的对象——将人工具化，就是在践踏人的尊严。

"人的尊严不可侵犯"已经从宪法上、根本上禁止了死刑。因为无论某犯人做了多少恶事，国家故意将一个活的生命处死，是反人性的。因为该条是不准修改的永久条款，所以德国议会永久不得重提死刑问题。尽管如此，宪法 Art.102 GG 还是明确写上"废除死刑"。严格履行"人的尊严不可侵犯"，哪怕在战争中、自卫中都不容许杀死敌人。《新约·马太福音》中写道："要爱你的敌人，要为迫害你的人祈祷。""摩西十诫"中的第五诫就是"不可谋杀"，所以在公元3世纪时的基督教会都不接受军人。

如果"人人都有求生的权利"属于基本人权，则"不准杀死任何人"就成为人性尊严意义上的绝对禁令。美国宪法制定得太早，没有提到"人的尊严"，更没写入"人的尊严不可侵犯"。所以从宪法上，美国议会可以讨论死刑的利弊，部分保留死刑。这里麻烦的是引渡犯人的问题。通常情况下，某人在国外犯罪后逃到德国，如果根据德国法律该行为也属于犯罪，则容许将该人引渡。但如果该犯人引渡到他国很可能被判处死刑，就等于让活人去送死（尽管不是死在德国），联邦宪法法院居然没有禁止这样的引渡（判例15）。宪法法院认为，这种引渡没有完全违背只适用于德国的"人的尊严不可侵犯"。于是引起社会不满，德国议会只能在国际引渡法中写入："如果所在国还有死刑制度，则必须确认该犯罪嫌疑者不会被判处死刑，才容许引渡。"（§8 IRG）

在德国，唯有对故意谋杀犯才可以判处终身监禁（§211 StGB）。但宪法法院马上判决（判例16）：如果在法律上写定将一个人关押在监狱一辈子，那是违背人性的，该法律必须取缔——你能因为一只猫惹了祸，就把它关在黑笼里一直到死？法律上必须网开一面，给予被判处无期徒刑的犯人以提前出狱的希望与可能。于是刑法§57a StGB 修改成：被判处无期徒刑的犯人被关押15年后，狱方就必须通过专家考核，该犯人放出后是否会再犯。如果不会再犯就可以释放，否则最长也只能服刑25年。据统计，德国被判处无期徒刑者平均坐牢17~20年，而且提前出狱后很少再犯。

"己所不欲，勿施于人"是人类绵延上万年的黄金准则：如果你不想别人这样残酷地对待你，你就不应当这样残酷地对待他人。可惜在这个悲惨世界，丧失人道的地方通常也不会保障"兽道"。1984年12月10日联合国通过、1987年6月26日生效的《禁止酷刑国际公约》（注：德国于1986年10月13日签署，1990年

10月1日议会确认通过。中国于1986年12月12日签署，1988年10月14日全国人大确认通过），就是要求所有签署国至少能保障每位国民不受到残酷折磨。

人的尊严与生活底线

从人道主义和社会稳定来说，对社会上的极度贫困者要给予救济。在欧洲中世纪，救济穷人主要由基督教会、城镇和乡村承担。随着欧洲进入工业社会，涌现出之前意想不到的大规模贫民，而且集中在城市，教会无法承担这么大的社会负担。城市的赤贫无产者聚众就会引发暴力革命，1842年普鲁士政府赶忙推出"济贫条例"，要求城镇必须承担救济和安抚贫民的责任。在俾斯麦时期的1880年，德国议会先后通过了医疗保险法、工伤保险法和退休保险法，很大程度上减少了城市贫民的数量，直到魏玛共和国才实现全德统一的贫民救济条例（1924）。

但"济贫条例"只是给予贫民获得救济的可能，他们并没有合法权利获得救济。政府愿给你一口饭吃就给一口饭，给多给少就根据当时、当地的政府财政状况和当政者的态度。如果政府拒绝或给得少，他们无法通过法律途径要求足够的救济。一个人只能被动地看政府的脸色，成为政府任意摆布的客体，这本身就违背人的尊严（判例17）。

1949年5月通过的西德宪法中奠定了"人的尊严不可侵犯"的基本原则，再定义了国家政体为社会（主义）国。于是，1954年6月24日联邦最高行政法院做出判决（判例18）：根据宪法对保障人的尊严（Art.1 GG）、保障自由发展和身体不受伤害（Art.2 GG）、根据社会国原则（Art.20 GG），贫民有权利通过法律途径实现政府救济。该判决是德国法律史上第一次以康德的思想"人不能成为任人摆布的客体"来解释"人的尊严不可侵犯"。鉴于这一判决，德国议会于1961年6月30日通过了"社会救济法"（bundessozialhilfegesetz），次年6月1日正式生效，从而将原来指导性的条例上升到法律，受益者从政府行为的客体上升为法律主体。该法开篇第1条（旧法§1 SHG，新法§1 SGB XII）就写道："发放社会救济的任务是，让获得者能够过上符合人的尊严的生活。"而且，政府机构不得通过任何官僚作风来刁难和拖延，法律上破例采用政府主动调查原则（amtsermittlungsgrundsatz/principle of official investigation，社会法§20 SGB X）：不用当事人书面申请，只要当事人、当事人亲友、邻居或警方一个电话告知城市社会局"某人生活很困难"，社会局官员必须立即主动前来了解情况，立即给予生活援助。

获得多少社会救济才能过上符合"人的尊严"的生活？其额度不再由政府单

方面确定，而由政府部门与民间团体组成共同委员会，根据人的必须用品和市场情况，算出和确定每个州的最低生活费，例如 2009 年 7 月全德参照额是每月不含房租 359 欧元（法国为 450 欧元），其中大部分用于食物（130 多欧元），然后依此是穿着、日常用品、电话、交通费等。因为每个人的生活情况和生活需求不可能完全相同，符合"人的尊严"的生活不能划一到相同的底线，千人一面，把人当成用同一个模子塑出来的产品，又是违宪——所以法律措辞上非常小心，将上述最低生活费表达成"通常"的救济额度（regelsatz/standard rate）。言下之意，有特殊情况的人或地区可以再予增加，如慕尼黑就是 384 欧元。但救济额度也不是天经地义就合情合理，当事人向国家抗争的唯一法律依据就是"人的尊严不可侵犯"。

实例 9：2009 年三个靠社会救济生活的有孩子的家庭，到德国宪法法院起诉，认为在今天这样的物价和生活条件下，359 欧元不足以让人过上符合"人的尊严"的生活。2010 年 2 月 9 日联邦宪法法院判决如下（判例 19）：现今对孩子的社会救济额只是根据成年人的额度略作降低而定，没有考虑到孩子在生长期、学习期的特殊费用，使他们无法过上符合"人的尊严"的生活，该法律违宪，限定德国议会必须在 2010 年 12 月 31 日前给予修改——这下引发了德国政坛的地震。

人的尊严与人的需求

发放社会救济的首要或原始目的是保障温饱（绝对贫困）。但一个人只是身体上能活着，这绝对不是有尊严的生活。所以康德严格区分人的需求（Beduerfnis/need）与人的尊严（wuerde/dignity）两大概念。他没有说达到怎样的生活水平才算有尊严的生活，宪法法院也拒绝说多少额度的社会救济才算能获得有尊严的生活，因为"人的尊严"是不能简单定价的，更不能堕落成市场价格。宪法法院在康德的思路下，通过多次重大判决，为符合"人的尊严"的社会救济确定了几项基本原则，即从身体性的（physisch）生活底线，上升到社会文化性的（soziokulturell/social-cultural）生活底线。

人与其他动物的很大区别是，人离不开这个社会，所以对人的救济，必须保障其最低限度地融入社会。别人邀请你去生日晚会或你去看望一位病人，作为传统礼节，你得带个小礼品，至少一束鲜花。如果因为经济拮据而买不起，就没有脸面去，结果断绝了你的社会交往，所以这些费用得由社会局额外补助。

实例10：学龄儿童入学的第一天，按照德国风俗，父母得给他一个装有糖果的小袋。一个拿社会救济的家庭为此向社会局申请，被拒绝。官司打到联邦最高法院，1993年1月21日法院判那个家庭胜诉（判例20），理由是：如果孩子入学时不带上装有糖果的小袋，就会被这个社会（同学们）排斥，对他的自信心也是一个打击。在该判例的基础上，孩子入学时的必需品如簿子、写字用品、球鞋、图画用具等，都由社会局额外补助。后又延伸到学校郊游、文化活动（学校组织的看戏、看电影）、学习资料复印费、学校指定或推荐的课外书籍、计算器等。

社会救济除了保障温饱外，还得给予获得者最低限度的自由发展空间（判例21），给予一点社会温暖。1988年一位靠社会救济生活的人向社会局申请买一台旧的黑白电视机，被拒绝。官司打到联邦最高法院，法律依据还是"人的尊严不可侵犯"，对此做了一个重要判决（判例22）：社会局必须满足当事人的愿望。没有电视机的生活就是没有尊严的生活？那几十年前或在许多国家迄今还没有电视机呢。但判决中解释：一个人的生活是否有尊严，其参照对象是他的社会环境，所以不同时间、不同地区的情况不一样。现在德国即使在一个收入很低的家庭也拥有电视机，则当事人买一台旧的电视机是必要的。从这个判例出发，一个靠社会救济生活的家庭添置冰箱、烤箱等都被法庭认为是必要的。但要添置咖啡机就不行，因为在传统观念上，咖啡是奢侈品（另加奢侈品税）。

人是否有尊严，不仅取决于他的物质生活，还取决于他的精神生活。如果社会上把他们看作社会负担，甚至"社会救济"四个字就带有贬义，他们就成了社会舆论中的二等公民，这有损他们的尊严。所以，社会局不得透露谁获得社会救济。但靠隐瞒真相来维护的尊严，本身就是没有尊严。学者与政治家们考虑能否取消"社会救济"的名称，改用"社会基本保障金"或"公民金"（buergergeld/citizen's income）等。受救济者也不用再去社会局窗口看那些官员的冷脸，以从精神上保障他们的尊严。但联邦最高法院的一个判决说：要从根本上获得尊严，在获得社会救济的同时，也要自己对社会有所贡献。政府应当提供给他们工作的机会，哪怕做一些社会服务性工作，例如他们至少可以帮着到街上扫雪以服务于社会。

人性尊严与人权原则

亚里士多德提出人是有理性的动物，是个人与社会之间独立的个体，从而被奉为世界人权思想的奠基人；同时代的孟子提出做人的三大原则："富贵不能淫，贫贱不能移，威武不能屈。"成为世界人格尊严的首倡者。《世界人权宣言》开篇就以尊严、权利、理性与良知来定义人的特征，或许就源于东、西方这两位先哲的思想。

人的尊严包含人性尊严（Menschenwuerde）与人格尊严（Wuerde der Person）。前者是针对生物学意义上的人（human），只要是人就有这样的尊严；后者是针对社会学意义上的人（person），以前是对有一定社会影响的人（如贵族、诗人、哲学家），现在针对所有人。德国宪法第一条定义的更多是人性尊严，第二条作为基本人权，才明确提到人格尊严（persoenlichkeitsrecht/right of personality），依此逻辑，人性尊严高于人格尊严。

首先，人权原则来源于人性尊严。最传统的基本人权就两点：自由，平等。人性尊严是从人有别于动物的特征而来：人是有理性的，能自由决定自己的行为，所以任何制度都要保障人自由选择自己行为的权利；人的思想是自由的，观点是多元的，任何制度都要保障人表达观点的自由——这就是人权中的自由。人是不能复制的，每个人都有自己的个性化特点，谈不上谁优谁劣，他们在社会生活中的地位是平等的，任何制度都要保障人在自然界的这种平等——这就是人权中的平等。

践踏人性尊严经常是从对人的不平等对待开始，而最为严重的，是根据人的出身来划分贵贱。18世纪的卢梭分析了人类不平等的起源：贫富对立，建立封建国家以确立富人对穷人的合法统治，权力腐败使贫富对立走向登峰造极而引发革命。19世纪的马克思揭示了资本主义生产关系是产生不平等的根源，社会主义思潮追求社会公正与社会保障，本意要永久消除人类的这种不平等现象。

德国的纳粹主义将犹太人看作先天的劣等民族而残酷迫害，将残疾人看作后天的劣等人种而大批屠杀。法西斯主义认为人类社会就如同生物界存在着激烈的生存斗争，物竞天择，竞争结果淘汰劣等民族，所以各民族要不惜以战争手段在竞争中胜出。20世纪这两大主义不仅侵犯人权，而且残酷地践踏人性。鉴于惨痛的历史教训，德国刑法§130 StGB严禁任何形式的煽动仇视其他民族或贬低特定社会阶层的行为。如果将国民中的一部分人描述成劣等或败坏的人，视作敌人，并煽动社会对这些人的仇恨，是与"人的尊严不可侵犯"相违背的（判例23）。

其次，人性尊严高于人权原则。德国宪法第1条第1款就是"人的尊严不可侵犯"，接着第2条到第19条是对人权的保护，第20条定义德国是民主国与社会国（没有提及法制国！）。第21条以后才讨论具体的国家体制、议会形式等——人权法成为宪法的灵魂，而人性尊严成为人权法的灵魂，也是所有人权内容的来源和最终依据。宪法中没有说"人权不可侵犯",例如刑法中容许剥夺一个人的自由权(判刑),当然必须符合法制国的合法原则、合理原则和权衡原则。但人性尊严是绝对不能侵犯的,无论这个人犯了多大的罪。

在宪法措辞上对两者的保护就有区别。对人性尊严:国家绝对不准侵犯人性尊严,而且要保障所有国民的人性尊严不受他人侵犯(Art.1 I GG)。对于人权:德国人民将人权看作世界上各个群体实现和平与公正的基础(Art.1 II GG)。由此可见,基本人权是可以权衡的相对权利,人性尊严是没有伸缩余地的绝对权利。

在宪法修改的程序上,宪法中的人权条款只要得到众参两院 2/3 多数通过就可以修改。但对"人的尊严不可侵犯"及第 20 条,哪怕议会全票通过都不准动一个字,成为德国世世代代不得改写的两大永久条款(Art.79 III GG),从而在德国的主权范围内,奠定了人的最高价值:在这片土地上,没有任何一样东西或任何一个主义可以超越人的价值,可以凌驾于人的尊严之上。

德国的法律体系是以人权为主干,所有具体法律都是人权的延伸和具体化。而人权法的母体是人的尊严。所以,如果不理解作为人权的母体"人的尊严不可侵犯",就不可能理解人权法的灵魂和德国宪法的精神,从而基本上无法理解整个德国法律、法制与法律实践。

判例

判例 1:联邦宪法法院 BVerfGE 18,112(117)

判例 2:联邦宪法法院 BVerfG E45,187,227f

判例 3:联邦宪法法院 BVerfG 1 BvR 357/05

判例 4:联邦宪法法院 BVerfGE 46,160(165)

判例 5:联邦宪法法院 BVerfGE 39,1

判例 6:联邦宪法法院 BVerfGE 88,S.203 ff.

判例 7:联邦宪法法院 BVerfG E30,173(196)

判例 8:联邦最高法院 BGH NJW 1990,1986

判例 9:联邦宪法法院 BVerfGE 27,1(6)

判例 10:联邦最高法院 BGH,NJW 1964,1139

判例 11:联邦宪法法院 BVerfGE 80,367ff

判例 12:联邦宪法法院 BVerfGE 34,238ff

判例 13:联邦宪法法院 BVerfGE 1 BvR 256/08,1 BvR 263/08,1 BvR 586/08

判例 14:柏林宪法法院 VerfGE B. NJW 1993,515

判例 15：联邦宪法法院 BVerfGE 18，112/BVerfGE 60，348

判例 16：联邦宪法法院 BVerfGE 45，187ff

判例 17：联邦宪法法院 BVerfGE 30，1，S.101

判例 18：联邦行政法院 BVerwGE 1，159（161）

判例 19：联邦宪法法院 BVerfGE 1 BvL 1/09，1 BvL 3/09，1 BvL 4/09

判例 20：联邦最高行政法院 BVerwG 5 C 34/92 = NDV 1993，318

判例 21：联邦最高行政法院 BVerwGE 37，216（219）

判例 22：联邦最高行政法院 BVerwGE 80，349

判例 23：联邦最高法院判决 BGH NJW 1995，340

从专制国到法制国

普鲁士历史上的几场著名公案

一、从欧洲的历史发展而言,首先是实现法制,体制上依旧保留国王当政的集权专制,然后才实现民主——实现法制要比实现民主更为重要。

二、英国实现法制是通过半暴力的贵族革命(英国光荣革命),法国实现法制是通过由下而上的流血革命(法国大革命),德国实现法制却是通过由上而下的政治改革(普鲁士法制改革)。时间上长于法国大革命,但对社会的破坏却小于法国大革命。所以普鲁士政治改革也成为世界许多国家的改革模式。

三、从专制走向法制是时代潮流,但在一百多年中实现转变,是德国人文学者与几位开明君主和法官的贡献——德国在语言上是法制国(rechtsstaat/state of law)的最早提出者。

四、德国实现法制不是一步到位,而是由极权国转向法律国,即司法独立;再由警察国,通过司法实践和民众抗争而实现形式上的法制国,即议会立法(宪政)。"一次大战"后的魏玛共和国实现民主,但经历了纳粹时期的人权践踏,"二次大战"后德国才最终实现实质上的法制国,同时实现向社会国的转变。

从封建社会进入专制社会

教科书上常说"封建专制"。其实,封建社会(feudalismus/feudalism)是一盘散沙的社会,无法专制,至少欧洲历史上只有"封建社会"而没有"封建专制"一说,却有"极权专制"(absolutismus/absolutism)。新教运动,尤其是1618~1648年三十年宗教战争后,逐步形成了民族国家暨主权国家,然后才逐步形成国王的中央集权,集立法、行政和司法于一身,法王路易十四时达到极权专制的顶峰。中国夏、商、周三代或许是封建社会,到秦始皇统一六国开始形成(中央)极权,即极权专制。

在德国封建时代有大大小小几百个国家,拿破仑占领期间合并成39个国家。由于形成的历史各异而有不同的名称,如公爵国、伯爵国、侯爵国,独立城邦。公元911年查理大帝在德国一脉断嗣后,便开始由各诸侯国选举德国国王。可见,德国国王只是德国最大的诸侯国国王而已,起协调作用,各诸侯国在军事、行政、税务和司法上独立——就如今日的欧盟。在诸侯国内部,国王权力也受到多方限制,国王只是世俗中心,还有与之制衡的精神中心(教会),世俗政权中还有享有各种特权的贵族。

在法制上,传统的日耳曼民族认为,法律是人类社会的行为规范,是历史形成或祖上传下的,留存于文化和社会生活之中。所以,法律只能去民间收集(如《萨克森明镜》),而不能人为制定,国王没有权力去制定法律和执行法律——这点有异于古罗马帝国。

但三十年战争中,北德新教国(及联盟的瑞典和法国)与南德旧教国(包括奥地利和联盟的西班牙)之间打得两败俱伤,参战国最后签署威斯特法伦和约,确认各诸侯国国王所信的教就是该国国教,国王就此凌驾于教会之上。国王又通过赎买和军事侵略而逐步剥夺国内贵族的特权,让他们去做国家官员或进入军队。这期间,制定法逐步取代习惯法。原来日耳曼法传统"地方法高于中央法",逐步颠倒成"中央法高于地方法",国王不仅立法,也掌控法庭的最高司法权……由此,国王逐步将军事、政治、经济、法律等权力集中于一人之手,形成极权专制——Absolutism源于拉丁文absolutus(不受限制),其原意:在主权范围内,不受任何其他政治势力制约的国家权力。这就是现代国家,就如法国国王路易十四世所言:"朕即国家!"当然,就在欧洲逐步进入极权专制的同时,欧洲以人权为核心的启蒙运动开始兴起。所以,这是一个国王走向专制、社会崇尚自由并行并存的时代。

从封建专制到极权专制——普鲁士继位王子叛国案

德国近代在政治上与法国为敌,而在文化上又崇尚法国文化。普鲁士继位王子弗里德里希大帝(Friedrich,1712~1786)从小受到法国文化教育——他的抚养

从专制国到法制国

图5　普鲁士国王弗里德里希大帝

人只会法语，家庭教师是法国流亡者，但他父亲、普鲁士国王弗里德里希·威廉不仅在国家政治上专制，而且在家庭生活中也极其专制，例如限定小王子吃早餐只能15分钟，下午晚5点后才能娱乐，小王子过的几乎是军旅生活，体罚王子成了家常便饭。

王子迷恋法国文化，偷偷学习音乐和写诗。18岁时与好友Katte去普鲁士靠近法国的Weithain军营实习，想从那里通过法国逃往英国。结果没有成功，两人均被逮捕。军事法庭以逃跑罪判处Katte在军事工地终身苦役。但老国王不同意，将Katte改为叛国罪而判死刑，就在小王子面前执行。王子本人也同样被父亲判为死刑，在德国皇帝、奥地利国王查理六世和欧洲名将、奥地利陆军司令欧根王子的书面求情下，才免于一死。但剥夺继位王子身份，转为在军事工地终身苦役。直到老国王年迈，小王子被迫与他很不喜欢的伊丽莎白成婚，从而恢复了继位王子身份。但他28岁继承王位后，就与伊丽莎白终身分居，终身倾心于国家建设，无后而终，王位传给了他的侄子。

弗里德里希大帝亲身经历专制制度迫害，又崇尚法国启蒙文化，当政后多次邀请法国启蒙思想家伏尔泰来普鲁士做客，他从极权专制转向了开明专制或启蒙专制。法王路易十四世的极权专制（hoefischer absolutismus/courtly absolutism），是将维护自己家族统治看作国家政策的唯一目的；而开明专制（aufgeklaerter absolutismus/enlightened absolutism），则将全民福祉看作国家政策的目的——所以同样"专制"，还是有不同的内涵。弗里德里希二世宣称，自己是"国家第一服务员"（erster Diener des Staates）。他与强大的俄国开战，身先士卒，以为自己将要阵亡，还给家人写了永别信。在他任内，普鲁士从一个欧洲小国一跃成为欧洲五强（另四强为俄国、奥地利、法国、英国），所以被称为弗里德里希大帝。他与年轻的美国签署国际上第一份国与国之间的"友好与贸易合约"。国王对内发展全民教育，创立几百所学校，建立高效的公务员制度，发展经济和开发农田、水利、村庄，还发布命令要所有官员下乡去教农民种植土豆（1756年3月）。

在法制建设上，他废除农奴制，废除对犯人的残酷体罚，提倡宗教宽容，市民可以自由选择宗教信仰；倡导"法律面前人人平等"，法庭上的冤屈者，可以直接向他申诉，事无巨细他都要过问，而且始终站在穷苦老百姓的一边。

1777年国王在致司法部部长的信中写道："我很不高兴，那些在柏林吃上官司的穷人处境是如此艰难，他们动辄就会被拘捕。比如来自东普鲁士的雅各·特雷赫，因为一场诉讼而要在柏林逗留，警察就将他逮捕，后来我让警察释放了他。我要明确地告诉你们：在我的眼中，一个穷困农民和一个最显赫的公爵或最有钱的贵族，没有丝毫高低之别，法律面前人人平等！"

从极权专制到开明专制——水磨坊公案（Prozess des Muellers Arnold）

农夫阿诺尔德（Christian Arnold）在德国与波兰交界处Pommerzig有一家祖传的水磨坊，坐落在奥德河延伸过来的一条溪流边上。阿诺尔德靠水磨赚钱，同时要缴给土地主人地租。1770年，邻村的土地主人科莱（Kray）在溪流上游建了养殖鲤鱼的鱼塘，影响了阿诺尔德水磨坊的水力，使他的水磨收入连年下降，最后因无法缴纳地租而欠债。土地主人讨不到欠租，就向法院提出起诉，阿诺尔德败诉。1778年土地主人将该水磨坊拍卖，买下水磨坊的正是邻村的那位鱼塘主人科莱。这下引起了阿诺尔德的不满，因为引起他破产的正是科莱的鱼塘。于是阿诺尔德到当地Pommerzig地方法院起诉，要求科莱赔偿他的水磨坊损失。没想到，科莱不仅是该片土地的主人，而且自己兼任Pommerzig地方法院的法官，阿诺尔德必输无疑。阿诺尔德气得无路可走，只能斗胆地将此事直接告到普鲁士国王弗里德里希大帝那里，请求援助。

弗里德里希大帝确实是一位体谅民心的开明君主，他亲自审理该案，认为此案完全是地方有钱有势者官商结合，欺压老百姓。于是，他帮阿诺尔德将此案交到 Kuestrin 中级法院，要求重新审理。没想到法院不领国王的情，阿诺尔德在中级法院败诉。国王将此案再交到普鲁士最高法院，而且要求法官必须认真地重新审理！结果，阿诺尔德还是败诉。这下国王气极了，他在 1779 年 12 月 11 日的记录上写道：这一判决极其不公正。一位最底层的农民——社会地位可能仅高于乞丐——在法律上的地位与国王相等，法官仅仅能根据正义来判决，而不能考虑当事人的社会地位。"一个司法部门如果不公正，要比一个盗窃集团更危险、更有害。因为，人们对付一个盗窃集团还可以防范；而对一个披着司法外衣、以恶劣的偏见来判案的流氓，人们无法防范。他们就像世界上最大的流氓，对人们制造着双重惩罚。"[弗里德里希大帝日记引自《法律史》(Geschichte des Rechts) (Uwe Wesel 著，C.H.Beck 出版社)]

国王强压怒火，诚邀最高法院的三位法官前来波茨坦国王生活的无忧宫座谈。谈话结果令国王极其不满，他指令把这三位法官全部当作犯人关押起来。接着又命令逮捕初级、中级法院的四位法官。德国法律是日耳曼习惯法与古罗马法的混合，在法律上通常有一句来自古罗马法的总则：国王或皇帝的意愿有法律效力。在法官判决书的开头都要写上"以国王的名义"（现在判决书上"以人民的名义"即源于此）。而在现实中，法官们"以国王的名义"，却不顾国王的意愿，而仅根据自己的判断或偏见。国王要求最高法院以这些法官渎职定罪，法院拒绝。结果，国王作为国家的"最高法官"，只能亲自审判：两位法官无罪释放，其他法官各判刑 1 年到军事工地做苦役。赔偿阿诺尔德的经济损失，水磨坊依旧归阿诺尔德所有……

从法理上说，国王对此案判得是正义的。所以此案一传出，赢得了普鲁士及欧洲各国民众的欢呼，总算为穷人出了一口怨气。此案后来还被一位英国作家杜撰出无忧宫前的磨坊传说（某磨坊挡住无忧宫的视野，磨坊主拒绝拆除，国王上法庭起诉而败诉），在民间广为流传，现在成为波茨坦王宫的景点之一。

国王这次判决的理由在法理上具有开拓性，表现在以下几个方面。

（1）土地出租给水磨坊，其土地的使用价值必须考虑到当时建立水磨坊时的使用价值。后来在该租地的上游建了鱼塘，造成水磨的水流变缓，即租地的使用价值下降，则租金也应当相应降低，这一具有前瞻性的法律精神，后来被德国社会普遍接受，并写入了迄今的德国民法（§313 BGB）："如果合同的基础发生变化，就必须修改合同，修改不成可以取消合同。"

（2）尽管水流上游的区域不在水磨坊的租地上，但上游要建立鱼塘必须考虑下游区域的利益，征得下游区域使用者的许可。否则，上游使用者必须赔偿下游使用者的经济损失——这一法律精神现在已经使用到建筑法中，例如一套住房本来在这堵墙上没有窗户或阳台，现要增设，使该墙对面的住户很不舒服，引起他人（精神）损失，所以必须获得对方同意才能增设，否则造完后也得拆除。

此案中尤其严重的是官商结合，有财有势者欺压平民百姓，甚至有财者自己就把持着法院大门，让穷人申诉无门。

经过这次事件，国王感觉法院也必须受到国家监督，所以采取了三个行政措施，这三大措施几乎沿用至今。

（1）新教运动后，司法人员在社会上的声誉不佳，被人贬为"恶的基督徒"（马丁·路德），"权力和金钱的奴仆"（Ch.Lehmann，1630）。所以，1781 年弗里德里希大帝颁布法庭条例（Prozessordnung）规定，不得由当事人自己聘请自己信得过的律师，而必须由法庭指定律师。律师只准为当事人解释法律，不准出谋划策，律师甚至可以做出对当事人不利的法庭辩解。直到后来的新国王才逐步修改法律，容许当事人除了获得法庭指定的律师外，还可自己再聘用信得过的律师。直到 1973 年才最后取消法庭指定律师，正因为法律规定律师只准提供法律帮助而不能参与献策，所以律师收费不得与官司胜负联系在一起，此条款一直沿用至今。

（2）所有司法领域的从业人员（法官、律师），除了必须经过专门的大学教育、掌握法律知识外，还必须通过国家考核（Staats examen），以防各大学教学质量参差不齐，缺乏道德教育，从而影响司法公正。这之前的 1612 年弗里德里希大帝的父王引入了对医生的国家考核，19 世纪初亚历山大·洪堡引入对教师的国家考核，这些都反映了国王对大学教育的不满或不放心，所以只能"大学培养，国家考核"。这三大领域的国家考核制度沿用迄今。

（3）政府首次设立司法部（之前只有外交部、财务部和战争部），专门监督法院的渎职现象，制定相应的法律来规范法庭判案。政府应当成为保障人民获得公正司法的守护神，因为在人民眼里，国家代表全民利益。在一个明君时代，国王与人民的利益是一致的，官员（尤其贪官污吏）则站在国王与人民的对立面。可惜的是，国王必须通过官员来统治人民。在传统欧洲，国民分成三等：僧侣、贵族与平民，平民要想在法庭上胜诉僧侣或贵族，几乎不可能。

从开明专制到法律国——普鲁士法典与皇帝车牌案

从上述案件的另一面可以看到，当时的普鲁士社会已经有相当的法制意识和相对独立的司法制度，法官们居然敢违抗国王指令而判阿诺尔德败诉，拒绝国王要求对渎职的法官判刑，导致国王只能被迫亲自审判。

但从法制形式上看，这是国王越权，干涉司法独立，被德国司法史上称为"司法灾难"（Justizkatastrophe），弗里德里希大帝吃力不讨好。所以此案发生后，国王希望通过立法来细化法律，而且法律要制定得语言通俗，人人都能读懂，使法官无机可乘。同时规范法庭程序，要在制度上杜绝类似冤假错案的发生，而不能老是国王自己为了维持正义而身背干涉司法独立的恶名，实现国王自己所说的理想："在法庭上是法律说话，统治者必须住口。"法官们也希望国王立法，他们只愿根据成文法律来判案，而不愿看着国王的脸色来判案，要在制度上保障司法独立。

于是，新任总理 Heinrich v. Carmer 亲自组成一个法律起草小组，组长是崇尚自然法学的启蒙主义法学家 C.G.Suarez。可想而知，所起草的《普鲁士法典》也充满了启蒙主义色彩，甚至带有人权色彩，而且保障司法独立。例如导言部分写道："人的普遍权利是基于人与生俱来的自由。只要不影响到别人的权利，则人人都有追求幸福的权利。"（§83）"如果国家最高领导人与他的臣民发生法律纠纷，必须在通常的法庭、根据法律来判决。"（§18）——即国王与臣民在法律面前一律平等，这在欧洲法律史上还是第一次明确以法律的形式写出，超越了英国的《权利宪章》和《拿破仑民法典》。当时的欧洲各国还在延续僧侣、贵族和平民的三级制度，此后法国就因为三级制度对平民的不平等而爆发了法国大革命。

在社会领域，法律草案对儿童、妇女、租房者等弱势群体的权利也给予了更多保护，例如减弱父亲对孩子的权利。在古罗马法中，如果换了房东，则前房东与房客签署的租房合同自然失效，房客的权利得不到保障。在新法律中，换了房东，房客的待遇不变，此法一直沿用迄今，而且延伸到劳资关系等领域，例如换了企业主，雇员与前企业主签署的劳工合同继续有效。

普鲁士法典与"巴伐利亚民法 CMBC"（1756）和"奥地利民法"（1811）并称为欧洲后期专制社会的三大自然法法典——《拿破仑民法典》到1804年才颁布。普鲁士法典后来被世界上的许多国家（如日本）接纳。只可惜，该法律还没有正式颁布，弗里德里希大帝就于1786年去世。三年后发生法国大革命，冲击着整个欧洲贵族社会，而普鲁士法典中就带有许多"革命"倾向的条款。所以，后续普鲁士国王弗里德里希·威廉二世于1792年宣布不再颁布这一法典。次年波兰的许多地区划入普鲁士，这些新移民必须获得法律保障，1794年新国王还是被迫颁布了这一法典。于是，普鲁士从开明专制，进入了法制国的初级阶段——法律国。

法律国最明显的特征，就如法国大革命（1789）产生的《人权宣言》第 5 条中所言："只要法律没有禁止，（政府）都不得禁止；只要法律没有要求，（政府）都不得强制。"或通俗点说：只要法律没有授予，政府不容许做任何事情；只要法律没有禁止，老百姓可以做任何事情。

作为缺陷，法律国只知道遵守法律，却不问该法律本身是否合理，甚至法律本身就是在践踏人权，如纳粹德国通过的"纽伦堡法"。法律国尽管只是形式上实现了法制国，但对当时的德国已是一个很大的进步。不仅建立了独立司法，而且国民开始逐步习惯遵纪守法。世称普鲁士人的国民性是"纪律、秩序和可靠"，或许都与此有关，为德国 150 年后真正进入法制国奠定了国民法制素养的基础。

柏林商业之王鲁道夫（Rudolph Herzog jr.）于 1901 年 7 月 8 日购置了柏林第一辆轿车"Horch Cabriolet"，到警察局要求获得车牌"IA-1"，此后，IA 成为柏林车牌的标记（一直用到两德统一）。不久，普鲁士国王（也是德国皇帝）威廉二世（1859~1942）也买了一辆达姆勒牌轿车，到警察局登记，只能获得车牌"IA-2"，显然与皇帝的身份不相配。国王让警察局出面与鲁道夫商量，能否照顾皇帝让出"IA-1"，没想到遭到拒绝。于是，警察局长以皇帝的名义起诉鲁道夫，要求法庭将"IA-1"判给皇帝，唯一的理由只能是：他是皇帝，天下第一，怎么能拿车牌"2"？国王在法庭上又败诉，判决理由很简单：法律面前国王与平民一律平等。无可奈何之下，警察局长只能向皇帝表示：皇帝的车可以破例不用车牌——正因为发生过这样的官司，纳粹时期德国政府为自己保留了"IA-2"到"IA-1000"的车牌，专门提供给有名望的政治家。

从警察国到公民社会——柏林"十字山"案

说到"警察国"（polizeistaat/police state），就会让人联想到专制国（autokratiestaat/autocracy state）、恐怖国（repressionsstaat/repressiv regime）或监视国（ueberwachungsstaat / surveillance state）。其实，欧洲近代所提到的警察国还没有那么恐怖，其原意只是"行政管理国"（verwaltungsstaat/administrative state）。Polizei（旧写作 Policey）源于古希腊语 Politeia（城邦为 Polit），指整个国家的行政管理。欧洲近代从封建国家进入集权国家，国王集立法、司法与行政大权于一身，国王就是靠完整的行政系统来日常管理国家，这就成了"警察国"。如果明君当政，政府廉洁高效如弗里德里希大帝时代，人们称之为好的 Polizey，得译成"好的政府"（好的国家管理），而不是"好的警察"。

从专制国到法制国

直到1848年欧洲革命，欧洲各国民众起来要求自由与民主，废除国王或限制国王权力。就集权国家而言，政治反对派就是违背国家利益、从而违背臣民利益的势力，必须给予镇压。国王通过政府机构，以政治恐怖来对付民众，手段越来越暴力，国家成为对付民众的工具。于是，警察（Polizey）一词也从原来的"行政管理"，逐步转义成今日意义的"警察"。政府其他部门不愿再去背"Polizey"的恶名，只能改名，从原来的 Polizei（如卫生局 Gesundheitpolizei、建筑局 Baupolizei、移民局 Auslaenderpolizei）纷纷改写成 Amt（Gesundheitsamt、Bauaufsichtamt、Auslaenderamt），以与"警察"保持一段距离。即使到19世纪转义后的"警察"功能，也只是维持社会秩序而已。

但在一个专制国家，国王暨政府的权力没有限制，警察的权力必然无限扩大，渗透到社会生活的各个领域。与此相对应，臣民的权利不断减少，作为个体的民众成了国家机器里一只任人摆布的"螺丝钉"。好在经历弗里德里希大帝的法制改革，普鲁士的法制逐步健全，臣民的法制意识即通过法律维护自身权利的意识不断提高。警察的这种无限制的权力，终于在1882年6月14日柏林中级法院的"十字山"案（Kreuzberg-Fall）判决中，受到了界定和限制。

1812年拿破仑在俄国战争失利而撤军后，德国爆发了抗击拿破仑统治的"解放战争"，主力是普鲁士军队，直到1815年解放德国。为了纪念这一历史事件，普鲁士国王弗里德里希·威廉三世在柏林的一个高地十字山（Kreuzberg）建起一座66米高的铁塔（艺术家 Karl Friedrich Schinkel 设计），从1818年9月19日开基到1821年3月21日竣工。1878年国王威廉一世又做了扩建，将之看作德意志民族的象征。本来荒僻的十字山，因为纪念塔而繁荣起来，周边出现了居民住房，塔的北部逐年造满了房屋，多是廉价的多层出租房，有损纪念塔的外围景观。于是，1879年柏林警察局发出政府条例，禁止在仅剩的塔的南部区域再建廉价的多层房，只能造比较美观的花

图6　十字山铁塔

园别墅房,"以便让人们从塔脚远眺城市和周边景色的视线不被房屋阻挡,塔的外围景观不受影响",显然,警察局也是出于好意。

没想到1881年商人M. Rentiers买下纪念塔南部区域,还就是要造廉价的多层出租房。建房申请被警察局拒绝。商人向柏林初级法院起诉,出乎意料地胜诉,1882年6月14日法庭判决警察局必须批准建房。判决理由居然是:纪念塔是否美观与你警察局何干?你是多管闲事!警察局不服,再向柏林州法院起诉,又败诉,警察局只能被迫同意建房。

警察局"多管闲事"的法律依据是普鲁士法典PAL第二部分第17条第10款:"警察局的主管内容是:保障公共安宁、安全和社会秩序,阻止对公共或个人有危害的行为。"警察局长在法庭申辩,这里所指的"公共秩序"包含所有涉及公众利益的领域,当然包含保持纪念碑的美观。"公众利益"包含了许多其他的、例如公众的精神财产,政府要阻止公民个人对这些公众利益的侵害。在本案中,涉及的是对爱国主义的维护,那是一个民族所能拥有的最高精神财产。十字山上的民族纪念碑是为了让同代人、下代人不忘记解放战争的光荣时代,是国家花出许多钱、选择一个像样的高地、以很有艺术效果的高度建起的纪念塔,目的是要促进爱国主义。如果建起多层的高楼,阻挡人们从塔脚远望城市的视线,则建立这座纪念碑的目的就无法实现。

州法院否决警察局长的说辞,认为法律上只说,警察要维护公共秩序(oeffentliche ordnung/public order),而没说要维护公众幸福(oeffentliches wohl/public good)。只有在公众利益确实受到威胁、而不是仅仅对公众利益可能产生负面影响时,警方才能出来阻止。警察的任务是为老百姓排除危险,而不是促进幸福。至于爱国主义,法庭也将之看作民族的最高精神财产之一。但爱国主义的概念过于宽泛,至少只涉及"公众幸福",所以对爱国主义的维护不是警察的任务。除非纪念塔被损坏,或因为周围环境的改变而发生变化,警方才能出面干涉。纪念塔的北侧已经建造高层出租房,再在南侧建造高层出租房,不会因此更多地损坏纪念塔。仅仅因为纪念塔的环境变得更丑一点,这种理由是不够的。在涉及侵犯公民权利的问题上,警方要有所克制。

这一看来只是针对某私人建房的法庭判决,却第一次以司法形式限制了警察暨政府的权力,杜绝政府权力向社会各个生活领域的渗透,在政府权力(Macht/power)与公民权利(Recht/right)之间画上了一个界限。"从人类的经验中遗憾地看到,每个人都要滥用手中的权力,而且一直要用到该权力的最极限。为了阻止人们滥用权力,必须设立另一个权力来限制这个权力"[孟德斯鸠《论法的精神》

（The Spirit of the Laws, 1748）]。在这次判决中，就是用司法权力（Judikative）来阻止行政权力（Exekutive）。

这一判决是划时代的，普鲁士从警察国走向了公民社会，政府职能从欧洲近代意义的 Policey（广义的行政管理），缩小到现代意义的 Polizei（狭义的警察）。

以法制突破专制——柏林法院“雅可比案”

拿破仑在全欧洲以军事手段推行法国大革命精神“自由、平等、博爱”，占领之处就施行《拿破仑民法典》，那些受到政治限制的犹太人也同样享有公民权。1806 年 10 月 14 日普鲁士军队惨败给拿破仑军队，丧失了易北河以北及波兰的大片占领地。接着，普鲁士本土又发生经济危机，内外交困下，又刚好是开明政治家当政，普鲁士国王弗里德里希 · 威廉三世只能很不情愿地依着拿破仑，推行一系列开明政策，例如放松农民流动的权利（1807）和城市管理（1808），保障职业自由（1810）和给予普鲁士 3 万名犹太人平等的公民权（1812）……甚至国王亲自宣布，将赠送给普鲁士人民一部宪法，以界定国王权力与保障人民自由平等，将制法权移交给民选议会（1815）。

没想到，短命的拿破仑政权兵败滑铁卢（1815），本来在拿破仑铁骑下苟延残喘的各国皇家马上变脸，收回许诺，加强专制。例如在普鲁士设立新闻管制，镇压德国统一运动，仅仅在 1832 年就逮捕了 204 位抗议学生，其中许多被判死刑，甚至逮捕了不满国王宗教政策的科隆大主教。直到 1823 年，普鲁士才在省一级建立所谓的州议会，议会席位都是由贵族占着。犹太人又失去了政治权利，例如犹太诗人海涅尽管受了基督教洗礼，想去政府部门谋职，还是被拒绝。1840 年国王去世，长子弗里德里希 · 威廉四世继位。新国王改变了其父的政治恐怖，释放不少自由主义政治犯，许多犯罪行为要判死刑的法律也被修改，修善与教会的关系，如投资扩建科隆大教堂。唯有新闻监控始终没有放弃。

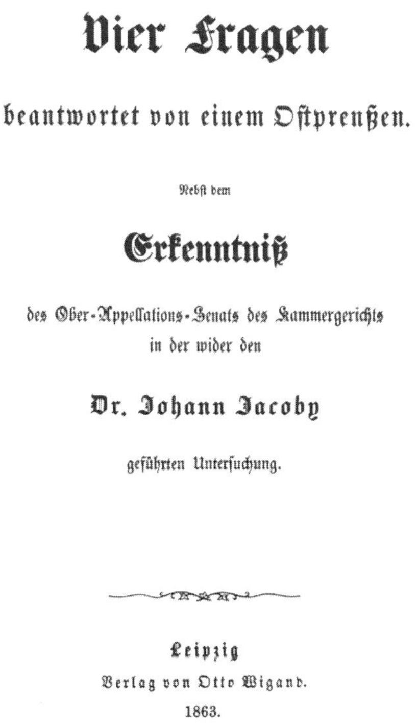
Vier Fragen

beantwortet von einem Ostpreußen.

Nebst dem

Erkenntniß

des Ober-Appellations-Senats des Kammergerichts
in der wider den

Dr. Johann Jacoby

geführten Untersuchung.

Leipzig
Verlag von Otto Wigand.
1863.

图 7　雅可比的《四个问题》

第一篇　法律与文化

1842年，生活在原普鲁士首都Koenigsberg（今俄罗斯加里宁格勒）的犹太医生雅可比（Johann Jacoby，1805~1877），匿名发表了一篇48页的长文《一位东普鲁士人回答的四个问题》，要求新国王兑现他父亲弗里德里希·威廉三世于1815年的许诺：赠送给普鲁士人民一部宪法！该小册子很快被禁，但出版的2500份已经全部售出，传遍普鲁士王国，引起举世震惊，成为19世纪最成功的政治宣传行动之一。

手册以对话形式，例如写道。

- ◆ 问：人民有什么愿望？答：公民能合法地参与国家政治。
- ◆ 问：有什么理由提出这样的愿望？答：人民的政治成熟与老国王1815年的许诺。
- ◆ 问：人民获得了国王的什么反应？答：国王确认了人民的忠诚良知，答应在无期限的未来给予人民这样的权利。
- ◆ 问：国民会议还能有什么作为？答：他们还在通过祈祷想满足这一愿望，但必须接受国王指定给他们的权利。

该册子引起了新国王的震怒，勒令立即查出真实作者，雅可比不久被捕。国王要杀一儆百，强加给他"叛国罪"，这就可以判处这个"无耻的犹太人"死刑。此案引起了普鲁士民众对雅可比的很大同情。雅可比也很机智，在写作时就留下了许多日后可为自己开脱罪行的伏笔。

任何法官都不愿接手这样违背良知、违背民心的案件，该案首先在两个法院之间踢皮球：雅可比所在城市Koenigsberg州法院认为，既然说他是"叛国罪"，那就超出了地方法院的权限，得由国家级的柏林最高法院受理；柏林法院认为，无论什么刑法，都得遵循属地原则，此案应当由地方法院审理——大家都不愿去背这个不得人心的黑锅。双方推来推去，最后只能由"最高法官"国王亲自来判定：此案应当由柏林法院审理和判决。

柏林法院经过审理后，没有提审被告人，仅仅根据事件档案，于1842年4月5日做出判决：看不出雅可比有推翻国王的意图，所以"叛国罪"不成立（这就免了死刑）。但根据普鲁士法典，确认他犯有两项罪行："侮辱国王"和"煽动民众恼怒以反政府"。以此判他2.5年在军事工地做苦役。

国王对判得这么轻非常不满，而雅可比居然还不服，向上一级最高法院提出再诉，并对判决的理由做出一一反驳。

侮辱国王罪：依据普鲁士法典 II.20 § 199 PrALR："谁用语言、文字或其他方式侮辱国家首脑，将判处2~4年徒刑或苦力。"这点不成立。法律所言的"国家首脑"是指当任的国家首脑,而雅可比"侮辱"的是刚刚去世的老国王,那是前任国家首脑。

煽动民众罪:依据普鲁士法典 II.20 § 151 PrALR:"谁对州法典或国家制度给予无耻和无礼的指责或讥讽,以煽动民众反政府,则将判处 0.5~2 年的徒刑或苦力。"这点又不成立。尽管这份小册子在普鲁士引起了很大轰动,但内容中没有"无耻"和"无礼"的语言,而是非常就事论事且逻辑清晰。

雅可比递交再诉书后,全社会都为他捏一把汗,再诉就意味着法院要重新审理。国王对前次审判就已经如此不满,再审法院因此受到了政治压力,而雅可比还拒绝聘用专业律师。如果再审时确认雅可比是"叛国罪",他的命就没有了。

1843 年 1 月 19 日柏林法院再度开庭。因为事关重大,这回由法官团集体审理和判决,最高法院院长 W.H.v.Grolmann 亲任主席。出乎所有人意料的是,法院院长当庭宣布:雅可比无罪释放!

这是普鲁士司法史上最奇特的一次判决:法官只是匆匆做了口头判决,没有陈述判决理由,没有形成书面判决书,宣判完后就是放人,法官们一哄而散。年已 62 岁的法院院长知道这下得罪了国王,便放下法官红帽,当堂辞去最高法院院长的职务。

国王听到法院判决后愤怒至极,但又无可奈何,普鲁士毕竟已是法律国,形式上必须保障司法独立和尊重法官判决。这一判决传出后,不仅轰动普鲁士,而且轰动全欧洲:普鲁士王国实现了司法独立!普鲁士民众欢欣鼓舞:"柏林还是有(好)法官!"国王听到民众的欢呼哭笑不得,而 Grolmann 毕竟是普鲁士的两朝老法官,所以 1845 年国王还是授予这位前最高法院院长"一级红鹰骑士勋章",表彰他为普鲁士的法制建设立下了汗马功劳。

总体来说,雅可比案还是在旧的法律框架下进行的:由法官调查案情,并由法官判决,而刑法判决是不公开的。直到几年后受法国司法影响,德国设立了检察院,由检察官代表政府向犯罪嫌疑者提出公诉,当事人应诉,法官作为政府与犯罪者之间公正的第三者给予判决,判决必须在公开场地进行。为了防止政府聘任的法官和检察官审理和判决时偏向政府,又设立了陪审团制度(schwurgericht/crown court),法庭上由九位(后缩减到两位)临时找来的陪审法官负责审理案情,三位受雇于法庭的职业法官只审核法律内容——法庭内部也要设立"两权分立"。

君主立宪——普鲁士议会"军费预算案"

1848 年法国三月革命,引发了全欧洲各国争取自由与民主的轰轰烈烈的欧洲革命,德国各地争取自由与统一的呼声高涨,德国上千年的"首都"法兰克福、普鲁士首都柏林等地爆发了抗议游行和警民暴力冲突,并在法兰克福的保罗教堂召开了第一届民选的议员大会,诞生了德国第一部宪法和人权宣言。

法兰克福大会选举普鲁士国王为德国皇帝,国王却认为他的皇位是上帝授予的,拒绝担任"民选皇帝",从而使法兰克福大会夭折。但在这场革命的压力下,普鲁士国王被迫在普鲁士国内取消新闻监控,并于1850年实行政治改革而颁布普鲁士宪法,实行君主立宪。根据宪法,由普鲁士国王任命普鲁士政府,但立法权归议会,议会由皇家和贵族代表的参议院(Herrenhaus)和民选的众议院(Abgeordnetenhaus)组成。但通过的法律必须最终得到国王(相当于总统)签署方为有效。可见,该宪法给予了国王很大的权限,但人民毕竟有了参政权。起先众议院中成员还要根据财产多少分成三级制——法国就是因为僧侣、贵族和平民的三级议会制而实际剥夺了平民权利,以致爆发法国大革命,最后还是将众议院修改成全部民选。

1857年国王病重,其弟威廉一世当政,1861年正式继承皇位。这是一位保守而充满帝国野心的国王,当政半年就因被一位大学生暗杀而伤了脖子。当时的普鲁士在德国各诸侯国中屈居老二,新国王要与德国老大奥地利(奥匈帝国)决一雌雄。他与战争部长Roon决定扩大军队与军备,延长义务服兵役时间,这就必须增加军费,而国家预算是要在议会通过的。众议院中自由主义派占多数,反对政府扩军备战,拒绝政府提出的1862~1863年预算。国王一气之下根据宪法解散议会,重新举行全国大选。没想到重新大选后,众议院中自由派议员更多,更是否决提高军费。这下国王灰心丧气,国王也不想当了,写下退位书,决定将皇位转给儿子威廉三世,一走了之。

图8 普鲁士总理兼外交部长俾斯麦

威廉三世的政治倾向是符合时代潮流的自由主义,整个扩军计划真的将付诸东流,急得战争部长立即召回正在巴黎担任普鲁士大使的保守派政治家俾斯麦。1861年9月16日国王与俾斯麦举行长谈,俾斯麦决意顶着议会压力强行实施扩军计划。国王激动地说:"既然你有决心,那我就奉陪!"于是,国王当晚任命俾斯麦为普鲁士总理兼外交部长。当政之初的俾斯麦非常孤立,连议会中的保守派都嫌他极端保守而远离他。但他不顾背上违背宪法的黑锅,一意孤行地扩军战备。

这是一场保守派与自由派的政治交锋，形式上却是一场宪法之争，因为国王与俾斯麦也不能轻易违背宪法，至少得找到一个令人信服的违宪理由。俾斯麦对此提出他著名的"漏洞理论"（lueckentheorie/ gap theory）：国家运作每天都需要费用，如果预算无法在议会通过，就意味着政府不得支出，国家将要瘫痪，显然不行。可见，政府预算的立法与其他立法不同，这一特殊性在1850年的宪法中却没有考虑到。此外，宪法中没有提到，如果议会与国王产生冲突该怎么处理，这些都属于"宪法漏洞"。为了弥补"漏洞"，作为国家的实际掌权者国王，就有权力在过渡时期调节国家经费。议会的自由派针锋相对提出了"号召理论"（Appelltheorie）：国王只有权力解散议会，并号召公民选出更好的议员。但这一理论却没有说明：如果尽管如此政府预算还是无法通过怎么办？而那个时代，又没有能权威解释宪法的宪法法院，显然"漏洞"还在，漏洞理论比号召理论更具逻辑和更有说服力。

俾斯麦在这一借口下扩张军备，几年后分别战胜了丹麦（1864）和奥地利（1866），接着吞并汉诺威王国和黑森侯爵国，建立起北德联盟，普鲁士为盟主。自由派议员中一部分主张自由民主，另一部分主张德国统一，俾斯麦的军事胜利分化了自由派阵营，德国统一派站到了俾斯麦一侧，与保守派联手而成为议会多数。

俾斯麦以铁血政策统一德国毕竟是强权政治，而自由派主张的是和平统一。尤其俾斯麦不顾议会否决而强行提高军费，没有合法预算而动用国家财产，是明显的违宪行为，受到普鲁士社会的普遍指责，指责他的文章铺天盖地，使他在道义上受到了全社会的谴责。有一次，他气得甚至提出要与一位指责他的教授决斗。

俾斯麦不希望背上"违宪"的历史黑锅，1866年9月3日他向议会提出"免于追究（违宪）责任"的提案（indemnitaet/ indemnity）——坦承他当年的行为违背宪法，但希望议会能谅解他当年是迫于时局的无奈，重新确认当年的预算和免于追究他的责任，以此取得与自由派的和解。他的提案获得议会250票（一说230票）对75票的通过。于是，普鲁士政府从强权违宪（Macht vor Recht，权力优先于法律），又重新回到确认宪法的至高无上（Recht vor Macht，法律优先于权力）——普鲁士的崛起就是靠法制与教育。

就这样，欧洲三个大国殊途同归地先后进入了现代公民社会：英国国王在议会（贵族）的挟持下，通过和平革命（1689年光荣革命）而实现君主立宪；法国在民众的暴动中（1789年法国大革命与1848年法国三月革命），由下而上，实现共和；德国国王施行开明专制，由上而下，通过政治改革而实现法制。宪政之风由此波及整个欧洲，19世纪下半叶成为欧洲全面告别专制、实现法制与民主的动荡时代。

法制国漫谈
社会良性发展的基础

一、法制国的实质,就是以法律为媒介,从制度上来界定国家的权力,保障人民的权利。没有法制,君主政治将堕落到暴君政治,精英政治将堕落到寡头政治,民主政治将堕落到暴民政治。所以,一个社会可以没有民主,但不能没有法制。

二、欧洲近代从农耕社会进入商业社会与工业社会,新的社会形态暨工商业必须获得法制的保障。所以,18世纪的英国工业革命后就爆发了法国大革命,并蔓延为19世纪后叶的整个欧洲革命,这是历史的必然。所以,法制不是一个理念,而是社会现实。

三、实现法制的社会基础是走出蒙昧的臣民社会,出现介于国家与个体之间的公民社会。公民社会有三大标志:公民在经济与文化领域享有自由,平等竞争,普通民众能凭知识或财富进入社会上层。

四、实现法制不是一步到位的,首先实现法律国,即法律健全,司法独立;进而实现宪政国,即三权分立,议会立法;最后实现法制国,以维护人权为建国之本,司法之源。法制,是依法治国,不是依法治民。

欧洲法律史上最辉煌的是古罗马法,成为今日世界法律和法制的蓝本。史学家波里比阿(公元前204~前122)在他的巨著《罗马史》中,总结罗马帝国成功的三大经验之一,就是罗马帝国对政权的监督与制衡——另两者为政体循环与混合政体。如他所述:"当国王纵欲无度时,君主政体就将变为暴君政体,谋杀专制者的事件接踵而至。煽动者绝不是公民中的渣滓,而是高贵和伟大的人。"

法国启蒙思想家孟德斯鸠(1689~1755)在他的名著《论法的精神》中坦言:"自古以来的经验让我们遗憾地看到:任何人,只要他权力在手,就会滥用他的权力,一直滥用到他权力的极限。为了防止

图9 拿破仑民法

人们滥用权力,需要用另一个权力来阻止他的这一权力。"专权者权力越大,普通百姓的自由度越小;专权者集立法、行政与司法于一体——如孟德斯鸠所面对的路易十四世专制,则普通百姓只能沦为被任意奴役的臣民。欧洲近代社会的官员腐败,并不是某位官员个人道德沦丧,而是一种制度性腐败,全民性腐败。即使本来道德还算高尚的官员,一旦陷入这个制度,手中掌握这样的权力,就必然走向腐败,甚至被迫走向腐败。要实现社会和谐,就必须限制政府权力,保障人民权利。否则,各种社会恶性抗议将层出不穷,直到整个社会崩溃,欧洲史上许多农民暴动就是源于此,整个社会为此付出了惨痛的代价。

"我真正的光荣,不在打了四十次胜仗。滑铁卢一仗,就抹去了我一切胜利的记忆。而唯一永垂不朽的,是我的民法典。"这是拿破仑在圣·赫勒拿岛囚禁中的感慨之语,可见一世枭雄拿破仑对法制的深刻理解,拿破仑早就成为历史,但《拿破仑民法典》一直沿用到220多年后今日的法国和许多受法国文化影响的国度。

法制国与自由理念

法制国理念,就是从制度上界定当政者的权力与人民的自由。古希腊哲学家亚里士多德明言:"我们只接受法的统治,不接受人的统治。"就是为了杜绝从君主政治堕落到暴君政治,从民主政治堕落到暴民政治——没有对普通百姓基本权利的保障,民主与专制都将成为一场社会灾难,这就是古希腊民主和君主制经历一

阵辉煌后迅速败落的历史教训。法制国的文化渊源,是古希腊、古罗马的自然法与欧洲近代启蒙运动中产生的理性法。两者有相合之处,但不完全相同,甚至相互冲突。

自然法(naturrecht/law of nature):人是有理性的动物,所以上帝赋予人有一种高贵的地位,人人平等。古罗马法学家和政治家西塞罗(公元前106~前43)将古希腊斯多噶学派的自然法原则引用到古罗马法,提出了自然法原则:"法是正义与非正义事物之间的界限,是自然与一切最原始和最古老的事物之间达成的一种契约。它们与自然的标准相符,构成对邪恶的惩罚和对善良的保护。"所以,法不是哪个当政者可以随意制定和颁布的。"正义只有一个,它约束着整个社会",皇帝和当政者同样受到法律的监督与制裁。西塞罗的自然法原则延续到中世纪神学。阿奎那(1225~1274)提出了法律的四个层次(永恒法,自然法,人法,神法),将西塞罗虚拟的上帝,根据基督教教义而诠释成主宰世界、有人格的上帝,但人人享有自由与平等的结论未变。人的基本权利既然是上帝赋予的,所以神圣不可侵犯。

理性法(rationalismus/ rationalism):对近代欧洲的法制建立产生直接影响的,首推英国理性时代的哲学家洛克(1632~1704)。他继承自然法学说,认为人的最基本权利(生命、平等、财产)在国家还没有产生之前就已经存在,所以国家无权剥夺他们的这些权利。他又创立了理性法原则,即人类社会缔结了两项契约:人类为保护各自的生命、平等和财产而自愿缔结了第一个契约:人类共同生活而形成"社会"。为了这个社会更有效地运作,在多数社会成员的认可下,缔结了第二份契约:将社会的领导权授予一部分人而形成"国家"。由此可见,建立国家的目的就是维护社会每一位成员的基本权利:处理公民与公民之间的关系(私法),界定公民与国家之间的关系(公法)。两者的最终目的只有一个:保障人的基本权利。

德国启蒙哲学家康德(1724~1804)研究了人性本身,认为人的最高价值是人性尊严,这是康德对欧洲人权思想的最大贡献。他不认为原始人在自然状况下一定是自由的(自然法学的臆测),至少人已经脱离了自然状况而进入到文明状况。文明状况的标志是人与人以法律为纽带来结合,因为人具有认识社会正义的能力(认识理性),每个人的良知就是内心最高的道德法庭;人又有依照正义而选择行为的能力(实践理性),从而发展了古罗马法学家乌尔比安对法律的定义:"正直地生活,不侵害他人,各得其所。"以此,康德重申人类最古老的黄金准则"己所不欲,勿施于人"和绝对命令"个人自由与他人自由并存"。康德还认为,亚里士多德等对国家政体的讨论没有现实意义,君主政治、贵族政治、民主政治,没有法制,人民的权利都无法保障,还奢谈什么国家政治或政体。

所以，关键不在于国家的表面形式，而在于如何行使国家权力。康德从卢梭的社会契约说和孟德斯鸠的三权分立说出发，认为立法权必须永远属于人民，政府受人民委托、在法律的约束下管理国家，司法人员（法官）必须直接由人民选出，只有人民才有资格来审判人民自己——尽管康德没有直接提到"法制国"一词，但建立了法制国的一系列基本原则或基本元素，一直影响到今日的德国。如德国宪法第一句"人的尊严不可侵犯"，就直接源于康德，宪法与民法的许多条款都间接源于"黄金准则"和"绝对命令"。

图10　德国启蒙哲学家康德

人与人之间以法为纽带而共同生活，所以形成人类社会的同时就已经形成了法，即社会准则，即使没有书面形式。迄今能考证的最早成文法是巴比伦时代的汉穆拉比法（公元前1760年），到公元529年的古罗马法达到成熟，中国267年晋武帝的《晋律》、581年隋文帝的《开皇律》就已经相当成熟。但有法律并不意味着就有法制，更遑论今日意义的法制国。17世纪末从法王路易十四开始，欧洲进入极权专制时期，国王集立法、行政与司法于一身，法律不再是保护人民利益的护身符，而成为统治人民的工具。名为以法治国，实为以法治民，就如西塞罗抨击希腊"三十僭主"颁布的法律是非正义的，因为这些法律只对付人民，而不惩罚暴君，略似中国秦始皇暴政时期，也美其名曰"以法治国、言归于法"的法家。

所以，欧洲社会需要真正的依法治国（rule of law），而不是以法治民（rule by law）。

法制国与公民社会

洛克经历了英国最黑暗的王政复辟、伦敦大火、伦敦大瘟疫等事件，自己因为政治迫害而流亡荷兰，所以促使他思考人民在国家中的地位；孟德斯鸠经历了法国路易十四时期的极度专制，痛定思痛提出三权分立以限制王权。但知识阶层的觉醒并没有唤起民众，因为当时还没有形成实现法制国的社会基础——公民社会。这些启蒙思想家无一例外，生前都没能看到自己终身追求理想的实现。没有实现公民社会的国家，就不存在真正意义的公民（buerger/civic），而只有隶属于政权之下、没有享受充分自由的臣民（untertanen/commoner），这也是欧洲中世纪直到 19 世纪最普遍的社会情形。

公民社会是介于国家与私人之间的一个公众社会，即各种非官方组织的综合。其组织形式松紧不同（注册或不注册协会，定期或不定期聚会，有或没有理事会形式），内容各异（慈善协会，教会，工会，企业家协会，学生会，文体协会，业余爱好协会，同乡会，同学会，环保团体，人权协会等）。它们以不同的形式与内容，将社会中各个孤立的个体联系在一起，从而在全社会形成一个独立于国家政权的社会力量。

公民社会填补了国家与个人都无法承担的社会漏洞（mitanpackung，如慈善事业，兴趣爱好），影响着国家政治与市场走向（mitbestimmung/co-determination，如环保团体，人权团体）。所以，如要更严格地区分，则没有政治倾向的社团形成市民社会（Zivilgesellschaft），带有政治倾向的社团形成公民社会（Buergergesellschaft）。可惜两者译成英语时都混合成了 civil society，经常统称公民社会，国内学者常称之为市民社会。

欧洲近代的经济革命：17 世纪商业革命→18 世纪产业革命→19 世纪工业革命，引发了欧洲一场深刻的社会变革：从传统的农耕社会转型到现代的工业与商业社会。经济领域富有阶层的崛起，冲击并替代了传统的世袭贵族。所以，公民社会是近代工业与商业社会的产物，而法制与民主正是公民社会的产儿。欧洲各国基于各自的历史与文化，分别以不同方式走向法制：1688 年英国贵族发起的光荣革命，1789 年法国民众发动了法国大革命，1806 年德国皇帝主导的法制改革，1905 年俄国沙皇主导的政治改革……

最早提到"公民社会"一词的是亚里士多德，古希腊文 politike koinonia，当时只指古希腊城邦中承传良好道德的奴隶主和自由民阶层。到古罗马时译成拉丁文 societas civilis，18 世纪英语照搬成 civil society，19 世纪黑格尔从英语转译成德语 buergerliche Gesellschaft。"公民社会"的概念沉睡 2000 多年后，1767 年英国启蒙历史学家、社会学创始人之一 Adam Ferguson（1723~1816）发表文章，以历史上经典作家和当代旅游文学为素材，分析个人道德与社会发展的关系，探讨现代商业社会对市民风貌的改变。这篇文章后来启发了黑格尔对商业社会的分析，研究以家庭为主体的个人与以国家为主体的社会之间相互影响的辩证关系（1821）。这里提到的"公民社会"没有政治内涵，局限于对传统道德的研究。

直到 1835 年，法国法学家 Alexis de Tocqueville（1805~1859）发表了一篇研究报告，分析公民社会与美国民主的关系。当时的美国已经实现民主，但民主政治即使不一定如亚里士多德担心的会蜕变成暴民政治，至少也可能出现多数人对少数人的压迫。所以要依靠公民社会来抵御民主制度下多数人的专制——公民社会成为民主社会必不可少的政治机制。马克思进一步发展这一观点,在《共产党宣言》(1840)中将公民社会看作是由工人阶级组成的经济基础,而国家是由资产阶级当政的上层建筑。所以,国家不代表工人利益,只有形成强大的公民社会(工人阶级),才能监督国家政治。

真正对现代公民社会的理论做出最大贡献的,是意大利共产党创始人、20世纪20年代共产国际领袖 Antonio Gramsci (1891~1937)。在他著名的《狱中笔记》中(他作为意大利议员被判刑20年,墨索里尼宣称要让他头脑停止思考20年)分析了20世纪初各个阶级之间的良性互动,从而不认同马克思将公民社会看作是远离上层建筑的经济基础的观点。他认为,国家本身就是由政治社会(political society,即国家机构)与公民社会(civil society,即非官方团体)两者组成。Gramsci 笔下的公民社会,不再局限于工人阶级,而是指所有非官方的民间团体 NGO,包括非官方媒体等的综合,公民社会影响和监督着政治社会。

图11 意大利共产党创始人 Antonio Gramsci

Gramsci 的公民社会论获得了欧美社会左、中、右各派的认同:在专制时代,依靠公民社会来推进法制与民主;在民主时代,依靠公民社会来影响和监督国家政治。从欧洲历史来看,公民社会不仅影响了政治社会,而且最终决定了政治社会。所以,一个民主国家就是要促进公民社会的发展,欧洲社会对各类协会、媒体都有政治上的保护措施与经济上的优惠政策;而一个专制国家,就是要灭绝公民社会的萌芽,哪怕一个足球协会都必须直接或间接地官办。

一个国家的法制与民主发展到什么层次,从根本上来说就是观察这个国家的公民社会成熟到什么程度。公民社会有三大标志。

(1)自由:在经济与文化领域,每个公民都享有完全自由和自主的权利。只要他们的自由没有侵害到他人的自由,则国家无权干涉。

(2)平等:在经济与文化领域,每个公民都享有与他人完全平等的自由竞争环境。即不容许贵族免税的世袭特权（封建遗产）和权钱交易的现代特权（官商腐败）。

（3）更替：每个普通公民都能凭借自己的知识或财富进入社会上层。即公民都是凭自己的能力与努力，杜绝通过血统而世袭获得各类政界地位。

法制国与法律国

近代对法制发生影响的首推美国的宪法实践，最著名的是 Marbury v. Madison 案（1803）：1800 年美国总统大选中，在任总统亚当斯败给了杰弗逊。于是赶在他离任前夕，议会通过了新的《司法法》，总统任命了 42 位倾向亚当斯保守政治的地方法官。因行事匆匆，一部分法官尚未获得委任状，杰弗逊一上任就通知国务卿 Madison，拒绝颁发。于是，Marbury 根据新的《司法法》向最高法院提出起诉，要求法院判决政府必须颁发已经由上届总统任命他为法官的委任状。大法官马歇尔确认 Marbury 应当获得委任状，但又确认，Marbury 告错了法院，最高法院不受理此案。此次诉讼对以后宪政产生重大影响的关键点是判决书中的两点内容。

（1）美国自称是法治，而非人治（a government of laws and not of men）。如果人们面临违法现象而得不到法律保护，则美国就不配享有"法制国"的声誉。

（2）议会 1789 年通过的《司法法》第 13 条与《美国宪法》第 3 章第 2 节第 2 款相矛盾。"解释法律显然是法院的权限和责任……，宪法构成国家的根本法和最高法律，违反宪法的法律无效"——这是历史上第一次由法官判决一部议会通过的法律无效。即法院在"解释法律"的问题上，不仅凌驾于政府而且凌驾于议会，形成了法庭对政府与议会的监督和制衡。

美国已经在司法实践中建立起宪法至高无上的地位的时候，德国的法制还在黑暗中摸索。18 世纪末德国中产阶级崛起，他们迫切希望国家通过法律来保障他们的财产与自由。后经历拿破仑占领，1815 年普鲁士国王答应将"恩赐"给普鲁士臣民一部宪法，但过后马上食言。尽管如此，美国的法制实践还是对德国学界产生了很大影响。德国第一次提出"法制国"（Rechtsstaat，1832）一词的 Robert von Mohl，就是研究美国政治的学者，他的成名作《美国联邦国家法》（1824）中指出："整个法制国的基础是公民的自由，每个公民容许、也应该出于自己理性的目的而向各个方向自由发展，只要他们不侵害第三者的权利或有损于公众利益。整个国家设立的所有机构只有一个目的，就是保障公民的自由。"Mohl 是保守的自由主义者，反对绝对专制，但也反对三权分立，而追求以法制为基础的、好的警察国（行政管理国）。19世纪上半叶，德国法学界及其民众追求的是个人自由，而不是政治自由；是君主立宪的法制国，而不是民主国。追求民主是19世纪下半叶社会主义风潮兴起后的社会诉求。

直到1848年在德国第一届民主与统一的法兰克福大会上，通过了德国的第一部宪法，才使法制国达到一个新的高潮，不仅在形式上（通过法律而不是通过人来治理国家），而且在内容上（以主持正义、维护人权为建国之本），反映了法制国的精髓。没想到普鲁士国王拒绝接受会议授予他的德国皇帝，该宪法名存实亡。于是，在君主专制而不是君主立宪下的法制国，只留下了法制国的形式（行政立法、司法独立），而失去了法制国的内涵（保障自由与平等），即由法制国（rechtsstaat/state of right）降为法律国（gesetzesstaat/state of law）——两者译成英语时经常不作区分地都译成了 state of law。因为英国采用习惯法（俗称判例法），几乎不用成文法，所以严格说来在英国几乎没有 law（成文法律），英语的 law（法律）很大程度上意味着 right（正义）。

尽管如此，德国的法律国毕竟实现了如下四点。

（1）民众参与立法：众议院（第二议会）由直接民选产生，但投票人按照财产多少来区分，如在普鲁士分成三级，贫民受到歧视，直到1871年后才实现所有男人一票；参议院（第一议会）主要由贵族组成。众议院通过的法律必须由参议院确认。所以，侵害到贵族阶层的立法就无法通过。但政府制定的财政预算等法律也必须获得众议院通过，于是不利于民生的政府法案也无法通过。例如俾斯麦要对法开战而增加军费，预算被众议院否决；国王解散议会后重新举行大选，新产生的议会照样否决政府预算。

（2）司法独立：国王暨政府无权干涉法官判决。一位犹太人著书讽刺普鲁士国王，国王要置他于死地。初级法院却以通常的侮辱罪判他2年徒刑；国王不服再诉，高级法院索性判处该犹太人无罪释放，国王也无可奈何。

（3）法律面前人人平等：在法律面前，任何贵族都不享受特权。普鲁士国王买了一辆车也要到警察局申请牌照，警察局只能给他车牌号"IA-2"，因为"IA-1"已经被一位商人占去。国王认为作为普鲁士国王兼德国皇帝理应获得"IA-1"车牌，结果他在法庭上败诉。

（4）行政立法：任何政府行为都必须严格遵循行政法或警察法。一位地产商在一座因战胜拿破仑而立的德意志纪念碑边上建造简陋的出租房，影响纪念碑外观，被警方制止。法庭上警方败诉，因为维护纪念碑美观不是警方的职权范围。

法律国只定义了国家的运作方式，而没有定义建国的内容和目的，这对德国

以后的法制建设既有利，也有弊。

有利者，因为没有定义国家性质，政治上是中性的和超党派的，所以专制政体、民主政体都能适用，免去许多"主义"之争，大家都将精力花在立法和守法上。所以相对欧美其他国家，德国法律最精细、最完善、最逻辑，许多刑法和民法条款已经成熟到一字不动地使用到一百多年后的今日。老百姓也学会老老实实地遵守法律，德意志民族几乎是全世界最遵纪守法的民族，反映在生活的所有领域，连子夜时分、街上空无一人的时候，德国人还在静静地等候红绿灯过马路，也成为世界上的笑料。

有弊者，法律国只注重国家行政或刑罚等符合现有法律条款，而这些条款既不是传统法或习惯法，也不是自然法或理性法，而是议会各种现实政治力量平衡而产生的制定法，法津国不问好法还是恶法，如此判案是正义还是非正义。于是，德国19世纪的法制只有法制国的零件，却没有法制国的灵魂，在特殊时代就会带来空前的灾难，最为惨重的是纳粹时代：纳粹的所有行为不仅符合法律国的所有基本原则，而且符合现代民主原则，却史无前例地践踏人权，而维护人权才是法制国的灵魂。

二次世界大战后的德国法制发生了两大转折：从形式上的法制国，进入了实质上的法制国；从自由主义的法制国，兼容了社会主义的社会国。

魏玛宪法的功过

德国历史上，只有反映统治形式的不成文"宪法"，如日耳曼大移民时期的"部落大会"（Thing）及所选的国王（公爵），后演变成世袭国王；神圣罗马帝国时期，1356年德国皇帝颁布了日耳曼民族的第一部成文宪法《黄金诏书》（Goldene Bulle），定义了德意志帝国的结构，包括如何选举皇帝等。但没有任何条款规定如何限制皇帝的权力、维护民众的权利，所以不能算近代意义的宪法。法国大革命冲击了传统欧洲，拿破仑通过战争将法国大革命精神、包括法国新颁布的宪法与人权宣言传播向全欧洲。在拿破仑占领下，普鲁士国王为讨好国民，许诺将赠送给普鲁士人民一部宪法，即限制自己权力的法律。拿破仑兵败滑铁卢后，普鲁士国王不再有外来压力，便立即食言。1848年法国三月革命引发全欧洲革命，人们意识到公民的自由与平等，要求宪政的呼声重新燃起，诞生了德国第一部人权宣言与德国宪法（法兰克福宪法）。1871年建立德意志帝国时，俾斯麦拟定的议会选举法就是原文援用该宪法。

但19世纪后期的德国只实现了法律国——形式上的法制国。法律国是以法律为手段来治理国家和人民,只实现了公民参与立法和司法独立,而没有确认立法或立国的根本目的是为了维护公民的权利。所以,无论是专制政权还是民主政权,都能使用这一法律工具保护人民或压迫人民。由此造成德国法学界非常注重法律的技术层面,即表面的法律文字和法律逻辑等,而不关心法律背后立法者的初衷,更不关心是否体现这个国家人民的价值观。迄今德国法官和律师都喜欢对法律、案卷咬文嚼字,这种习惯就源于19世纪德国的法律学习与法律实践。

另一方面,在19世纪中叶德国自由主义运动中,人们抗议国王当政的警察国,追求个人自由,而没有追求政治自由,所以德国实现了法制,但没能实现民主。直到19世纪下叶工人运动兴起,社会主义运动最重要的政治诉求就是实现民主(拉萨尔的社会民主主义,有别于马克思的阶级斗争理论)。第一次世界大战导致1918年11月德国海军起义,德皇下野,德国建立了有史以来第一个民主政体魏玛共和国。

魏玛共和国宪法重新回归法兰克福宪法的传统,居然有57条规定"公民的基本权利与义务"。又因为社会民主党占了议会多数,所以除了强调传统的人权内容外(法制国原则),更增加了充满社会主义理想的公民的社会权利(社会国原则),例如对家庭、儿童的保护,首次写入"男女享有同等的政治权利"。可以说,在世界法制史上,美国宪法是自由主义宪法(近代宪法)的里程碑,魏玛宪法是社会主义宪法(现代宪法)的里程碑。魏玛宪法已成为20世纪新制定的世界各国宪法的蓝本。联合国两大人权公约中,《公民及政治权利公约》和《经济、社会、文化权利公约》,就是这两大宪法的延伸;法制国原则与社会国原则,就是今日德国立法与司法最最重要的两大原则,所有法律内容都是这两大原则的具体化。

尽管魏玛宪法从内容上非常重视人权,但在具体法制实践中,依旧延续19世纪法律国的旧径,而没有在制度上对人权做出特殊的保护。首先,魏玛共和国颁布了宪法,却没有设立宪法法院,以确认议会通过的某项法律是否违背人权而要予以取

图12 魏玛宪法起草人、首任内政部长 Hugo Preuss

缔——美国于1803年首次实践了法律因违宪而被法院取缔，奥地利于1920年成立了世界上第一个宪法法院，没有法庭的法律只是一个社会道德的参照，没有宪法法院或类似功能的机构，宪法也就是一部"宣言"而已，情同联合国《人权宣言》。所以，魏玛宪法其实对政府和议会并没有法律性的约束。

另一方面，就如德国20世纪最重要的法学家Hans Kelsen（1881~1973）所言："如果一个国家有任何一种对人强制性的秩序（法律），这个国家就是法制国。"他只重视形式上要以法来治国，而不问这是一个怎样的法。简单法律只要议会多数就能通过或修改，即使宪法也只要议会2/3多数就能修改。于是，纳粹时期德国议会以绝对多数通过了严重侵犯人权的《纽伦堡法》，纵有一部维护人权的魏玛宪法，也无法从法制上阻止这样的集体犯罪行为，从而铸成第二次世界大战的灾难——纳粹政权一点没有违背Kelsen理论下的法制国原则，更没有违背"少数服从多数"的民主原则，纳粹政权何罪之有？纳粹政权通过修改宪法和法律，使魏玛宪法中的人权内容形同虚设。

人权是民主制度的基础，人没有思想自由、言论自由，民主制度也就名存实亡，魏玛共和国内政部长Rudorf Breitscheid（1874~1944）和财政部长Rudolf Hilferding（1877~1941）等，自己都被纳粹政权押送入集中营并迫害致死。魏玛宪法起草人、首任魏玛共和国内政部长Hugo Preuss（1860~1925）是犹太人，魏玛宪法因此被纳粹说成"不够德语化"或"不够德意志化"（undeutsch）。1933年2月通过"国会纵火案法"，一下取消了81位共产党籍成员的议员资格，从而纳粹党获得2/3以上议会席位，可以任意修改宪法。一个月后即通过"授权法"而"临时"免除宪法中对人权的保护。人们常称"纳粹专制"，其实不是绝对专制，而是形式上民主、实质上专制。形式上的法制国（法律国）与实质上的法制国（人权）、形式上的民主制（公民投票）与实质上的民主制（公民参政）之区别，由此可见一斑。

经历这样一场法制与民主的双重灾难，战后德国法学界对德国特色的法律国进行了深刻反思。纳粹时期，议会通过了《重新启用公务员法》，即禁止犹太人与政治异己者担任公务员，而第一位被开除的教授，就是魏玛共和国时期的司法部长Gustav Radbruch（1878~1949），取消他在海德堡大学的法学教授职务。1946年他在《南德日报》上发表了著名论文《合乎法律的非法性与超越法律的合法性》，这里的"法律"的法指制定法gesetz/law，合法或非法的"法"指传统法Recht/right，他提出了被后人誉为"Radbruch公式"的原则：如果一个法律明显不符合正义，则在法庭上，该法律要让位于正义。

联邦德国宪法走向实质法制国

在战后联邦德国的宪法中,将形式上的法制国(法律国),延伸到实质上的法制国,将维护人权看作建立联邦德国的基础与目的。例如魏玛宪法谈到人权保护时,还只是表示:"由所颁布的法律尺度,来具体确认公民的基本权利"(Grundrechte nur nach Maßgabe der Gesetze),即人权在法律之下,议会简单多数就可修改法律,从而修改人权内容;而在联邦德国宪法中几乎原文照抄,却将"法律"与"人权"的位置颠倒:"根据基本权利的尺度,来制定或修改法律"(Gesetze nur nach Maßgabe der Grundrechte)。即人权内容是既定的,法律只是维护人权的具体化——德意志民族就喜欢咬文嚼字,通过两个词的位置颠倒,就可以区分魏玛宪法与波恩宪法的本质不同。

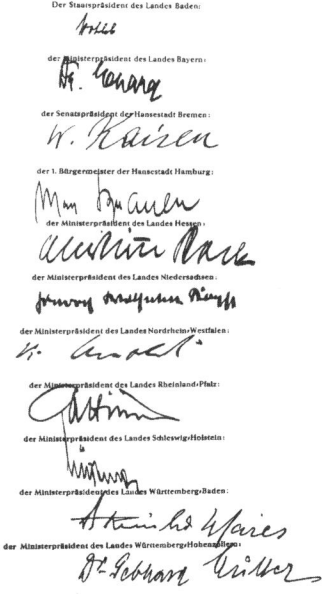

图13　1949年联邦德国基本法签字页

鉴于纳粹时期议会居然以2/3多数通过法律搁置宪法中的人权条款,在战后联邦德国的宪法中,特别设立了世界上素无先例的"永久条款"(Art.79 III GG):"宪法第1条与第20条永久不得修改!"第1条定义了人权原则,开篇第一句就是"人的尊严不可侵犯"。第二句"德意志人民将不可侵犯、不可转让的人权看作人类共同生活、实现世界和平与正义的基础"。第20条定义了联邦德国的基本性质(宪政,民主,联邦制,社会保障与公正),第四句"谁要取消这个制度,又没有其他方法予以制止,则全体德意志公民有举行抗议的权利",古今中外,人民都是通过起义来推翻暴政,就连崇尚遵纪守法的柏拉图都说,如果真遇上暴君,就必须暴力推翻。所以,起义权被公认为不可剥夺的基本人权,无论是和平起义还是暴力起义。而德国战后民选的宪法起草委员会,将公民的起义权写入了永久不得修改或取消的宪法条款。

人们通常以为宪法是一个国家的根本大法,最高法律。其实,宪法既不是传统法,也不是习惯法,而是一部人为制定的普通法律。宪法作为制定法,按照现代法律观念,其法律地位不如"自然法"(naturrecht/natural law),甚至不如"文化法"(kulturrecht/cultural law,又称"次自然法")。之所以这部法律要被尊称为

宪法，是因为这部法律是基于宪政的理念。宪政最最重要的只有两点：限制统治者的权力，维护被统治者的权利。

最早提出"宪法"一词的是古希腊哲学家亚里士多德，著有《雅典宪法》。但因为那部"宪法"没有限制政府、保护国民的内容，后来没有人说雅典是宪政城邦，最多在考证"宪法"一词来源时会提到亚里士多德的贡献。英国是全世界唯一没有我们理解中的"宪法"的国家，但却被法学界尊为世界宪法之母国，就因为1215年英王签署了《大宪章》，其关键内容其实就两点：国王向国民征税，其额度必须获得贵族院同意；没有经过法庭审判，国家不准对任何一位公民处以拘禁或罚款——这页文书限定了国王的权力（不得任意收税或惩罚人），从而保护了人民的权利，这就是一定领域的宪政，这份文书就是宪法。所以，如果一个国家当政者的权力不受任何限制，为所欲为，或这个国家人民的基本权利（自由、平等、私有财产）可以被任意剥夺，这个国家施行的就不是宪政，其形式上的《宪法》就不能称之为宪法，而是独裁者或当政集团自己意愿的书面表达，是反映其统治形式的"基本法"。

国王时代是国王当政，通过宪法来限制国王权力；而在民主社会，最经典的是林肯所言：政府属于人民，置身于人民，为了人民（government of the people, by the people and for the people）。难道这时的宪法是限制人民的权利？是的，任何国家权力不予以限制，就会无限膨胀，最后成为限制人民权利的手段，就如纳粹的国家权力也是通过大选而由人民授予的，结果却残害人民。国家由立法（议会）、行政（政府）和司法（法院）组成，所以民主制度下的法制国就是：以"人权高于民主"的宪法原则来限制议会权力，以行政立法来限制政府权力，以法官由议会、而不是由政府产生来保障司法独立。

当然，德国还通过加强各州的立法与行政权力（联邦制）来限制中央权力（所谓纵向制约），加强公民社会活力以限制政治社会的权力等等。德国社会处处可以看到互相制衡的机制，甚至宪法法院对重大案件的法官判决，都会采用8位法官投票表决（如果4：4就将驳回起诉），在法制中再以民主形式来制衡，就因为人心太恶，手中有一点权力就要想方设法滥用这个权力，以谋图私利——这些就是孟德斯鸠三权分立说在现实政治结构中的具体化。

宪法原则：人权高于民主

人们常把民主与人权混为一谈。通过民主手段可以维护人权，也可以践踏人权。古希腊的雅典就采用民主制，结果成了泛民主，雅典民主昙花一现而消亡。亚里士多德分析雅典民主后感到后怕：民主政治会蜕变成暴民政治。因为哲圣一言，以致此后两千多年没人再敢提民主。法国大革命时其实是要建立民主制，但鉴于先哲对民主的鞭挞，不敢直呼"民主"，而改称"共和"，现在世界各国都延称"共和国"，很少自称"民主国"（只有朝鲜等直呼"民主共和国"）。直到17世纪英国哲学家洛克才重提民主，但前面冠以自由，即以民主的手段达到维护人权的目的（自由民主主义），当今德国的政党之一就直呼"自由民主党FDP"。可惜在纳粹时期，以民主形式通过了"纽伦堡法"等一项项纳粹法律，成为政府公开践踏人权的法律依据。所以，民主与人权既相互依存，又经常冲突。国家就像一艘船，只有民主而没有人权，就像船在水上行驶，而没有指南针；只有人权而没有民主，就像船上备有指南针，但没有水。

举个通俗例子：5个人在一起，其中一位通过自己的勤劳与智慧积累了财富，另4位依旧贫困。这时5人投票表决瓜分该富人的财富。如果各人只从自己的利益出发，则必然以4∶1通过决议。整个过程完全符合民主程序，但其结果却严重践踏那位富者的人权。富人只能到法庭起诉。法庭不是以民主而是以公正为核心，人权（这里是财产保护权）是社会公正的最重要方面。依此，法官一定判富人胜诉。这就是人权高于民主，即宪法原则。由此可见，法制国是维护人权的实际载体，没有法庭就没有人权可言。例如索马里没有可以控制全局的政府，所以那里就谈不上是否践踏人权。

也正因为如此，同样人为制定的宪法必须高于一般法律，因为宪法的最重要部分就是人权（德国宪法第1条到第19条）。如果议会民主通过一项违背人权的法律，宪法法院就可以依据宪法来判该法律无效。战后德国设立了宪法法院，分别由联邦众议院与联邦参议院各选举产生8位法官，专门制止立法与司法过程中违背人权的现象。许多德国法律文本中会出现"无效"的条款，即括号中注明"已经取缔"，就是被宪法法院取缔的法律条款。如果起诉者对宪法法院的判决结果不满意，还可以向坐落在法国斯特拉斯堡的欧洲人权法院提出起诉，因为除宪法之外，还有1946年欧洲各国签署的"欧洲人权公约"，对欧洲各国也同样有法律的制约作用，欧洲法或国际法与德国本土的联邦法同级。

顺便一提：德法的大陆法系比较注重通过宪法中的具体人权内容来维护人权，而英美的海洋法系比较注重通过规范法律过程来维护人权。所以，英美有程序正义（procedural justice）一说，而在德法的法制或法学中却很少提及这一概念。

德国宪法中的法制国原则

二战后联邦德国建国时，宪法确立德国的三大国家性质（Staatsziel，宪法第

20条）：德国是民主国、社会（主义）国、联邦国。2002年8月议会通过了宪法修改案而增加第20a条：德国是环保国。2005年6月议会设置的Enquete委员会，向议会提议再增加第20b条：德国是文化国——可惜没有通过。只有1974年3月德国宪法法院勉强确认：宪法第5条要保护艺术自由，这不仅要从消极角度看，政府不得干涉艺术自由；还要从积极角度看，德国有义务主动帮助丰富艺术活动。由此可见，宪法也确认德国是文化国。

那联邦德国是否是法制国？宪法中没有提及！过后也没人提议要增加第20c条：德国是法制国。德意志民族一直很骄傲他们自创了"法制国"这个名词Rechtsstaat，但他们自己也知道，德国从来就没有实现过法制国，而是法律国。恰恰是这个法律国，使整个德意志民族陷入了践踏人权的纳粹深渊。所以，战后德国政界与学术界都有点忌讳重提"法制国"这个德产名词，尽管战后德国其实真正进入了实质性的法制国——以人权为立国宗旨的法制国。

德国立法与司法中有两大支柱性原则：源于18世纪的法制国原则与源于19世纪的社会国原则。但这两大原则本身就是一对矛盾：体现自由主义精神的法制国与体现社会主义精神的社会国。二战后，德国保守党CDU政治立场介于左侧社会民主党SPD与右侧自由民主党FDP之间，中庸地提出施行"社会（主义）市场经济"：德国既施行自由主义或资本主义（市场经济），又实行社会主义。按照直接意思，应当取名为"社会主义的资本主义"，显然让人笑话。于是造出个新名词"社会（主义）的市场经济"。这一概念成为德国法制中最大的、也是最著名的一个法律漏洞。

联邦德国宪法诞生的60多年中，无论立法还是司法，就是这两大原则斗来斗去。只是，在立法或司法的具体案例中，如果恰恰遇上法制国原则与社会国原则的冲突，则法制国原则必须让位于社会国原则，因为社会国原则是宪法直接确认的立国宗旨，而法制国无此殊荣。例如在劳工法中，尽管劳资双方有基于法制国原则的雇佣合同，双方本是平等的（法制国原则），但现实情况是，劳方可以根据合同而自愿离开企业，企业却不能根据合同来解雇劳方。租房合同、母亲保护等的法律情况也都是如此。

在战后初期，欧洲的社会主义风气明显压过自由主义风气，当年的德国就是排斥资本主义，确定走社会主义道路。例如法国的基本国体就是（法国宪法第1条）：民主国，社会国，政教分离——也没说法国是法制国。这为法学家们留下了一个永难弥补的遗憾。于是，许多学者一心想在德国宪法中找到"法制国"的蛛丝马迹，而能沾点边的只有两条。

（1）第20条第3款：立法必须遵循宪法所定义的规则，行政与司法必须依照法律。这里对立法、行政、司法的限制，在法律国中就已经全都实现，而不是法制国所独有，例如普鲁士时期或纳粹时期的法制情况。

（2）第28条第1款：（加入联邦德国的）各州必须是符合德国宪法精神的共和国、民主国、社会国、法制国——当时西德地区的11个州，只有巴伐利亚与巴登符州明确将"法制国"写入州的宪法，直到两德统一后，5个东德地区的州都将"法制国"写入州的宪法。德国宪法只要求各州必须是法制国，却没说德国本身也应当是法制国。

这个难题由对宪法有最终解释权的联邦宪法法院来解决。1953年7月，宪法法院在一个判决中提出：制定德国宪法的政治家们受到德国以往宪法历史的影响，在联邦德国宪法中有一个主导思想（leitideen/ guiding concept）或总体方案，即按照法制国的基本原则来制定。而且各州议会也是按照法制国原则来制定法律——整个说辞晦涩勉强，谁也无法看出德国宪法有什么主导思想，宪法法院也没引注半句哪位当时的政治家说过，德国以往宪法的历史影响到联邦德国宪法的制定。但宪法法院的结论"德国是法制国"，却被德国人乐于接受，由此成为充满争议的定论。

那德国宪法中所提到的法制国内涵是什么？有史以来各家各派对此有不同的解释和定义，莫衷一是。例如以下两个。

法制国表示，国家行使一切权力都必须根据基于宪法颁布的法律，其目的是为了维护人的尊严、自由、公正与法律保障。[《国家法》(Das Staatsrecht der Bundesrepublik Deutschland)，5卷本，Klaus Stern 著，C.H.BECK 出版社]

根据法制国的基本精神，法制国要从保障每个个体自由和实现最基本权利出发，界定和限定国家及统治者的权力。[《法哲学与政治哲学史辞典》(Geschichte der Rechts- und Staatsphilosophie)，Ernst-Wolfgang Böckenförde 著，Mohr Siebeck 出版社]

这些都是从法制国的基本精神或目的来定义法制国，内容相近而表述各异，但都没有提及法制国的具体内涵。1952年10月，联邦宪法法院在禁止极右的德意志社会主义帝国党 SRP 一案的判决中，避开抽象地对法制国的哲学或法学定义，而是"举例"法制国的最重要元素，由此成为德国迄今最权威的法制国解释。

基本法第21条所指的自由民主的基本秩序，就是排除任何暴力和肆意统治，根据人民的自我决定、多数人的意愿、自由与平等，来建立法制的统治秩序。这一秩序中，最基本的原则至少是：尊重在基本法中具体提到的人权，尤其是每位

个体对生命、自由发展的权利，国家主权属于人民，权力分立，政府有责任感，行政依法，司法独立，多党制原则，所有政党机会平等，在宪法范围内有建立反对党的权利。（联邦宪法法院判例 BVerfGE 1 BvB 1/51）

由此可以划分出法制国两大领域或内涵。

形式上的法制国：主权在民，行政依法，司法独立，多党制。

实质上法制国：保护每个个体的人权原则，个体利益与公众利益的权衡原则。

社会国漫谈
建立有人性的法制社会

一、法律作为社会规范，有人生活的地方就有法律，所以法律领域五花八门。但无论私法还是公法，说白了只有一个基本原则：合同原则。合同双方地位平等，双方都要履行合同，以此建构出整个法制国大厦。但19世纪欧洲社会发生了根本变化，产生了19世纪社会问题，在合理分配的基础上必须考虑社会平衡，在工人运动中诞生的社会国原则，也辐射到社会生活的各个领域。

二、在与"物"有关的领域（如生意买卖、承包项目、金融投资等），主要适用法制国原则；在与"人"有关的领域（如劳工、租房、妇女、儿童等），更多适用社会国原则。两者发生矛盾时，社会国原则优先于法制国原则。历史上，社会国原则是法制国原则的反叛；但如果有机地调节好两者关系，社会主义却可以成为自由主义的重要补充。

三、基于自由主义思潮的法制国与基于社会主义思潮的社会国，成为西方近百年来最重要的两大立国支柱，所有现今欧美的政治、经济、法律与文化，都源于这两大基本原则。由此可见，如果只了解法制国原则，不了解社会国原则，则一部欧洲法律只读懂了半本。

四、人生活在这个社会，从求学就业，到生老病死，无一不与社会国原则联系在一起，该原则涵盖了一个人、一个社会的整个经济活动。

法制国，使这个社会更加有秩序；社会国，使这个社会更加有人性。

自由主义与社会主义

提出自由主义更多是从贵族、有产阶层的利益出发；而提出社会主义者，几乎都是从穷苦工人和普通市民的利益出发，要改变、至少补偿穷人不合理的经济地位。

自由主义思想是要挣脱皇权之下的专制，以法制国来限制政府权限，保障每个个体的自由、平等和私有财产不受国家的肆意侵犯，这无疑是欧洲文明史上的一个重大突破。这场文化启蒙和政治运动，从17世纪中叶的英国革命开端，到18世纪美国独立战争和法国大革命达到高潮。但法制国不能解决由于欧洲经济转型所带来的社会问题，那都是原来农耕社会从未有过的。

《共产党宣言》中开篇就是：全世界无产者联合起来。"无产者"（Proletariat）一词源于拉丁语 proletarius，直译为"仅仅持有孩子"的人，是指古罗马时代失去土地而盲流到城市的自由民。无独有偶，19世纪德国农民丧失土地而盲流到城市，充当廉价劳动力，即典型的农民工，居住在拥挤、肮脏的住所，成为社会的弱势群体，类似于古罗马时代的 proletarius，所以马克思援用这个拉丁文原词。由于低工资而使工人不得不每天在恶劣的工作环境下劳动14小时；因为一个人劳动无法养家糊口，不得不让妇女和孩子工作；工伤、生病或年老之后生活没有保障……这就是欧洲历史上著名的"十九世纪社会问题"。

这些问题并不违背法制国原则：人人都是自愿当工人，没人逼他们长时间劳动，所以不违背自由原则；只要有钱，人人都可以当老板，不违背平等原则；工人没有多少私有财产，所以也没什么可以被剥夺的，至少没有违背保护私有财产原则；人人都有就学的权利，没钱读书是你个人的事……那问题出在哪里？就出在平等原则——法制国中的平等原则是法律上平等，而社会主义追求的是现实中平等。而且将这个平等原则从原来的政治、法律领域，扩展到所有的生活领域，如教育、就业、收入、退休、租房等。由此引申到自由原则，在社会主义者看来，一个人连饭都吃不饱，还谈什么个人自由、自由发展？任何人不能因为经济状况而影响到他们以及他们子女的生存和自由发展，今日的社会救济金和助学金等，就是这一思想的产物。

用形象的例子来区分这两大主义：足球场上（市场经济）有工人队和资本家队在比赛。事先建立比赛规则（法律），确立裁判员（司法）。自由主义者要求：裁判员的权力必须严格限制在比赛规则所定义的范围内（宪政），铁面无私地按比赛规则仲裁（法制）。社会主义者认为：这种做法只考虑纸面上的平等，而不顾比赛双方的现实情况：富队一方是吃鱼吃肉喝牛奶长大，穷队一方喝稀饭长大（贫困）……这样比赛违背社会公正，所以要修改比赛规则，裁判要偏向于工人队。这样虽然形式上"不平等"，而实际上更"公正"。

怎样具体解决社会问题？社会主义派内部产生了分歧。拉萨尔（F.Lassalle，1825~1864）

图14　德国19世纪工人运动两位主将拉萨尔与马克思
（1895年明信片）

代表的所谓改良派提出，工人队应当组织起来团结自救：（1）组成工会，成立政党，建立民主，以工人的政治力量来影响裁判员，通过大选来取代裁判员；（2）组成合作社，工人得到工资和生产盈利，不再被人剥削剩余价值。

马克思代表的暴力革命派提出：消灭裁判员与资本家，实现穷人单独执政，即无产阶级专政，"专政"源于拉丁语dictatura，通常译作"独裁"或"专制"，指古罗马时代国家遇到特别状况，可以由两位执政官中的一位临时单独执政，最长半年。"独裁"一词直到马克思时代都只表示古罗马的一种执政形式，20世纪后与暴政相连才成了贬义词——后来发现，足球场（以私有制为基础的市场经济）本身就是灾难的来源，所以要取缔足球场，建成计划经济的花园。

巴黎公社（1872）后马克思还是完善了他的暴力革命论，认为至少"在美国、英国或许还能带上荷兰，可以不搞暴力革命，因为那里的工人已经可以通过和平的途径达到他们的目的"。事实上，1919年德国魏玛共和国时期，就已经和平地实现了德国社会民主党即工人党执政，甚至此后当政的纳粹（民族社会主义党），其前身就是德意志工人党，工人当政后，如果没有法制约束，同样会成为迫害工人的新的专制者。

社会问题引发世纪大论战

当年的欧洲尽管还不是民主社会，但已经是公民社会，逐步建立了法制国原则。所以，政界、学界、新闻界已经有相当的政治空间和学术自由，全社会都在关注社会问题，各个阶层都从自己的经济利益和政治立场出发，通过新闻媒体、集会和游行、议会讨论等方式,参加这场声势浩大的社会问题大论战。论战从工业革命的摇篮英国开始,蔓延到整个欧洲大陆,蔚为大观。兹以德国几个典型的观点为例。

自由主义代表、大企业家 D.Hasemann 指出:现实社会中总会有一些人身处贫困,这是永恒的自然规律。我们要尽力减少贫困人数,通过各种慈善机构来救济他们。但如果通过国家方式救济穷人,令这些贫困者感到,获得救济是他们的合法权利,便会造成负面影响。其社会效果:救济成了对好吃懒做和愚昧无知的奖励,从而违背传统道德(在普鲁士议会发言,1840)。

社会主义代表马克思指出:所有过去的统治阶级设法在新的历史条件下,继续保持原有的社会秩序,以保持他们已有的生活地位。而无产者只有彻底改变现有秩序,才可能掌握社会生产力(《共产党宣言》,1840)。

拉萨尔描述了整个工人的悲惨现状后,矛头直指政府:政府是什么?无非是一个大的组织,一个工人阶级的大联合会。所以,政府资助工人完全合乎自然,合乎法律,是自己帮助自己的自助行为,因为工人阶级就是这个大联合会,每个工人都是联合会会员(发起召开全德工会大会公开信,1863)。

美茵茨大主教、天主教社会理论创始人 Wilhelm Emmanuel von Ketteler(1811~1877)创立天主教工人运动(KAB),被誉为"工人大主教"。但他竭力反对社会主义,说社会主义者是极端党:在中世纪,国家建立在基督教基础上,所有对穷人、对科学宗教事业的资助,都是通过社会捐款,大家都自愿捐出,那才是一个真正自由的社会。而现在,通过税收,即通过强制的国家手段来搜刮民财。基督教保护每个个体,使人享受到充分的自由;而"现代思想"却毁灭个体,把个体沦为国家的私有财产(《工人问题与基督教》,1864)。

图 15 "工人大主教" W.Ketteler

基督新教基本上支持社会主义,基督教社会主义者、牧师 Rudolf Todt(1838~1887)在 1877 年写的《极端的德国社会主义与基督教社会》一书中,讲了一句令笔者难忘的话:"一个基督徒就是一根社会主义的动脉,而一个社会主义者,又是一个不自觉的(即潜意识的、自己都没有意识到的)基督徒。"

基督新教的社会主义观点，对德国建立社会国原则起到了指路作用。

德国皇帝威廉一世、宰相俾斯麦等各个政府阶层，都以不同形式来参加这场世纪大争论，社会问题是全社会的事，应当得到全社会的关注，并在全社会公开讨论。观点不存在正确或错误，都是从自己角度去观察社会，解释社会，最后形成全社会的共识。今日德国在国家体制上基于自由主义思想，而在政策上大量援用社会主义思想，正是19世纪这场全社会大讨论的产物。

团结原则与民主政治

上千年来，社会主义思想一脉相承：基督教弘扬上帝对人类的慈爱（宗教），法国大革命倡导公民之间的博爱（政治），社会主义思潮呼吁工人之间的团结（社会）。

追求社会公正与社会保障是社会主义的基本价值观，但工人不仅在经济上而且在政治上都是社会弱者，仅仅依靠工人每个个体的力量很难摆脱困境，必须通过团结原则形成群体奋斗。他们先后创建以拉萨尔为主导的独立工会（1863）和以马克思为主导的独立政党（1869），发起一次次工人运动。1875年这两大组织在德国图林根的小城哥达（Gotha）合并，推出共同的"哥达纲领"，形成声势浩大的德国社会民主工人党，党员达到近一百万，直接威胁到普鲁士国王的政权。

宰相俾斯麦害怕了。1878年颁布"反社会主义法"想压住社会主义势头。没想到越压，工人内部同生死共患难的感情越深，不同社会主义派别之间变得更加团结。德国皇帝一看不对，只能委托俾斯麦在帝国议会上深切表示（1881年底）："早在今年2月，我们就已经反复考虑了工人状况。但我们不能像社会主义者们那样只是喊口号，而要脚踏实地地解决工人困难，为工人谋福利是我皇上的义务。所以我要求帝国议会，一定要把工人的困难深深地放在心头……"接着，1883年6月皇帝颁布了世界史上第一部医疗保险法，1884年颁布事故保险法，1889年颁布老年退休法，后人将社会保险归功于俾斯麦。其实，这是工人团结抗争的结果，而且在策略效果上恰恰相反，俾斯麦就想通过这三大社会保险，来削弱社会民主党的社会基础与政治力量：我皇帝都在从事社会主义事业了，你们社会民主党还有什么政治生存空间？

社会主义的另一个重要诉求是民主。自由主义只追求人权，以保障自己个人的自由与财产；社会主义追求民主，是为了提高工人在国家政治中的权利，因为只有民主，才能不论贫富人手一票，而工人或穷人在人数上恰恰是社会的多数，实现民主与"穷人当家做主"几乎是同一回事。所以，谁背叛民主，就是背叛社会主义政治。

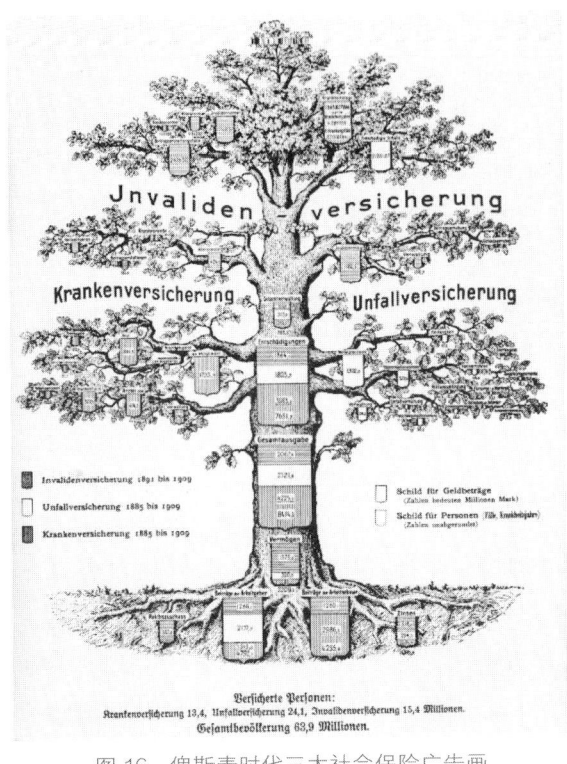

图 16　俾斯麦时代三大社会保险广告画

第一次世界大战后德国建立了第一个民主政体魏玛共和国，社会民主党当政，有机会将社会主义理念从政治诉求付诸法律实践，从而诞生了划时代的魏玛宪法。宪法中首次写入对家庭、妇女、儿童的保护，对全民教育的规范，对每一位公民生存权的重视。尤其在经济生活中，在平等原则之上加入社会公正原则，即任何私有财产（如工厂、商店、出租房）依旧受到宪法保护（法制国原则）。但财产的使用，必须考虑财产使用者（工人、店员、租房者）的利益，必须对整个社会负有责任（社会国原则）。这就是今日劳工保护、租房者保护等制度的宪法依据——以社会公正原则补充自由平等原则，以社会国来弥补法制国的欠缺。

法国大革命的人权宣言是自由主义宪法的丰碑，引领 19 世纪世界潮流；魏玛宪法是社会主义宪法的丰碑，引领 20 世纪世界潮流，成为此后各国宪法的蓝本。甚至结构上（如公民的权利与义务），都被其他国家照文援用，包括二战后联邦德国自己修订的基本法。到 1976 年，这两大法制原则被国际社会普遍接受，于是又从国内法上升到国际法：《公民及政治权利国际公约》是基于法制国原则的国际法，《经济、社会、文化权利国际公约》是基于社会国原则的国际法。两者统称为联合国人权公约，深化和替代了原来传统的《人权宣言》。

社会主义四大追求

社会主义有四大追求：平等，团结，自由，进步。

有人说，只有经济发达的富国才能供得起社会福利——那不是福利，那是工人创造的财富和工人应有的权利。事实上，德国提出社会主义理念并在相当程度上获得成功的时候，恰恰是在 19 世纪社会问题最最严重的时期。当时工人每天工作十几个小时，妇女和童工都要参加繁重的体力劳动，生老病死、工伤失业等毫无保障，社会主义就是产生于这样的贫民窟中。同样，1949年德国正处在战后经济最最困难的时期。全德2/5的人因为战争而残疾，90%的城市被炸毁，绝大多数人没有住房，1000万战争难民流亡到西德，而市场上的商品都不到战前一半……就在这样的战争废墟上，联邦德国议会将社会国原则写入宪法，将之与民主、联邦一起作为建国的三大原则。所以，人权原则和社会国原则与经济贫富没有直接关联，而仅仅取决于这个国家、这个社会对人的基本态度。而且越是贫困，就越显示出人权和社会国原则的重要。无视人的存在，无视人的尊严，是产生贫困、从而导致社会动荡的根源。

由于二次大战的惨痛教训，联邦德国建国时，德国民众和党派都主张要把德国建立成基于团结原则的社会主义国家。基民盟（CDU）认为，"资本主义经济体系"是产生纳粹主义的温床，必须彻底清除。其姐妹党基社盟（CSU）早在1946年就强烈要求，企业再也不能演变成追求利润的资本主义机器——这就是德国宪法中没把德国定位成法制国而只定位在社会国的历史原因。

但还在联邦德国初年，即阿登纳当政的十年中，经济起飞，政治家又偷偷搞起了资本主义，把被他们谴责过的"资本主义经济体系"用词上改称"市场经济"，声称德国搞的是"社会（主义）市场经济"，如不替换这个词，就成了"社会主义的资本主义经济体制"——以区别于美国的"自由（主义）市场经济"。但这种市场经济毕竟不是宪法保障的经济制度，于是玩弄文字游戏，强调德国是"民主的、社会的法制国"，从语法上看，法制国成德国的主体，民主与社会（主义）只是"法制国"的附带形容词。

图17　社会国就诞生在这片战争废墟上

德国"六八学运"是一场护宪运动。历史上以保护工人利益为己任的社会民主党连连大选落败，在1959年的Bad Godesberg党代会上开始向右转，放弃了马克思最后一个教条计划经济，开始背叛底层工人的利益。因此，通过议会民主已经无法保障工人和社会底层的利益。这时最富理想主义色彩的学生们放下课本，走出校门。他们既没有新闻工具（掌握在媒体大亨之手），也没有议会席位，只能用激烈语言向社会疾呼："别忘了，德国是社会国！"被社民党开除出党的宪法专家W. Abendroth发表文章，回顾联邦德国宪法形成的历史，从法学角度论证德国是"社会（主义）的民主国"。而且，宪法中"社会"与"民主"不是偶然放在一起的，没有对弱者的帮助，就谈不上真正意义上的民主，必须将经济保障与政治民主、政治民主与经济民主联系在一起，"六八学运"开启了此后十年的左翼运动。

今天看到欧洲社会对工人的保护，对失业者和生病者的保障，对妇女和儿童的保护，等等，是欧洲社会150多年来群体奋斗的结晶。但并不是将社会国原则写入宪法就万事大吉，社会国是在此后一次次的抗争中，才获得一次次的新生。

社会公正的现实状况

建立社会国原则的政治背景或经济背景，是事实上存在的社会不平等现象。例如以下几点。

收入：德国最大30家企业理事的工资，1987年是全德平均工资的14倍，现在达到53倍。德国最富的500人的家产，2012年为平均10.02亿欧元，2013年达到10.57亿欧元，即一年内人均暴涨5530万欧元。而全德75%的工作者月净收入不满2000欧元，其中190万人月收入不满900欧元，社会救济金为360欧元。

财产：全世界10%的人控制了全世界85%的财产。美国最富的1%人口平均拥有1644万美元，而最穷的40%人口却平均欠债1.06万美元（2012年）。2000年德国最富的10%人口占有全德私人财产的44.4%，而2013年3月已经达到59.2%。

即使在一个民主与法制社会，仍然不可避免社会不平等现象。有些贫富差异是先天的，如出生于富裕家庭或贫困家庭，所获的财产、接受的教育等自然不同；有些贫富差异是后天的，各人的勤奋、聪敏、环境、机遇等都不同。这些富有者不是靠偷靠抢而获得财富，而是靠继承遗产或个人奋斗而积累财富。根据法制国原则，这些现象都是合法的；而按照社会国原则，这些现象是不合理的，至少不利于社会的稳定发展。社会主义者认为，从社会的不平等现象（soziale Ungleichheit/social inequality），就可以看到社会的不公正程度（soziale Ungerechtigkeit/ social injustice）。所以，自由主义者追求的是铁面无私的"公正"，而社会主义者追求的是人性化的"社会公正"。

法律保障人人都"容许"当老板，但不是人人都"能够"当老板；失业者尽管拥有"自由选择职业的权利"，可走遍天下就是找不到工作，而一位总经理却能找到月薪40万欧元的职位；"私有财产不受侵犯"对身无分文的赤贫者有什么意义？而不劳而获的遗产继承者却需要宪法保护他们的财产。所以从社会国角度来看，自由、平等还只是形式上的正义，不是实质上的正义。

实质上的正义，按照古希腊哲学家柏拉图的定义（写入古罗马法总则）："每个人做自己的一份工作，获得自己应有的一份报酬，谁也不能剥夺（suum cuique）。"按笔者理解，就是按照一个人的劳动付出来进行社会分配（按劳分配）：一位总经理再聪敏能干，他工作半天所付出的劳动，能相当于一位低薪者工作1年所付出的劳动？但劳动有体力与脑力之别，如何衡量？有些人付出的劳动还是无用功，所以按照劳动付出来分配，在现实中很难实现。

于是，提出按照劳动成果来分配（Leistungsgerechtigkeit/performance justice）。但劳动成果只有市场价格，而不是劳动价值。劳动成果与劳动能力联系在一起，劳动能力很大程度上取决于一个人的受教育程度，即受到家庭经济与文化程度影响。于是，人们提出要有同等的起步条件（Startgerechtigkeit/start justice），即不仅人人都有受教育的权利，而且有受教育的经济能力，这在现实中也不这简单。与按劳分配相对立的是按需分配。但什么是一个人的"需要"？如何衡量？最后只能走绝对平均，谁还有为社会创造财富的动力？没有财富哪来分配？……

人们为了追求社会公正，最后发现，要在现实中真正实现社会公正，涉及市场、家庭、遗产、教育等社会的方方面面的问题。这个自然形成的社会，上帝就不是按照"社会公正"的模式来创建的。

贫困与社会不公正

古希腊哲学家亚里士多德认为，社会上有自由民与奴隶是自然的产物；基督教认为，人有贫富差异是上帝的安排；佛教解释，是缘于前世的善恶报应……直到18世纪的启蒙运动，人们才开始深思贫富差异的根源和社会影响。卢梭在《人类不平等的起源和基础》中指出，在形成人类社会的同时，就已经伴随出现了人类社会的不平等：统治者与被统治者之间建立的是社会契约，政府不应该只保护少数人的财富和权利，而应着眼于每个社会成员的权利与平等。如果没有尽到这样的义务，就践踏了社会契约。但现实中，那些社会中最富有和最有权力的人欺骗大众，使社会不平等成为人类社会一个永恒的特性。

卢梭面对的还是法国大革命前的欧洲封建社会，那里有不同的社会等级：贵族，城市平民和农民。马克思分析了资本主义发展过程后发现，欧洲社会结构正由原来的等级社会（staendegesellschaft/ estate-based society）转变成阶级社会（klassengesellschaft/ class society）。最上层是原来的贵族和新生的大资本家（Grossbuergertum），其次是知识阶层（Bildungsbuergertum）和生活优越的一般资本家（Besitzbuergertum），最下层是工人（Industriearbeitschaft）。社会学中一直援用"阶级"概念来分析社会结构，20世纪到50年代由T.Geiger引入了"社会阶层"（soziale schicht/ social class）概念，少点阶级斗争的火药味。

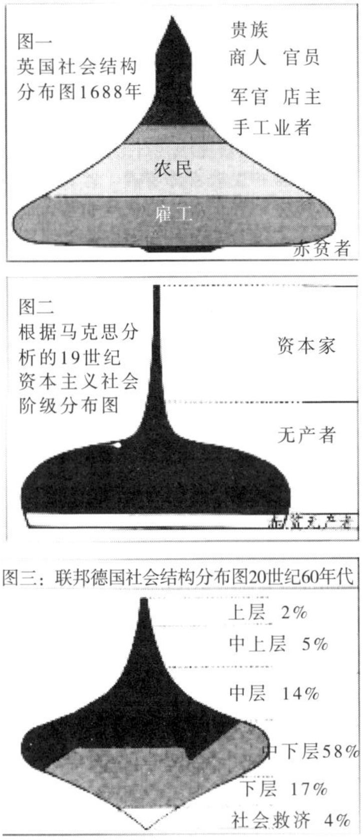

统计分析社会结构的模式很多，仅以K.M.Bolte在20世纪60年代引入的"洋葱模型"为例。欧洲封建时期的社会结构如图一所示，而进入资本主义社会后，据马克思分析，社会的阶级分布如图二所示：资本家在社会中为极少数，却是社会财富的最大拥有者。无产阶级是社会多数，只能成为经济上的社会底层。最底层还有赤贫无产阶级（Lumpenproletariat）。马克思从政治经济学角度指出：社会财富是工人创造，结果都集中到资产阶级手中，如此财富分配不符合社会公正。而更多学者尤其政治家是从社会学出发认为：一个社会的贫富差异走向两极，是引起社会矛盾与社会冲突的导火线，许多社会动荡、公民起义都是源于贫富两极分化。

所以魏玛共和国政府就开始设法通过税收等政策来缩小贫富差异。二战后的德国处于非常贫困时期，民众的温饱都得不到保障。尤其是所有工业被炸毁，工业、金融历史断层，只

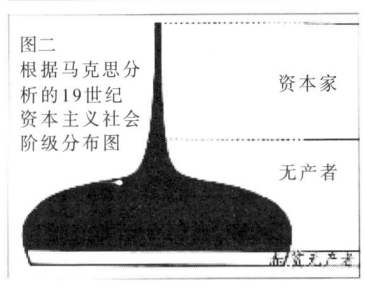

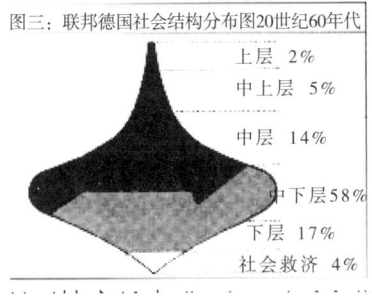

图18　洋葱模型

能靠国家投资重新恢复一部分企业与银行，战前的富者与贫者又从同一起跑线起步。当时执政的基督教民主党提出了社会市场经济模式，即建立有社会保障与社会公正的市场经济。当时的口号是："全体民众共同富裕"（wohlstand fuer alle/prosperity for all）。经济在发展，社会走向富裕，民主制度不仅反映在政治上，更要反映在经济上，应当让所有社会成员——无论其个人能力大小和对社会贡献多少——都能分享到这一经济发展的成果。几年后发生了西德经济奇迹，这是法制国与社会国在政治上的共同贡献。包括保守派阵营，以前都将社会国与法制国对立起来，后来也认为，社会国是法制国的重要补充。两者融为一体，名曰"社会（主义）的法制国"。

到20世纪60年代，德国社会的洋葱模型已达到图三的水平。到1988年，社会各阶层的实际收入分布：德国平均每家月净收入4024马克，收入在2000~4003马克的家庭占一半以上（54.1%），低于1000马克的穷家庭只占2%，高于10000马克月收入的只占3.7%。这样的社会结构就比较稳定了。

贫困者作为社会弱者，经常容易被主流社会遗忘。而民主社会，不仅要保护多数人的利益，也要保护少数人的利益。作为社会国原则，更要保护弱者的利益。不能等到发生了社会问题和社会动荡时（如19世纪社会问题的爆发）国家才被动地出面解决，而要在发生动荡之前就通过各种措施来消除矛盾与冲突的根源——贫富两极分化。

从魏玛宪法到联邦德国基本法

魏玛共和国宪法创立了社会国原则，开辟了国际宪法史上的新纪元。但在实践层面，魏玛宪法在法制国上的致命欠缺（只建立形式上的法律国，没有建立实质性的法制国）也反映在社会国问题上。例如对穷人救济，那只是国家出面做的慈善事业，给多给少由政府单方面确定，穷人没有获得救济的合法权利。在对工人保护上，起先还通过企业条例禁止企业轻易解雇工人。但不幸遇到1928~1929年国际经济大萧条，失业人口从4.2%激增到17.7%，政府只能大幅降低失业金。企业经济下滑，政府受到企业压力而不得不取消对解雇工人的限制。纳粹上台后，居然丝毫不违反魏玛宪法地就取缔了工会组织，封杀工人政党，纳粹直接派员进驻企业，管理企业……所以在战后联邦德国的宪法中，不仅将民主制、社会国与联邦制并列为三大立国原则（第20条），而且将其与宪法第1条"人的尊严不可侵犯"一起列为永久条款，议会永久不得改动（第79条），就是担心历史重演。

在宪法中，对民主制（直接民选）和联邦制（议会通过的法律必须获得各州政府组成的参议院确认）都有一定程度的定义，而对社会国原则却没有界定。社会国中的部分内容已经以基本人权的形式写入宪法，如对人最基本生活的保障（第 1 条），对妇女地位的保障（第 3 条），对家庭和婚姻的保护（第 6 条），保障工人组织（第 9 条）。在经济领域，私有财产的使用必须同时对社会做出贡献，要考虑使用者的权利（第 14 条）。如果出于公众利益（如修路，建医院），国家有权强行赎买私人资产（第 14 条），等等。

社会国原则涉及社会上对人的基本生活和社会公正的基本观念，这个观念随着时代的发展和社会富裕程度而不断变化。例如 20 世纪 50 年代一个人能有 100 欧元救济就很满意，而今天拿同样多的钱会被看作是"非人"的生活。几年前社会救济金达到 360 欧元（住房另补）还被宪法法院判作"没有人的尊严的生活"，违背宪法第 1 条！

人生活在这个社会，从出生、上幼儿园到读大学，从就业、失业到退休，从租房、买房到出租房，从领取社会救济到慈善事业，从娱乐、旅游到各类文体生活，从体检、看病到丧葬……可谓生老病死，无一不与社会国原则联系在一起，其涵盖了一个人、一个社会的整个经济活动。所以，制宪者有意留下对社会国解释的空白，更没有规定如何实现社会国，而将解释权移交给政府、议会和法院，最终解释权在联邦宪法法院——这是对宪法第 20 条一个单词"社会"（sozial）的解释。

就社会国的基本理念，社会国原则大致可以归纳成两大精神：社会平衡（sozialer ausgleich/ social balance）与平等原则（gleichheitsprinzip/ principles of equality）。政府要通过各种政策来缩小贫富差距，在公民内部做一定的财富调节。宪法确定的平等原则（第 3 条），表面看来是传统的法制国原则。但宪法法院通过判例，进一步延伸平等原则的内涵：宪法禁止对同样情况做不平等的对待，宪法也要求国家尽量消除、至少减小实际存在的社会不平等现象。平等原则不仅表示人们容许做什么事（如人人有权利上学），还要促成人们能够做这些事（如不能因为经济困难而无法上学）。

在实践层面，从学者论文、法律法规、法庭判例中，社会国原则大致可归纳成两大领域。

社会保障：每一位公民在经济上都能有尊严地生活（如最低生活费，全民医疗保障），获得自由发展（如中小学免费，大学助学金），以及对儿童、妇女、老人、残障者的特殊保护。这些是公民面对国家的绝对权利，而不再是国家想给就给的"慈善事业",所以大都集中在公法领域。

社会公正:超出传统法制国平等原则和私有财产保护原则,是生产资料的使用者(如雇员、租房者)面对生产资料的所有者(如雇主、房东)的相对权利,大都集中在私法领域。

社会保障:公法领域的社会国原则

一个人为什么会走向贫困?一个人的贫困是贫困者个人的责任,还是整个社会的责任?西方两大社会思潮(自由主义和社会主义)对此有两种不同的解释。

自由主义者从法制国原则(法律面前人人平等)出发,认为如果法律公正,法律给予所有人都有平等的竞争机会,那么每个人都要对自己负责,要依靠自己的努力在这个竞争社会中奋斗,竞争结果是贫是富也由他个人负责。

社会主义者从社会国原则(现实面前人人平等)出发,认为人的贫困不完全是由于他的个人原因,而是整个社会的原因。例如一个人失业,不是因为他不好好工作,也不是他自愿失业,而是因社会产业结构的转型(如煤矿工遇上使用石油或核能的时代),或发生经济危机。所以,整个社会要对他的贫困负起责任。

但不管这两大思潮怎样解释贫困,有一点是双方的共识:不能让任何一个人过上非人的生活。宪法第1条明确写道:"人的尊严不可侵犯。"这里的"尊严"包括一个人在物质上的基本保障,在精神上的不可侮辱——要让这个社会的每个成员都像"人"那样地生活,这是宪法赋予整个国家神圣不可推卸的责任。

但为何要救济贫困者?各个政党和学派对救济问题产生了不同的诠释。

(1)**避免冲突**:基于自由主义思想,贫困或贫富两极分化会引发社会动荡。只有人类和平相处,社会才能自我调节,才能没有障碍地自然发展。所以,实现社会国的第一步,国家应当起到促使社会和平的功能。

(2)**减少贫困**:基于社会主义思想,认为贫困现象本身就是社会不公正的表现。很多人因为贫困而得不到良好教育,因为社会转型而丧失工作位置。总之,社会发展是以他们的贫困化为代价的。所以,国家有义务去主动帮助他们,如生活补助、教育资助、劳工保障等,以消除任何形式的贫困和贫困的根源。

(3)**民主认同**:经济生活越来越起主导作用,仅仅政治上民主是不够的,经济和社会层面上也要实现民主,而没有贫困、全社会共同富裕,就是经济领域的民主。

(4)**经济引导**:国家应当通过各种政策来影响经济,使经济向更体现社会公正、减少贫富差异的方向发展。这里的争议是，国家应在哪些领域干涉经济？干涉到什么程度？

从以上四种基本观点可以看到，对救济穷人本身都不存在异议，关键是如何救济，由此可以推断应当救济多少。最有代表的是两大思路。

1. 辅助原则（subsidiaritaetsprinzip/ principle of subsidiarity）

德国19世纪发生社会问题时，天主教发展出的"天主教社会理论"认为。

（1）任何社会救济都是辅助性的（subsidaer），都是在人非常困难的时候帮助一下而已，不应当躺着靠别人救济来生活。发生困难，自救先于他救。如年迈老人的生活，首先由其子女负责，其次才考虑社会的照顾。慈善事业应当由慈善组织负责，不应由国家来承担。

（2）社会要设法让每个社会成员有自我管理和自我负责的能力，社会救济只是帮助这方面能力较弱的人走向自立，而不是让懒人更懒。

政治上的自由主义者（如自民党）和保守主义者（如基民党）基本继承了天主教的这一观点，认为一个人如果由于年老、病残或失业等原因而失去经济收入，首先靠自己的积蓄，其次靠家庭成员，再其次才是靠国家救济（staatliche fuersorge/ state welfare）——国家救济的额度只是保障人的最基本生活。

2. 团结原则（solidaritaetsprinzip/ principle of solidarity）

社会主义者（如工会、社民党）认为，社会是靠人与人之间的感情联系在一起。作为一个群体，当其中有人由于种种原因发生困难时（何况很多困难本来就是社会造成）整个社会应当伸出手来帮助他们。这不是救济，是生活在这个社会中每个人应尽的义务。只是给人一口饭吃以保障不饿死的做法，是不人道和不公正的，要尽可能使受害者享有与其他社会成员一样的生活水平（staatliche versorgung/ state provision）。

举个例子：一艘客船由于机械事故要沉没了，船上旅客纷纷跳水要游到岸上。持有辅助原则观点的人认为，坐在这样的船上是旅客自己倒霉，所以要尽自己的最大体力游回岸上。实在游不动了，国家才扔一个救生圈给他们；拿了救生圈游一阵还是不行（要把他们的体力全部耗尽），再开救生艇把他们拖上岸。而持团结原则观点的人认为，沉船不是旅客的过错，而是社会的过错（船在开航前应当技术检验），因为人人都可能遇到这样的倒霉事。出于人类的同情心和社会责任感，国家应当马上派直升飞机把他们营救上岸。

历史上获得全社会公认的社会国核心部分，如失业、医疗和退休保险，劳工保护（劳动安全、休假、解雇保护、病假工资照付等），妇女、儿童、老人的保护，人的基本生活保障，一定收入额内免税，全民教育，等等，总体上是神圣不可改变的。作为社会国内容的外延，国家有义务保障国民的水电供应，杜绝各种空气与水质污染等。

当然，社会国原则也有负面作用：社会国容易滋生不愿勤奋劳动，只靠国家救济的懒汉。国家支出也越来越庞大，政界与社会出现了要限制"福利国"待遇的呼声。在科尔当政的时代将病假中的工资从100%降到80%，施罗德当政时推出"2010计划"，降低尚未达到退休年龄的失业者的失业金——这是另一种意义上对天天勤奋上班公民的社会公正，也是减少企业负担和国家财政支出。只要降得不太过分，还是被宪法所容许。

现实政治就处在法制国与社会国两个极端之间：这些人即不能生活得如同失业前这样好，但也不至于生活在刚好能活下去的底线。所以，无论学界、政界、法律界还是社会中的一些论争，其实就是围绕法制国与社会国之间的争议。

社会公正：私法领域的社会国原则

在立法上，绝对的法制国（自由主义）或绝对的社会国（社会主义）在现实中都行不通，通常只能取中间道路。不同的党派执政，只是中偏左（社民党·绿党）还是中偏右（基民盟·自民党）而已。更何况，左党中有偏右的（如施罗德），右党中有偏左的（如默克尔）。在司法上，因为社会国被基本法明确定为三大立国原则之一，高于法制国一筹。所以，如果两者发生冲突，法制国得让位于社会国。

法律面前人人平等？

德国基本法第3条：法律面前人人平等。这是最传统、最基本的法制国原则。说其最传统，早在古罗马法中就建立了这一原则，没有平等还谈什么法制？说其最基本，今日的人权内容可以写出一本小册子，如联合国两大人权公约，而从启蒙运动到法国大革命，基本人权其实只有两项：自由与平等。所以在政治文化上，人们经常将自由作为人权的代名词，争自由就是争人权；平等作为法制的基础，"法律面前人人平等"成了天经地义的真理。但到社会主义思潮兴起，这一传统的法制原则发生了变化。且不说在政治上，法制国的平等原则与社会国的社会公止原则产生冲突；仅仅在日常的司法上，平等原则本身就发生了变化。

例如在租房上：房主将房子租给房客，两人签订租房合同，如"双方都可以提前3个月单方面宣布解约"。按照法制国的平等原则,房东与房客是平等的,双方都必须遵守签署的合同。但现实情况是,房客想离开,不用说出任何理由,提前3个月通知就可以解约;而房东却必须陈述理由,根据判例,只有出于自己本人或子女住房需要的才可以解约,而不能因想把房子租给出价更高的第三者而解约。在理由充足的情况下,才能提前3个月解约。显然,合约的双方是不平等的。这是否有悖于宪法确认的平等原则?没有!

(1)宪法第3条说"法律面前人人平等",是"人"与"人"之间的平等。房客代表自己,是"人";房客想要的是房子,本来应当与房子签约。只是房子不通人情世故,只能由房主来代表房子签约。所以在租房合约的双方,一方是"人"(房客),另一方是"物"(房子),"人"与"物"怎么能够平等?所以不能援用法制国或宪法的平等原则。同样情况也出现在劳资合同上:雇员是与企业签署合同,无论是股份公司还是有限公司,企业本身是独立的法人(juristische person/legal person)。因为这个法人不会说话,只能由它的法人代表如经理来代为签署。即劳工合同的双方,一方是"人"(劳工),另一方是"物"(企业),"人"与"物"无法平起平坐。

(2)既然合约的双方不可以平等,那孰高孰低?不用解说就知道,一定是人高物低,宪法依据是基本法第1条:人的尊严不可侵犯。人的尊严是所有国家政治、国家法律中至高无上的,宪法禁止任何一个主义或任何"物"超越"人"的地位。与"物"有关的纠纷更多适用法制国原则,与"人"有关的纠纷更多适用社会国原则。其实,如果直接与"人"有关,依据"人的尊严不可侵犯"的基本精神,就可以突破所有的法制国原则与社会国原则,包括打破所有既定的、其实是依据法制国原则制定的法庭程序。

(3)基本法第14条保障私有财产(如私房、企业)不受侵犯。但同时指出,如果使用该私有财产(如私房出租、企业运转),必须同时考虑使用者的利益和公众利益。出租私房或雇用工人不仅为了房主或企业主赚钱,也必须兼顾房客或工人的利益。例如在租房上,如果第三者愿意出更高的租价,纯粹按照唯利是图的市场经济规律(法制国原则),当然应当把原来的房客赶走。而根据社会国原则,房东出租房子必须同时考虑房客的利益,而不能仅仅考虑自己的盈利。

人们谈到法律纠纷,通常习惯于从法制国的基本逻辑思考,许多律师也是按照法制国的陈旧模式办案。因为突破了延续几千年的传统法律思维,没有了以前的章法,使初涉者乱了方寸。但如上面的解说,社会国原则也有严密的逻辑思维,而不是乱中取胜。

社会国的许多内容如对劳工、妇女和儿童的保护，人的基本生活、居住和医疗保障，从魏玛共和国到联邦德国，都已写入宪法和具体法律，白纸黑字，从形式上来说，实现这些内容都可以归入法制国了。以下挑几则社会国原则明显突破法制国原则的例子来谈。

法制国的尽头是社会国（租房法）

熟人W以较低的房租租了公司一间房子。没想到公司换经理，要他搬出，其实想以更高的租金租出去。对方的第一次解约书没有给出要收回住房的理由，当然无效。公司便去律师处咨询，律师帮着写了解约书，给出的理由是：公司扩大生意，办公室不够用，所以要收回住房。W只能请求再给几个月时间找房子，对方默认了。没想到几个月后W还是没有找到房子，只能继续住着。对方就通过法庭强制W搬走。W不懂法，也没有找律师，结果，没有在规定时间内反驳，法庭决定自然生效了。

W只能请了律师。该律师一读案卷直摇头：对方根据民法要求给出了收回住房的理由，又这么宽宏大量地默认了几个月让这方找房子，起诉后这方又错过了应诉时间。所有法律步骤都走到了尽头，没有任何挽救的希望，最多通过律师的周旋，即利用法庭程序来拖延1个月，1个月后W必须搬出。

W急了，来找笔者。如果是普通的民法纠纷，这样的官司肯定没救。但租房问题的对象是"人"，涉及对穷人和弱者的保护，即社会国原则。换句话说，现在只是法庭程序即按照法制国原则走到了尽头，社会国原则还一点没用启动呢——如果你自己不提到这点，法官会装蒜，简单地按照法制国原则来判案。至于过了反诉期更无所谓，在"人"的问题上，整个法制国原则都可以无效，更何况"法庭期限"了。

笔者看了案卷后说，你现在不是拖1个月的问题，你的官司应当会赢，根本不用搬出。

第一步，社会国原则：现在对方逼着他家搬出，是非人道的。

（1）一家五口，三个孩子都在上学。（户口本复印件，学校证明）

（2）夫妻俩从事简单工作，收入刚够支付现在的低房租。（全家收入证明）

（3）按照报上的租房广告打了一圈电话，别人见拖儿带女的穷家躲还来不及，全都拒绝。（打过电话的广告证明）

（4）申请过社会救济房，社会局没有空房，让等着。（社会局来函证明）

（5）W一家不是社会无赖，每月按期支付房费。（近一年支付房费证明）……

由此可见，现在逼着一家五口搬出住房，那是逼他们去睡大街或桥洞，过着没有人的尊严的生活。哪个法官敢判他们一家人搬出？

第二步，法制国原则：对方陈述理由不符合实际情况，对方并不需要该房子。

笔者看了案卷后发现，对方说要回住房是因为公司扩展业务，需要用房，这些理由是否属实？虽不知道该公司目前的营业情况，但可以知道该公司雇员的人数，以此推算该公司的营业上升还是下降。笔者再亲临现场考察公司的实际用房情况。得出结论：该公司的营业在下降，现有房间都没有用足。

于是，笔者亲自起草了反诉函，叙述了上述理由。信去了之后，法庭果然马上回函，而且法官约定，将亲自前来考察公司的实际用房情况。那天上午法官实地考察，现场就劝说对方撤回起诉，否则也将判对方败诉。对方如梦方醒，一场已经判胜的官司一下就面临完全败诉，只能当场撤回起诉。

笔者经历了这么多官司，哪怕上百万欧元的官司，法庭上见到法官，法官冷冰冰的连招呼都不打一下。而现在一场都算不出争议值的小官司，法官却亲自登门拜访，这就是对"物"与对"人"的态度截然不同，这就是社会国原则！上百万欧元对法官只是一串数字，是放在原告口袋里还是放在被告口袋里而已。而一家人是否要被扫地出门，却关系到活生生的五口人的命运。

不能用对物的态度来对人（儿童法）

社会国原则中保护最多的是儿童，一旦涉及儿童，法制国原则下的什么法律或合同全都失效。在法庭判例中最倒霉的是一对夫妻，别人告他们虐待小孩，法庭立即批准将孩子带走，临时委托另一家庭抚养。经过近两年的调查和法庭审理，最后确认，这对夫妻并没有严重地虐待小孩，小孩理应再回到父母身边。但因为小孩已经在别的家庭生活了2年，也很幸福。根据对儿童的保护，这个小孩只能永久留在该家庭了。原父母不服，认为是政府和法庭的过失使他们家庭蒙受了不可弥补的损失，必须给予纠正——从法制国来说，必须物归原主。但法庭反问：孩子是你们家的私有财产？你们"失去"孩子是不可弥补的损失，但孩子再回来，会对孩子产生不可弥补的损失。两者相比较，孩子的利益超越父母的利益——这就是社会国原则，不能用对物的态度来对待人。

一位摩洛哥人与荷兰人夫妻离婚，女儿跟妻子。按照移民法，丈夫以"夫妻团聚"所获得的签证失效，移民局要该男子离开荷兰。该男子以经常要去探望女儿为理由，要求继续给予居留许可。官司一路打到欧洲人权法庭，获得全胜。此案涉及女儿，法庭仅仅审核，父亲留在女儿身边对女儿重要不重要，那是最高的社会国原则，什么移民法之类全部作废。类似的官司在德国也发生过很多，德国法官还专门委托心理学家鉴定：父亲经常探望孩子，对孩子的身心健康和未来发展是否重要？结论谁都知道，法官只是要让一位"专家"说出来这个结论，移民局哑巴吃黄连，鉴定费、法庭费都得它承担。

一位留学生以探亲形式来到德国，探亲后必须回国。父母想把孩子留下，移民局一口拒绝。按照移民法，以短期探亲来德的居留绝对不能延长。申请签证时，小孩父母也在领事馆保证，3个月内一定回来。

笔者听了案情后就知道，如果按照法制国原则，哪怕官司打到最高法院都要败诉，因为没有一点站得住脚的。只有通过社会国原则才能突破所有法律。"签证时保证3个月后回来"，按照法制国原则，做出的承诺必须兑现。但这里不是买卖商品，不是对"物"做下的承诺，而是对"人"（孩子）做下的承诺。根据法制国，父母作为赡养人可以代表孩子；但社会国做了补充：为孩子做下的任何不利于孩子身心发展的承诺全都作废。

1. 法制国原则

无论小孩的居留形式如何，都是人为的，法律形式无法改变他们家庭已经团聚的事实。根据宪法，家庭得到国家的特殊保护。如果以国家权力来拆散家庭，就是对小孩基本人权的剥夺。但即使在一个法制国，一定条件下也容许剥夺一个人的基本人权。根据"欧洲人权宣言"（1950），剥夺人权的前提要满足合法、合理和权衡原则。要小孩出境满足"合法原则"（有移民法为据），"合理原则"值得争议，但不符合"权衡原则"，在这个案例上，小孩的个人利益明显高于德国的公众利益。为了具体说明，该夫妻要将他们的收入证明、银行存款、小孩的医疗保险等材料准备就绪，表示小孩在德不会对德国社会产生经济负担。同时让有关部门写书面证明：如果孩子离开父母，将会对孩子的身心造成无可弥补的损失。即孩子离开德国对孩子造成的损失，大大超过孩子留在德国对德国社会产生的损失。

2. 社会国原则

根据"保护儿童国际公约"（1989），任何政府部门、议会、法庭和所有其他社会机构等，在做出某项涉及儿童的决定时，都要以保障儿童的幸福为首要考虑。移民局或法庭在考虑孩子是否应当离开德国时，首要考虑的不是移民法，而是什么方案才能更好地保障孩子的幸福。孩子父母要到教会等机构去得到证明，小孩留在父母身边生活比留在祖父母身边生活更幸福；到学校等机构去让人证明，小孩在德国上学没有任何困难，学校老师和同学都喜欢这位新学生；让他们的邻居、朋友写证明，他们喜欢这位小朋友，表示小孩已经融入德国的社会环境……

笔者帮着给移民局写了一信，论述以上观点，附上相应材料，移民局只能同意了。

实现社会国要付出代价（劳工法）

在劳工合同和德国民法上都明确定义了解雇期，即劳资双方要解除劳工合同，都要提前一段时间通知对方。但现实情况是，雇员要离开公司非常简单，提前通知就可以；而公司要解雇雇员却非常麻烦，十人以上的公司，不仅要事先通知，还要申述解雇理由，要给一笔"遣散费"。法定只有三大理由可以解雇雇员：出于雇员的个人原因和行为原因，出于公司的经济原因——条件之苛刻使企业通常不敢去惹这个麻烦，所以德国被解雇的情况相当少。

Z 先生开的公司想雇用一位女雇员，让她先来上班看看。如果双方感到合适，就签署劳工合同。没想到那雇员刚上班 4 天，就请了长病假，说怀孕了，情况不太好，医生让她在家休息。她给了 Z 先生一个银行账号，让 Z 先生以后每月将她的全额工资汇到该账号。Z 先生找到笔者说，还没有正式雇用她呢。即使雇用，也还在试用期，也可以开除她。我说，事到如今你一点招都没有——母亲保护属于社会国原则，所有劳工方面的聘用、解雇之类法律都失效，你只能忍痛为她、也是为社会做一次奉献。

尽管还没有签署劳工合同，但她已经在公司工作，而且不是临时帮忙。她上班本身已经构成了事实合同。因为打算长期雇用她，而不是出于一时缺少人手而短期雇用她，即使没有书面合同，她也已经是无期限的雇员。一旦是雇员，就适用所有的劳工保护法。企业不满 5 位或 10 位雇员，或该雇员工作不满 6 个月，雇主可以无条件解雇雇员。但现在这位雇员是孕妇，有专门的母亲保护法。一旦怀孕，就不准雇主以任何理由、任何形式解雇她，哪怕她还在试用期。如果出于企业破产等特殊原因要解雇雇员，对孕妇雇员，雇主必须到区政府申请，是否可以解雇她——实际运作上一切都将变得不可能。

因为不能解雇，该雇员丝毫不用担心会因为长时间生病而失去工作，生病期间你必须支付她的全额工资。到生育前后 14 个星期，她更可以全薪在家。如果生育后她打算在家看孩子，你还得为她保留 3 年的工作位置，她随时可以回来工作，原职原薪。这样的政策是否合理？自当别论。欧盟要求孕妇生育前后 18 个月、欧洲议会要求 20 个月全薪在家呢，不过被德国拒绝。德国担心，这样对雇主的经济压力太大，会造成劳工市场上企业不敢再去雇用年轻妇女。

社会国不是天上掉下来的馅饼，全社会都要为此付出代价。只是在租房、劳工等领域，社会要求有财产的人（雇主、房东等）做出更多的贡献，这也是另一种形式的社会平衡：富人多给点穷人，有房的多给点没房的，没有孩子的多给点有孩子的……这就能形成和谐社会，全社会就像兄弟姐妹，这就是法国大革命倡导的博爱精神，19世纪社会主义思潮中的团结原则。

古罗马法与古日耳曼法的结晶

从古罗马法看德国法律精神与司法原则

一、古罗马法对世界各国的法制建立起了主导作用，对欧洲大陆法系的影响更深。甚至英美的海洋法系虽没有成文的民法，也同样深受古罗马法影响，例如英国民法中的合同原则、遗嘱、信托等内容都来自古罗马法。美国学者莫里斯甚至说：近125年间在美国所制定的一切良好的法律，大都是为了废除封建规则和陋俗，而恢复到古罗马法的原则，甚至还回到了古罗马法的字句上去了。

二、作为古罗马帝国的合法继承人，德国自古以来就将罗马法视作德国的有效法律，与日耳曼习惯法、教会法合为普通法。德国19世纪历史法学派欲重新回归古罗马法，深入研究古罗马法的精神与结构，以日耳曼的"人民法"与古罗马的"学者法"结合而形成"罗马－德国法"，奠定了德国200多年来的司法基础，也成为今日欧盟法律体系的支柱。

三、各个法律及法律条款之间可能冲突，要确认谁为优先。这里有互相排斥的法律与互相重叠的法律两类。对前者，古罗马法有三大优先原则：特殊法优先于普遍法，上级法优先于下级法，新法优先于旧法。

公元9世纪前后，德国北部的法兰克公爵国统一了原西罗马帝国疆域。公元800年查理大帝被罗马教皇加冕为罗马帝国皇帝。查理大帝的三位孙子三分天下，法语区继承法兰克帝国国号（简称法国），意大利继承罗马帝国皇位。公元10世纪德国奥托大帝占领意大利，两国合并，奥托大帝成为罗马帝国皇帝。奥托三世自称统治了罗马帝国的世俗政权与精神政权，故改名为"神圣罗马帝国"。直到16世纪产生了民族国家，才改名为"德意志神圣罗马帝国"（1512）。尽管几次易名，但名义上德国始终是罗马帝国的传人，罗马法自然成为法兰克帝国的有效法律。只是，法兰克帝国从蛮族部落直接进入封建社会，部落社会沿用的习惯法如《萨克森明镜》等依旧有效。在中世纪欧洲又产生了教会法（Decretum Grantiani，1140），主体是古罗马法、《圣经》与罗马教皇手谕。尽管教廷声称教会法为最高法，但同时又表示，教会法中没有的内容适用罗马法，以至于教会法都借用古罗马法（Corpus Iuris Civlis）名字，被称为 Corpus Iuris Canonici。

许多德国富商的儿子去意大利留学，学习古罗马法与教会法（两类法院适用不同的学位），回德后担任法官或律师，给德国带来了古罗马法。起先只是运用古罗马法的技术，继而使用古罗马法的原理和原则，在新颁布的法律中也用到古罗马法内容，如1532年施行的刑法 Carolina。所以15世纪后，德国境内的古罗马法、古日耳曼习惯法和教会法三者并用，统称普适法（gemeinrecht/ius commune），有别于英国的普适法（common law）。德国近代在法兰克福附近的 Wezlar 建立神圣罗马帝国最高法院，基本适用古罗马法，大学法学家也多使用古罗马法，使古罗马法在德国法制中占了主导地位。

从古罗马法到德国民法

欧洲近代，受16世纪的民族国家、17世纪的理性主义与18世纪的启蒙运动的影响，尽管古罗马法是皇帝颁布的，形式上有违启蒙运动的基本精神。但古罗马法本身非常理性，与现代的理性精神相吻合。既然社会是建立在社会成员之间的契约之上，整个社会就应当通过一个古罗马法式的制定法来规范，当然应加入现代的自然法原则即人权原则，由主权国家自行颁布。于是，1794年德国颁布了普鲁士民法 ALR，1804年法国颁布了《拿破仑民法典》，1811年奥地利颁布了奥地利民法 ABGB。在法律精神上，这些民法都受到启蒙运动的影响，自由、平等成为主旋律，故被誉为欧洲近代三大自然法民法典；而从法律结构、法制原则到具体条款，三者都直接受到古罗马法的影响……

德国几百个诸侯国林立，拿破仑占领德国期间合并诸侯国后还是有39个诸侯国。人们希望以这三大民法典为基础，颁布出为所有诸侯国都能接受的德国民法典，以方便全德性的经济交往，加速德国统一。1871年德国统一开始起草德国民法时，上述三大民法典都已经偏旧，1863年萨克森公爵国颁布的民法更具有时代性，所以也更多为起草德国民法所参照。

以近代理性主义，尤其启蒙哲学家卢梭的社会契约说为基础的"制定法律"本身，在德国受到了以 F.C.V.Savigny（1779~1861）为代表的历史法学派（historische rechtsschule/ german historical school）的反对——因为抵制成功而保留了习惯法。他们认为，德国的人文素质太低，德国根本没有能力来立法，甚至德语都配不上拉丁语，得以像古罗马时代那样制定法律。古罗马经过几百年无数优秀法学家的法理研究，然后才出现名垂青史的古罗马法。已经制定的普鲁士民法，尽管有2万条款，许多内容还是没有包含进去，拿破仑民法更是漏洞百出。法律是历史形成的，是这个民族的道德、文化、风俗、习惯发展的结果，具有"人民精神"，所以不是哪个国王或学者可以制定的。Savigny 主张回归古罗马法，再通过学者的分析研究，将之具体化。他举例民法中"所有者"（eigentum/ ownership）与"持有者"（besitz/ possession）的区别，根据古罗马法原则、该概念的历史演变和现实考量，层层分析和具体化，结果轰动了法学界，甚至发现，连中世纪的教会法都有许多谬误。"最后留下的，只有查士丁尼的（罗马）法"。由此，Savigny 提出德国未来的法律应具备两大特征：人民精神与学术精神，即德国习惯法与罗马法结合。

Savigny 的学说影响了欧洲法学界，已经施行拿破仑民法的法国学术界也创办了研究古罗马法的杂志《忒弥斯》（Themis）（忒弥斯为古希腊正义女神），从罗马法中吸取养料，从建立法理到司法过程，指导着拿破仑民法的施行与修改——现行法国民法只保留了一半当时的原文。

图 19　历史法学派创始人 F.C.v.Savigny

随着19世纪中叶全德经济交流的日益广泛，要求德国统一民法的呼声越来越高，越来越紧迫。为了法律规定的清晰与法律保障的统一，尤其要普适于全德，还是采用制定法比较干净。起先想统一适用《拿破仑民法典》，拿破仑兵败后这成为不现实，因为那也是拿破仑帝国的象征，德国必须创制出本土的民法。坚持制定法与坚持习惯法的两派也逐步和解，提倡日耳曼的"人民法"与提倡古罗马的"学者法"两派获得共识："通过将古罗马法嫁接到德国日耳曼法上，将诞生一个既不是纯罗马法，也不是纯德国法的中间产物，即'罗马–德国法'。如果谁一定要将纯罗马法与纯德国法严格分离开来，建立一个适用于全德国的私法，那是一个不存在的法律。"（N.T.Goenner）1848年首先在北德的关税同盟国（1847）实施货币兑换法，1861年推出德意志普适商法（ADHGB，即今日HGB的前身）。

19世纪不仅是德国从专制走向民主的大动荡时期，也是奠定德国法制未来走向的大辩论时期——从世纪之初的学说大辩论，即启蒙主义法学家A.F.Thibaut倡议制定法与浪漫主义法学家F.C.V.Savigny倡议回归习惯法与古罗马法之间的辩论，在20世纪又涌现出社会主义法学家否定习惯法，倡议制定法。之所以反对习惯法，就如马克思在《黑格尔法哲学批判》中很刻薄、但一针见血地指出的："习惯法其实就是希望将今天的卑鄙，通过昨天的卑鄙来合法化。""习惯法只容许用于对新法律的预见，用于穷人和受压迫者反抗现有的特权阶层的法律。"黑格尔也反对习惯法，认为英国这样的不成文法包含在法官的判例中，法官似乎受到前面判例的约束，但他们又有自己的一套不成文法。此后社会学家马克斯·韦伯也认为，所谓的习惯法，其实就是无法监督的法官立法，容易产生误导。黑格尔和韦伯都是以自由主义观点、从法律可信度来否定习惯法，马克思是以社会主义观点、从法律内容来批判习惯法。尽管如此，作为日耳曼的民族传统，德国现今的某些领域如罢工法和反恶性竞争法等，依旧施行习惯法。

1887年底，德国民法第一稿递交议会后，许多学者没有异议，却引来社会主义者的全面否认，如自然法与德国法教授Otto von Gierke（1841~1921）所说，"我们的私法中至少也得滴上几粒社会主义的油"。他对民法初稿的语言也相当反感，太学术化、拉丁化，从而不够德国化，没有考虑到人民大众的可读性。德国议会只能全部推翻第一稿，另组班子拟定第二稿，语言上通俗化，但还是缺少对弱者的保护。以致第二稿在议会最终投票时，社会民主党全体议员投了反对票——直到1949年联邦德国建立后，尤其在20世纪70年代的红色十年中，社会主义思想即社会国原则才全面进入了德国民法。

其实，在古罗马法尤其是中世纪的教会法中，也有一点社会主义思想，例如对非婚生儿童的保护。古罗马法的《法典》5，25，3：如果你能向主管的法官证明，这个孩子是Claudius生的。法官就要责令Claudius，根据他的财产来保障这个孩子的抚养费。而且还要考虑，是否要责令Claudius直接抚养孩子。其实，早从罗马皇帝Traianus（53~117）时期开始，就已经由国家设立专门机构资助孤儿和贫困家庭的孩子，限制高利贷和房租暴利等。到4世纪初基督教成为罗马帝国国教后，基督教主持修改家庭法尤其是婚姻法，慈善事业更为普遍——社会要和谐发展，都少不了社会主义思想，只是那时的社会主义还没有形成如欧洲19世纪那样，将社会主义思潮延伸到家庭、妇女、儿童、劳工等所有社会领域。

德国民法中的古罗马法精神

古罗马法在德国作为有效法律，一直沿用到1900年1月1日德国统一的民法典施行。

19世纪浪漫主义时期，德国的学者尤其是历史法学派主张全面恢复古罗马法。尽管没有成功，但对古罗马法的研究非常深入广泛，为德国民法包括整个司法的建立奠定了理论基础。这期间，德国各诸侯国如普鲁士、巴伐利亚等都纷纷制定各自的民法，均以古罗马法为蓝本。而在制定德国民法时，已经明确以古罗马法与日耳曼习惯法为基础，德国民法起草委员会主席 B.Windscheid（1817~1892）就是莱比锡大学的罗马法与拿破仑民法教授。所以在德国民法中，不仅启蒙时代的自由、平等成为主导观念，在具体内容、结构上处处可以看到古罗马法的影子，连民法划分成总则、债权法、物权法、家庭法、遗产法五大部分，都是采用古罗马法。其中总则部分，是参照查士丁尼民法大全中的《法学阶梯》（*Institutiones*，4卷），《法学阶梯》相当于罗马法的启蒙教材；其余部分主要采用《法学汇编》（*Digesta/Pandectae*），该书收集了古罗马法学者的法学论述，可谓"学者之法"。民法大全的另两部是历代罗马皇帝颁布的《法典》（*Codex*，12卷），查士

图20　意大利文艺复兴时刊印的《法学汇编》

丁尼过后颁布或解释的《新律》(*Novellae*)，后两者可谓"皇帝之法"。

这里最伟大的是《法学汇编》，洋洋大观50卷。古罗马延续古希腊文明的学术风气，百家争鸣，尤其公元元年前后，奥古斯都皇帝授予学者们解释法律的特权，学者解释同样具有法律效力——这点超越了今日法学家的法制地位。大部分法官、法官助手本身就是法学者。他们一边判案，一边对判案结果进行解释和评论。以至于几百年下来，累积了大量的案例和法学评论。因为法官判案必须参照前人的判案和解释，过于繁杂，公元530年东罗马帝国皇帝查士丁尼召集学者，整理以往300年中的判例和评论，从2000多卷的300万行字中，花3年时间精选出15万行，形成《法学汇编》，并由皇帝将其作为有效"法律"正式颁布。罗马帝国这几百年是世界法学史上空前绝后的，此后历朝历代直到今天的法官和法学者们的学术水平、社会地位与政治地位，都无法与古罗马时代相提并论。尽管当时90%以上的原始资料都已失传，只留下这15万行《法学汇编》，就已经为后人建立法制奠定了坚实的理论基础，积累了丰富的实践经验——其实，该书后来也失传了。幸好有一套赠送给罗马教皇，放在那里无人问津。直到11世纪在意大利Bologna被重新发现，引起法学界的极大兴趣，形成了古罗马法复兴的浪潮，与文艺复兴和新教运动并称为欧洲中世纪后期的三场改革运动，法律、文化、宗教三者并进，欧洲就此进入近代文明。

德国民法的许多条款，几乎原文照搬古罗马法，例如"如果合同的基础改变，可以取消合同"（民法§313 BGB），"无法实现的合同无效"（§306 BGB a.F.）等。《法学汇编》D9，2，27，5中说："如果某人引起了他人的损失，非法地燃烧、捣毁、撕碎物品（杀死奴隶或家畜动物除外）则要支付给物品所有人铜钱，铜钱量相当于该物品在此后30天内的价格。"以此为参照的德国民法§823 I BGB："如果谁有意或无意、非法地损伤了他人的生命、身体、健康、自由、财产或其他权利，他要赔偿他人由此引起的损失。"民法§249 II BGB补充说："如果谁因为损伤他人或他人的财产而要赔偿损失，获得赔偿者可以要求对方，不是将被损伤的人和物恢复原状，而是支付人或物恢复原状所需的钱款。"

当然，德国民法更多是理解了古罗马法内涵，将之浓缩成法律条款。

实例1：《法学汇编》D41，1，7，7章中说了一个案情：如果一个人拿了别人的原材料制造一个物品，则这个物品的所有者，是该物品的制造者，还是原材料的持有者？文中罗列了三组学者的观点。

（1）Nerva和Proculus表示，所有者应当是制造者，因为在制造出这个物件之前，该物件没有所有者。

（2）Sabinus 和 Cassius 认为，如果按照自然理性（naturalis ratio），这个物件应当属于材料的所有者，没有材料就不可能造出这样的物件，就像我用你的金、银或铜造出任意一个罐那样……

（3）"持中间观点者"认为：如果该物件尚能还原成原材料，则该物件属于原材料所有者；如果无法还原成原材料，就属于制造者。例如，将该罐可以重新烧热熔解成金、银或铜的原材料，而葡萄酒或谷物却无法重新还原成葡萄或稻麦……

上述 Proculus 与 Sabinus 是古罗马法高潮时代（约公元 150 年）最重要的两大法学派代表，前者偏向理想主义，主张对案情要用逻辑推理和创新的分析方法来解释，保持法律及法律解释的统一性和延续性；后者偏重现实主义，主张用传统学者和现实政治的眼光来对待，为了使个案判得合理，可以牺牲法律的逻辑性和统一性。《法学汇编》将这两种截然相反的观点兼容并蓄，也可见当时学说的自由。欧洲近代的学者们倾向上述"持中间观点者"，而《普鲁士民法》则倾向于 Proculus，《拿破仑民法典》倾向于 Sabinus。

在德国民法中 §950 I BGB："如果谁用一个或多个材料加工或改装了一个可移动的物件，只要加工费或改装费没有过分低于材料费，则加工者就获得该物件的所有权。这里的加工包含写作、素描、绘画、印刷、雕刻或相似的表面加工。"显然，德国民法采用 Proculus 的观点，因为立法者认为，人类的脑力劳动和体力劳动价值超越了原材料持有者的利益——这点与 §947 I BGB 相矛盾，那里表示，如果两个部件不可分离地组成一个物件，则两位部件所有者共同拥有该物件。但 §950 BGB 的情况比 §947 BGB 特殊（specialis），所以优先，当然，接着 §951 I BGB 表示："原材料所有者有权要求物品持有者赔偿经济损失，但不得要求将该物件再重新还原成原材料。"

古罗马法对德国法律影响最深的是古罗马法的思想方法，以及古罗马法所建立的基本原则。例如，一部再全面的法律也不可能面面俱到，皇帝查士丁尼就说："在没有书面法律的情况下，大家要注重传统与习惯。"所以，在德国民法中出现了许多"普适条款"（generalklausel/general clause），例如合作伙伴之间要有诚信、要兼顾对方的利益（§157，§242 BGB），违背传统的合同无效（§138 BGB）或要给予赔偿（§826 BGB），出于重要原因可以退出合同（§314，§626 BGB）等。如果找不到法律上的具体条款，就援用这些普适条款。

古罗马法的主要部分是私法，其中合同法最为杰出。当时人们建立合同，比较重大的合同必须有一个特定的缔结形式，有 5 位证人在场。买者与卖者口中念念有词，买者在秤的另一端盆中象征性地投入几枚铜钱，算是合同建立。对一般的合同则没有这些形式要求，但合同对双方也有约束，就是靠双方的诚信，拉丁原文是 fides。该词表示，人与人交往要有一定的准则，我给予你的时候，想到你也会回馈给我，相反亦然。如果谁背弃了这个诺言，对方就可以上法院起诉。古罗马法学家西塞罗对 fides 做了大量论述，其观点后来成为古罗马合同法的一个基本准则"quidquid dare facere oportet ex fide bona"（出于诚信，必须去做）。可见，fides 广义地指整个社会中人与人之间的良性交往。这不仅是人人应当遵守的"社会规则"（sozialnorm/ social standard），而且也是要被强制执行的"法律准则"（rechtsnorm/ legal standard），违者要受到法律制裁。但德国学者们绞尽脑汁，就是无法将 fides 的意思完整地、简洁地译成德语写入民法——Savigny 早就断定，用德语无法写法律，只能狭义地译成道德性的 treu（忠诚），Glauben（相信），Vertrauen（信任）。于是，忠诚与相信、信任保护、个人自主，成为德国私法的三条主线。但学者使用该意思时，还是喜欢用 fides 原词，所有原意一目了然。

这些原则尽管没有全部直接写入法律，但人人都在使用，以至于德国的法学（以及历史学、哲学等）学生必须精通罗马法的原文拉丁文。许多原则没有被大家公认的德语翻译或英语翻译，或即使翻译出大致意思，也总不是这个味，就像不去引用唐诗原句而去引用唐诗的白话文翻译那样。即使到了中世纪以后，法学家们总结和发展了古罗马法的许多原则，也都是以拉丁文（教会官方语）教学和著文。所以，德国法学界和法庭引用这些法律原则时，几乎都在照搬这些原则的拉丁原文。

许多拉丁文的术语，如主语 subjective、宾语 objektive、理论 theiorie、理由 argumentum、国家 state、人 populus、动物 animal、革命 revolution、无产阶级 proletarius、贬低或取缔 derogat、荒唐 absurdum、犯罪 crimen、特殊 specialis、总体 generali 等等，都已经被历代西方的自然科学家与人文科学家们直接引入到英语、德语、法语、西班牙语等语言中了。19 世纪前的所有欧洲大学，都是以拉丁文教学和发表学术文章。各种西文中写法相近的词，其实都是源于拉丁文。所以，学习西方法律的学生、学者必须补习拉丁文，否则无法真正领会这些学术用语的原意原味。

法律的优先原则

作为法制的基本要求，不同的法律之间或同一法律的不同条款之间，应当相互和谐，没有矛盾。但由于历史原因或立法者的有意考虑，他们之间还是经常出现不太吻合之处。或对于一个具体案情，似乎几个法律条文都能适用，即形成各法之间的竞争，到底以谁为准？或把所有对己有利的法律都罗列进去？其实，对这种情形有两类不同的情况：

（1）互相排斥的法律（verdraengende konkurrenz）：用了张三法就不能用李四法，于是要审核确认两者中谁为优先；

（2）相互叠加的法律（kumulative konkurrenz）：可以同时援用两个法，但最终还得确认以谁为主，以谁为辅。

互相排斥的法律

对于互相排斥的法律，古罗马法中设立了三项基本原则，即三项优先等级，沿用迄今。

1. 特殊法优先于普适法（Lex specialis derogat legi generali）

法律中，总是从普遍原则步步深化到具体细节。这里有形式与内容的两种情况。

（1）形式上的步步深化：从文字形式上就可以看出，后一款是前一款法律的具体化。

实例2：例如在反恶性竞争法中，§3 UWG 总体表示，禁止明显影响他人生意或有损顾客利益的行为；于是在§4 UWG 中作为"举例"，列出了11种恶性竞争的情况。如果实际案情遇上了这11种情况，就以§4 UWG 为准，否则就回到§3 UWG。即§4 UWG 优先于§3 UWG。

行政法§37 II 1 VwVfG：官方机构对某申请所做出的决定，可以书面、口头或其他方式告知申请人；外国人法§66 I 1 AuslG：如果官方机构拒绝发放护照替代证件或将驱逐某人出境，则必须以书面形式。据此，移民局要驱逐某人出境就必须以书面形式，外国人法的该条款具体于行政法的该条款，即外国人法优先于行政法。

刑法中§303 I StGB：如果谁非法损坏或破坏了他人的物品，将判处最高2年的徒刑或罚款；刑法§306 I Nr.1 StGB：如果谁纵火全部或部分烧毁了他人房子，将判处1至10年的徒刑。据此，谁纵火烧毁他人的房子，条款上似乎既可适用刑法§303 I StGB，也可适用刑法§306 I Nr.1 StGB。但前者是总体针对损坏他人物品（当然也包含房子）的情形，后者具体针对纵火损坏他人房屋，比前者更具体或更特殊，所以后者比前者优先。

刑法§242 StGB 对偷东西的人要最高判刑5年；刑法§244 StGB 中对"以暴力""偷"东西的人要最高判刑10年。逻辑上，"偷东西"已经包含"暴力偷东西"，后者是前者的具体化。所以遇到"暴力偷东西"，就仅仅适用§244 StGB。

实例3：合同法的结构依次为以下几点。

① 普遍原则：违背法律与道德的合同无效（§134，138 BGB），合同双方要兼顾对方的权利与利益（§241 BGB），合同双方要讲诚信（§242 BGB），等等。

② 合同：总体规定如何建立合同，合同双方的权利与义务，如何中断合同，对践约行为如何赔偿，等等。

③ 具体领域的合同：民法中具体规定了劳工合同、租房合同、商品买卖、远程商品买卖、金融业务、企业法、房地产买卖等等。

④ 特殊群体：如对妇女，尤其对母亲的保护，对儿童的保护，等等。

例如解雇劳工，首先看被解雇者是否是孕妇，如是，就看第四层对母亲的保护法律；如不是，就看第三层的劳工法；如果对此情况在劳工法中没有规定，就审核第二层的情况；再没有规定，才审核第一层的法律内容。

同样原理，"租房合同"既是"租房"问题，也是"合同"问题，"合同"中包含了"租房合同"，但两者都有相应的法律。显然，"租房"法相对"合同"法就属于特殊法，首先要看租房法中是否有相应规定。如果有，就以租房法为准；如果没有，就以普遍的合同法为依据。而且在法律认证中，首先要认证租房法中有没有相应内容，为什么没有，然后才可以引用合同法。对退出合同也是同样。任何合同总有具体内容（如雇工、租房、购物、维修、电话），所以得先看在这些领域是否已经有相应的规定。如果没有，才能援用合同法。

即使在不同的法律之间，也存在哪个法律优先的问题。如民法的内容几乎覆盖了经济生活与日常生活的所有情况，任何经济纠纷原则上都可以援用民法作为依据。但德国还有商法，仅仅用来处理生意交往中的法律纠纷。商法相对民法就算特殊法。如果遇到生意纠纷，且纠纷的情况在商法中已有规定，就以商法为优先。如民法 §343 BGB 中说，没有履行合同而要向对方赔款，但赔款额不符实际地过高，则赔款方有权要求降低赔款额。而在商法 §348 HGB 中说，如果贸易行业的商人已经许诺向对方赔款的额度，则不得根据民法 §343 BGB 要求降低赔款额。即如果一个商人向别人赔款，就得首先按照商法规定不得要求降低赔款额；如果不是商人，就可以根据民法而要求对方降低赔款额，对方不同意就由法庭仲裁。

（2）内容上的互相排斥：有时对同一个情况，从不同的思路可以援用不同的法律，且这两种法律之间也没有互相包含或具体化的关系。但从实际内容和案情来说，两个条款是互相排斥的。

实例 4：A 以 5000 欧元买下 B 的一幅名家画作，当时双方对这幅原作都深信无疑。过后被专家确认这是一幅赝品，于是 A 要求退货。法律上有两个依据。

① 这项买卖合同是出于对商品的误解所造成，根据民法 §119 II BGB，A 可以过后根本取消（Anfechten）该买卖合同，一方退货，一方退款——即合同是无效

095

的，相当于双方根本没有缔结过这一合同。

② A 买下的是一幅原作，而 B 供给一幅赝品，供货有缺陷（Mangel），B 也没有能力再供给合乎合同要求的真品。于是根据民法 §437 Nr.2 BGB，A 有权利退出（Ruecktritt）该合同——即合同是有效的，但经双方同意或一方强行退出这一合同。

对这两个法律依据，各有不同的做法、要求和认证重点，各有难易。但从具体内容而言，"误解"显然比"有供货缺陷"更合乎案情。所以在此例中，§119 II BGB 排斥了 §437 Nr.2 BGB，只能适用前者，而不是两者同时适用。

2. 上级法优先于下级法（Lex superior derogat legi inferiori）

德国行政上分为三级：联邦（国家）、州（省）、市。但法制上可不是分成三级，而是"平级"，尽管形式上宪法第 31 条写道：联邦法优先于州法。德国采用联邦制，整个国家行政领域即法律领域是三者分工的，互不越级。例如联邦负责外交、财政、国防等；州负责内政、经济、交通和大学等；市负责城市建设、中小学和幼儿园教育等。在联邦也设立有文化教育部和交通部等，只是协调各州而已，几乎没有立法权。例如几年前有些州想引入每学期 500 欧元的大学学费，联邦政府和议会对此很是着急，便越级在联邦议会通过法律禁止全德引入学费。结果被几个州政府到宪法法院起诉，撤销了该法律，因为有关大学的立法权在州，而不在联邦。

这里所谓的法律级别更多可以理解成，都有一定法律效力的各类法规之间有优先序列。现今德国法律级别的高低依次是以下几点。

（1）宪法 Verfassung：即基本法 Grundgesetz，需要联邦议会 2/3 通过。

（2）法律 Gesetz：需要联邦或州议会以简单多数通过，参议院不反对。

（3）委任立法 Verordnung：对相应内容，在法律中必须明确定义，"具体内容通过另外的条例确定"。由政府制定，议会不反对。

（4）行政条例 Verwaltungsvorschrift：由上一级行政机构写给下一级行政机构的具体条例，这形式上属于内部条例，但也对外公开。

（5）行政指南 Verwaltungshinweise：由上一级直接给下面办事者的具体指南，属于内部条例，通常也不对外公开，但官员都按这个做。

遇到法律纠纷时，法官通常直接按照法律来审核。如果该法违背宪法，则该法无效。如果法律中没有具体规定，而委任立法或行政条例中规定得比较具体，且与法律没有矛盾（否则以法律为准），就会参照委任立法或行政条例。在实际行政中，例如移民局官员通常都简单地按照州内政部发给他们的具体行政指南来办理，一旦上法庭，这些行政指南全都作废。

实际情况中，一个法律条款往往可以做多重解释。所以不是低一级的法律就一定低于高一级的法律。而只能说，低一级的法律要尽量采用与高一级的法律没有矛盾的解释。例如宪法高于普通法律，则普通法律要解释得没有违背宪法。除非从法律文字到立法者的本来意愿，该段法律就是违背宪法，那么就要根据基本法 Art.100 I GG，通过宪法法院取缔该法律条款。基本法中最重要的部分就是人权条款以及对德国国体的定义（如社会国），但对人权和社会国的理解是价值判断或定性判断，而不是定量判断。一个法律条款是否违背人权或违背社会国原则，就成为不很明确的灰色地段。所以，宪法法院中最多的官司，就是某法律是否侵犯了人权或社会国原则。

现在节外生枝的是欧盟与欧洲议会的出现。欧洲议会的工作领域即立法权限越来越广，但不直接推出"法律"，而是推出"指导性条例"（Richtlinie/ Directive），各国议会根据该条例再修改本国法律。还有许多德国也签署的国际公约，根据基本法 Art.25 GG，国际公约等同于略优先于德国联邦一级法律。所以在德国法庭上，律师和法官可以直接引注国际法或欧洲法。例如《保护儿童国际公约》表示，任何国家机构（议会、政府、法院）在做出与儿童有关的决定时，都以儿童的幸福为首要考虑。于是，如果遇到外国人的孩子在德居留权问题，如果孩子没有满足外国人法（联邦法）有关在德居留条件，通常要被驱逐出境。但律师与法官首先要审核的是，孩子被驱逐出境还是留在德国，哪个方案才能使孩子更幸福。

另一个现象在古罗马法时代不曾有：当年的法院是将民法与刑法放在一起的；而现在不仅民法、刑法分家，行政法院、金融法院、劳工法院、青少年法院等也都分家，各个法院之间是平级的。这就涉及一个新现象：同样一个法律纠纷，涉及不同的法律与法院，到底谁为优先？例如发放外国人的劳工许可，劳工法上有具体规定，移民法上也有相应规定，两者还不完全相同。笔者遇到很多案件，劳工局已经发放了劳工许可，而移民局却禁止该外国人工作，以谁为准？官司打到最高法院，结果判决如下：移民法优先于劳工法，即"外国人劳工"的第一特征是"外国人"，第二特征才是"劳工"。

实例 5：一位外国人就读德国中学，移民局根据移民法规定中断其居留许可，该外国人只能到行政法院起诉，然后败诉。该学生从年龄上还是青少年，也属于青少年法院管辖，于是再到青少年法院起诉移民局。青少年法院更关心如何有利于青少年的健康成长，自然判该学生胜诉。移民局不服，认为"外国的青少年"的第一特征是"外国人"，第二特征才使"青少年"，所以该案不应当在青少年法庭审理。于是又到中级行政法院再诉。中级法院兼顾"青少年的幸福"与移民法，驳回了移民局的再诉。总之，如果遇到两个法律领域或两个所属法院产生矛盾时，最终由最高法院裁决：对本案哪个法律具有优先级。

3. 新法优先于旧法（Lex posterior derogat legi priori）

古罗马时代是皇帝立法，对同样问题，皇帝去年说过的，今年又说了。如果两者矛盾，则以今年说的为准。日常生活中，后来写下的遗嘱优先于之前写下的遗嘱。

这似乎是天经地义的法制原则，其实并不尽然。欧洲中世纪延续的不是古罗马法，而是日耳曼传统法和习惯法。处理民间纠纷的法律，是祖上传下、自然形成的社会行为准则。当时人们不可想象，还可以人为地制定法律，哪怕国王也没有立法权，只能组织专家到民间去收集法律，这就是《萨克森明镜》和《诺曼底习惯法大全》等的来源。德国民间有一个观念：好的古老法律（gutes altes recht）。古老法律经历千锤百炼，合理可信，具有正统合法性（traditionelle legitimation）；而新法律往往漏洞百出，甚至是出于立法者的私意。所以，"以前的法律优先于后来的法律"，正是19世纪历史法学派推崇将古罗马法与日耳曼习惯法作为德国民法基础的思考。

直到欧洲近代，在启蒙思想的推动下，人们从推崇习惯法转到了推崇理性法，因为人是有理性的动物，可以自己建立一个大家都能接受的社会公约来规范人们的行为和生活，这个社会公约就是法律。于是，理性法促成了制定法。既然是制定法，形式上回到了古罗马时代皇帝立法的情形，于是就有立法的先后之分，必须援用"新法优先于旧法"的法制原则。现代立法中，如果修改法律，通常会在议会决议中明确表示：某法某款被取消，代之以如下条款……当然，也有因涉及其他法律而没有明确说明被取消的，则以新颁布的法为准。

尽管如此，在实际的司法生活中，已经被取消的旧法或法律条款仍然产生着重要作用，经常被法学界和法庭用来解释新法或解释具体案情。原因是，就如历史法学派所倡导的，德国法律的基础是日耳曼习惯法（英美的判例法）与古罗马法，所以判例在司法中占有很大比重。考虑到司法的可信度，如果对同一个案情，仅仅因为法律的新旧不同而判出完全不同的结果，如此司法何以取信于民？所以与常人想象不同的是，建立新法最最需要考虑的，还不是旧法的情况，而是根据旧法所既成的无数法庭判例，新法要尽量避免与旧判例的矛盾。

在更多情况下，所谓新法，其实是通过总结旧法时代法庭判例的情况，将已经为司法界公认的判例结果汇总写入新法律，以利于民众了解，因为普通民众花5欧元买一本民法还是可能的，而不可能到法院图书馆的庞大档案中去寻找自己需要的几个判例。所以，许多法律条款其实是被司法界公认的判例内容的总结。

实例6：判断一个外国人是否算"常住"德国，外国人法中只提到"常住"一词，没有具体定义。那离开德国多长时间才算没有"常住"德国，从而可以取消其在德居留权？法律上没有定义，成为边界模糊的灰色地带，最容易引起矛盾。在几年的法庭实践中，法官们对此做了各种不同的解释。后来法官们大致达成共识：连续离开德国6个月以上肯定不能算"常住"德国，离开6个月之内，还可以根据具体情况来判断。于是，德国议会修改了法律，将这句话写入了法律。

德国民法中的家庭法与遗产法，整个刑法，大都是根据判例来制定的。2002年德国根据欧洲议会要求修改民法，乘此机会，除了将欧洲议会的"建议"写入法律外，还将大量以前比较模糊不清的条款，根据几十年的法庭判例，做了大规模的法律修改。法官们尽管不是立法者，但是实际的法律适用者，政治家在立法时，必须考虑法庭实践中的经验与教训。从这意义上来说，德国司法中的新法与旧法不仅有递承延续，而且通过司法实践的判例，两者融为一体。

互相叠加的法律

许多案情可以适用不同的法律，而且这些法律本身互不相关，不存在相互之间的优先等级，表面看来这两个法律条款是互相叠加的。这种情况下，就需要有另外的准则来区分主要以那项法律来针对本案。

实例7：租房者逾期不归还租房，出租者可以根据民法§546 BGB，要求租房者归还租房；出租者通常又是房子的所有者，则根据民法§985 BGB，房子所有者有权取回自己的房子。这两款法律分别针对出租者与房主，两者可以不是同一人（出租者不一定是房主，房主不一定是出租者），所以两款法律之间相互独立。只是在本案中，两者为同一人，所以可同时援用两个法律。但当事人自己要明确主辅，他是作为出租者还是作为房主，其实际做法也略有差异。

刑法中也有同样情形。A殴打了正在骑自行车的B。B受伤，自行车也坏了，A同时构成损伤他人身体罪（§223 StGB）和损伤他人财物罪（§303 StGB）。而且，这两项罪名的法律条款本身互相独立，不存在哪个优先或互相排斥。但这毕竟是一个行为造成的两项损伤。按照刑法原则（§52 StGB），一个行为同时触犯多项刑法，只能根据一项刑法来治罪，即法学中所谓的"想象中的数罪并罚"（Idealkonkurrenz）——因为其实只有一个犯罪行为。那以哪个法律为准？只能以相对严厉的法律为准：损伤他人身体罪（§223 StGB）最高判处5年徒刑，损伤他人财物罪（§303 StGB）最高判处2年徒刑。显然以前者来定刑。实际情况中，检察院按照刑法"损伤他人身体罪"来定刑，B个人则按照民法以"损伤他人身体"和"损伤他人财物"来要求A赔偿经济损失。

第一篇　法律与文化

实例 9：A 将一台价值 800 欧元的笔记本电脑借给同学 B，没想到 B 用电脑换取了 C 的一个价值 700 欧元的手机。A 得知后，要求 B 赔偿 800 欧元，至少将手机交给 A。法律依据能找到 5 条。

（1）根据民法 §280 BGB，B 无法将电脑还给 A，即践踏了租借合约，所以要赔偿电脑。根据 §282 BGB，A 可以不要求 B 直接归还电脑，而是要求 B 赔偿由此产生的经济损失，即支付 800 欧元。或根据 §285 BGB，B 归还电脑的替代物，即把手机交给 A 抵债。

（2）根据 §687 BGB，B 做了一笔不属于 B 的生意（电脑不属于他），B 要赔偿 A 的损失，即支付 800 欧元；并交出获得的利益，即交出手机。

（3）根据 §823 BGB，B 有意损伤了 A 的财产，所以要赔偿 A 的所有损失，即支付 800 欧元。

（4）根据 §826 BGB，B 有意地、违背道德地损伤了 A 的财产，要赔偿损失，即支付 800 欧元。

（5）根据 §816 BGB，B 将不属于他的东西转给他人，他必须交出他获得的利益，即手机。

以上 5 点，除了（3）与（4）有点优先关系外，其他几条都是从不同角度来讨论赔偿问题，其中三条是讲商业道德，其实都类似于理由（3）。本来是针对不同情况的法律，互不相关，现在却落到一件事情上，属于互相叠加的法律。而且还涉及两项竞争：

（1）同样地赔偿 800 欧元，可以基于不同的法律；

（2）对同一个行为的惩罚，可以赔款 800 欧元或交出手机。

尽管如此，法律的叠加并不能出现赔偿的叠加：A 的实际损失只有一个（电脑），即在事实层面上，并没有出现双重情况，所以 A 最终只能要求 B 赔偿一项：800 欧元或者交出手机。当然，如果 B 将电脑以 850 欧元的价格出售掉的话，则根据理由（1）、（3）、（4），只能要求赔偿 800 欧元；而根据（2）、（5），却可以要求赔偿 850 欧元。

处理法律之间竞争的情形，各国由于历史与文化的不同，其结果也不是完全相同的，例如法国民法略近似于德国民法，通过比较各种法律优先关系来去除次要的法律，最后剩下一个最主要的法律依据。英国法律就不考虑法律之间的优先关系，由当事人确定哪个理由对自己最有利，就选用哪一个。还是古罗马法最实际，首先不考虑法律之间的排斥或叠加情况，而是当事人以租借合同来起诉对方。最后在法庭上，再由法官看如何最佳地即双方都满意、至少双方都能接受地来解决争端。

法律解释与法律延伸
司法的基本原则与思路

一、德国宪法规定，法官必须按照法律来判案。但在司法实践中，法官不可能按照法律，而是按照他们对法律的理解即对法律的解释来判案。所以，法律解释是每位法官、律师无法回避的，没有法律解释就不存在司法。

二、任何法律文本读起来都枯燥，但在冷冰冰的文字背后深藏着立法者的思考与想要表述的初衷。在这些想法背后，更是现实中错综复杂的大千世界。所以，法律的语言虽简洁，但包含的内涵广泛。古罗马法四大法律解释思路：法律语言，法律结构，产生历史，法律目的。即法官不仅要根据法律、最重要的是根据立法者的初衷来判案。

三、法律文字越简短，留给法律使用者的理解空间和想象空间越大，争议也越多。尤其当出现法律漏洞时，法官就要揣摩立法者可能有的想法，或根据基本法律逻辑和现实社会情况，扮演立法者去解释甚至延伸法律内涵，以弥补法律漏洞。

某人立下遗嘱说，他的遗产由他的后人继承。"后人"指谁？按照百年前的观念，指自己的儿子（儿子不在则为孙子），即所谓限制性的解释（restriktiv/restrictive）；按照现代人的通常观念，是指婚生和非婚生的子女，即所谓宣示性的解释（deklaratorisch/declaratory）；也可以广义地或延伸性地指自己的孙子、重孙子们，即所谓延伸性的解释（extensiv/extensive）……法律解释背后全是学问，还没有考虑到各个法官之间还存在着对历史、现实的不同观点。

统称的"法律解释",如果按照文字学的规范和术语来说,其实分成下列三种类型或三个阶段,其相互之间的界限也是含糊的、相对的、逐步过渡的。

(1)简单型的法律解释:就文字本身及上下文关系来解释法律(rechtsinterpretation/intra legem);

(2)补充性的法律解释:法律文字本身不够清晰,或可以有多重解释的,要通过了解法律内涵、与其他法律的关系、其诞生的历史背景等来解释(rechtsauslegung/praeter egem);

(3)超越性的法律解释:根据历史与现实情况,根据宪法所确立的基本价值观,参照其他相邻法律来解释和延伸法律,甚至"解释"得与原来的法律文字意义相反(rechtsfortbildung/contra legem)。

如果不是迫不得已,应尽量避免这种实际的法官立法,因为这是违背三权分立原则的。

法官法

作为立法的基本原则,法律必须是抽象的,不容许对一个具体事物立法。例如不能立法说,某个企业或某个商店该怎么样。而最多说,哪类企业或哪类商店该怎么样。同时,立法者想表达一个想法,但落到有限的文字上,则不可能全部表达出来,文字内涵总会有所减少或外延、模糊或偏差,这就是成文法不可避免的弱点。正因为法律形式的抽象性、法律文字的多义性和偏差性,每部法律在其表面的文字表达(deskriptive)背后,都深藏了这部法律的基本内容(normative),要透过文字看本质。在实际司法中,法律只是给出一个问题与答案的框架,框架与框架之间存在着很大的模糊区或灰色地带。所以对这些法律的解释,可能要更注重法律本身。

此外,法律具有相当的稳定性,文字上很可能几十年甚至几百年不变,许多古罗马法的原文甚至一直沿用迄今,那就是两千多年没变了。但社会在变迁,司法也必须随着时代的变迁而改变。但变迁的不是法律文字,而是法律解释。例如1900年颁布了德国民法,传统的日耳曼习惯法、古罗马法和教会法到1900年才算从形式上终止。但如果比较1890年与1910年法庭判案情况,则几乎相差无几,尽管法律本身发生了巨大改变。如果比较1910年与2010年的法庭判案,许多法律文字都没有改变,判案结果却完全不同。这就涉及一个在法制生活中最最重要的法律解释问题。

法律解释与法律延伸

公元元年前后的奥古斯都时代，罗马帝国达到盛世，开辟了拉丁文学，那也是法学最活跃的黄金时代。那时学术风气很重，学者地位很高，许多法官直接由学者担任或协助。当时最著名也是地位最高的五大法学家，除了协助皇帝立法外，最重要的是解释法律或解答法律上的疑难问题。皇帝曾颁布引证法：如果法官遇有难题，或在成文法中没有明确规定的，就以这五位法学家的观点为准。如果他们的意见一致，他们的解释就有法律效力；如果不一致，就以多数法学家的观点为准——这些学者承担了相当于今日最高法院的职能。直到东罗马帝国的查士丁尼时代（527~565），查士丁尼组织几十人、耗时多年，将罗马帝国前人的法律与解释汇总起来，形成流芳百世的《查士丁尼民法大全》。查士丁尼不希望将经历几代人努力而形成的法律及其解释再搞乱，禁止人们再去解释或增加法律。但再全备的法律也有法律漏洞，更何况时代还在发展。皇帝查士丁尼在处理法官提问时，又被迫做了许多解释并增加法律，后来汇总为《民法大全》的第四部《新律》。

直到19世纪的欧洲各国，因为国王对法学家们不信任，担心他们将法律解释得面目全非，偏离了法律原意，所以禁止学者出版解释当今法律的书。直到后来发现没有法律解释几乎无法推行法律，各国才先后容许学者们解释法律。但法律解释与法律延伸本身确实带有不确定性，对同一条款，不同的法官可能做出不同的解释或延伸。所以法律解释和延伸也不是任意的。通常情况下，法官不能通过法律解释或延伸而歪曲或超越立法者的原意，使其成为实际的立法者——法官是法律的仆人，而不是主人。

其实，法官进行法律解释尤其法律延伸，这不仅是一个法学问题，也是一个政治或政体问题。在民主制度下，立法、行政、司法三权分立，参与立法的众参两院代表的是民意，而参与司法的法官不代表民意，但要严格按照民意所产生的法律行事，这就是三权分立的初衷。所以，司法要尽量回避立法，否则会出现法官同时垄断立法与司法的局面，形成少数人的寡头政治（法官国）。事实上，现在议会反对党在议会中无法阻止执政党提出的某一法律议案，就到宪法法院起诉该法律违宪，将宪法法院当成他们政治角逐的工具，这就偏离了法院应有的功能。如果法院陷入政治太深，就等于间接地参与了立法。所以，一方面法院或法官要来监督议会与政府，同时自己又不能陷入立法与行政。

既然法官的法律解释与法律延伸是无法回避的，即在特定情况下，法官就得承担"临时立法人"的角色，所以对法官的法律解释与延伸必须限定一个基本框架，遵循一个基本逻辑。但德国没有这样的法律，甚至在唯一限定司法权限的德国宪法上，规定都含糊不清，自相矛盾。汉语中将 Gesetz/law 与 Recht/right 都通译成"法律"，这里只能权称 Gesetz 为 G 法律，Recht 为 R 法律。德国司法中的法律来源（Rechtsquelle/legal source），不仅是议会通过的狭义 G 法律，也包含成文或不成文但被社会公认的广义的 R 法律，R 法律则反映民族传统的传统法（sittenrecht/ethics rule），汇集以往法庭判例的习惯法（gewohnheitsrecht/customary law），基于天赋人权思想的自然法（naturrecht/natural law），法官为弥补法律漏洞而产生的法官法（richterrecht/judge-made law），欧盟法，德国签署的各类国际公约或两国公约（voelkerrecht/international law）。

宪法 Art.20 III GG 中表示，"……行政与司法必须依照 G 法律与 R 法律"。而在宪法 Art.97 I GG 中表示，"法官是独立的，仅仅依从 G 法律"。显然，前者指广义的 R 法律，法官有更大的法律解释空间；而后者指狭义的 G 法律，法官仅仅根据德国议会通过的法律。德国宪法赋予法官的空间到底是广义的 R 法律还是狭义的 G 法律？如果 G 法律与 R 法律产生矛盾，谁为优先？一片模糊。

对此在瑞士的私法中有较为明确的界定：首先根据 G 法律；如果没有，就依照 R 法律；再没有，就按照大多数学者的观点。但这也有问题，纳粹时期就是背弃 R 法律，仅仅根据 G 法律。纳粹占有议会多数，可以通过任意的 G 法律。所以战后德国学者重新提出 R 法律（Radbruch 公式），R 法律尤其是其中的自然法优先于 G 法律。

法律解释的四大元素

19 世纪初，德国历史法学派一方面呼吁回归古罗马法，另一方面也看到法律解释的至关重要。其代表学者、曾任普鲁士司法部长的 F.C.V.Savigny 认为，法律本身是为了主持正义。所以，法律解释的目的也是主持正义，并以此作为法律解释的主要原则与基本思路。"在这些死的字母中，写下了立法者活的思想"。所以，法律解释的第一要义是：了解立法者的观点及立法行为，并将之艺术地再现出来。

1840 年 Savigny 在研究古罗马法的基础上，总结出古罗马法及意大利中世纪法在司法实践中进行法律解释的四个基本元素：语法性的、逻辑性的、历史性的、系统性的元素。其中，语法元素反映了立法者的法律语言，逻辑元素反映了立法者的基本思路，历史元素反映了立法时的社会背景，系统元素反映了法律本身的内部结构。此后，许多学者都尝试整理法律解释的基本思路，所出版的书籍文章够开一个图书馆。但只是名词换来换去，没有超出 Savigny 的学术层次，因为这些学者都无法深入研究法律解释学、法律解释实践、选择法律解释方法的政治作用这三者之间的关系。所以迄今最权威的观点还是 Savigny 的，只是将之通俗地调整成：法律语言，法律结构，产生历史，法律目的。其中，前三者是法律解释的手段，后者是法律解释的目的。

1. 法律语言

首先，要根据法律本身的语言文字来解释法律，即社会学意义上的文字解释，例如查阅《杜登词典》。但语言在发展，所以要了解颁布这一法律或条款当时的词语意思。有不少学者反对这种解释，认为民众看到的是今日的法律文本，并依据今日的理解来生活和从事商业活动。不能在发生问题后，法官训诂到几十年前、甚至上百年前的文字意思，断言法律上的这句话其实不是今日通常理解的这个意思。这就缺乏法律的可信度，也缺乏法律保障。但现实法庭上公认的，还是按照这些词语当年的原意来解释。因为是依据法律不是依据法律文字，要体现立法人的初衷或原意，那只能从当时的文字原意中去思考。

法律文字与口语文字毕竟还有差异，尤其许多法律词语已经对法律本身的内容做了直接或间接的演绎和定义，例如"意愿表示"（Willenserklaerung）、"债权要求"（Forderung）、"撤销合同"（Anfechtung）、"解除合同"（Kuendigung）等，就得按照法律的意思解释。正因如此，在引用该词语时，为清晰起见，往往注明该词语的法律原文，注明该法律条款的序号。例如提到"撤销合同"时，如果因为当时误解而要撤销合同，就写上"民法 §119 BGB 意义上的撤销合同"；如果因为当时被欺骗或受人威胁而要撤销合同，就写上"民法 §123 BGB 意义上的撤销合同"。有时一个词语会在法律的多处出现，其意义还不完全相同。例如"解除合同"，如果是解雇劳工，就写上"民法 §622 BGB 意义上的撤销合同"；如果是解除租房合同，就写上"民法 §542 BGB 意义上的撤销合同"；如果是解除商业合同，那就涉及更多领域，例如银行贷款、承包项目、房屋修理、经济担保、买卖或租用房产等，就得根据各自领域的法律条款，而明确写上"民法 §×× BGB 意义上的撤销合同"。比较认真的律师还会不厌其烦地写上："刑法 §242 StGB 意义上的偷窃"、"刑法 §223 StGB 意义上的损伤他人身体"，似乎法官不知道"偷窃"、"伤人"的法律定义。

根据古罗马法的立法原则，法律中的用词必须非常明确，意思单一（Sens-Clair-Doktrin）。但现实中的法律往往不尽如人意。对法律中表达不太清晰或多重含义的词句，要根据暗示理论（ratio innuitur），通过上下文关系或全文来分析，确认该词句可能的含义。法律的边界还经常是模糊的，所以存在两种解释方法。

（1）限制性的法律解释（restrictiva interpretatur），即该边界最多不得超出那个范围。

（2）外延性的法律解释（late interpretatur），即根据时代和案情不同，为该法

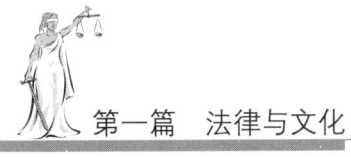

律概念给予一定的外延。

至于要采用限制性还是外延性法律解释，就要看具体案情和法律情况。

实例 1：根据刑法 §224 I Nr.2 StGB，如果采用"武器"尤其是刀具，或其他危险器具伤人，则要最高判刑 5 年。这里没有对"武器"一词做具体定义。根据人们通常的语言理解，"武器"除了包含机械性的器具外，也应包含化学性的器具（如强硫酸）。1998 年第六次刑法修改后，将"毒物"也归入了刑法的"武器"之列。

当然，现代法学界已经容许在特殊情况下，司法者可以超出法律文字本身所表达的意思来解释法律。德国宪法法院曾有判决："基本法没有要求法官在所有的个案中，严格遵守立法者所给出的法律文字。"（判例 1）"法律不是死去的文字，它要不断理性地适应于时代精神和生活关系的改变。"（判例 2）即从文字型的遵从法律，走向思考型的遵从法律。当然，在刑法领域还必须严守文字型的法律。

实例 2：在民法中，许多规定都与"物"有关，所以民法在总则部分慎重地做了专门定义（§90 BGB）："本法律意义上的'物品'（sache），仅仅指实体性的（koerperlich）东西。"世上有有形的物质性东西（material），也有无形的非物质性东西（Immaterial），例如文化产物，知识产权。按照民法定义的"物品"，显然只指前者。现在的经济交往领域和形式非常广泛，非物质性的东西也非常普遍。如果订错了货物，根据民法 §119 BGB，就可以过后撤销该笔买卖。但在该条的第二段提及买卖的是"物体"（sache），按照 §90 BGB 的定义，只指有形的物质性东西。言下之意，如果这笔生意不是物质性东西（如版权、知识产权、咨询），就不能援用该条款了，显然有悖常理。同样情况，民法 §434 BGB 表示，卖出的物品不能有缺陷，否则买者有权要求重新供货、退货、甚至赔偿（§437 BGB）。这里的"物品"（sache）显然也不应限定于物质性东西。所以，联邦最高法院判决，对 §119 BGB 里所指的 Sache 也包含非物质性的（unkoerperlich）（判例 3）。其实，德国议会早就知道法庭判决的情况，而且在人们使用该条款时也都根据法庭判决，而不是根据民法本身的文字定义，但德国议会迄今没有修改法律，使这一概念成为法律漏洞。

当然，宪法所建立的法制原则或价值观（如人权、民主、社会国等）也有一定问题，因为这些都是比较抽象的概念。对这些概念的解释，可能要重要于这些概念本身。谁能对此进行权威的解释？根据德国的法制体系，联邦宪法法院持有对宪法的最终解释权，而不是学者。即在宪法问题上，德国实行的是法官法，可谓美中不足。

2. 法律系统

读法律也像读其他领域的文书那样，如果有些内容一时无法理解，就要从上下文的内容关系来理解。而对法律来说，这种阅读理解的方式可以更广义地理解成，不仅从该法律条款的上下文阅读，也从该法律的其他条款中去理解，甚至从相邻领域或有关联的法律中去阅读理解，即从法律的总体结构和相互逻辑关系上来理解法律。因为任何法律或条款都不是孤立出现的，都与相邻的法律或条款有一定的逻辑联系。而且根据法制的基本精神或原则，各个法律或条款之间不应当互相抵触，而应当形成一个有机的整体。

从形式上而言，法律被区分成各种不同的领域，如私法、公法等。私法中又可以区分成民法的各个领域如合同法、劳工法、家庭法、遗产法、租房法，公法中也有行政法、警察法、税法、社会法、移民法等等。这些法律背后都体现了某种价值观，形成一个法律的内部结构。于是，法律之间又有不同的级别，如宪法、欧盟法、联邦法、州法、行政条例等。所以，要了解法律或具体的法律条款，首先要了解法律背后的这种价值观。

人们常说宪法是国家的根本大法。何为根本？根本在哪里？德国宪法法院在定位德国宪法时明确表示（如判例4）：德国基本法体现的是德意志民族的基本价值观，基本法中所提到的具体内容，是德意志民族建立联邦德国政治、经济、社会、文化的基本原则。换句话说，德国宪法是一部确立德意志民族基本价值观的法律，确立了德国所有法律与法律体系的灵魂。所以，这部法律是德意志民族的根本大法，誉之为宪法。德国所有的具体法律，只是德国宪法所确立的这些价值观的具体化或具体实现。从这个意义上来说，法律解释其实是宪法解释。德国近代宪法经历了三次重大变动：1919年魏玛宪法，1933年纳粹篡改宪法，1949年西德的联邦德国宪法和东德的社会主义宪法，1989年两德统一继续适用联邦德国宪法。每次变动，不仅许多法律被改动，即使文字上没有很大改动的法律（如民法、商法、刑法），因为宪法所确立基本价值的改变，对这些法律的解释变化也很大。

例如基本法中的人权原则，不是一个抽象的政治文化概念，德国的行政法、警察法、合同法、社会法、劳工法、租房法、家庭法、儿童保护法等等，处处体现这样的人权原则，也可以说是这些人权原则的具体化。基本法中的民主原则，不仅是建立德国表面政治结构的基础（如三权分立、多党制与议会制度），而且反映在整个社会的经济和生活领域，如针对企业的工人参与法、劳工法，反映男女平等、保护租房者权利的各种法律，税法中对减少贫富差异的各种措施，"走向共同富裕"的社会市场经济的确立，都是为实现经济和社会领域的民主化。

第一篇 法律与文化

实例3：基于宪法的社会国原则，必须保护劳工者的利益，而仅仅与劳工权利有关的法律就有：考虑劳资关系的民法债权部分，考虑劳工就业的劳工解雇保护法 KSchG，考虑劳工在企业中地位的企业章程法 BetrVG，劳工在企业的共同决定权法 MitbestG，考虑劳工失业的社会法 SGB，考虑劳资双方税额的税法，等等。这些法律形式上是独立的，其实是一体的，是从不同角度来审视和保护劳工。在具体适用时，这些法律之间相互交融，对同一案情，经常要几项法律一起考虑或互相参照，因为这些法律的背后其实只有一个原则，即宪法确立的社会国原则。

所以在解释法律时，必须清楚这些法律背后的基本价值观。如果某条款文字上多义、似乎很难确认该条款该怎么解释，则解释得越接近或越体现这些宪法确立的价值观，就越准确（判例5）。甚至都容许为了接近或符合这些基本价值观，将一段法律条款解释得与其本身的表面文字相矛盾。

实例4：根据刑法§259 StGB，如果谁购买、匿藏别人偷来的东西，将要被判处最高5年的徒刑。纯从语言角度来说，购买别人偷来的东西，这里的"购买"包含了知情与不知情两种情况。如果买下别人的东西，并不知道是别人偷来的，难道也要受到惩罚？不仅不合情理，而且违背宪法确立的人权原则。于是，要么将该条款重新解释得符合人权原则，要么以该条款违宪而重新制定。事实上，从该法律的总体结构即法律的上下文来看，§242~245 StGB是写对偷东西者的惩罚，而§259 StGB是对协助偷东西者的惩罚。协助的方式有匿藏赃物或廉价购买赃物。所以，本款所指的"购买"一定指购买了明知对方偷来的东西，即另一种形式的协助或销赃。最后法庭将该法律解释成"购买明知偷来的东西的人"。

实例5：在旧民法§253 BGB a.F.中特别表示，对造成他人非实物性的（immateriell）损失不予赔偿。言下之意，如果侮辱或造谣中伤他人，不用赔偿受害者所遭受的精神损失。宪法法院对该条款提出异议（判例6），认为其至少在侮辱或造谣中伤他人的问题上，其规定不符合宪法保障的"人的尊严不可侵犯"、基本人权和人格权。所以，宪法法院在解释该款时表示，至少在严重侮辱或造谣中伤他人的情况下，还得赔偿受害者的精神损失——宪法法院对该款的"解释"完全超出了该款的原意。过后德国议会只能对此款做了修改，即增加§253 II BGB。

有些法律领域没有具体的法律，如没有罢工法，将其说成是"法律漏洞"。从这点来说其实也不是法律漏洞，法官可以直接根据宪法所确立的人权原则、民主原则、社会国原则来审理有关罢工的案件。1953年德国民法因为许多条款违背男女平等原则被宪法法院确认违宪而取缔，直到新的民法典诞生的整个5年中，德

108

国没有民法,法官就直接根据宪法所确立的基本原则来判案——只要符合宪法所确立的基本精神,怎么判都行。

在具体的法律中,各部分、各条款也不是完全等级的,它们之间有可能存在主次和逻辑关系,也有灵魂性的内容。例如民法的五大部分,"总则"部分确立了民法的基本原则,是另外四大部分的灵魂。在每一个部分内,也通常前面部分为基本精神,后面为不同适用领域的具体化。

实例6:在供货上,为了防止这方供货而对方不付款,根据§273 BGB,供货者自己可以对供货保留权利,即暂不供货——这里的"供货"是广义的,除了订货送货外,也包含收费服务、参加保险等。而对双方合约的情况,§320 BGB 则以"抗辩"(einrede/plea)的形式规定,在对方没有履行义务(如付款)之前,容许暂不供货,并具体规范如何供货,如下面的§322 BGB,对方付一笔款,这里供一部分货(zug um zug/step for step)。由此可见,§273 BGB 确定了解决这类问题的基本原则,而§320 BGB 是对双方合约情况下的具体化。另外,债权部分的§249 BGB,建立了对总体赔偿问题的基本原则;而§842 BGB,则是对伤害人的行为的具体赔偿。这两款就有确立对赔偿问题的总体精神与处理该问题的具体法律之异。

在法律中,如果对某情况从不同的角度去审核,可能同时适用两个不同的法律条款,这时就要以古罗马法的三大原则来处理这两个条款之间的关系:特殊法优先于普适法,上级法优先于下级法,新法优先于旧法。正因如此,不仅要理解法律条款本身的意思和适用范围,还要知道法与法之间的相互关系。有些法律条款从孤立的角度看,完全适用于本案;但如果考虑到与其他法律的从属关系,很可能因为该案已经援用其他法律条款,所以就不能再适用这一条款。

实例7:因为买卖之前卖方没有对买方说明白,导致买方过后对商品的质量不满意。根据民法§119 BGB,出于误解可以取消(买卖)合同(Anfechten)。但另一方面,在民法§434 BGB 上已经表示,如果提供来的商品有缺陷,可以退货或调换。所以该条款也适用于本案。这时就要看到,§119 BGB 是针对所有因为误解而缔结合同的情况,而§434 BGB 仅仅针对提供商品质量不好的情况。即§434 BGB 比§119 BGB 更特殊。如果双方对退货有争议,则买方只能根据§434 BGB 即指责对方商品质量不好而退货,而不能根据§119 BGB 即认为当时双方对商品的情况有误解从而买错了商品而退货。如果换一种情况,买方是受到卖方的恶意欺骗或威胁而买下商品,过后发现是受欺骗或威胁的,就可以根据§123 BGB 来取消买卖合同,因为这情况与§434 BGB 的关系较远。

3. 法律历史

如果了解某个法律或条款的历史演变（演变的背后是当时的政治、经济与社会）就能较深入地了解制定该法律的初衷、价值观、修改到今日这样版本的立法者动机等，即还原这段法律的初始面貌：当时面对的问题与解决的措施。这样才能理解该法律文字背后的内涵。正因如此，许多详细的法律文本上还附有当时议会通过该法律时的议会说明，以便人们了解当时的立法背景与立法初衷。在许多图书馆还藏有许多议会的历史文献，包括当时讨论该法律时社会各界包括学术界、议会各党派对此的观点，联邦议会新闻处整理收藏了几乎所有议员当时的议会发言记录，这些都对外公开，以便查阅。

实例 8：一位骑马爱好者要骑马到林中溜达，被有关部门阻止。他向法院提出起诉，认为宪法 Art.2 I GG 保障人有自由发展的权利。但从直接的宪法文字来看，宪法所说的是保障个人人格（persoenlichkeit/personality）的发展。他要到林中遛马，这即使算他人格的一部分（其实只是爱好），但至少不能算是他人格的核心部分。不容许他去遛马，不能算侵犯了他的基本人权。所以他的起诉被驳回。他又到宪法法院起诉，宪法法院居然把案子翻过来了，判他胜诉，所援用的就是法律历史。法庭在翻阅 1949 年起草联邦德国宪法的历史档案时看到，在宪法草案中该段其实写作："人们可以做他们想做的事。"但因为原话写得不够漂亮，所以文字上改成现在的表达"人有自由发展的权利"，但议会想表达的意思没有变。如果不了解这段宪法历史，只从宪法的文字来理解，就会将宪法保障的整个行为自由，减少到仅仅保障人的人格发展。所以，宪法法院对这段法律的理解，就回到了立法者的初衷，即回到历史中的德国宪法。

这里又可以将历史方法细分为"主观的历史方法"（即了解立法者的初衷），以及"客观的历史方法"（即了解当时立法的社会背景）。现代法律不仅有调节社会的功能（主持社会正义），也有引导社会的功能（尤其在经济和税法领域）。只有了解该法律产生时的政治、经济与社会背景，才能看到这段法律是否还适用于今日。就如联邦最高刑法法院所说：法律不是死的文字，而是一个活着的、不断发展的精神，要不断与变化的生活环境相符合（判例 7）。联邦宪法法院补充说，如果法律诞生时与法律适用时之间发生了巨大的社会变革（如 20 世纪），以致以前的法律实在无法容纳现在人们在现实中普遍的价值观和对正义的理解，则法官必须对法律做出新的解释甚至延伸，如果他还想完成他的法官义务的话（判例 8）。

笔者对德国法律的理解，大都是通过了解这一法律的历史变迁。例如对儿童、妇女、劳工等的保护法律。如果了解历史变迁以及这些领域发生的一次次政治突破：20世纪儿童地位的突变，近200多年三次妇女运动，19世纪欧洲社会问题及工人运动，就从根本上理解了为什么这些保护法律会写成今日这样的版本。再加上将对法制国原则与社会国原则的理解作为基本思想方法，如遇上这类案件，不用翻阅具体的法律条款，就能大致知道该如何起诉或应诉，结局将会如何，而且诉讼时还能将法律用得很活。

实例9：在旧移民法中，对持有在德居留许可但又不"常住"德国的外国人，将取消其在德国的居留许可。这段法律的目的很明确，但司法实践中就涉及对"常住"的定义。有些法庭判决中定义："所谓常住，就是让外人看来，他不是临时性地生活在这里。"但从定量角度：离开德国3个月是否算"常住"德国？那6个月、9个月呢？或经常来往于德国与国外之间呢？于是，针对移民局取消这些外国人在德居留许可的法庭诉讼非常多，社会上、包括法官对"常住"的理解和定量都不一样。经过几年的法庭实践折腾，形成了一个大致的共识。议会就根据判例共识，在该条款下增加了一句：如果离德6个月以上，就肯定不算"常住"德国，于是又给许多外国人一个错觉，只要6个月之内回德一次，就不会取消在德居留。显然是误解，立法者只说6个月以上肯定不算"常住"德国，但没说6个月之内就算"常住"德国。即不幸的是即使该外国人离德不满6个月，移民局照样可以说他没有"常住"德国而取消其居留许可。

4. 法律目的

任何法律或法律条款都有立法者的目的所在，只是法律文字上不可能写得这么详细，也不可能对有些概念在法律上做具体解释。所以，对一些没有明确定义或模棱两可的概念，就要仔细分析，立法者为什么写下这个条款或这段文字？以此来推算立法者的实际目的，从而根据该目的来解释该法律条款。

实例10：根据刑法 §223 I StGB，如果"损伤他人身体（即打人）"，最高要判处3年的徒刑；根据刑法 §224 I StGB，如果使用武器或"多人"一起打（1个）人，就属于"危险地损伤他人身体"，最高要判处5年的徒刑。现在情况是：A纵容B去打C，B无疑属于"损伤他人身体"，但是否也属于"危险地损伤他人身体"？因为A与B其实是一伙，法律文字上似乎属于"多人"，应当加重刑罚。这时就要分析，为什么立法者将"多人打人"罪加一等？而且与"持武器打人"同罪？显然，这是从被打者可能的受伤害程度而言："持武器打人"与"多人打人"对被害者的伤害，通常超过赤手空拳、一对一的打人，所以罪加一等。由此可见，法律关心的不是打人一方是几个人参与，而是被打人一方同时受到几个人的直接伤害。本例中被打者显然只受到一个人的伤害，不能算"危险地损伤他人身体"。

相似情况：如果采用的不是真的"武器"，而是假的"武器"（如假枪），是否能算"危险地损伤他人身体"？显然不行。但在胁迫他人的时候，"假枪"与"真枪"同罪，因为两者对被胁迫者的心理影响是一样的——"打人"是直接的身体损伤，"胁迫"是间接的心理压力，两个法律条款的着眼点即目的不同，对同样概念"武器"的法律解释就不同。

实例 11：在刑法中，杀人者犯了谋杀罪或杀人罪。但在法律文字表述上，没有表达成"如果杀死其他人"，而仅仅提到"如果杀死人（mensch/human）"。所以从文字来说，自杀者即自己杀死自己的人也同样犯谋杀罪，因为他也是"人"。自杀成功者反正不再追究其刑事责任，但问题是自杀未遂者，按照刑法，成为企图谋杀者，也要追究其刑法责任。这点显然不合常理，因为立法者想到的杀人一定指杀了别人，而没有想到是杀了自己——这点也可以从历史解释角度考察一番法律产生时（1919）的法庭情况，对自杀未遂者是否判刑？显然没有。最高法院最后解释，刑法中的"杀人"是指"杀他人"，自杀未遂者免于被追究刑法责任。

以上谈的是古罗马与意大利中世纪的法律解释思路（所谓古典思路），也是今日司法界的主要思路。近百年来法学界又增加了更多法律解释的方法，例如，从宪法及其条款所建立的基本价值观来解释法律，从欧洲法角度来解释法律（欧洲法的地位被法庭公认为高于联邦法，尽管没有一个法律如此说），从各国法律的比较来解释法律（未被承认），由立法者自己解释法律（19 世纪以前都是如此，现在少见），在此介绍从略。

法律延伸的四条思路

在 19 世纪初，德国法学界发生了是否需要成文法的争议，因为反对方看到，现实世界这么多元、千变万化，不可能制定出一个法律能应付社会上的所有现象，所以推崇习惯法，如今日英美的判例法。最后尽管支持成文法的一派获胜，但现实法律实践中确实漏洞百出。如何弥补这样的漏洞即延伸法律，人们就援用古罗马法及中世纪法的四个基本思路。

1. 参照法（argumentum a simili）

因没有直接针对本案的法律条款，于是参照其他领域中的相似情况，即参照那个领域的法律。

实例 12：移民法中有对艺术家给予居留许可的条款，却没有对"艺术家"一词做界定。那没有居留许可的人拿个画架去装一下样子，就能自称是艺术家，从而获得居留许可？显然不行。于是，法官就找到税法、版权法关于"艺术家"一词的解释，来解释移民法中的"艺术家"概念。与此类似，租房法中只提到，夫妻中有一方去世的，另一方可以将租房合约转到另一方名下继续居住，却没有提到同居者或同性恋者的这种住房情况如何处理。于是法官就引用其他法律，在租房法中对同居者或同性恋者与普通夫妻同等看待。

2. 反参照法（argumentum e contrario）

有些"法律漏洞"是立法者有意留下的，即这些不是真正的法律漏洞，不能参照其他领域的法律情况来简单推断和"弥补"。尤其在刑法领域，鉴于纳粹时期的教训，绝对禁止适用参照法。

实例 13：根据刑法 §244 StGB，如果谁偷偷地"借用"别人的"车辆"，尽管过后归还，还是要受到惩罚。刑法中指定的是"车辆"，如果谁偷偷用了别人的其他物品（如书籍、CD），就不能参照挪用"车辆"的法律来定罪。

3. 逻辑法（argumentum a fortiori）

由一个法律定义的情况，逻辑地推导出，该法律也适用于另一种情况。这又可以分成两种相反情况。

（1）**以大引申小**（argumentum a maiore ad minus）

从总体引申个体：如果该法律条款适用于所有青少年，当然也适用于中学生。

从大引申小：如果这扇门适合 2 米高的人通过，则 2 米以下的人就更能通过。

以强引申弱：如果一根绳索可以承受 100 公斤，当然也可以承受 80 公斤。

实例 14：民法 §2255 BGB 表示，一个人有权利过后修改自己的遗嘱。由此款可以推论，他当然也有权利修改其遗嘱中的一部分。

反例：在刑法上，没有对有意协助别人安乐死的人定罪。则由此可以推论，对无意协助别人安乐死的人也不能定罪。

（2）**以小引申大**（argumentum a minore ad maius）

由个体引申总体：如果规定狗不能进食品店，可以想象一定是出于卫生原因，则其他动物也不能进食品店。

由小引申大：如果禁止在公路上用自行车带一人，则当然也禁止带两人。

以弱引申强：如果判例中靠欺骗而引起别人 5 万欧元的损失属于严重欺骗要受到刑罚，则引起别人 5 万欧元以上损失的当然更要受到刑罚。

实例 15：民法 §622 BGB 规定，解雇雇员的期限为 4 周。则雇主提前 6 周宣布解雇雇员，当然也容许。

4. 杜绝荒唐结论（argumentum ad absurdum）

建立法律往往是针对普遍现象，无法覆盖所有特殊现象。所以，或者该法律本身就荒唐，或者该法律对大多数情况是合理的，但对特殊的情况却得出人人都感觉荒唐的结论。法制国要求，司法要尊重法律（条文），但不是盲目根据法律条文，而是要进行所谓"思考型的遵守"。所以，如果司法者在引用该法律时得到明显荒唐的结论，就要拒绝适用该法律。

实例 16：刑法 §34 StGB 写道：如果谁的生命、自由、财产、名誉等受到侵害，他有自卫的权利。这里的"自由"指人身自由，而不包含行为自由。即法律中没有包含，如果一个人受到他人胁迫（没有受到生命威胁）或受上级命令去做非法的事，是否也有自卫的权利？法学界与司法界大都认为，他们也同样有自卫的权利，否则就会产生荒唐的情况，在这种情况下司法界要违背法律原文进行判案。

反例：纳粹官员是根据议会民主通过的纽伦堡法而屠杀犹太人，东德边境的士兵是根据法律而枪杀越境者。这些法律都明显违背人性，他们却盲目执行，过后执行者要受到法律的制裁。

法律延伸问题还将在介绍"法律漏洞"时详细讨论，这里不再赘述。

在法庭实践中，根据宪法的要求，法官要根据法律来判断。但法官判案本身又是独立的，哪怕宪法都不能强迫一位法官去适用一段明显违背他良知的法律。如果法官认为这段法律违背宪法，就要递交给联邦最高宪法法院确认。除非面对的这段"法律"还只是行政条例或政府指令，法官可以不通过宪法法院而单方面宣布该行政条例在本案审理中无效。或者，尽管这段法律本身似乎并没有违背宪法，但用到本案中会出现例外，其结论不符合常理或人的良知，法官就可以根据通常法律解释和法律延伸的思路，自己解释甚至延伸法律，从而成为在本案中的司法者与立法者。

但如果法官明显地、"有意地"滥用法官的权力，那就成为"有意妨碍司法公正"（rechtsbeugung/perverting the course of justice）。那是犯罪行为，如果有这种怀疑，检察院要立案调查。如果经过了确认，根据德国刑法 §339 StGB，该法官将被判处 1~5 年徒刑，同时取消法官资格（法官法 §24 Nr.1 DRiG）。迄今为止，由于法律解释有误而被判刑的情况尚属罕见，因为这从另一方面限制了法官的独立性，所以遭到社会的不满。目前被判处"有意妨碍司法公正罪"的案件大都是法官执法在程序上严重有误，甚至出于私念或受贿，在此讨论从略。

判例 1：联邦最高宪法法院 BVerfGE 34，269 [287]
判例 2：联邦最高刑法法院 BGHSt 10，157，159f
判例 3：联邦最高法院 BGH LM Nr.2

判例4：联邦最高宪法法院 BVerfGE 1，14（32f.）

判例5：联邦最高宪法法院 BVerfGE 8，210（221）

判例6：联邦最高宪法法院 BVerfGE 30，173 "Mephisto"；34，269 "Soraya"

判例7：联邦最高刑法法院 BGHSt 10，157，159f

判例8：联邦最高宪法法院 BVerfGE 34，269，288f

法律漏洞漫谈

制定法无可避免各种法律漏洞

一、制定法的优点是清晰明了，缺点是漏洞百出。从古罗马皇帝，直到19世纪浪漫主义法学派，经过两千年的努力，最后还是无可奈何地承认：法律漏洞无法避免。所以立法者杜绝法律漏洞的努力，只能转化为法官弥补法律漏洞的方式。

二、这些法律漏洞，有的是因立法者疏忽造成，有的是有意设置；有的是无可奈何而暂时留着，有的是因为时代发展、法律陈旧；有的是因为法律语言笼统，有的是因为立法者没有想到会有这样例外的情形……

三、弥补法律漏洞，其实就是法官延伸法律内涵，甚至突破法律藩篱，法官承担起立法的角色。但议员立法仅仅考虑民意，而法官立法必须探索立法者初衷，兼顾传统法与以往法庭判例，考虑大多数学者观点，要合情合理，逻辑贯通。

四、现代司法要求法官：有思考地服从法律，主动地寻找和弥补法律漏洞，对明显违背人的理性和良知的法律予以拒绝。法官不完全是法律的奴仆。

习惯法与制定法

世界上的法制体系粗分为英美的海洋法系与德法的大陆法系。前者以判例为依据，继承日耳曼民族的习惯法（gewohnheitsrecht/custom）；后者以法律为依据，继承古罗马法传统，到了近代其实适用制定法（positives recht/positive law）。

"以判例为依据",就是看到现实社会的千变万化,无所不有,不可能通过有限的法律条款来规范,还不如没有固定文字,仅仅依靠法制与前人的司法经验。在古日耳曼地区,法学没有像使用罗马法的罗曼语地区那样发展,所以都以判例为依据,俗称习惯法,即事实上的法官立法。

"以法律为依据",其实是一个理想假定,认为所颁布的法律囊括了社会生活的方方面面,法律本身没有漏洞。公元533年东罗马帝国的学者们在皇帝查士丁尼的指令下,从300多万行法律文献中精选出15万行,形成洋洋大观的《法学汇编》,以为就此可普适天下,永垂万世。查士丁尼禁止人们再去修订或增加新的法律,自己也将不再讨论法律,免得把辛辛苦苦编撰出来的法律再搞乱,前功尽弃。没想到,还在他生前就处处告急,他不得不再修订或解释法律,对各地法官的询问一一作答和补充,这就是古罗马法的第四部分《新律》(*Novellae*)。

历史上,学者与政治家(皇帝)一直尝试制定一部普适天下的法律,德国学者最后的尝试者是19世纪的浪漫主义法学家们(historische rechtsschule/historic school),最后还是以失败告终——大千世界无奇不有,立法者都不是圣人,法律不可能没有漏洞。所以,"法律一定有漏洞"成为历史定论、全社会的共识。

作为法制国原则之一的"法律保障"(基本法 Art.19 IV GG),无论遇到多么麻烦的案件或含糊不清的法律情况,法官都必须审理判决,而不能以任何理由拖延或搁置(rechtsverweigerungsverbot/no denial of justice)。又根据基本法 Art.20 III 及 Art.97 I GG,大陆法系的法官们还必须按照法律来司法。

谁来弥补法律漏洞

一部法律千疮百孔,漏洞百出,总得有个解救措施。放手让法官们去解释法律、弥补法律漏洞?那不成了法官在变相地立法吗?法国启蒙时代思想家孟德斯鸠倡导立法、行政与司法三权分立,反对法官参与立法。法国大革命中通过的法律,在具体施行中遇上了许多法律漏洞。1790年8月24日法国议会专门通过一项法律:如果法官确认这是法律漏洞,必须向立法者(议会)提出,由立法者解释或补充法律条款,因为,"只有人民才有立法权"。

在古罗马时代,法官有疑问的只能请教皇帝,皇帝才有立法权与解释权。近代德国还是专制国家,但已是开明专制或启蒙专制。各诸侯国如普鲁士、巴伐利亚等严厉禁止法官自作主张地解释法律,更遑论弥补法律漏洞。1813年10月19日巴伐利亚还立法,严禁官员和学者将自己对刑法的解释与法学研究出版,就怕他们曲解法律,搅乱司法界。而在近代工业与商业社会,社会的各个领域都布满法律纠纷，靠一个国王怎么能应付得过来。于是普鲁士等国王授权给一个"皇家法律委员会"。如果法官有疑问，就向该委员会申报，只有该委员会才有权解释与补充法律。但在现实中，如此行事也非常烦琐，法官嫌难，国王嫌烦，最后只能扩大了法官的权力。1794年普鲁士通过《普鲁士民法典》，施行4年后国王只能解禁，法官对法律有疑问可以自行解决，不用再去申报皇家法律委员会。1811年奥地利也沿用普鲁士的司法政策，1804年法国《拿破仑民法典》导言中的第4款也明文规定，容许法官有法律解释权。

首次明确提出法官有弥补法律漏洞的权力等同于立法者地位的是瑞士。1907年通过的《瑞士私法典》第1条第2款写道："如果法官司法中找不到相应的条款（即法律漏洞），就按照习惯法（前人判例）；如果找不到前人判例，就自己扮演立法者来制定有漏洞的法律。当然，要尊重传统，并且按照成熟的学者观点。"其实，英美的海洋法系根本没有成文法律，如果从大陆法系的视野看，英美的所有领域都是"法律漏洞"，法官全部按照习惯法来司法，也没有像大陆法系的学者和法官遇上"法律漏洞"时显得这么紧张。尽管如此，瑞士的这一条款引起了国际司法界的震撼，其影响远远超过瑞士的私法。

这里要区分习惯法与法官法的不同：习惯法是援用以往法官的判例，还不是法官自己"创造"法律；而法官法是法官自己扮演立法者而"创造"法律。按照瑞士这一法律条款，如果没有合适的法律，首先要按照习惯法；在找不到的情况下，才能由法官自己杜撰法律。对法官法也有限制：法官制定"新法"时必须尊重传统（最古老的传统法），并要广泛阅读学者们对这一问题的研究，而不能像议会中的议员们那样，仅仅看选民的脸色来"自由"立法。换言之，法官不能像议员那样按照自己的政治观点来制定"新法"，只能按照现有的法律逻辑、其他领域的法律来"估算"出这个存在法律漏洞的领域，如果议会制定法律的话，应当会有一个怎样的条款。

德国也看到这个问题，却没有像同为德语国家的瑞士那样制定明确的法律授权给法官"立法"，而法官们遇上法律漏洞时都在按照瑞士的做法去处理，只是不能援用瑞士法律，德国立法者装着没看见或默认。从这点来说，"法官遇上法律漏洞该如何处理"，本身就是德国的一个法律漏洞。

立法者有意留下的法律漏洞

许多法律漏洞并不是因为立法者忽视或遗忘，而是其有意或无可奈何留下的。有多重原因。

1. 许多内容实在无法界定，或因为社会的变化，今天确定下来可能明天就变化了

考虑到法律的稳定性和延续性，不能天天修改法律。于是想出一招，把这些内容当作法律漏洞，让法官们根据学者观点、时代思潮、具体领域结合具体案情，来"弥补"这一法律漏洞。

实例1：德国到底是社会国还是法制国？德国宪法明确规定是社会国，但宪法法院又认定也是法制国，创出新名词"社会（主义）法制国"（soziale rechtsstaat）。德国施行社会市场经济，前者是社会主义，后者是自由主义或资本主义，即"社会主义的资本主义"，两者在政治上截然相反，法律上到底是什么关系？完全的社会国是共产主义，德国社会有这样的物质基础与精神境界吗？完全的法制国是原始资本主义，德国还能走回19世纪社会问题泛滥的老路吗？在不同的时代、不同的生活领域、不同的阶层，人们对这两者都有不同的期望。德国议会无法明确、统一地界定这两者的界限，只能作为法律漏洞留给法官们去理解和想象，可能在租房、劳工等领域的"社会法制国"司法情况，完全不同于商法、合同法领域。

2. 在许多领域，议会各党派中的观点实在相差太大，很难达成共识

今天这个党派当政可能会制定出这样的法律，但他自己也知道，到下届另一个党派当政，一定会修改得面目全非。于是双方达成默契，谁都不去制定这样的法律。

实例2：德国工业革命以来年年都有不同规模的工人罢工或工人抗争（arbeitskampf/ labour disputes），有时相当激烈，引起社会动荡和经济损失。但对罢工问题，保守党和自民党与社会民主党和绿党的分歧实在太大，以致谁也不敢去制定这样的法律来规范罢工，留下这整个领域的法律漏洞。如果因为罢工引发的纠纷而上法庭，法庭无法可依，只能按照以往的司法情况即按照习惯法来判。

3. 有些法律条款被人告到宪法法院，说其违背基本人权，被宪法法院确认后该法律条款无效

而要重新制定该条款，议会中各党派又要大闹一场，不是三天两日就能通过新法的。在新法推出之前，这个生活领域根本没有法律条款，即整个领域成为法律漏洞（rechtsluecke/legal gap）。

实例3：1949年德国通过新宪法，在第3条加入"男女平等"，导致整个民法中的家庭法、遗产法等法律违宪，因为德国传统中有重男轻女现象。但民法无效对德国社会和司法冲击太大，宪法限定现有民法适用到1952年3月底。议会到3月底还是无法推出新的民法，于是4月1日起民法无效，造成整个民法领域的法

律漏洞。没有法律，按照上述瑞士法律的精神，就要按照以往判例进行裁判。但以往判例也都有重男轻女现象，按照新的宪法，这些法律、判例都是违宪，都不能援用。于是，法官们根据"男女平等"的基本精神，自己想象，如果推出新的民法，那些条款将应当写成怎样，于是各个法官当起了"立法者"。德国社会整整5年多没有民法，法官们自作主张"制定"了5年法律，有经验也有教训，许多内容逐步获得司法界、学术界与整个社会的共识。最后议会索性将这5年来法官们的判例归纳出来，写成法律文字，在议会通过，这就是新的民法，沿用迄今。这些法律主要是法官们根据现实情况自己"立"的，所以用起来还特别顺手。孟德斯鸠的立法与司法要分开，在此例中也出现了理论疑点。

法律概念模糊形成的法律漏洞

法律不可能将所有现象都考虑全面，有些现象在立法时都还没有出现。为了考虑这些因素，法律上除了罗列一大堆可能遇到的现象外，经常开头写上一句总体条款（generellklausur/general clause）。例如与人签订合同时，奸商会想出种种手段来图谋获利，合同法上不可能把所有恶劣的手段都想到、写到。于是除了罗列一部分较为典型的手段外，再总体写上一款：签署合约的双方都要本着诚信原则（Treu und Glauben，§157 BGB），违背传统道德的合同无效（gute Sitte，§138 BGB）。那什么叫诚信？什么算传统道德？这都是价值判断，每个人的理解都不同。立法者有意留下这一法律漏洞，让法官根据具体情况来判断：这种商业行为是否违背商业道德？违背到什么程度？是否可以构成该合同无效？

仅仅在刑法领域，由于纳粹的历史原因，没有设立总体条款，不得总体说"侵害他人就是犯罪"。在基本法 Art.103 II GG 中明文规定，必须是犯了刑法中已经明确定义过的犯罪行为才能定罪。在战后德国的特殊时期，如纽伦堡法庭审判和柏林墙倒了之后，幸好有这一刑法原则，才不至于出现政治大清洗。纳粹时期就有这样的总体条款，以致纳粹政府看了不舒服的人，又找不到具体犯罪证据，便以这样的总体条款来说你反政府、卖国、没有社会道德等，并以此定罪。

在司法中，出现最多的是那些没有明确定义的概念，如何去解释，那就要文字考证。法律上的文字考证与文字学中的文字考证思路一样，只是考证的领域更为广阔。

实例4：基本法第5条规定："艺术、科学、研究和教学是自由的。"所以移民法中规定艺术家可以获得居留许可。一位画家想获得居留许可，被移民局拒绝，说看不出他是艺术家。这就涉及什么是"艺术家",基本法与移民法都没有定义,成为一个法律漏洞。笔者从其他涉及艺术家或艺术作品的领域来论证,证明他是"艺术家"。

社会学:从社会文化角度,德国权威的《杜登字典》解释:"艺术家是职业性从事艺术创作的人。"该画家以卖画维生,显然属于职业性的。这里没有要求艺术家一定需从艺术学院毕业,达·芬奇与米开朗基罗等著名艺术家也都没有上过艺术学院。

税法:根据判例,"艺术家是以自己创造性的劳动、个性化的观念和审美,来表达自己思想和感情的人"——该画家显然不是流水作业式的艺匠,尽管没有获过奖,还是举办过不少画展,有不少报刊报道。

版权法:"艺术家不仅能创作或表演一个作品,还能创作或表演出一定的效果"——这位画家的作品,至少同行界与报刊上说有相当的艺术感染力。

法庭实践:移民局官员不是艺术家,没有资格来评价谁可算得上艺术家。我方也不能自我论定,而要让有一定权威的第三者评论。后来让艺术家协会、博物馆出证明,确认这位艺术家达到了"艺术家"水平。

以上观点和证明递交给移民局,移民局无言以答,只能发放艺术家居留许可。

根据移民法,一个人的工作符合公众利益,就可以获得在德工作居留。那什么是"公众利益"?从事怎样的职业才算符合"公众利益"?法律上没有定义,只能从政治、经济、文化、科学等领域去"考证",还要讨论国家"公众利益"与地区性"公众利益",这个概念曾是20世纪90年代外国人在德大学毕业后继续在德工作的法律焦点,在此不再赘述。

许多概念的考证要查以往的判例,看看法官们对各自具体的案例是怎么理解的。

实例5:雇主出于"重要原因"可以立即开除一位雇员(民法§626 BGB)。如何才算"重要原因"?法律上没有定义。判例上有许多被承认达到"重要原因"的例子:利用企业的工作之便接受贿赂,职业之余从事与企业有竞争的项目或为竞争企业工作,辱骂雇主或同事,对女性同事性骚扰,偷窃公司或同事的东西,泄露公司经济或技术秘密,等等。当然,法庭要求,并不是所有对企业产生损失的行为都构成"重要原因",而要在企业利益与雇员利益之间权衡。例如雇员获得一点价值不高的小礼物,这种小行贿就不能算作"重要原因"。但食堂雇员吃了一只卖剩的小蛋糕被认作"偷窃"而被开除,法庭确认这已经构成雇主开除雇员的"重要原因"。

假性法律漏洞导致的危害

有时，行政机关会利用别人不了解法律内涵，对法律漏洞做出不利于对方的自己的解释。

实例6：对外国人不很友好的移民局官员经常有一句口头禅："德国不是移民国。"什么是"移民国"（einwanderungsland/immigration country）？一片含糊。移民局官员以为发现了一个可以任意诠释的法律漏洞，以此解释他们拒绝外国人居留的理由。笔者潜心考证"移民国"一词，这一来自美洲大陆的词汇是怎么用到德国司法界的？后来查到，是1977年德国政府（不是议会）拟定的"入籍条例"（einbuergerungsrichtlinien）第2.3条中最早提到："德国不是移民国。"但该句话用分号逗开后接着说："德国不是有目的地通过移民来增加德国公民的人数。"可见，后句正是前句"移民国"的法律解释。外国人争取在德居留权是出于学业、家庭、工作等需要，没有一个是为了"增加德国公民的人数"，他们在德居留与德国是否为移民国何干？以后，无论移民局在解释函或起诉书中用到这句话，笔者就依据"入籍条例"中的法定解释来反驳。

法律研究到纵深程度，就进入文字研究了。往往一个很不起眼的小小文字区别，就会让法律状况变得面目全非。

实例7：移民法中，如果一个外国人满足某居留条件，法律上并不是爽快地说"给予你居留许可"，而是人为地分成三种表述："必须"（muessen）发放给你居留许可（如与德籍人结婚），"可以"（koennen）发放给你居留许可（如外国人的夫妻来德团聚），"容许"（duerfen）发放给你居留许可（其他家庭成员如父母来德团聚）——德语四个情态动词中用上三个，就少一个你自己"想"（wollen）获得居留许可。那如何理解"必须"、"可以"和"容许"？法律上没有具体定义，查《杜登字典》也无济于事，这个法律漏洞就是让法官、更严重的是让移民官来填补。笔者阅读了大量法庭判例后才理出思路：满足法定的条件后，"必须"是无条件地一定要发放给你居留许可；"能够"是通常情况下发放居留许可，但特殊情况下（如经济、移民倾向等原因）可以拒绝；"容许"与"可以"相反，通常情况下拒绝发放给你居留许可，特殊情况下（如父母没有任何其他亲属服侍）才可以发放居留许可。搞得如此复杂，不仅普通德国人看不出其中奥妙，非移民法方面的律师都不会想到这些奥妙。但这就是德国议会的目的：给普通民众和国际社会一个印象，德国对外国人非常友善人道，只要满足这些条件的外国人都能来德。实际上，仅玩弄这几个情态动词，就将绝大多数外国人拒于国门之外。

实例8：一个外国人没有"常住"德国，他已有的在德居留许可作废。想想也对，既然不生活在德国，何必还要在德国居留许可。但这里涉及一个没有定义过的词"常住"，怎样算常住、不算常住？从社会学角度，"常住"是一个人的生活中心所在地。那离开德国3个月算不算常住德国？家庭在德国、本人经常在国外工作，或往返于中德之间做生意，算常住德国还是常住中国？这个词在语言学、社会学意义上是如此普通，没有一位语言学家会意识到，对这个词的解释，可以导致一个外国人在德居留的结束，丧失他在德国生活的基础，改变他甚至他整个家庭的命运——没有在德居留许可，怎么从事德中经济文化交流？

法庭、律师、学者对同一个法律概念经常会产生不同的解释，莫衷一是，让人无法琢磨。在法律评论和判例中，经常会出现两个缩写：h.L.（= herrschende Lehre/ prevailing theory，多数学者认为），h.M.（= herrschende Meinung/ predominant view，多数人观点），即法庭采用"多数人"的观点进行判案。立法者有意留下这些法律漏洞，本是好意。但因为法官各自解释相差悬殊，给司法界造成混乱，引发了许多官司，所以还是尽量减少或缩小法律漏洞为宜。或者，司法界对这些概念的解释大致有一个共识，立法者索性将这些共识写入法律。

法律文字背后的法律内涵

法律只有在使用中，才能体现法律的价值。面对纷纭嘈杂的现实世界和生活，通过具体使用者（法官、律师等）将法律具体化、细致化。20世纪初自由学派（Freiheitsschule/freedom school）认为，法律只是给予法官一个法律指南，在法官的具体运用中，法律成为调节社会生活的工具。因此，必须保障法官在适用法律时有一定的自由空间，使法律成为一个弹性的而不是刻板的条文。所以，法庭章程 §132 IV GVG、行政法庭诉讼条例 §45 IV VwGO、劳工法庭法 §45 IV ArbGG、社会法庭法 §41 IV SGG 等，都容许法官可以弥补法律漏洞及延伸法律内容。但都没有指出，法官怎样弥补法律漏洞，因为也不能让法官漫无边际地制造"新法"，使议会通过的法律形同虚设，法律毕竟还是"指南"。

任何法律的背后都有其意义即立法者的基本目的所在，这就形成法律概念的核心（begriffskern/ conceptual nucleus）；根据这一核心，举一反三地应用到不同的领域或情况，就形成法律概念的外延（begriffshof/ conceptual surroundings）。要了解议会在立法时的初衷，很重要的是查阅当时立法的原始资料，法官判决时也经常援用这些资料以说明立法者的初衷。

这些资料中最权威的是政府解释：政府递交法律草案付诸讨论或表决时，都有一份对该法包括对每个条款的详细解释。许多法律文本的后面就附有政府解释，以便让人知道该法的议会背景。笔者研究外国人法，用到所有条款都要查阅该段条款当时的议会解释。只是有些条款注明"该款沿用旧法中的某某款"，没有这次议会的解释，就要寻找旧法的解释。有些条款在法律初稿时没有，或不是这个表述，而是在议会讨论中临时加入或修改的，原来的解释就无法直接用。

另一个重要资料是当时议会讨论时的讨论记录。每次通过法律时都会有议会讨论，执政党议员当然支持该法律，反对党总是反对。但无论支持还是反对，总得说出点具体的理由。议会讨论有详细记录，印成简装的单行本。笔者经常向议会新闻处索取这些讨论记录，能从中看出法律的总体思想和对一些有争议条款的解释和讨论，以加深对法律的理解。在法律讨论前，议会都要将法律草案寄送给有关的社会团体，如在外国人法领域，通常有总工会、红十字会、天主教总部、基督教总部、联合国难民署驻德代表、各类人权协会、律师协会、慈善协会，等等。这些团体根据各自的立场，除了表示支持或反对外，也要对他们的观点做出具体解释。电视、报刊等媒体和许多研讨会也会对此展开讨论。德国议会要参考这些社会意见，如20世纪80年代德国议会就想通过新的外国人法，遭到这些团体的全力反对，议会只能放弃——法律的背后是政治，政治的背后是社会，由此可见一斑。

当然，市面上最多的是学者评论，评论中不仅写出较权威学者对该条款的解释，最主要的是引用许多法庭判例，让人看到大部分学者与法庭对该法律条款的理解，这就形成学界与司法界的"多数人观点"。可以想象，在司法中法官们也大都按照"多数人观点"来判案。所以，了解"大多数人观点"至为重要。笔者买得最多的是 C.H.Beck、Luchterhand 和 Jüngling 等出版社出版的法律评论，一部近100页的法律，评论集可多达5000~6000页。

法律内涵高于法律文字

在具体应用法律时，关键要围绕法律的核心，不能违背法律的核心。为了实现其核心价值，甚至容许法官一定程度上不完全按照法律的表面文字来判案。即使以判例为重的习惯法中（如英美），法官也不是将所有以往的判例都当作《圣经》般地照搬。法官要仔细分析，哪些是该判例的核心思想，哪些只是具体应用，要将其核心思想应用到现实中的具体案件上。

实例9：生意交往要讲诚信（民法§242 BGB）。根据旧民法§463 II BGB，如果谁在做生意时有意隐瞒自己货物的缺陷，从而给对方造成损失，对方就有权利要求这方赔偿。法律文字上只是写了"隐瞒缺陷"（schweigen/silence），而那些不讲诚信的恶商坑害别人的手段岂止"隐瞒缺陷"？甚至还要伪造事实（vorspiegeln/false pretences），说他的产品如此这般地受人欢迎。但法律上没有白纸黑字地说，因"伪造事实"而造成他人损失也要给予赔偿。这点显然不合情理，法官认为这是一个法律漏洞：从对他人损害的程度和形式而言，"伪造事实"完全类同于"隐瞒事实"；从该法的内涵来说，要通过法律杜绝用不良手段来影响客户的决策。通过对这两种情况的类比（Analogie），最高法院判决当事人可以因为对方"伪造事实"而要求赔偿（判例1）。其实，奸商的手段还有更多，法律上不可能一一列出。所以2002年的民法修改中，索性总体定义（§280 I BGB）：谁在做生意中未尽自己的义务（Pflichtverletzung/breach of duty）而造成别人损失，要予以赔偿。那什么是"应尽的义务"？法律又没有明说，构成有意的法律漏洞。但至少是：在货物上，要及时供货，供的货要符合质量等；在道德上，要讲诚信和商业道德（§242 BGB），同时考虑对方的权利与利益（§241 BGB）等，这就包含了要提供给对方必要、正确的资讯，又包含不能隐瞒缺陷和伪造事实的法律内容。

实例10：一位工人在上班路上被车撞，失去了一定的工作能力。除了有权要求保险公司赔偿他的经济损失外，根据民法§843 I BGB，他有权利要求保险公司每月支付他一定的退休金。该工人所在的企业很好，让保险公司将支付给该工人的退休金转给企业，由企业全部承担对该工人的照顾和生活费用，该工人也乐于如此。没想到这一好意被保险公司拒绝，其认为怎么能将退休金像商品那样转让给第三者（企业）？根据私法法庭条例§850b I ZPO，如果谁因为欠债而被法庭强制抵押或没收财产，则退休金、基本生活费和基本生活用品等是不能被扣押的（unfaendbar/unseizable），因为这些对一个人的生活很重要。于是民法§400 BGB表示，这些不能被扣押的东西，也是不能转让给他人的。按照法律字面理解，该工人肯定不能将自己的退休金转让给企业。官司一直打到最高法院。法院判决，在本案特殊的情况下，该工人可以转让退休金。理由是：民法§400 BGB的最重要含义即法律核心是，要保护当事人的最基本利益。退休金对当事人太重要了，担心由于种种原因而转让第三者后，会影响到当事人以后的最基本生活。所以作为手段（法律外延），通过法律来禁止转让。而在现在的个案中，转让后对当事人更有保障，反而因为民法§400 BGB导致他不能转让，从根本上违背了立法者的初衷。所以必须容许该工人"非法"转让退休金（判例2）。上述法律条款就是法律漏洞，立法者想遍了所有可能，却没有想到会出现这样的特殊情况。

通常来说，法律不宜写得这么绝对，而应留下"例外"（ausnahme/exception），这类法律漏洞就被称为"例外漏洞",由法官给予弥补。

实例 11：一位学生成绩不佳,教师不建议她上文理中学。父母不满而告到校方,校委员会经审核后,也认为她不适合进文理中学。于是父母告到行政法庭。校方认为,按照汉堡州学校法第 13 条,学生能否进入文理中学要根据上述两者的意见,所以轮不到法庭来"干涉内政"。此案打到最高行政法院,法院判决,法庭就是有权力来干涉学校的决定。理由是：尽管法律上明确说,学生能否上文理中学由教师与校委员会审核决定,而"漏写了"如果当事人不满校方决定,是否可以通过法庭仲裁（法律漏洞）。但不能忘了"三权分立"的最基本精神：各个权力机构要互相监督。校委员会属于行政机构,而学校法中写的学生是否合适上文理中学,"合适"（Eignung）是很不确定的法律概念（法律漏洞）,完全取决于人的价值判断。所以,法庭有权力来监督该行政机构的决定,尽管最高法院并没有完全否认在一定情况下,该学校法第 13 条有一定的合理性,从宪法来说还是能够接受（判例 3）——即该法律不用取缔,但此个案可以作为例外。

无意的法律漏洞（参照原则）

有些法律漏洞确实是因立法者疏忽而漏写了,通过法官判例来弥补这样的漏洞,基本方式是参照其他法律或条款。

在习惯法中（如英美法系）,没有成文法律,原则上都是参照前人的判例。在古罗马法中就已经有这样的传统。《十二铜表法》（公元前 450 年）中有一条：四脚动物造成的损害,豢养该动物的主人要给予赔偿。罗马帝国早年（公元前 3 世纪）发生了类似事件,一只大鸟（两脚）损坏了别人家东西,罗马执政官就将《十二铜表法》对四脚动物的法律沿用到两脚动物上,豢养该鸟的主人必须赔偿损失。在古日耳曼法的《萨克森明镜》中更是如此,例如有一条："谁先到,就谁先磨面",这为社会定下"人人都要排队"的规矩,而不需要把所有要排队的情况都复述一遍。

习惯法是参照同类案件以往判例的情况,而在德法的大陆法系中,所谓的参照更多指参照其他法律领域或其他内容的法律。例如,民法中没有对企业的具体保护条款,法官就援用对人的保护条款 §823 BGB：谁损伤了别人的生命、身体、健康、自由、财产或其他东西,就要给予赔偿。所以,如果谁损害了企业的"财产或其他东西",也要给予赔偿,从对"人"的保护延伸到对企业的保护。

实例 12：出于特殊的紧急情况,A 的某个东西（合法地）放在那里可能对 B 的身体产生伤害,于是好心的 C 将 A 的东西搬离甚至破坏掉,这在法律上是容许的。根据民法§904 BGB，如果出于避免对他人身体的伤害，或避免对他人产生太大的利益损害，则A无权禁止别人不经他同意就动用他的东西，但A有权利要求别人过后赔偿他因此产生的损失。可是法律没有说，谁应当赔偿损失，是受益者B还是搬动者C？显然这是一个法律漏洞。法官在援用该法律时，参照民法§823 I BGB：谁"非法"损害了别人的东西，谁就要赔偿。现在尽管C是"合法"损坏了A的东西，既然法律说必须赔偿，最接近法律逻辑的，应当是直接动用或损害A东西的C给予赔偿，尽管受益者是B。

实例13：根据民法§284 BGB，谁没有按时供货（verzug），或根据民法§275 BGB，出于种种原因（如已经没货了）而无法供货（unmoeglichkeit），两者都算负面违约（negative vertragsverletzung），要给对方经济赔偿。但如果已经供货了，供的货却让买者无法使用（如买的计算机是坏的），属于正面违约（positive vertragsverletzung），其结果与负面违约一样：买者都无法按时使用该货。民法中却没有说，对这种情况该怎么办？法官就从法律中对"没有按时供货"与"无法供货"来分析，看到立法者其实想表示，无论出于什么原因，如果因为供货出了故障而使对方无法按时使用该货，就应当赔偿对方的经济损失。所以，谁供给别人一个无法使用的货品，也同样要给予经济赔偿。

实例14：对赔偿情况，根据民法§249 BGB，谁损害了别人东西就要赔。赔的程度是：完全复原到就像完全没有发生过该事件时那样。但有时无法完全复原，例如损坏了别人一扇（旧）窗户，市场上只能买一扇新窗赔人家。对方的旧窗换来新窗，因祸得福。但法律上没说，如果受损者因此获利，是否也应当对赔偿者给予一定的经济补偿？法律只有在个别领域做了这样的补偿调节，如民法§642 BGB，A企业获得B的项目，过后因为B的原因而没做，A有权利要求B赔偿损失。但不是赔偿整个项目的费用，因为A没有去做这项目也省下他的物力、人力，或利用这段时间去做其他项目。所以，赔偿费要减去这些省下的费用或到别处赚来的钱。但总体而言，民法§249 BGB就是没有考虑到赔偿者与被赔偿者之间的利益平衡，法官只能就具体案情来考虑双方补偿，例如让被赔偿者支付新窗户的部分费用。

实例15：一份已经签署的合约，如果过后一方发现签约中有误解、信息错误、甚至受对方欺骗或胁迫的现象，根据民法§119-123 BGB，一方可以单方面取消合约。如果取消成立，根据民法§142 BGB，法律状况就回到相当于没有签署过那份合约时那样（rueckwirkend/ex tunc，对以前生效）。这在大多数情况下当然没问题。但在劳工合同上，那位雇员已经在雇主那里工作了一段时间，合同失效了，这段时间的报酬怎么算？或商业合同上，一方已经为另一方做了部分工作或供了部分货物，不可能全部退回。法律显然没有考虑这些情况，法官只能根据实际情况，例如取缔合约只对以后生效，以前的还是按照这份"无效"的合同结算（teilrueckwirkend/ex nunc，从现在开始生效）。

禁止反推论原则与参照原则

法官也不能想当然地认为，所有法律"漏写"的内容就一定容许法官填补，因为这"漏洞"也可能是立法者有意留下的，并不是法律漏洞。

实例 16：一个人生活困难，按照民法 §1601 BGB，他的直系亲属（父母，孩子）有义务给予援助。只有没有直系亲属援助的困难户才可以获得社会救济。一个人的亲属其实还有兄弟姐妹，法律却没有提到。法官不能轻易地按照"法律逻辑"来延伸法律，强求兄弟姐妹也有义务援助。有兄弟姐妹是人人皆知的情况，立法者不可能不知道。尽管如此，立法者没有写兄弟姐妹，表示"仅仅"要求当事人的父母或孩子承担起援助义务，而不用兄弟姐妹承担。这就是法制中的禁止反推论原则（umkehrschluss/argumentum）。

实例 17：一个人偷偷使用别人的东西，用完后又放回去，显然不能算偷，因为偷窃的前提不仅要非法挪用，而且想占为己有（刑法 §242 StGB）。于是刑法 §248b StGB 说，如果偷偷使用别人的"汽车"或"自行车"，尽管过后放回去了，也构成犯罪，最高可判刑 3 年。这让人感觉奇怪，为什么仅仅提到汽车与自行车？偷偷使用别人的其他东西就不算犯罪吗？是的。立法者明明知道也有偷偷使用别人其他东西的情况，尽管如此没有写入刑法，或许立法者是出于种种的考虑。这就表示，立法者是有意这样写得，而不是遗漏，所以这不是法律漏洞。法官不能将汽车、自行车举一反三推论到其他物品上。这点刑法比民法强调更严，即所谓的禁止参照原则（analogieverbot/prohibition of analogy）。

法律老化而造成的法律漏洞

时代在发展，许多新技术的发明与使用是在立法时没有想到的，例如 20 世纪中叶谁也不会想到，今天计算机及通信工具会发展得如此迅速。由此出现了一系列由于技术发展而出现的法律漏洞，人们必须根据立法者的初衷，想象如果当时就有这些新技术，立法者会将法律写成什么模样。

实例 18：在基本法 Art.5 I GG 中保障电台与电影的报道自由。但现在的媒体形式远远超过电台与电影，但其基本精神——新闻自由应当适用于所有的媒体。

以前法庭认可的资料都必须是书面的和纸面的,且由当事人签署。后来发明了电报,无法签字,普鲁士议会就立法说,没有签字的电报也可以算。更后来发明了电话,这就引起了争议,结果其在民法上基本被承认,但在刑法上还没有完全被认可。现在出现了电子邮件,除非能根据 IP 确认该电子邮件来源于某人,或某人确实发送了该电子邮件给对方,否则法庭还是不能全信,只能作为辅助资料。尤其是在网上未经版权所有者同意而引用别人的文字(如网上搜索),若严格按照版权法其属于违法,但这严重阻碍了人们的网上交流。如何权衡版权所有者、网页制作者与读者之间的利益,尚是一个明显的法律漏洞。

时代变化引起了人们观念的变化,以前认为不好的或不可能发生的现象,现在却完全被社会接受,如未婚同居、同性恋、同性恋夫妇领养孩子等,法律却没有跟上形势,留下一个个法律漏洞,法官只能想出种种理由来弥补。尤其这些直接涉及人的法律领域,经常官司会打到德国宪法法院和欧洲人权法庭。

实例 19:民法 §569a BGB 规定,如果夫妻合住一个租房,其中一方(租房者)去世,则另一方可以在 1 个月内向房东表示愿意继续租房,则租房合约就自然转到该配偶名下。如果配偶不继续租,则共同居住的其他家庭成员有权利继续租房。到了后来情况复杂了,许多共同生活的只是生活伴侣,并不是法律上的夫妻,严格说来无法援用上述法律而有合法权利继续租房。一位当年 58 岁的妇女因为租房面积大,分出一部分再租给当年 28 岁的大学生。老太 76 岁去世后,房东要求老太的房客搬走,房客拒绝,自称他与老太共同生活了 18 年,至少算是"家庭成员"。他与老太相差 30 岁,说"同居"似乎不合情理,但在法律上,"同居"是没有年龄限制的。但即使根据民法 §569a BGB 也不对,他们不是夫妻。官司打到中级法院,法官认为,既然现在社会上和许多法律领域都将同居者与夫妻一视同仁,这一精神也应当反映在租房法上。该段民法只提夫妻、不提同居者,显然是一个因为落后于时代而造成的法律漏洞。所以判决房东必须将老太的租房合同转给那学生。房东不服,认为法官将法律中对夫妻与家庭的保护推广到对同居者,违背基本法 Art.6 I GG(夫妻与家庭受到国家的特殊保护)和基本法 Art.20 III GG(行政与司法必须按照法律),于是起诉到联邦宪法法院。宪法法院驳回起诉,认为许多法律已经老化,宪法容许法官去寻找法律漏洞,弥补法律漏洞。而中级法院的法官延伸的法律内容,并不违背基本法的那两个条款(判例 4)。因为宪法法院有此判决,全德法院都以此为据,德国议会也只能修改法律,即在法律原句后面再增加一句:"这也适用于同居者。"(现版本的 §563 I BGB)

这一宪法判决更广泛的意义在于,宪法法院首次明确表示,有些法律已经过时，法官不仅有权力弥补法律漏洞，而且有义务寻找法律漏洞。但风险在于，就如《圣经》所许诺的，"只要寻找，就能找到"（马太福音，7：7）。那些对现有法律不满的法官，就有理由去"寻找法律漏洞"，而不严格按照法律判决，但滥用这一权力，真的就违背基本法 Art.20 III GG（行政与司法必须按照法律）。

司法不能盲目地按照法律

根据德国基本法，法院判案必须严格根据法律，而不能自作主张。这里有两类法律，可惜译成中文就没有了区别。这里权称 gesetz/law 为 G 法律，Recht/right 为 R 法律。G 法律指古代皇帝颁布或现代议会制定的法律（制定法），R 法律是指抽象的法律，诸如成文的与不成文的传统法、习惯法、自然法，可理解成广义的被社会公认的正义（gerechtigkeit/justice）。古希腊哲学家柏拉图、亚里士多德等通篇讨论"法律"其实是讨论"正义"，法律只是主持正义的工具。基本法 Art.97 I GG 中明确定义："法官是独立的，仅仅服从于 G 法律。"但在更为重要的条款即定义德国基本国家性质的基本法 Art.20 III GG 中，对立法、政府与司法三者的共同要求，却没有简单地说要根据法律，而是说要根据 G 法律与 R 法律。

制定法是人为的，取决于议会中的政治倾向分布，所以议会通过的 G 法律可能是良法，也可能是恶法，法官不能简单地服从于法律，因为宪法要求司法也必须遵守另一个 R 法律。而且当两者产生矛盾时，R 法律高于 G 法律，如自然法高于制定法。因此，法官援用法律有三种情况。

（1）有思考地服从法律（denkendes gehorsam/ thinking obedience）：要真正理解法律条款的内涵，理解立法者的初衷，而不是简单地根据条款的表面文字来司法。

（2）发现和弥补法律漏洞（rechtsfortbildung/development of the law）：如果发现法律漏洞，要通过理解法律的真正内涵，参照其他类似法律条款，来完善和发展法律。

（3）拒绝法律（gehorsamverweigerung/refusal of obedience）：如果发现某个法律条款明显违背人的理性和良知，或该条款本身基本没错，但根据该条款来审理某个具体案件会得到违背人理性和良知的结果，法官就要抵制该法律，根据自己的理性和良知来修正法律，即"违背"该法律进行判决。既然宪法赋予法官有这样的权力，就表明，法官也有这样不可推卸的义务来抵制恶法。

实例 20：纳粹时期有些法律是种族灭绝的恶法（如纽伦堡法），形式上也是议会民主通过的法律（G 法律），法官们却完全臣服于法律，大量犹太人和政治异己者被关入集中营致死。纽伦堡审判战争罪犯时，辩护律师们集体向法院提出，这些"罪犯"行为都是依循当时德国的法律，何罪之有？违反战后通过的法律不能追诉战前属于合法的行为。主任法官 S.G.Lawrence 以国际法（如 1928 年的非战公约）给予反驳，认为，所有签署国都必须遵守这一公约——德国、日本等 64 个国家签署。换句话说，如果德国和日本刚巧没有签署这一公约，难道这些战争罪犯就可以无罪吗？按照现代法学，制定法（G 法）之上还有被人们公认的自然法（R 法）。那些严重践踏人权的行为，无论该行为是否违背了本国现有法律（G 法），也无论这个国家是否签署了国际公约，至少违背了人类的公法（R 法），所以照样可以定罪。这就是两德统一后审判枪杀越境者士兵及官员的法律依据，也是海牙国际法庭审判南联盟战争罪犯、柬埔寨屠杀人民罪犯的法律依据。现在，学术界将制定和执行这类恶法也都归入"法律漏洞"。任何法官，如果确认这是恶法，就必须抵制，而不能盲目地援用。

实例 21：根据德国军事刑法 §20 I WStG，如果军队中谁拒绝执行军令，将被判处最高 3 年的徒刑。因为纳粹德国的历史教训，在 §23 I WStG 中加了一个补充例外：如果该军令是践踏人的尊严，或执行该军令是在从事一项犯罪活动，则拒绝军令者无罪。2003 年伊拉克战争中德国拒绝参战，但许诺协助德国境内美军的军备物资运输，为美军开放领空和领海。德国军队中一位少校拒绝执行，理由是，这样的战争违背他的良知。德国协助军备运输还谈不上"践踏人的尊严"，也不算犯罪行为，根据上述军事刑法，该少校拒绝军令属于犯罪，国防部将该军官告上法庭。官司一路打到联邦最高法院，德国国防部败诉（判例 5）。判决理由是：美英向伊拉克宣战没有获得联合国许诺，德国没有义务违背国际法来参与北约的军事行动。尽管德国没有直接参战，但协助参战就是自己参战，而且出动 5000 名士兵，成为伊拉克战争中的第四大军事力量。基本法 Art.4 I GG 规定，人人有良知的自由。如果这场战争严重违背这位军官的良知，他有权利拒绝参与，良知自由高于执行军令的义务。因为这一判决，除了原来 §23 I WStG 中提到的两大例外（践踏人的尊严，犯罪活动），又以判例形式增加一条即弥补一个法律漏洞：对违背国际法的军事行动，军人有权利拒绝执行军令。

民法中的"违法"现象

在民法中，尽管没有明显的"恶法"一说，但也有许多不尽如人意之处。

损伤别人的东西要赔，损伤了别人非物质性的东西也要支付对方的伤痛费（schmerzengeld/smart money）。民法 §253 II BGB 将损伤他人"非物质性东西"的范围仅仅局限在：损伤了他人的身体或健康（如打人），限制了他人的自由或强迫他人性活动（如强奸）。根据 §253 I BGB 的明文限定，除此之外，就不得要求赔偿。这就涉及现实中，因遭受辱骂或造谣中伤而使心灵受到损伤的，严格按照 §253 BGB 就无法获得赔偿。以前人们也就忍了。但随着时代推移，人们对精神上的尊严越来越看重，不能再忍受这种心灵创伤。于是法官们找出基本法第 1 条"人的尊严不可侵犯"为依据，辱骂或造谣中伤程度严重的当事人也要赔偿"伤痛费"。

实例 22：一个科隆的壮阳药生产厂家委托广告公司做广告，广告公司选用了一张骑马人的照片，表示强壮。没想到照片很清晰，主角是一位参加骑马俱乐部的啤酒厂老板。该老板气愤地起诉壮阳药生产厂，但没有按照"未经同意选用他来做广告"，而是以"损害他的个人名誉"要求赔偿伤痛费 7500 欧元。对方认为，民法不存在因为名誉损伤而赔偿伤痛费的规定。初级法庭破例判生产厂赔偿 500 欧元伤痛费，尽管民法上白纸黑字拒绝这样的做法。受害人不满，再诉到中级法院，法院判生产厂要赔偿 5000 欧元。官司打到联邦最高法院，最高法院也判必须支付 5000 欧元（判例 6）。官司又打到联邦宪法法院，宪法法院最终确认了最高法院的判决（判例 7）。

此判例又延伸到更广泛的范围。一位在押的犯罪嫌疑者在拘留所口渴要喝一口水，警察让他到厕所的自来水龙头去喝（德国自来水都达到饮用水的清洁程度）。嫌疑犯认为这是对他的人格侮辱，过后向警方提出起诉，法庭判决警方支付嫌疑犯伤痛费。其实民法条款 §253 BGB 迄今没有改变，但法官们都不理该条款本身，而是按照上述判例在判。

实例 23：根据民事诉讼法 §50 I ZPO，只有自然人或法人（如注册企业或协会）才能对他人起诉（rechtsfaehig/incorporated）。而德国的大多数工会尽管有许多会员，却没有去法庭注册。严格按照法律，工会不是法人，不能对他人（如企业）提出起诉。但德国工会的历史如此悠久，有史以来一直是工会代表工人与资方谈判工资与其他劳工待遇，其成为德国社会的支柱之一。如果与资方谈判不下来，或该工会成员总体受到他人伤害时，工会就代表工人对资方提出起诉。20 世纪 60 年代德国公共企业工会 ÖTV 起诉德国警察工会 GDP，因为警察工会在舆论界批评公共企业工会不择手段地争取会员。在初级法庭被驳回，因为法庭认为，公共企业工会不是独立法人，没有合法权利对别人起诉。在中级法院起诉时，公共企业工会获胜。法庭确认，工会尽管不是法人，但有起诉权与被起诉权。

无可奈何的法律漏洞

许多法律漏洞早就被人发现，照理来说，议会可以通过修改法律或重新立法来弥补。但现实情况并不这么简单。在一个民主国家，立法要付出较大的代价，从社会到议会讨论一下，就要耗费国家许多精力与财力。所以立法前要统计，该法律漏洞全年涉及多少案子。如果才几百个案件，对国对民损害程度不那么严重，尽管不合理，也不值得去讨论。更何况，任何法律都有利有弊，一个新法律本是为了弥补一个法律漏洞，很可能引起更多的漏洞，得不偿失。如果在立某法时受到的社会压力太大，或政界中赞同方和反对方旗鼓相当，也只能作罢……这些遗留的法律漏洞，有些通过法庭判决而做了弥补，有些只能依旧放着，任人利用，政治家与法官装着没有看见。

实例 24：柏林 Neukoeln 民政局发现一个奇怪现象：一位像流浪汉的德国男士，一年内来民政局好几次，每次都带上一位不同肤色的外国妇女和小孩，声称这小孩是他与该妇女所生。按照民法，不用另作血缘鉴定，小孩就自然可以登记入册，无条件获得德国国籍。原来，那些妇女专找流浪汉、酒鬼等，给他们一点钱，让他们去民政部门声称孩子是他所生。于是，孩子就立即获得德国国籍，该妇女成为"德国孩子"的母亲而获得德国居留许可，几年后就可以获得绿卡。如果真是一个小孩的父亲，该父亲必须承担至少小孩 18 周岁的生活费，所以一般德国人不会去承担这样的风险。而流浪汉或酒鬼反正身无分文，承认一下父子或父女关系，马上可以得到几千甚至几万欧元外快。民法 §1592 BGB 上只定义了"父亲关系"：(1) 婚生孩子；(2) 该男士承认孩子是他的，而不一定是他亲生的，且孩子母亲不反对（§1595 BGB）。在民法 §1600 BGB 中说，有权提出取消父子关系的只有父亲自己、孩子母亲或孩子自己，民政部门或移民局又算何许人也，法律上没有提出取消别人父子关系的资格，民政部门和移民局只能哑巴吃黄连。

这个明显的法律漏洞，起源是 1998 年修改的儿童法。以前对非婚生孩子的父亲确认要得到城市青少年局认可。而那次修改法律取消了这一关卡，为了给父母更大的自主权。没想到德国议会的好心却得到了现实社会的恶报，为在德外国人留下了一个法律漏洞。2004 年 11 月各州内政部长联席会议上，要求联邦议会修改现有法律，因为仅在这一年中就发生了 1694 起类似案例。2005 年 11 月在各州司法部长联席会议上又强调这一要求。联邦司法部长 B.Zyprise 表示，这个法律漏洞看来必须堵上。2006 年 11 月她向议会递交了法律草案，2007 年 5 月 23 日联邦议会邀请家庭法、外国人法领域的专家共聚一堂，举行对此法律修改的听证会。听证会上意见分歧，议会只能作罢，这个法律漏洞留到今天。

违背宪法的法律无效

许多法律不仅不合理，而且违背宪法。法官不仅可以违背该法律判案，而且可通过宪法法院明确宣布该法律无效。以致在许多法律文本中会出现：此款已被宪法法院取缔。

实例 25：战后宪法中写上了"男女平等"而使德国民法无效，5 年后议会按照"男女平等"的原则推出新民法。但在夫妻离婚后孩子的赡养权问题上，还是留下了男女不平等的痕迹：如果夫妻双方实在达不成协议，则男方有最终决定权（§1628-1629 I BGB）。民法 1957 年刚通过，就被女议员告到宪法法院。法院 1959 年 7 月确认该条款违背宪法，从而被取消（判例 8）。以致现在法律上没有明文规定，如果夫妻双方实在达不成协议怎么办，显然，只能通过法庭来解决了。

当然，开启宪法法院审核法律的途径也带来弊端。执政党占议会多数，提出的法律草案通常都能通过，而反对党的政策永远不能获得通过。于是，反对党就提出起诉，要求宪法法院确认这一新法律违背了基本人权，必须取缔，法院成为议会党派斗争的一个新工具。

判例 1：联邦最高法院 BGH NJW-RR 1992，1076

判例 2：联邦最高法院 BGHZ[GS] 4，153

判例 3：联邦最高宪法法院 BVerwGE 5，162

判例 4：联邦最高宪法法院 BVerfG v.3.4.1990，BVerfGE 82，6.

判例 5：联邦最高行政法院 BVerwG 2 WD 12.04，v.21.06.2005

判例 6：联邦最高法院 BGHZ 26，349

判例 7：联邦最高宪法法院 BVerfGE 34，269 和 128，15

判例 8：联邦最高宪法法院 BVerfGE 10，S.59ff

第二篇 法律与经济

市场经济与良性竞争

漫谈反恶性竞争法UWG

一、竞争是社会发展的原动力，促进市场繁荣，经济发展。但采取不道德行为的恶性竞争却阻碍市场的良性运作，从而阻碍经济发展。如何既保障经济自由又保障市场良性运作，涉及市场参与者的不同利益，所以这既是经济问题和社会问题，也是政治问题。规范后的市场竞争要靠法制来监督实现。

二、恶性竞争的手段很多，如对比广告，电话促销，行贿送礼，给客户心理压力，欺骗诱导；盗用他人商业信息，仿制他人产品，冒用他人品牌；还有恶性降价，垄断市场，与竞争企业暗定价格，等等。

三、恶性竞争的受害者是竞争者、消费者和社会总体，所以法律保护也主要是针对这三个方面。他们有权利要求恶性竞争者终止恶性竞争手段，给予经济赔偿。德国设立了专门的反垄断、反恶性竞争的机构。

在德国中世纪，国家政治被贵族垄断，市场经济被行业协会垄断，由行业协会确定企业工资、商品价格，尤其控制什么人、什么企业才能从事什么生产和进入市场。在欧洲近代自由主义思潮，尤其1789年法国大革命的推动下，自由、平等成为时代潮流。自由与平等不仅是在政治上，更重要的是在经济上，即人人都有经商权，人人都有选择职业的权利——农民子女并不一定要被迫世世代代务农。

1810年德国普鲁士王国进行经济体制改革，保障职业自由，人人都有权利进入商品市场和劳工市场，这对原来霸占着市场的企业造成了心理压力，职业自由就意味着市场竞争开始了。在1848年的欧洲革命中，7月15日在法兰克福召开了手工业者大会，手工业者希望通过立法来杜绝其他人进入该领域，大会通过的抗议宣言指出："（市场竞争）不仅容忍了那些有害的利益追逐，限制了我们的公民自由，影响了我们获得的财富，而且给我们的未来带来威胁，中产阶层将走向贫困。"尽管有抗议，1869年6月21日普鲁士议会通过企业条例，将职业自由推广到整个以普鲁士为盟主的北德联盟。1871年建立德意志帝国时，又将职业自由推广到全德。

竞争的形成与规范

因为开放了职业市场和商品市场，涌入市场的产品增多，于是形成竞争，新的问题接踵而来：出于人的贪婪本性，如果没有市场规则，必然奸商蜂拥而至，经济市场堕落成恶性竞争的战场，既不利于经济发展，也有害于生产者与消费者。但市场规则本身又是在限制刚刚形成的市场竞争，所以这两者是一对矛盾。1880年12月21日德意志帝国法院在Apollinaris判决中还表示：任何法律都不准禁止人的行为自由。但随着竞争的加剧，仅仅靠传统道德约束没有法定的市场规则，市场经济无法健康发展，国家作为裁判员（自由主义思想），应当肩负起建立和维护市场的义务。

要在市场上建立良性的秩序，就必须分析市场的情况和商品的生命周期。一个商品进入市场通常经历四个阶段，每个阶段都会有不同形式的竞争。

1. 引入期（einfuehrungsphase/introductory phase）

一个企业开发出一个全新的产品投入市场，整个市场中销售这一产品的仅此一家（Monopol）。因为没有竞争，该商品的价格可以提得较高，只有较富有的猎奇者会去购买，厂家以此获得第一笔利润，也用于填补该企业的先期开发费用——通常说来，开发费用要在商品进入市场后的四五年内全部收回。

2. 推广期（expansionsphase/expansion phase）

到第一批客户基本饱和之后，企业开始降价，提高产量，以吸引更广泛的客户群。其他企业受到该产品的利润吸引，开始推出类似的产品，从而打破了原生产厂家一统天下（Oligopol）的局面，各厂家对该产品的质量与价格竞争开始激烈。

3. 饱和期（reifephase/mature phase）

市场已经饱和后，厂家不可能进一步降低价格，总的市场也不需要更多的产品。这时的竞争进入白热化，各厂家不再通过提高产品质量来拓广市场，而是使用各自商业手段，如广告和各类促销策略，来争取把竞争者的客户吸引到自己的产品上，或维护自己的客户不被竞争厂家吸引走。

4. 消失期（rueckbildungsphase/regression phase）

产品已经老化，社会上主要的客户群已经对此不感兴趣，各厂家开发或逐步推出新的产品替代老产品，老产品逐步从主流市场中消失。除非该产品的质量和价格确实吸引人，可以延迟其消失期。

由此可见，竞争最激烈的是在饱和阶段。良性竞争通常表现在三个方面。

（1）改进生产方式以降低成本，从而降低价格；

（2）灵活改变产销策略，以迎合市场需求；

（3）开发和引进新技术，以提高产品技术层次。

所以，良性竞争本来有利于经济增长和技术发展。但竞争的内部动力源于人的私欲，私欲驱动下的竞争不可能都是良性的。许多厂商通过合法甚至非法手段贬低竞争厂家，蒙骗客户，吸引竞争厂家的客户成为自己的客户。商品竞争就如体育竞赛，有竞赛就必须有竞赛规则，商品竞争的规则就是一部"反恶性竞争法"（UWG）。

只是，商品竞争的领域和手段太多，历史上只能罗列地禁止一些最不道德的竞争行为。1894年通过的商标法中，首次禁止盗用别人商标；1896年才推出反恶性竞争法，禁止最典型的恶性竞争手法。为了实现自由竞争，必须"剥夺"竞争者一定的自由，因为一个人的自由是以不影响他人的自由为界限，这就是欧洲近代自由主义思潮也是德国宪法的基本观点。

反恶性竞争法的诞生

奸商总能找出新的手段来规避法律，竞争手法不断翻新变样。于是，1909年德国推出了现代意义的"反恶性竞争法UWG"，除了具体罗列恶性竞争手段外，还在总则中明确定义：违背好的商业道德（gute sitte/good custom）的行为均被禁止（§1 UWG）。与体育竞赛规则略有不同，商业竞争规则的背后是传统道德。怎样的手段才算"好的商业道德"，就由法院根据具体情况来判断。

该法的基本精神和内容沿用迄今，只是在法律措辞上，"好的商业道德"有点牵强，法律只能禁止人不可做"坏人"，但无权要求别人一定做"好人"。2008年12月22日的法律修改，将该款修正为：禁止所有"不正当的（unlauter/unfair）商业行为"（§3 UWG），这也与该法律的名字UWG相一致。该法的最近修改是2010年。

反恶性竞争法UWG与反垄断法GWB（俗称kartellgesetz/cartel law）并列，成为德国规范市场经济的两大法律支柱。两者区别是：反垄断法是确保这个竞争市场的形成，反恶性竞争法是确保竞争市场内部的良性竞争，如果某市场被某企业或几个企业联手垄断，该市场就不存在竞争，也就不存在良性竞争还是恶性竞争了。二战后德国施行"社会（主义）市场经济"，则在传统的市场经济中（所谓的原始资本主义），再加入对人的保护，即确保建立一个具有人性化的（sozial）市场经济，此为后话。

实例 1：2000 年德国反垄断局起诉 Rossmann 连锁商场，指责 R 商店靠降低价格战来挤垮其他商店，所以必须涨价。过分压价本身就是恶性竞争，可以根据反恶性竞争法来制止。但受到 R 商场威胁的不是具体的哪家商店，而是所有同类商场，所以政府出面，以 R 商店企图挤垮其他商场以垄断市场为罪名起诉它，这就归入了反垄断法。出于同样理由，几年前反垄断局禁止汉撒航空公司对法兰克福－柏林航线另搞一套低价机票，因为这将威胁、最后挤垮从事这段航线的廉价航班 Germania 航空公司。

1909 年推出的法律还只是针对企业或商家之间的恶性竞争；而在 20 世纪 20 年代后的法庭判案中，依据同样条款（商业道德），增加了对消费者和对社会总体的保护。直到 2004 年 7 月 8 日考虑到欧盟法律，又通过了新的反恶性竞争法，即现今的法律蓝本。鉴于恶性竞争有害于竞争者、消费者和整个社会，所以反恶性竞争的法律规范也要从这三方面入手。

对竞争者的保护

对竞争者的保护，是制定反恶性竞争法的初衷和最主要领域。几十年来，法庭通过无数判例，大致划定了什么是"违背好的商业道德"或"不正当的竞争手法"，例如通过对客户煽动、利用客户错觉等手法来影响客户决定，通过垄断等手法来阻碍其他厂商的产品进入市场，以使用童工、奴工、劳教产品等剥削廉价劳动力的方式来降低成本，以过分压价、传播不实信息等方式搅乱市场来从中牟利，采用遵纪守法的竞争者所不敢使用的违法手段来生产或经销等。法庭实际判案参照的不仅是法律，更多是以往法庭判例，这又回到了英美海洋法系的习惯法。

实例 2（对比广告）：2007 年建筑连锁商场 Praktiker 在电视上做了一个 15 秒钟的广告：电视明星雷曼（M. Lehmann）以电视新闻主播的口吻说："建筑行业的惊人消息：Obi 商场价廉。"接着，屏幕上出现两行"四月"，雷曼跷起大腿得意地大笑。这时幕后出现一个男声："Praktiker，这里重要的是价格！"接着，屏幕上列出 MDR 公司所做的各建筑商场中 50 种商品的价格统计：第一位 Globus 有 29 种商品最便宜，第二位 Praktiker 有 11 种商品最便宜，第三位 Obi 有 8 种，第四位 Toom 和 Hagebaumarkt 各有 6 种……

（1）这一广告援用第三者的市场调查结果，以他人的商品作为比较来抬高自己，而且点名道姓提到 Obi 商场，法律上属于比较广告（vergleichende werbung/comparative advertising），这就受到法律限制（§6 II UWG）。

①比较广告只容许比较具体商品，不能在两个竞争企业或竞争品牌之间比较——本案却泛泛比较两个商场之间的价格，而不是具体商品的比较。

②即使比较价格，也必须具体比较商品价格与商品质量，使观众能了解哪个商品价廉并且物美——本案中，只是比较商场的平均商品价格，给人造成错觉。

③比较广告不得贬低竞争者——这则广告列出的数据无非想贬低 Obi 来抬高自己，尤其是雷曼得意得过早的形象，被人感觉就是 Obi 的形象，带有侮辱意味。

（2）根据 §5 UWG，任何广告内容不仅不得歪曲事实，而且不能误导观众（irrefuehrung/misleading）。当然，"误导"是个价值判断，没有明确的界限。根据现有判例，误导的比例达到 1/3 甚至 1/4，就已经构成恶性竞争。判断是否为误导，不是咬文嚼字地讨论广告内容，而是根据观众看到这一广告时的实际感受来判断。这两个建筑商场的主要客户群都不是专业手工业者，所以该广告的对象是普通民众，必须按照普通民众看到这一广告的感受来确认是否造成误导。其实，即使根据 MDR 的统计调查，最廉价的是 Globus（29），而 P 和 O 之间其实相差很少（11 与 8）。即使这点相差也远远不能说明 P 的商品就比 O 的商品价廉，更难说物美。但这则广告的目的是要让人感到，P 的商品都比 O 的商品价廉而且物美——这正是客户决定到哪家商场去购买的关键因素。通过以上分析就可以确认，Praktiker 的广告属于恶性竞争，最后被禁止再播（判例 1）。

"反恶性竞争"自然是对竞争行为而言。根据 §2 I UWG，所谓竞争行为是指：为了促进自己或他人的产品销售的商业行为。如果笔者作为个人建议朋友：大众牌汽车的质量比欧宝牌汽车好。这不形成"恶性竞争"，因为笔者没有义务和意愿去推销大众牌汽车。但如果一个推销大众牌汽车的推销员说同样的话，就触犯了"恶性竞争"——他只能说大众牌汽车质量好，但不能点名道姓说其他汽车质量差。所以通常说来，形成"竞争"的大都在同行业内，但也有例外。例如销售营养品的商店与药房不属于同一个行业，但部分产品（如各种营养品）却有雷同，所以在这些商品上还是形成竞争。再如一个汽车公司免费为客户放映电影，而通常的电影院要付门票才能看电影，汽车公司的行为影响到电影院的生意，电影院就可以起诉汽车公司，尽管两者在产品上毫无关联。

实例 3：一家销售咖啡的企业做了一则广告："您可以放心地用咖啡送人，而不用买花。"咖啡店与鲜花店本没有关系，但鲜花店不能忍受别人如此贬低鲜花，于是起诉咖啡商，经过几级法庭而最后胜诉（判例 2）。

对消费者的保护

厂商采用恶性手法竞争，其竞争者受到的伤害也就是失去部分客户，而直接受害的还是购买该厂商商品的消费者，很多个案中往往仅是消费者向恶性竞争者提出索赔。

实例 4（网上购买）：某电话推销商在网上做了醒目的广告："立即获得 100 条免费的手机短信（SMS）！"想获得者要将其居住地址、电邮地址等填在网上的表格中。许多读者果然做了，没想到半个多月后就接到账单，要他们支付 84 欧元。账单中声称，该广告下有一段说明："试用 14 天（SMS），全免费。14 天之后，如果没有书面解约，则每月可用 100 条手机短信（SMS），价格 7 欧元，全年 84 欧元，事先一次性付清。"读者上网去核实，果然在该广告下用很小的字写了这段说明。若严格按照民法，无论是纸面合同、网上合同或口头合同，一旦"签署"，双方就必须履行：卖方必须每月提供 100 条 SMS，买方必须全年支付 84 欧元。但这显然是一场骗局！电话推销商违背的就是反恶性竞争法，签署的该合同无效。分析如下。

（1）根据 §4 Ziff.2 UWG，从商者不准利用客户对法律或合同内容的不熟悉来引诱客户。对"不熟悉"的衡量尺度，欧洲法院通常假设，签署合同者应当比较仔细地阅读过合同，并做了认真思考后才签署。而德国法庭偏向消费者，认可签署者只是草率阅读合同，对许多条款内涵不一定做过深思，产生误读或疏忽情有可原。受欧洲法院的影响，德国法庭现在认为，签署者是认真还是草率阅读和思考过合同，不能一概而论，而要根据具体案件来做具体界定。尤其要审核，所有看到这一合同的人，是否大都熟悉这一法律和合同。

在本案中，商人有意没有明确给出，如果客户对此买卖不满意，可以在 14 天内退出合同（民法 §355，312d II BGB）。而看到该广告的人是普通的因特网用户和手机用户，很少会对民法如此熟悉。很少会想到，填表之后就意味着每年要支付 84 欧元。何况广告是在网上匆匆看到的，没有经过推销商给他们的当面解释，他们没有对合同内容仔细思考就签署可以原谅。本案涉及的人如此之多，也证明是大多数人不了解合同内涵，该商人利用客户对法律的无知来推销手机短信，其商业手法属于"恶意竞争"。

（2）根据 §4 Ziff.4 UWG，不能过分地通过广告性的"优惠"手段（如降价、赠送东西），来隐瞒这项买卖的真实情况，所谓"外表多于实际"。因为有优惠，特别吸引客户，商家就必须比没有优惠时对客户做出更为详尽的说明，以避免客户因为优惠而冲昏头脑。例如，一个企业或商家赠送给人购物券，如果使用该购物券有附加条件（如必须购买多少东西），就必须事先明确说明。如果一个旅行社做广告说"土耳其之旅 250 欧元"，则必须明确写明，飞机票是否包含在内。而不能到别人预定后再说："机票自理。"

本案中，"立即获得 100 条免费的手机短信"的广告词如此吸引人，似乎就是赠送 100 条手机短信。如果这项买卖的实际内容其实是"每月 100 条 SMS，每年 84 欧元"，就必须做出更为醒目的说明。而现在这段说明却用小号字放在最不醒目的位置，很少有人注意。即该商人是用"优惠"广告来隐瞒自己的实际用意，其商业手法属于"恶意竞争"。

（3）根据 §5 UWG，广告或产品的说明必须真实与清晰，禁止蒙骗或变相蒙骗（Irrefuehrung）。尤其严重的是，商家主要就是靠这样的蒙骗手段来招揽客户。根据最高法院判例（判例3），并不要求所有人看到该广告后都受到蒙骗，只要有不在少数的人被蒙骗，就已经构成"蒙骗"。

本案中，"免费手机短信"写得特别醒目，属于典型的抢眼广告（blickfangwerbung/eye-catching decoration）。根据最高法庭判例（判例4），这类广告中特别醒目的字句本身（"免费手机短信"），就已经构成完整和独立的广告内容，而不用再看其他小字是怎么写的。在该案中至少有 1/3 到 1/4 的客户看到广告后，误以为可以无条件获得免费的 100 条手机短信，所以才填了表格。商家就是利用欺骗手段而获得的这批客户，属于"恶意竞争"无疑。

（4）根据 §4 Ziff.11 UWG，如果谁用非法手段吸引客户，这本身就侵害了遵纪守法的其他竞争者的权利。体育比赛中，说好不得使用兴奋剂，其中有运动员偷用了，这是对不用兴奋剂运动员的比赛不公。所以必须对所有参赛者严格禁止。

在本案中，按照民法，商家必须给出客户如何退出合同的说明，该商家却没有这么做。上述那些非法行为的直接受害者是消费者，而对其他守法的商家也是一种竞争不公平，他们的客户就被这些违法乱纪的推销商给抢去了，违背竞争的平等原则。

以上所列的四点中只要有一点成立，就已经构成合同无效。

笔者也曾经历，一次上网下载了一个免费软件，也填了相应的表格，过后就接到账单，又接到对方律师的警告信，威胁笔者不付款将对笔者起诉。笔者就以上述理由，简单告知对方合同无效。其实，对方很清楚是他们自己非法，见你没有上当，也就不敢再继续作恶了。

市场经济与良性竞争

对社会总体的保护

很多工商界的恶性竞争手段，不仅影响了其他竞争者和消费者，而且视其使用手段的广泛性，也可能影响到社会总体。例如在广告或推销活动中，不得出现对妇女、外国人等的歧视或不利于青少年的暴力和色情内容等。一个做网上游戏的电视广告："认识几千位善良的人，然后消灭他们。"过后被禁止——人的生命具有最高价值，用"消灭人的生命"来做商业广告语显然不被容许。2008年世界杯足球赛前夕，一家电器商做电视广告：波兰球星到该商店买东西，说这里价钱很便宜。他离开后一位营业员说："波兰人也很守规矩，你看，我放在柜台上的手表还在。"这则广告其实在暗示，德国人眼中的波兰人都会偷窃，这是对相邻民族的人格贬低，显然要被禁止。

实例5（电话促销）：随着电话市场的开放，多家电话公司涌入德国电话市场，打破了德国电话局一统天下的局面，电话费急剧下降。例如1990年前打电话到中国每分钟1欧元多，现在便宜的只有1欧分；德国境内的座机电话支付了月费后，通常可以任意免费打，可见反垄断实现良性竞争市场之重要。但电话费降低了，电话促销开始增多，许多商家靠打电话到客户家中来推销商品。在商业界有一个"攀比现象"（uebersteigerung/overstimulation）：你这么做，我不这么做就亏了，所以我也这么做。于是电话促销很快蔓延开来，从推销电话蔓延到各种商品领域。

如果一个人偶然接到电话促销还不算打扰太多，但如果经常接到促销电话就干扰了一个人的平静生活，电话线路都被这种长时间的推销解说给堵塞。如果社会上许多人都受到电话促销干扰，就成为一种社会现象。据2007年秋的一项统计，全德1个月内有64%的人接到这样的促销电话，65岁以上的老人居然达到71%，而全德86%的人反感这样的促销电话。但电话促销使用的是合法手段，无法将其定为犯罪，于是就只能以"恶性竞争"来定性。但法律上也没有明写电话促销是恶性竞争，1990年联邦最高法院依据法律总则§1 UWG的精神，确认电话促销是"恶性竞争"（判例5）。2004年议会在推出新的"反恶性竞争法"中，在§7 II Ziff.2 UWG正式将电话促销列入恶性竞争的黑名单。

但若适用反恶性竞争法，必须是直接的受害者提出起诉，法庭才予受理。受害者都是平民百姓，谁愿去惹这个麻烦？所以电话促销现象还是愈演愈烈。德国议会于2009年3月26日再通过一项法律给予禁止，不是从反恶性竞争角度，而是直接在民法中增加§312d-e BGB，从根本上禁止电话促销：如果没有事先得到客户同意而进行电话促销，将给予最高5万欧元的罚款。为了确认促销者，德国议会修改了通信法 TKG，电话促销的人不准隐去电话号码，要使接电话的人听到电话铃或接电话后能知道，是谁打的电话。如果促销者违背这一点，将给予最高 1 万欧元罚款。每个接到该推销电话的人都可以向消费者中心或反恶性竞争协会举报，而不用自己去法庭起诉。当时德国议会就表示，电话促销现象将在 3 年之内全部销声匿迹。后来果然如此，可见法律或法制的重要和有效。

同样法理，在没有获得收信人明确认可的情况下，所有通过传真、电子邮件或手机短信发送的促销广告，都是"恶性竞争"，从而都是非法。现在的广告性垃圾邮件成为新的灾难，发广告者可以谎称这些电子邮件广告并不是他们发的（与电话传销不同），而是第三者或通过病毒传播的，德国政界和司法界对此还没招数。

日常生活中的反恶性竞争问题

有些人认为，反恶性竞争只涉及做生意的人。其实，它涉及生活的各个领域。兹举几个笔者自己遇到或处理过的事件。

实例6：路过法兰克福西北城的一家书店，橱窗上贴着大幅广告"清仓大拍卖 schlussverkauf/final sales"，想来一定折价出售。我进去挑书，发现书价还是正价，尽管如此还是买了几本。付费时我顺便对售货员说："你们这种做法是欺骗，犯法的。"没想到她比我还理直气壮："书就是没有折价的。商店要关门，将剩下的书卖掉，当然就是大拍卖！"我气得一时答不出话来。这时排在我后面的一位男士插话说："这位先生说得完全对。"他拿出他的证件，原来他就是市场管理局的官员。他要商店立即将该大广告除下，售货员吓得匆忙告知商店老板，乖乖地将广告扯下，没有被罚款就算幸运了。

实例7：一位在法兰克福开公司的朋友委托一家公司装修自家阳台，之前问价是 3000 欧元。做完后发来的账单却是 3570 欧元，即 3000 欧元再加 19% 增值税。这朋友深感遇到了奸商，对方利用增值税提价 570 欧元，当时问价时谁会想到对方会有这么一招？问到对方，对方说，正规公司报价都是报净价 Netto，增值税是上缴给税务局的。你作为企业经理完全了解这点商业知识。这时我对朋友说只付 3000 欧元。汇款后我写了一封简函给对方：按照反恶性竞争法，对中间客户（如企业）可以只报净价，但对最终客户（即消费者）必须报最终价（endpreis/final price）。他尽管是企业经理，但现在是为他自己私人住房的阳台而不是为公司办公楼的阳台装修。所以属于最终客户（endkunde/end customer），对方报价必须是包含增值税的最终价。该公司过后默认了，没有再来追款。

实例8：一位留学生在 ebay 建立网上商店，从国内批发来鞋子出售。不久接到一位代表另一家网上鞋店的律师来函，说他非法销售，要他给出一共销售了多少双鞋子、盈利多少等数据，要他先赔偿 3 万欧元（对方损失费和他的赢利额），再加 2500 欧元律师费。该学生看不懂，与那家网上鞋店没有任何生意往来，怎么说侵犯了它的利益？一定是诈骗，没去理他。不久他就收到法庭判决书，要他立即中止网上商店，还要支付法庭费和律师费共 2500 欧元。他找到笔者，笔者一读判决书就清楚了：他作为学生没有销售经验和法律知识，在网上销售的文字上有许多疏漏，如只给出电子信箱，而没有给出他的地址、电话、法人真实姓名、银行账号、税号等。于是对方认定：他是成批出售新鞋，所以是专业户；但在网上有意不给出许多信息，给人感觉他是业余户（事实也如此）。通常顾客会认为，在业余户那里的商品比较价廉，所以对同样的商品会尽可能在业余户那里购买。即这位学生是以非法手段（法律上要求给出所有信息），伪装自己是业余销售来招揽客户，属于恶性竞争。因为这样影响到遵纪守法的其他销售者，所以竞争者有权利要求他中止商店和进行经济赔偿。笔者对该学生说，他只要完善网上商店信息就可以继续出售，只是这 2500 欧元他必须支付。

实例 9：麦当劳曾做过一次"促销"活动："McHappy 日是捐款日。每个大汉堡包（BigBaer）只有 2 欧元……这天麦当劳所有卖出 BigBaer 收入都捐献给德国儿童基金会。"结果被人起诉，官司一直打到联邦最高法院，法院判麦当劳败诉（判例 6），理由是：麦当劳是利用顾客的社会同情心提高自己的形象，为自己做广告，最终为了自己的经济利益。许多顾客出于同情心而来麦当劳，不是出于对麦当劳本身食品的喜欢而来。同情心与汉堡包没有直接联系，以捐款来做自己的广告属于恶性竞争。类似情况：一家杂志社找来残疾人推销杂志，给人感觉，这些残疾人是靠卖出的杂志来维生。许多人并不喜欢该杂志，而是出于对残疾人的同情订阅杂志。后来被法院判为恶性竞争而被禁止（判例 7）。

仿制他人产品

随着经济全球化，德国产品大规模进入国际市场，国外产品也同样大规模打入欧洲市场，引起了欧洲厂家本能性的全力抵制。但在市场经济下，也不是能简单抵制的，抵制手段唯一就剩下指责这些国外产品侵犯知识产权，于是可以通过法庭来予以抵制。目前，国外产品进入欧洲市场的主要是简单产品，所以很少涉及侵犯专利（高技术层次的知识产权），而是侵犯外表款式（低技术层次的知识产权），对此笔者有另文详述。

国外进来的产品可能与德国某厂家的产品相似、甚至相同。只是，许多简单款式或图案，德方厂家也没有在专利局申请过知识产权，他们无法以知识产权来起诉国外产品，只能认定这种模仿是恶性竞争，通过法庭来阻止，甚至提出赔款要求。只是，如果产品没有申请过专利或设计款式，原则上任何人都可以仿制。这种仿制是否是恶性竞争，根据联邦最高法院判决（判例8）：仿制本身并不构成恶性竞争，除非具体的仿制过程或方式有恶性竞争之嫌。即市场经济从总体上保障人人都有仿制权（nachahmungsfreiheit/freedom to copy），然后通过一个个判例来限定仿制方式不可以"过分恶性"。根据这些年来的判例情况，反恶性竞争法中明文限制下列三种情况（§4 Ziff.9 UWG）。

1. 混淆产品的生产厂家

厂家A的产品已经在市场出售，而且也有一定的知名度。厂家B模仿该商品，商品上有意回避自己厂家的名字，在造型、色彩等方面也不与原产品拉开一定距离，客户误以为厂家B的模仿商品就是厂家A的商品，"欺世盗名"当然属于恶性竞争。

实例10：一家生产电焊枪的著名厂家A，将产品中的一个金属盒改用半透明的塑料盒，造型也有别于市场上的同类产品，但没有去专利局申请设计新款式。另一生产厂B照抄了这个盒子的造型与材料，用在自己的产品上。厂家A根据反恶性竞争法起诉厂家B，官司打到最高法院，厂家A败诉（判例9）。法庭理由是：每个企业都有权利使用现有技术，所以原则上容许仿制，只要从现有技术或实际经验出发，该产品的设计确实是一个比较合适的技术方案。仿制者B将自己的商标放在醒目的位置，甚至在盒子上都印上该厂家的商标，至少购买该产品的专业客户，不会将之误解成厂家A的产品。所以，B的仿制没有恶性竞争之嫌。

2. 仿制比较出名的产品

这种方式有利用他人产品知名度之嫌，属于恶性竞争。

实例11：咖啡连锁店Tchibo在其上千家连锁店中推销手表，其几十欧元的廉价手表是仿制著名瑞士手表即价值几万欧元的Rolex款式，这些瑞士手表款式居然都没有在专利局申请过设计新款式保护。Rolex把Tchibo告上法庭，官司打到联邦最高法院，Rolex胜诉（判例10）。法院观点：Rolex手表有其特殊款式，在感兴趣的顾客群中非常著名，所以理应受到保护。而且Rolex手表昂贵，所以要更多一层保护。Tchibo是在利用Rolex公司创下的名声，以廉价手表给人造成昂贵的错觉，属于不道德仿制。

3. 以不道德手法来仿制他人产品

例如通过窃取或骗取别人的技术资料、利用别人对你的信任而透露的技术或商业信息等来仿制。

实例12：生产装饰品的企业主想把企业A出售，许多投资者前来商谈。商谈过程中，企业主展示他的各种产品、销售策略、销售量等内部资料，这些本属于企业秘密。该企业上千种产品中有三种销量最好，投资者 B 看上其中一种 Perlrand，其销量占该企业总销售量的 40%。但双方在买卖企业的价格方面不能谈妥，该企业最后被投资者 C 全部买下。投资者 B 了解这一商业信息后，便在自己的工厂生产和销售该款式。企业 A 的新主人 C 便起诉 B。因为这些款式没有在专利局注册，不受知识产权保护，所以无法以知识产权法来起诉，而只能以"反恶性竞争法"来起诉。投资者 C 最后获胜。法庭判决理由是：尽管法律总体上容许模仿，B 也不是通过非法手段（如窃取情报、买通人员等）而获得商业信息，而是在商业谈判中了解到的信息。但 A 之所以会将信息告诉 B，是出于对 B 的信任，而且在谈判前 A 接受律师建议，让所有前来商谈的投资商签署了"不泄露秘密"保证书，即不能将看到这些商业秘密挪作自用。现在 B 偏偏生产 A 企业销量最好的产品，显然是阅读 A 内部资料时捕捉到、并利用了这一商业秘密，以践踏商业信任原则为手段模仿他人产品，直接损伤了企业 A 暨投资者 C 的利益，这就构成了"恶性竞争"。

送礼与促销

良性的市场经济，工商界仅靠产品本身（需求、价格、质量、服务）来推销自己的产品，形成所谓的"良性竞争"（leistungswettbewerb/performance-based competition），而不是通过种种过分的行销手段（犯法）甚至行贿（犯罪）来影响客户的购买决定。在德国销售产品，只要价廉物美，利润可能薄一点，但没有附加成本，与客户主管人员一起喝一杯咖啡，生意就谈妥了。为了保障良性的市场竞争，刑法上杜绝行贿（bestechung/corruption），这里的行贿不仅指对政府官员，也包括在企业内部或企业之间。刑法 §333 StGB 是禁止对政府官员的行贿，而 §299 StGB 是杜绝商业伙伴间的行贿。据此，行贿者与接受行贿者同罪，将被最高判刑 3 年或罚款。行贿额高者或职业性、团伙性的行贿，可被判刑 5 年（§300 StGB）。

以前德国反腐败只是局限在德国境内，随着经济全球化，德国企业不敢在德国行贿，却在其他法制不健全的国家从事经济活动时行贿。出于对世界经济市场的负责，德国修改法律：如果德国企业在其他国家的分公司有行贿现象，母公司的理事会成员（或经理）个人要承担罪责，受到德国法律的制裁。前些年新闻界闹得沸沸扬扬的行贿事件：西门子公司在国外分公司为了获得国家项目，行贿他国政府人员，已经退休的德国母公司的董事会和理事会主席个人被德国法庭巨额罚款。当然，有些行贿手法做得非常隐蔽，经常以"咨询费"等形式支付，这些"咨询费"还可以打入企业成本。但如果被发现，不仅要按"行贿"论罪，还要按

"偷税漏税"论罪（税法 §370 AO）。

与刑法并行的，在恶性竞争法中对行销手段做了限制，其表面文字是：如果谁通过对客户施加压力、用丧失做人尊严的方式或其他不合适的方式来影响客户的自由决定，就构成恶性竞争（§4 Ziff.1 UWG）。换句话说，要保障客户仅仅从商品本身的经济角度去考虑和决定是否要买该产品，通过其他形式（如送礼、熟人情面、其他利益关系）来影响客户的购买决定的，都是非法。

德国 90% 以上的企业对客户也都有礼品赠送，尤其在圣诞节、客户（的雇员）生日或其他特定日子赠送点礼品，以融洽厂商与客户之间的感情，或提醒人们别忘了该企业及其产品，这是容许的。对该活动具体的限制是控制送礼对象和数额。

送礼对象

赠送礼品或请客吃饭对一个企业或商人的影响并不大，他们是否买卖都是从纯经济角度考虑，而不会因为得到一点小恩小惠就对该企业的产品优先购买。依此逻辑，如果企业主获得礼品就无所谓，他因为受惠而优先购买对方的产品，即使企业因此利益受损，反正也是他自己的企业受损。但企业雇员得到礼品就要被追究，因为受惠的是他个人，受损的是企业。如果对企业中的雇员只是赠送点年历、巧克力或普通的葡萄酒之类，该雇员可以接受并据为己有。如果礼品价值高一点，雇员就必须告知企业，企业同意的才可以据为己有，否则要缴给企业。如果雇员接受价格较高的礼品而瞒着，企业知悉后，可以立即开除该雇员。如果那位雇员居然还拿回扣，就属于犯罪，企业或任何人可以告发到警方或检察院，该雇员将被判刑或罚款。

相反，礼品对普通顾客的影响可能更多。许多人因为收到了礼品，感情上过不去，就优先购买该厂商的产品。达到这样程度的礼品就构成了恶性竞争。所以联邦最高法院做出判决，监督对个人送礼的尺度要严于对企业送礼的尺度（判例 11）。

送礼价值

达到多贵程度的礼品会对人的心理产生影响？这因时因地都不一样。根据判例，1959 年时赠送 10 马克（相当 5 欧元）的礼品（如打火机）被看作是容许的；1993 年一家企业赠送别人 100 马克（50 欧元）的礼品就构成了恶性竞争；银行在非常特殊的机会，容许最多给人送礼 250 欧元。目前判例中确认的容许赠送的礼品：日历，笔记本，钥匙圈，食谱，便条盒，鞋店新开张时赠送的鞋子等。不容许赠送的礼品：台灯，价格较高的工具，文件夹，皮箱等。

为了给营销的企业一个参考界限，德国在税法上给出了"容许记入企业支出"

的礼物界限（§4 V S.1 Nr.1 EStG）：对一个客户，每年最高赠送价值35欧元的礼品，前提是与该客户的年销售量超过35欧元。

送礼形式

如果你走进一家商店就获得一个礼品，或一个推销员上门送你一点礼品，你会产生心理压力（kaufzwang/obligation to buy），尽可能地在这家商店或这个推销员那里买点东西；投在你邮箱里的一个礼品券，你必须到该商店去取，去取的时候同样会受到心理压力。所以，这些礼品都是非法的。

实例 12：一家汽车修理厂免费为客户检查汽车（通常检查费为10~20欧元），而且招牌上还明言：如果查出汽车有问题，你没有义务一定要在这里修理。但事实上，如果真检查出问题，许多顾客就会委托该厂修理。为此，联邦法庭判这种做法为恶性竞争，理由是：过分地勾引顾客，在检查过程中顾客与修车师傅直接接触。如果检查出汽车的问题而不在这里修理，顾客就会有人情压力（判例 12）。由此判例而引申出其他行业的非法做法：停车场免费为顾客检查汽车润滑油情况，药房免费为顾客量血压，首饰店免费为顾客清洗首饰，钟表店免费为顾客检验手表防水性，等等。

受害者的法律渠道

如果看到某企业或商店有恶性竞争行为，并不是所有人都有权利向对方提出抗议，而只有该行为的直接受害者（竞争者或消费者）有权要求对方以下几个方面。

（1）立即中止这种恶性竞争行为（beseitigung/elimination），消除对受害者的负面影响。例如贬低竞争企业的广告要公开撤回，并表示道歉；在自己广告中有不实之词或对消费者有欺骗之处的就得公开纠正。

（2）向受害者书面保证，以后不再重犯（unterlassung/omission）。如果受到警告后再通过广告或其他途径继续说欺骗或夸大之词，或不删除其在网上的广告，将罚款许多万欧元。

（3）如果该负面宣传已经造成经济损失，受害者有权利要求对方经济赔偿（schadenersatz/compensatory damages）。在新修改的法律中，受害者甚至有权要求对方将通过恶性竞争而获取的利润偿还给受害人。这里包括，对方必须支付由此带来的律师费和法庭费。

许多恶性竞争的受害者已经不是几个人，而是一大批人或整个行业。受害者为了减少个人的法庭风险，如果仅仅要求对方不再重犯，也可以不以自己的个人身份而是通过如下组织，代为向对方提出以上诉求。

（1）反恶性竞争中心（Wettbewerbszentrale）：总部设在法兰克福北部的 Bad Homburg，分部设在柏林、德累斯顿、汉堡、汉诺威、多特蒙德、埃森、斯图加特、慕尼黑。该协会专门从事反恶性竞争，有 1600 多团体会员和个人会员，包括全德所有的工商协会、手工业协会和 400 多个专业协会。该协会全年受理 2 万多案件，给予调解，调解不成就到法庭提出起诉。

（2）行业协会：包括地区性的行业协会。如果巴伐利亚啤酒商的广告贬低摩泽河畔的葡萄酒质量，摩托车生产商的广告贬低自行车，温泉游泳池的广告贬低普通游泳池，则这些地区或行业协会就有权利要求对方收回说辞，不再重犯。更宽松一点的，就是普通的经济界协会，法律上只表示"有相当多的会员"即可，没有明确最低的数字界限。例如某个德国同行业或报刊贬低在德中餐馆，则地区性或全德华人协会——只要其会员中有相当数量的中餐馆或中餐馆业主，就有权利要求对方公开收回所述，不再重犯。如果对方不服，该协会作为法人有权起诉对方。

实例 13：2005 年德国建筑用品连锁商场 Praktiker 做广告，号称所有商品降价 20%。其竞争企业发现，Praktiker 前些日廉价地进了一批货，只有部分商品降价（总商品达 7 万多种），而其他商品并没有降价，或在做广告时临时降价，然后马上提价。可见该广告带有欺骗性。竞争商店派人去有的放矢地购买 4 个商品，都没有降价。于是到萨布吕肯州法院起诉，要求 Praktiker 终止广告，并对竞争企业赔偿。Praktiker 陈述了这 4 个商品的特殊性，也确实短时间降价 20%，但过后又提价了，只能算广告上小小的"犯规"，法院于是判竞争企业败诉；竞争企业又到州高级法庭起诉，再败诉（判例 13）；最后告到联邦最高法院，获胜（判例 14）。联邦最高法院认为，Praktiker 做的广告具有明显的欺骗性。如果商品不是维持相当一段时间降价 20%，就不得做广告说降价 20%。

UWG：Gesetz gegen den Unlauteren Wettbewerb

判例 1：联邦最高法院 BGH，WRP 98，718，Testpres-Angebot

判例 2：联邦最高法院 BGH，GRUR 72，553，statt Blumen

判例 3：联邦最高法院 BGH，GRUR 87，171f "Idee-Kaffee II"

判例 4：联邦最高法院 BGH，GRUR 91，470

判例 5：联邦最高法院 BGH 1990，870，Telefon III

判例 6：联邦最高法院 BGH，GRUR 87，534ff.-McHappy Tag

判例 7：反恶性竞争法专业杂志（Wettbewerb in Recht und Praxis）WRP，86，229f.

判例 8：联邦最高法院 BGHZ 44, 301-Apfel-Madonna
判例 9：联邦最高法院 BGH, GRUR 68, 591ff.-Pulverbehaelter
判例 10：联邦最高法院 BGH, GRUR 85, 876ff., Tchibo-Rolex
判例 11：联邦最高法院 BGH, GRUR 79, 779-Wertkupons
判例 12：联邦最高法院 BGH, GRUR 71, 162-Diagnose-Zentrum
判例 13：萨布吕肯州高级法院 OLG Saarbrücken, v.21.06.2006 - 1 U 625/05
判例 14：联邦最高法院 BGH v. 20.11.2008 - I ZR 122/06 -

知识产权是技术进步的动力

漫谈知识产权的法律保护

一、任何商品都同时具有实物财产与精神财产两部分，厂商卖给你的只是实物财产部分，而为自己保留了精神财产部分。无论民法还是刑法，保护实物财产的法律也同样适用于保护精神财产。保护知识产权是市场良性竞争、经济良性发展的保障。

二、知识产权与经济发展密切相关。历史上，欧洲各国保护知识产权的唯一目的，是鼓励发明者，保护和吸引外来投资者。今日经济全球化状况下，欧美进行海外投资就是依靠实物财产（资本）与精神财产（专利）两大法宝。发展中国家商品进入欧美市场，遇到的最大障碍就是知识产权，对方以商品外表设计相似为由就可以堵住整个商品冲击欧美市场，知识产权已成为经济全球化的最重要战场。

三、19世纪，德国依靠知识产权保护，来摆脱"德国制造"就是"劣质产品"代名词的欧洲地位；21世纪，德国还是依靠知识产权保护，来保持"德国制造"就是"优质产品"代名词的世界地位。知识产权促进技术转型，从而促进产业结构转型，促进整个工业经济升级。

四、无论商展前后还是法庭内外，许多知识产权纠纷是可以避免或化解的。但因为当事人不懂法，委托的律师不尽职，结果输得很惨。要维护自己的权利，首先要了解欧洲的知识产权法及其司法实践。

实物财产与精神财产

传统的人权其实只有三点：自由，平等，私有财产不可侵犯。所以私有财产——无论是实物的还是精神的，不仅受到民法保护，而且受到刑法保护。

如果你拥有一辆车，你就是这辆车的主人，即拥有实物财产（sacheigentum/tangible property）。你不仅有权利使用这辆车，还能禁止别人使用，还能将这辆车卖给或租给别人；如果你拥有一个技术创新或设计想法，也同样是你的财产，即精神财产（geistiges eigentum/intellectual property），你有权利使用这项新技术，还能禁止别人使用，也能将这一技术以不同形式转让给他人。

如果谁盗用了你的车，在民法上，你有权利要求对方车归原主；在刑法上，检察院将追究对方的犯罪行为。如果别人盗用了你的技术或设计方案，则民法上，你同样可以要求对方赔款；在刑法上，检察院也将追究对方的犯罪行为，即所有对实物财产进行保护的法律，几乎都适用于对精神财产的保护。所以，你因抄袭而生产了别人的一个鞋子式样，与你到商店去偷一双鞋一样，都是犯罪，甚至被惩罚得更重。因为偷了别人一双鞋子也就一双鞋子的价格，例如50欧元；而抄袭别人的一个鞋子式样，对方要你赔偿所有因此而产生的损失，缴纳所有因此而获得的盈利，那可能是5万到50万欧元。甚至仅仅让你支付律师费，可能就是5000~10000欧元。

如果讨论这两类财产有何不同，在时间上，实物财产的拥有没有时间限制，只要你没有将车卖掉，就永远地属于你；而精神财产有时间限制，版权最长到作者死后70年，专利最长20年，设计新样品最长10年等。但实物财产通常只有一件，而精神财产可以是同一个技术，在世界许多国家的许多厂家同时生产，可以成千上万。为此，实物财产放在家里即可，不用去申请"专利"，因为不存在抄袭问题；而精神财产却要到世界各国去申请专利或设计新款式等，以杜绝别人非法抄袭。

实物财产与精神财产还有一个往往被人忽视却是最最根本的区别：一个商品中（如衣服），同时兼有实物财产（衣服本身）与精神财产（设计款色）。商店卖给你的只是该商品的"实物财产"部分，却为生产厂家保留了"精神财产"部分。这件衣服作为你的私有实物财产，你可以自己穿，也可以送给或卖给他人。但你却不能依葫芦画瓢地自己去生产同样一件衣服卖给别人，因为生产这件衣服动用到了该衣服的"精神财产"部分，而这部分商家并没有卖给你，你若复制就等于偷窃了别人的"财产"。

实例 1：一位画家创作了一幅人体画卖给画商。画本身作为实物财产当然属于画商无疑，画商可以任意悬挂或出售；但该画的精神财产部分依旧属于原创者画家本人。如果不是在买卖合同中写明，买者是不准自己单独翻印该画作为广告或挂历或将画印在画集上出售的。后来该画商将这幅画拿到某画廊去展览，画家提出抗议。通过法庭判决，画商被迫将该画撤出了画展，因为该画参加该画展有损原创者画家的形象。在这样特殊的情况下，该画精神财产的主人就有一定的说话权和决定权。

实例 2：一位画家朋友以 4 万欧元卖给一个厂家一幅油画。该厂家很有经济头脑，将此画用在广告画上，然后将该画以同样价格转手卖给第三者。该厂家没有花钱，白白做了广告。该朋友很气愤地找我，我问，你们买卖是否签过合同？合同上是否写过该厂家有权利以该画做广告？朋友说根本没有书面合同。我说那就好。这幅画的实物财产部分卖给了该厂家，该厂家当然有权利以更高价或更低价转卖给他人。但该幅画的精神财产部分依旧保留在原画家手上。该厂家将之制成广告，就是动用了精神财产部分，属于非法侵权。我给厂家去信，要求支付迄今的使用费 2000 欧元，并立即终止使用，或支付 5000 欧元，可以无期限使用下去。最后谈判的结果是对方支付了 3500 欧元。

实例 3：知识产权也成为现代社会经济运作的一个重要手段。例如美国通用汽车公司在世界各国有分公司，也有许多品牌。该公司就将其生产的汽车的实物财产与精神财产分离，实物财产（生产厂）属于各地分公司，精神财产（专利及生产许可证）属于美国总部。各地分公司要生产汽车，得缴付给总部生产许可证的费用。于是，总部可以任意确定许可证费，让各地分公司根本没有盈利，即不用缴纳给各分公司所在国家盈利税。2008~2009 年金融危机时，通用公司要出售德国的欧宝公司给德国企业，德国政府大喜过望准备投资。没想到通用公司仅仅出售生产公司，并不出售欧宝汽车生产许可证，言下之意，买下欧宝汽车公司都无法生产欧宝汽车，要生产就得将很大部分盈利上缴给通用公司，谁愿做这样的买卖？德方拒绝。无独有偶，通用公司以同样的策略出售在瑞典的分公司 SAAB，居然成交了。

知识产权保护的历史渊源

保护知识产权的原始思想可以追溯到古希腊早期。公元前 720 年，希腊人在意大利南部建立了殖民地 Sybaris。那里的自然环境很好，殖民地经济发展很快，尤其是那里的烹调享誉海外。当时 Sybaris 有一个规定："如果谁发明了一个新的美味菜肴，在一年内别人不准模仿，只有发明者自己可以做。"以此鼓励他人努力开发新的菜肴。就这样一个简单的规定，已经包含了现代知识产权保护的五个最重要元素：

（1）禁止别人模仿；

（2）该发明是新的，且有商业性；

（3）以经济利益促进竞争；

（4）有一年时间限制；

（5）此规定只限于该地（Sybaris）。

到欧洲中世纪，个体企业都被结合在行业协会内。这些企业的任何新发明，只是禁止行业协会外的企业模仿，而行业协会内的各企业可以无偿使用，所以这些新发明其实没有得到足够的保护。在没有发明活字印刷技术时，抄写别人作品、模仿别人画作、改写别人音乐作品，都看作是合法的，因为那些作家、艺术家都不是靠文艺作品来生活，而是靠他们的作品获得国王、教会的赏识来获得资助。何况，单件抄写、模仿别人的作品毕竟数量有限，经济效益有限，这与出现了活字印刷后的情形不同。

直到中世纪后期，人们才意识到知识产权保护的重要，最初是为了摆脱行业协会的规定。例如德国文艺复兴时期画家丢勒（1471~1528）的作品很受社会青睐，穷画家们争相仿制，买画者也经常真假难分。德国皇帝查理五世重金购买了丢勒的油画，还专门为他发布诏示，不准其他画家模仿他的作品。意大利文艺复兴初期最著名的建筑师 Brunelleschi（弗洛伦茨大教堂圆顶设计人），发明了一项船运大理石技术。1421 年弗洛伦茨规定，3 年内不准其他人仿制他的做法。

Patent（专利）一词的拉丁原文 littereae patentes，本意只是"公开信"的意思，后来衍变成国王诏示。可以是国王任命一位官员或将军，也可以是授予某人一项特权，都不是为了新发明或专利。英国近代哲学家"知识就是力量"的提出者培根（1561~1626）被国王授权发放 Patent，他以国王的名义授予许多商人在某领域的商业垄断特权。据说他从中受贿，于 1621 年被削职判刑。13 世纪英国的工业技术比欧洲大陆落后，为了吸引外来技术，国王发布诏示 Patent，亲自保护外来技术，即不准本国人仿制。1469 年威尼斯政府为了鼓励人们带来印刷技术，授权前来开印刷坊的外国人，可以在威尼斯独家经营印刷业。当时还出现许多保护风车制造的专利保护等，都是基于同样的考虑。

正因为有权颁布技术或商业保护的是皇家或市政府，所以侵权者就要受到国家的刑法追究和被侵犯者的民法追究。最早有记录的德国侵权案是纽伦堡一家宝石加工坊（1593），1601年该加工坊成功地要求侵权的作坊放弃该加工方式，并支付10盾赔款。1602年9月1日另一位侵权者被罚躺在冰凉的铁板上，直到他发誓放弃使用这种加工方式并支付一笔罚款后，才容许站起来，该罚款部分归于被侵权者作为经济补偿。

1623年英国正式颁布成文的专利法（Statute of Monopolies），既是对知识产权的保护，也是对知识产权垄断的限制。真正有规模地保护知识产权是在工业革命中，随着科学技术直接应用到工业生产，知识产权直接可以转变成财富。1787年法国颁布了专利法，不久美国也颁布了专利法。今日国际上的专利法，从术语到结构基本参用法国专利法。那时刚好是启蒙时代，即自由主义（人权和法治思想）盛行的时代。于是，将原创的作品和首创的技术看作创作者个人创造的财富，将其作为人权的基本部分，其精神财产与物质财产一样不得受到侵犯。

知识产权保护与经济发展

德国施行专利法已到19世纪初，许多侯爵国国王先后颁布了29个专利法，当然只适用于该侯爵国本土。这些专利既颁发给新发明者，也颁发给从国外传入的新技术。但专利法也是双刃剑，既保护新技术，有利于促进技术竞争，从而促进经济发展；同时也阻碍了技术的广泛应用，从而阻碍了经济发展。例如早在1852年德国人H.Geisler就发明了荧光灯（日光灯）原理，1926年E.Germer改进技术并申请专利。但因为有专利保护，以他的财力和经营能力，荧光灯的传播受到很大的限制，直到1938年美国通用电气公司向他买下该专利，才开始大规模研究和生产荧光灯。同样情况，瓦特1769年就改进了蒸汽机并申请专利，瓦特根本没有这样的资本来大规模研发蒸汽机，而又禁止别人改进蒸汽机，并通过起诉来终止Jonathan Hornblower 1781年发明的另一种蒸汽技术。直到瓦特去世后人们才开始成规模地研发和生产，那时蒸汽机的很多领域已经被汽油机、柴油机替代，这无疑是专利法影响经济发展的一个反例。

1864年德国工商协会IHK提出取消专利保护，因为专利有害于整个社会（工业界）的公众利益；而德国工程师协会VDI则竭力主张设立专利法，要全力保护发明者（工程师）的权利。为此，1871年德国统一后，因德国政府和议会对专利法不感兴趣，德国议会拒绝颁发全德统一的专利法，直到1877年7月1日才公布了第一个德国统一的专利法，次日就颁发了德国的第一个专利（工业生产某种颜料的方式）。

德国专利法的颁布要归功于西门子公司的创始人、发明家维尔讷·西门子，以及德国东部 Chemnitz 市市长、法学家威廉·安德利博士，两人共同创立了专利保护协会。西门子作为电动机创始人，其技术已经在欧洲各国投产，当然需要获得技术产权的保护。而 Chemnitz 是当时德国具有世界级声誉的工业城市，许多在那里诞生的技术发明都必须得到保护。例如1870年该城市物理学教授 Weinhold 发明了热水瓶原理，因为没有申报专利保护，该发明的名誉落到了过后才独立发明的英国人 Dewar 身上。西门子亲自找德国宰相俾斯麦表示：德国产品在世界上被人看作"便宜货、质量差"，通过颁发专利法，可以促进德国的科学技术，也可以提高德国工业产品的声誉。本来对专利法不感兴趣的俾斯麦，果然被说动，最后德国议会采纳了由安德利起草的德国专利法，该法律的基本精神沿用迄今。就在专利法颁布后的十几年中，Chemnitz 市的专利申请量一直名列全德之冠。

经过100多年技术与工业发展，"Made in Germany" 从当年作为世界廉价商品的代名词（这就是当年英国议会要求英国市场上的商品都必须标记"某国生产"的起因），到现在成为全世界优质产品的代名词。仅在专利领域，其专利申请量如表1、表2、表3所示。

表1　五年来全世界专利申请量

年份（年）	2009	2010	2011	2012	2013
申请量（万）	211	236	245	258	266
批准量（万）	54	58	62	66	67

表2　2013年全世界"申请专利"前12位

1. 美国（64967）	2. 日本（52437）	3. 德国（32022）	4. 中国（22292）
5. 韩国（16857）	6. 法国（12417）	7. 瑞士（7966）	8. 荷兰（7606）
9 英国（6469）	10. 瑞典（5004）	11. 意大利（4662）	12. 加拿大（3505）

表3　2013年全世界"批准专利"前12位

1. 美国（14880）	2. 德国（13425）	3. 日本（12135）	4. 法国（4910）
5. 瑞士（2668）	6. 意大利（2352）	7. 英国（2062）	8. 韩国（1989）
9. 荷兰（1886）	10. 瑞典（1790）	11. 中国（941）	12. 加拿大（902）

在专利局申请和获得实用新样品和美观新设计保护的更是不计其数。

欧洲经历过两次国际化浪潮：19世纪末的欧洲化，人们在本土生产但产品打入欧洲其他国家市场；20世纪末的全球化，人们不仅将本土产品打入国际市场，更重要的是，工业国家利用发展中国家的廉价劳动力和廉价原料，将生产线也移往国外，以获取企业更大的盈利。欧美国家之所以能这么做，是因为他们持有有形资产（资本）与无形资产（专利），整个工业发展不就是资本加专利吗？所以，知识产权的保护有史以来就与经济发展密切联系在一起。其保护的范围，也随着这两大浪潮而从本国内发展到欧洲境内和世界范围内。1883年在法国巴黎签署了第一份超国界的专利保护公约PVU，1886年在瑞士伯尔尼签订了版权法国际公约……1967年创立了知识产权的国际组织WIPO，欧盟于1994年通过了适用于全欧洲的知识产权保护条例（欧盟条例Nr.40/94），并设立了欧洲统一专利局。

发展中国家一方面看到知识产权对本土经济发展的重要，同时也受到国际经济组织WTO的政治压力，所以也越来越重视知识产权的立法与施行。知识产权法已成为经济领域最重要的国际法之一。

知识产权保护的领域简述

随着时代发展，人们对知识产权的认识越来越深化、细化和广义化。当年还仅仅是保护技术专利，今天已经扩展到许多领域。

1. 原创权（urheberrecht/copyright）

即文学或艺术作品的原创权。在中世纪，出版或复制文学、艺术作品是合法的。随着印刷技术的发展，印刷商从原作者那里买下版权即复制权（copy right），通过成批印刷作品进入市场而获利，文学、艺术作品也就成了一种文化商品，出版商就需要垄断该商品的"独家生产权"，这就出现了版权法。原创权不需要申报，有效期为直到原作者去世后70年。

2. 专利（patent）

成文专利法最早产生于1877年，当初只是保护开发出的新技术产品，如蒸汽机、电动机、汽车等，后来发展到只要一个产品的某部分有技术创新，可就这个创新部分获得专利。专利需要到专利局申报，并得到专利局比较严格的形式和内容审核，被批准后，最长有效期为20年。

3. 实用新样品（gebrauchsmuster/utility patent）

尽管在技术原理上不算创新，但这样的使用方法却是首创。例如玩具汽车通过电模拟可以实现真实开车时的加速、减速、倒车等操作感觉,一台咖啡机可以简单方式制作普通咖啡、浓缩咖啡、茶等几种不同饮料。实用新样品需要在专利局申报注册,原则上必须符合"新的"(最晚在公开该样品后的半年内申报)、发明性的(原创的)、可商业化生产的。但专利局只是注册登记,不对上述三项内容具体审核。如果别人有疑义(如与另一个新样品相同或相似),可到专利法庭提出起诉,要求撤回该使用新样品。注册后,有效期最高 10 年。

4. 美观新设计(geschmacksmuster/registered design)

只是在产品外表上有一个独特造型,例如通常的灯座是圆的,你设计成椭圆的;计算机鼠标像小老鼠模样,你设计成像小兔;通常椅子是一色的,你却画上几条花纹。美观新设计需要在专利局申报注册,原则上必须符合"新的"(最晚在公开该样品后的一年内申报)和独特的。但专利局也只是注册,不做内容上审核。如果别人有异议(如与另一个新设计相同或相似),可到专利法庭提出起诉,要求撤回该使用新造型。注册后,有效期最高 25 年。

5. 品牌(marke/trademark)

品牌严格说来不属于知识产权,而是区分其他企业、产品的标志。品牌可以是几个字母,如 VW,Lufthansa,Bosch,BASF;也可以是特定的标志(商标),如奔驰牌汽车的星标志,欧宝牌汽车的闪电标志;甚至可以是一些产品的特征形状,如宝马车前的两个通风口,高速火车的子弹形车头。品牌原则上不用注册,只要在社会上或同行界获得公认即可。当然,也可以在专利局登记,专利局不做审核就予注册。如别人有异议(如与另一个品牌相同或相似),可自己到专利法庭提出起诉,要求取消该品牌。注册后,没有期限,可一直延长使用下去,直到连续多年不用则失效。

知识产权保护的负面思考

人类社会是通过交往和交流、继承和发展来获得延续,今日人类享用的文化和技术是昨日人类的贡献。所谓知识产权保护,就是在一定时间内,保障一部分人拥有对某项知识的使用垄断权,即知识产权是以利益为引诱,来促使人们不断发展新技术,但技术垄断本身又阻碍了技术发展。所以从负面角度而言,知识产权也阻碍了人类这种传统的技术与信息交流。

例如,当今世界有无数的专利、实用新样品、美观新设计登记在册,许多企业申请了技术上不成熟、实际上不可能投产的专利或新样品、新设计,为了阻碍别人开发新技术,搞得中小企业寸步难行。大企业也耗尽心血,自己独立开发的新技术，说不准哪些小点撞上哪个在册专利和设计，就会惹上一身官司。大公司都有自己的专利部门，不是起诉别人侵犯自己的专利，就是被别人起诉侵犯了别人的专利。保护知识产权的初衷是保护发明人的利益，现在80%申请的专利都是企业雇员（工程师）的发明，而雇员几乎得不到利益。按照各行业内部规定，发明者通常只有18%的应得专利费，甚至没有。于是，事实上专利保护的仅仅是企业的利益，而不是发明者的利益。

实现健康市场经济的前提，就是反垄断。而专利保护，就是保护专利发明人、其实是投资人来垄断新技术，从而阻碍新技术的推广。德国医药企业Bayer开发了抗艾滋病药物，出售价格非常昂贵。不是昂贵在生产成本，而是昂贵在专利。艾滋病的重灾区非洲病人根本没有经济能力承担，许多慈善组织向该公司求情，也得不到降价。无独有偶，美国公司Myriad申请了一种测试乳腺癌的专利，禁止欧洲国家使用，德国医院只好花高价将病人血标本寄往美国测试。而且，所有在这基础上发展出来的更新测试方法，都得归于该公司麾下20年。这样的专利保护，大大限制了这项技术的社会效益，受害者是普通消费者。

影响国外产品进入欧美市场的，还不是专利问题，而是实用新样品尤其是美观新设计。这两类样品，在专利局申请是不予审核的，来者不拒，全都注册在案，注册费只有上百欧元。于是，成千上万的样品注册在案。笔者曾一口气为一个企业注册了5种相近的式样，才花300多欧元。于是，专利局的注册档案就像一个废物存储中心，你能想象到的式样和造型应有尽有。这些注册不是为了保护自己的"知识产权"，而是堵住竞争商家进入欧美市场，或从竞争商家那里获得一笔额外收入——侵犯了别人的知识产权，只能花钱消灾。

国外产品到欧美国家来参展，不知会撞上哪个相近的注册样品和造型。于是，注册者就可以认为你侵犯他们的"知识产权"，动用律师来向你"敲诈"，向检察院申请来封你的展台，博览会上一幕幕展商被封的悲剧就是这么发生的。如果参展之前就接到对方律师的"敲诈"信，你还能采取有效的防范措施，笔者曾几次帮过商家成功地化解这类灾难。但如果到了警察直接前来博览会没收展品、封锁展台才知道，就连律师都一筹莫展——在那个场合和气氛下，不是你讲理讲法的地方。有些博览会扬言将限制警方前来封锁展台，这只是对展商的心理安抚，事实是不可能的。来封展台的警方是受检察院的指令，之前得到法院认可，博览会和政府怎么可能阻止国家的司法行为呢？

相似情形是注册商标。出口欧洲的国外产品，商标当然属于该生产厂所有。一些进口国外产品到欧洲的商人，为了垄断其在欧洲市场的经销权，不是与原产厂家商议，而是瞒着厂家，以自己个人的名义单方面将该产品的商标在欧洲注册，从而可以"合法"地禁止其他商家在欧洲经销该商品。其他商家不是该商标的法定持有者，所以没有权利通过法庭取消该商人的注册。而该商标的合法持有者又远在国外，没有兴趣远赴欧洲来打这样的官司，该商人至少在相当一段时间内，就达到了在欧洲市场独自垄断该商品的目的。

更有甚者，一些奸商将国外前来参展的商标品牌，事先以自己的个人名义去德国专利局注册。这样，就可以"合法"地禁止该产品前来参展，因为该产品上一定有该商标。国外商家或厂家必须首先向法庭起诉，取消该奸商的商标注册。但一场官司不是三周、五周能解决的，而参展商已经将展览摊位租下，参展人员机票、旅馆都已订好，显然时间不够。不来参展损失惨重，于是只能与奸商谈判，花钱将该奸商打发掉。这奸商花了上百欧元注册费，却获得上万欧元的"买路钱"。

保护知识产权，本来是为了促进技术发展。但到了今日的金钱世界，就全变了味。如果立法者不考虑周全，当事人没有法制意识和知识产权的知识，则很多情况下，保护知识产权会演变成阻碍技术发展，损害市场经济，最终损害整个社会的诱因。

民法索赔与刑法追究

如果谁没有得到专利或款式持有者的书面认可，而采用该专利或款式，就属于侵犯知识产权。通常人们想到侵犯知识产权，只是想到要赔偿发明者的经济损失而已（民法）。其实，侵犯知识产权已经构成了犯罪（刑法）。就拿实用新样品保护来说，该保护法（Gebrauchsmustergesetz GebrMG）中写道。

民法：新样品所有者有权要求仿制者不再生产，赔款（§24），销毁所有的仿制产品（§24a），要求给出该仿制产品的来源和生产厂家（§24b）。

刑法：如果谁生产或到市场上买卖这些仿制产品，将要最高被判处3年的徒刑。如果谁是职业性地做这些事，就将最高判处5年的徒刑（§25）。

在欧洲，对同一个侵权事件，民法与刑法可以同时适用，即被侵权者可以要求对方赔偿经济损失，同时向检察院申请，向对方提出刑法拘捕和起诉。两者相比，使用民法要通过民事法庭的起诉、法庭调解，最后法庭判决，哪怕是紧急起诉过程都较长。而使用刑法时间较快，立即就可以采取措施。所以在博览会上，被侵权厂家会首先通过使用刑法。

使用刑法方面的具体步骤是：被侵权厂家在博览会上发现有侵权产品后，立即向检察官或警方提出追究刑法申请（strafantrag/criminal complaint），并递交本企业的产品照片甚至实物与博览会上侵权展览商品的照片甚至实物。检察官初步审理后，马上向法庭提出申请。如果两个产品确实比较像，通常会立即得到批准。检察官便马上指令警方采取搜捕行动。甚至，警方可以不得到检察官的指令就采取行动。因为侵犯新样品或新设计保护，按照上述的法律，已经构成了犯罪，即展览这些产品的本身就已经是刑事犯罪，展览一天就是犯罪一天。根据警察法，警察在通常情况下不容许轻易采取暴力行动，但如果发现一个犯罪行为正在进行（如两人正在打架），他不介入将会导致对方继续犯罪，就可以不经任何法庭许可，就采取暴力行为。

一次在杜塞多夫的国际秋季鞋展上，警方冲击了某展台。那是因为被侵权的厂家向警方提出了追究刑事责任的申请，经法庭批准后，检察官指令警方立即采取行动。这种情况下，警方只是受检察官指令而前来没收展品、甚至逮捕参展人员。对此案的真正知情者只有检察官，而不是警方。检察官甚至可以不亲临现场，而警方没有义务知道为什么要采取这一行动，他们只是履行一项检察官交付他们的任务，且此行动获得了法庭许可。

因为当事人不太了解德国这样的一种"法庭－检察官－警察"的关系，居然与警察评理，甚至要求警察拿出"仿制"的证据，这就成了对牛弹琴。警察拿不出证据就要没收所有展品，甚至都可以不知道为什么前来采取这一行动，这让外人有一种蛮横无理的感觉，当事人非常气愤。于是，当事人会采取拒绝甚至抵抗行为。而这对警方来说，就成了犯罪者在抵制警方介入，旨在继续犯罪（展览），就可以采取更为暴力的行为，以制止"继续犯罪"。于是，会造成当事人手被扭伤等结果。这样的事件在欧美本土的人中很少发生，只要警方出面，甚至是封锁著名企业、大银行，无论有理无理，所有人都不做任何抵抗。

警察没收展品，取得"罪证"，甚至逮捕参展人员后，就交给检察官处理。警方也可以对当事人做第一次口供记录（老练的当事人会拒绝回答，警方不得强逼口供。过后通过律师根据对己有利的方面来整理材料）。然后，警方就将所有资料书面整理后交给检察官，他们的任务就完成，并立即退出此案。此后就成了检察官与当事人之间的事了。如果确认没有犯罪，或只是犯了很小的罪，会终止此案；如确认犯罪，就向刑事法院提出判刑或罚款申请，双方的争论，由法官裁决。

如果过后确认这些商品确实是"仿制产品"，当事人只能自认倒霉。如确认没有"仿制"，检察官可以终止此案。如果检察官与当事人在这点上有分歧，由法庭裁决。如最后确认当事人的产品没有侵权，当事人却为此被警方折腾了一番（取消展览），精神上、物质上、甚至身体上蒙受不白之冤，有何赔偿渠道？

追究警方赔偿：警方把人打伤，在法律上有补偿可能，但现实中很难实现。警察暴力的升级一定与你的抵制行为有关，即你抵制警方的行动，而警方行动是获得法庭许可的。所以是你犯法在先，而不是警方。

追究检察官赔偿：没收参展商品，逮捕参展人员，对参展商当然造成经济损失，法律上必须得到补偿。但现实中，检察官安排警方进行调查行动，总是在你的产品中找到了比较明显的"模仿"的蛛丝马迹，否则也不会如此贸然行事。届时检察官绝对不会说"确认无罪，中止此案"，而说"有模仿痕迹，罪行较轻，不足以追究法律责任，终止此案"。即你确实构成轻微犯罪，所以采取警方行动并没有错，故由此造成的损失当然不予赔偿。

追究刑法申请人：这些人由于商业竞争或嫉妒而诬告陷害你，警方审理的过程你无从知道。但结案后，你可以通过律师将所有与此案有关的材料从检察官手中调出，你就可以在档案中找到谁在背后真名或匿名告发你。然后到民事法庭，向告发者提出经济赔偿要求，该赔偿包括警方行为对你产生的物质与精神损失。

美观新设计的知识产权

一、一幅艺术品是艺术家的艺术创作，一件工艺设计是工艺师的艺术创造。两者只是艺术含量的多少有别，都受到知识产权保护。艺术含量较高的艺术品不需要到专利局申报，就自然受到原创权保护；而艺术含量较低的工艺设计，就需要到专利局申报。

二、每个美观新设计都可以有许多特色，但受到知识产权保护的，仅仅是其"新的"和"独特的"部分，即申请保护的核心部分。审核侵权情况，就看有几处与对方设计的、受到保护的核心部分相似。为了确认核心部分，就要了解其他同类产品的设计。

三、以前产品好坏主要取决于产品质量。现在产品本身都很成熟，质量差距越来越小。何况生产厂三四年就要推出新产品，其功能和质量相差不大，所以就新在款式上，新产品受人关注的就是外形设计——从广告、展销到媒体报道，产品竞争异化到外形设计竞争，外观设计很大程度上影响到市场营销。

2014年元旦开始，德国"美观新样品法"改名为世界流通的英语称呼"设计法"（Designgesetz），注册新样品也改称为注册设计。注册之后最长受到25年保护，但每5年要缴纳一次延长费，否则注销。没有注册的新设计尽管不受"新设计法"保护，但如果有人模仿，属于恶性竞争，受到反恶性竞争法保护。根据欧盟2002年3月6日通过的 Art.11 II GGV 条例，保护期仅仅3年。

新设计的新与独特

一个新型款式的设计可以在德国专利局申请保护，价格便宜：通过因特网申请，5年期的每款60欧元（书面邮寄的70欧元），30个月期的只要30欧元。

根据设计法，申请的设计款式应当满足"新的"和"独特的"两大条件。但前者需要大量资料才能判断该设计是否"新"，后者是界限不明的价值判断。对这两者的认定经常产生纠纷，所以专利局不对这两项审核，而只做最基本的审核：形式上，该申请是否算"设计"？所谓设计，可以是平面的（Muster）、立体的（Modell），由线条、色彩、形体、表面结构或材料、美术字等组成。可以是一个产品（如玩具、首饰、纺织品图案、家用电器），也可以是一个产品的某个部分（如台灯上的灯罩、自行车的挡尘片、汽车轮子的金属架），甚至是跑鞋鞋带的式样（判例1）。但都必须是看得见的具体东西，而不能只给出一个设计风格、设计构思或设计方案（判例2）。内容上，是否有违反宪法（如种族歧视、鼓动暴力等）或传统道德等倾向（§3 DesignG），初步审核通过后，申请人可以获得一个新款式注册号，专利局也会将之存档，发表在专利局的网上。

造型设计申请时，通常给出设计图案（图纸或照片）。申请表中也有一栏，让申请人写出该设计的特色。但通常申请人或许写不出，或许有意不写。遇到法律纠纷对簿公堂时，例如申请人指责他人盗用了他的设计，对方否认时，申请人会想出许多他的设计特点，说侵权者在哪些点上侵犯了他的设计特征。这时对方就要争辩，该注册的所谓新设计是否真的新、独特？即从根本上否认其注册，至少能证明其没有侵权。

新设计的新与独特

所谓"新"（neu/new），原来法律中只是提到这个概念，却没有做过定义。于是几十年来，人们援用联邦最高法院对此的定义（判例3）："在该设计申请注册时，（德国）国内同行界还没有见闻过该款式，在相邻的领域也没有这样的设计。"这一法庭解释将该法律概念变得实际可行了，把本来非常绝对的概念"新"给松动化了。言下之意，如果该设计在国外已有、只是国内同行界不知道，也能算"新"。

2013年通过的最新法律中，对"新型"做了定义（§2 II DesignG）：在申请注册前，还没有过与此相一致的另一个设计透露过（offenbart）。所谓"与此一致的设计"是指，两者的主要设计特征一致。这里涉及的问题是，传播到多大范围才能算"透露过"？该设计被发表或该产品已经进入市场则肯定算"透露过"。如果只是在企业内部或与客户之间介绍到，是否也算"透露过"？如果该设计在国外已经申请注册，6个月内可以又在德国注册，那是否也算已经透露过？实际司法中涉及的最大争议是，与其他设计"一致"的概念。两个设计在多大程度上一致才算"一致"？不同法官会做出不同的解释，联邦最高法院迄今没有给出一个指导性的、区分"一致"的基本原则。

所谓独特（eigenart/ peculiarity），即该注册设计有别于现有市场上的设计模式，即该新设计有多少含金量（真正新颖的部分）、多少水分（参用别人的设计）？这一设计的哪些特征或部位确实需要受到保护？

设计法 §2 III DesignG 指出，要由"知情的使用者"（informierten benutzer/ informed user）根据对该设计的总体感觉来判断：该设计与其他设计是否有特殊之处？这里的争议是，谁能算"知情的使用者"？发生争议时双方经常会搞民意调查，让民意来判断该设计是否有新意，或两个设计是否相近，民意调查普通用户，其眼光太低不能算；民意调查设计师或让设计专家鉴定，眼光太高也不能算。该概念的定义迄今莫衷一是。

遇到这样的纠纷，首先要去专利局找到对方的申请资料，然后自己分析双方的设计异同。对一个设计外形的审核，要同时具备技术的、艺术的、市场的和法律的眼光。

（1）首先从大处入手，该产品给人的总体感觉是否接近于竞争企业的产品；

（2）然后进入细部，分析找到竞争产品的设计特征（往往有多个特征）；

（3）对比竞争产品与其他产品的异同，看到竞争产品的与众不同之处，含有"创新价值"即该设计真正受到知识产权保护的核心部分。哪些特征在市场上早已有，从而不在保护之列。

（4）审核自己产品在哪些特征上与竞争产品接近，是否侵犯了竞争产品的核心设计部分，占多少比例。

对使用已注册的新设计图样也有例外，例如在媒体报道、研究论文或书籍中，依旧可以无偿使用该新设计的图片，因为这是宪法保障的新闻自由和科研自由。只是在这些报道或文章中，要确实提到这些设计。但是，在因特网上使用这些新设计图片还是受到限制，因为人们可以单独下载该图片，而没有同时下载该文章。

美观新设计的知识产权

案情一：诺基亚手机案

2004年法国手机生产商萨基姆（SAGEM）推出新款式手机SAGEM my X5-2，芬兰手机生产商诺基亚认定，该款手机盗用了诺基亚手机Nokia 6610与6220的设计款式。（见图21，图22，图23）在德国市场上，诺基亚在汉堡州级法院向萨基姆提出起诉，要求：

（1）立即中止萨基姆该款手机在德国销售（unterlassung）；
（2）给出该手机在德国市场的销售量、赢利额（Information）；
（3）给予诺基亚经济赔偿（schadenersatz）。

因为两个手机不可能完全一样，所谓盗用，只能是萨基姆手机的一些设计特征与诺基亚手机的设计特征相当一致，至少总体感觉一样。为了确认萨基姆确实盗用了诺基亚的设计款式，诺基亚公司专门出资委托某研究所，向手机业内的行家们做民意调查：先给人看诺基亚手机，再给看萨基姆手机，有19%的被问者感觉两个手机一样；又先给人看萨基姆手机，再给看诺基亚手机，有16%的被问者感觉两个手机一样——可见，两大款式相当接近，萨基姆在抄袭诺基亚！

诺基亚手机款式尽管没有在德国专利局申请过新设计保护，但在日内瓦的国际专利局WIPO申请注册过，德国也承认该注册，其与在德国注册的新设计受到同样的保护。只是从内容上来说，该注册设计的哪些方面符合设计注册的"新"与"独特"，从而应当保护？萨基姆手机在多大程度上侵犯了诺基亚手机的知识产权，从而要受到侵权惩罚？还得由德国法庭根据德国法律来判断。

首先分析诺基亚手机的特色，以Nokia 6220的正面设计为例：耳机、屏幕与键盘为一体（Nokia 6610为上下两体），上侧无边，左右边框为弯曲的弧线，灰

图21 萨基姆my X5-2

图22 诺基亚6610

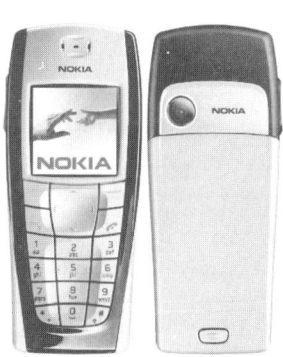
图23 诺基亚6220

167

第二篇　法律与经济

图 24　Nokia 6020

图 25　Nokia 8850

图 26　SUMSUNG SGH N100

白色部分就像一只壁较厚的矿泉水杯。键盘当中的两条纵向线条略带弧形向上，上大下小（Nokia 6610 则 12 个键平均分布），也形成一只形状相似的杯子。键盘的纵向曲线条与边缘的黑色曲线的走向基本一致。键盘上部的横向线条两侧上翘，呈现微笑的感觉（smiley-shaped），而下面的横线则往下弯。

萨基姆 my X5-2 在总体上也是耳机、屏幕与键盘为一体，相似于诺基亚的 6220 型，不同于 6610 型。诺基亚的 6220 型的上面开口，而萨基姆 my X5-2 上面却有边框。当然，看上去还是有"杯"造型的感觉，但毕竟不完全相似，诺基亚那是香槟酒杯。左右边框也是弧线，类似于诺基亚的 6220 型。但这还不能算侵犯了 6220 型，因为诺基亚以前的一些型号如 6610 型、更早的如 3310 型，也是取的弧线。所以，取弧线不是 6220 型的独特之处，从而不能包含在 6220 型设计保护的内容之内。但如果说这种弧线是诺基亚的设计特征也不准确，诺基亚的许多其他手机并没有取这个弧线，如 6020 型、8850 型就呈方形。

诺基亚键盘面向下变小变瘦，上面的两条横线向上托（凹），中间两横线水平，下面一条向下托（凸），中间的两条竖直线上宽下窄，略呈内弧形（两线相对），总体感觉像人的腰那样。而萨基姆最上面的横线是凸出的半圆形，下面四条横线全都向上托（凹），中间两条竖线尽管也上宽下窄，但呈外弧形（两线相背），给人感觉是一只奖杯。尤其是，诺基亚的线条总体比较平缓、安静，呈静态性；而萨基姆的线条比较夸张，呈动态性。在这点上两款手机给人的感觉完全不同。

诺基亚 6620 型的键设计得不像传统单个凸出的键，而是所有键形成一个完整的平面，键与键

168

仅仅靠键与键之间的凹槽来区分。萨基姆也是采用同样的设计。但这并不是诺基亚独有，例如早在 2000 年就推出的 SUMSUNG SGH N100 型、2002 年西门子申请的设计专利中，都已经采用了这一设计。所以，该形式不属于诺基亚的设计专利。

综上所述，很难断言萨基姆在抄袭诺基亚的手机款式。所以，诺基亚在一级与二级法院全都败诉。

案例二：博施话筒设计案

进入欧洲市场的中国产品，在几类知识产权中，涉及"美观新样品"知识产权的纠纷最多。许多看似外表很通常的设计，却被人指责侵犯了别人的知识产权，导致整个产品不得进入欧洲市场。因为不了解欧洲法律，尤其缺乏如何审核一个艺术品、一个工艺品、一个工艺设计的基本思路，以致侵权了都不知道，或其实没有侵权也解释不清，缺乏可资参照的市场资料。以致上法庭后常以败诉为结局。其实，如果理解这些思路，许多外表设计上只要略微修改一下，就可以避免这些纠纷。

某中国企业 A 生产的会议话筒系统，技术和质量均达到了相当高的层次，出口到亚洲、非洲的许多国家，成为许多国际会议的话筒系统。话筒系统的技术含量较高，外表设计相对来说，对产品的促销应该不是非常重要，但毕竟还是需要外观设计。该企业希望将产品打入欧洲市场。

德国的博施公司也生产同类产品，指控 A 公司的产品模仿博施公司产品的外观设计。博施公司将 A 公司告上法庭，A 公司在法兰克福聘请了德国律师来应诉。其实，该律师只是雇用了中国员工为翻译，自己并不是专利法领域的专业律师。于是，再转委托专业律师，A 公司花了双份律师费。出庭之际，该公司一行五人亲临法兰克福。经熟人介绍，来法兰克福后马上邀请笔者，倾听笔者对该案的看法。

虽说是知识产权法，其实与法律本身没有多大关系，处理美观新设计的法律纠纷，需要的是最基础的知识产权知识和一定的审美知识。关键要确认：A 公司产品的外观设计是否真的"模仿"了德国产品，模仿程度有多大？是否涉及该款式核心的设计部分？所以不用去查什么专利法或新设计保护法的具体条款，也不用去看他们堆积如山的书面争论，而首先要比较一番，这两个产品是否确实有相同或相似之处。

产品相似

笔者查询了德方产品，尤其是博施在专利局注册的文本和专利局备案的设计图案。果然查到，该"美观新样品"于 2000 年 5 月 17 日申请，2001 年 5 月 31 日由专利局发表，2010 年 5 月 17 日到期，登记号为 DM/55655，标题为 Unit for conference system（会议系统部件），申请人是博施公司，发表的图案见图 27。笔者进一步了解其背景，该产品本来是菲力普公司 2000 年时的产品（Concentus 系列），2002 年菲力普公司生产通信设备的厂家转入了博施名下。

如果比较两个产品的图案，一眼看去，即使是一个没有艺术细胞的人也必须承认，两者非常相似。A 公司方面提出该产品至少有三个部分与博施公司产品不同，但都很难站住脚（见图 27）。

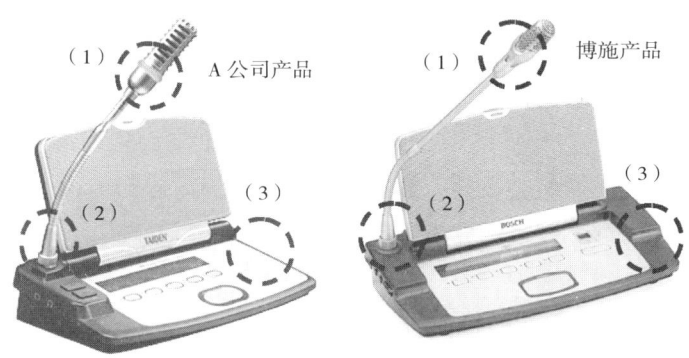

图 27 两公司产品外观设计

（1）博施产品的话筒是圆锥形的，而 A 公司产品是圆柱形的——如果不仔细对照，根本看不出两者还有如此细微的差别。话筒在整个系统中（底座、话筒延长竿、话筒）并不占很大比例。所以，这点微小差别不能改变该装置的总体形象。话筒都置于左侧，弯势相近。

（2）从底座到话筒的过渡段，博施产品先有一段连接底座的黑色塑料的圆柱形凸出，然后是金属的圆柱形过渡，再是金属圆锥形连接上面可摆动的颈部；而 A 公司产品也是三段，分别为黑色塑料的不规则柱形凸出，金属圆柱形过渡，金属圆锥形连接颈部。尽管两者有细微差异，但 A 公司产品在功能和造型上所实现的，还是博施产品的效果，至少粗看是一样的视觉效果。

（3）博施产品的话筒底座基本是对称的，即左右两侧高出；而 A 公司产品的话筒底座不对称，只有左侧高出，高出部分的造型也基本不同于博施产品。如果仅仅是底座，严格说来，因其非对称性，还是与博施产品有较大的区别。

（4）笔者认为，底盘的键盘设计与布置应当是博施产品的设计核心部分。底盘设计中，A 公司产品的 1 个大键、5 个小键及上面的长方形黑色屏幕，则与博施产品非常相近。唯有博施产品的右方还有一个小键与一个小窗。从总体效果来看，给人感觉有明显的相似部分，至少有似曾相识的感觉。

（5）屏幕部分，两者的设计非常相近：横式长方形，上侧略带弧形，上面两角都呈小半圆形，商标也放在同样的位置。总体都用传统的黑色和灰色。

博施方面对两者的造型做了更为仔细的讨论，居然能细说出其产品的 45 个造型特征（Merkmal/feature），并一一认证 A 公司产品中居然有 15 个造型特征与其相似，即模仿量达到 1/3。而在法庭上，法官也不一定是这方面专家，但法庭可以委托中立的第三者专家给予鉴定。如果确认有 1/3 模仿量，尤其是如果模仿到博施产品造型的核心部分，则一定要判 A 公司败诉了。

是否模仿

由此不难推论，法官必然会做出两个产品造型相似的结论。所以，这方必须另辟蹊径，进一步确认或论证：A 公司产品尽管与 B 产品相似，但是否到了法律所不容许的相似程度。

产品造型由许多图案元素组成，所谓相似，只是有些部分相似甚至相同，而其他部分并不相同。两个产品相似到什么程度，或多少部分相似才能构成整个产品在法律意义上的"相似"？其实没有明确界限。如果市场上这类产品（例如花瓶、咖啡机、热水器）很多，各个厂家设计来、设计去，其实都大同小异。这时要说两个产品"相似"，其界限就比较严密，确实要有许多"与众不同"的图案元素相似才行。而会议话筒系统的产品，在市场上可能还不是很多。如果 A 公司不自己"帮助"法官做些资料分析工作，"相似"的界限就容易比较宽，哪怕话筒底座的形状相似都可能被看作整个产品相似。

因此，A 公司要搜索国际上同类产品及相近产品（如收音机、CD 放音机、手提电脑等）的造型情况，论证博施公司的话筒系统哪些设计是通常设计，哪些才是"与众不同"的创新设计；A 公司的产品，在多大程度上侵害了这些"与众不同"的创新设计。可惜，A 公司及其律师只是周旋在两个产品本身相似还是不相似的问题上，而没有开辟更广泛的思路，这正是对方最希望看到的，而且必输无疑。

作为题外话。如果 B 公司尽管有这样的设计，但没有到专利局申请"美观新样品"，A 公司同样不容许抄袭别人的设计。但法律情况会变得不一样，即不再适用"美观新设计法"（DesignG），而只适用反恶性竞争法（UWG）。这时，法律只禁止"抄袭"，却没有禁止两个产品"相似"——两个产品造型相似，并不能因此推论是抄袭。举科隆中级法院2008年6月26日的一个判例（判例4）。

A家具公司于2003年6月在新闻发布会上推出办公室家具系列ICON，同年秋天进入市场，次年3月获得设计奖。B公司于2004年2月推出其家具系列，桌子的造型居然与A公司的桌子有许多雷同之处。于是，A公司认为B公司在模仿，将其告上初级法庭，要求赔款和不容许再投入生产。B公司却认为，这是B公司自己独立开发的，并没有模仿A公司的产品，两个桌子造型雷同只是出于偶然。法庭确认，B公司生产的桌子确实与A公司桌子相似，但法律并没有禁止生产造型相似的产品。根据B公司所提供的证明材料，早在2003年6月A公司在发布新闻时，B公司已经在独立开发该产品。所以，仅仅凭A公司比B公司早推出该产品，从而认定B公司在模仿A公司产品是不成立的。法庭判A公司败诉。既然B公司产品没有抄袭即完全合法，所以容许其继续生产和销售。A公司不服又告到中级法院，还是败诉。

由此案可以看到，在会议话筒案中A公司要在官司中胜诉，就必须提供给法庭翔实的资料，非常令人信服地证明：A公司是完全独立地开发出这一产品的，并没有受到博施公司产品的影响。在这种情况下，如果法庭还要判A公司败诉，就要确认A公司递交的资料有假，或从这些资料无法推断出能设计出这样的款式。如果无法确认这两点中的一点，则只能判对方败诉。

尽管以上法律不完全适用于这次法律纠纷，但对这次法庭判案还是有利的。笔者建议A公司让在华的设计师立即整理能证明他们独立设计的原始资料，传真或电邮来法兰克福。可惜，这一切已经太晚，没能等到国内的资料到达，就于次日上午开庭，法庭判决结果可想而知。尤其最亏的是，开会电话系统最重要的指标并不是外表造型，而是内部的通话质量。现在，却仅仅因为其外观而被堵在德国市场之外，这正是对方起诉的目的。

案情三：展台设计案

2009年1月底，一家北京展览公司A向笔者告急：该公司一直帮助其他公司设计展览摊位，设计的基本模式已经使用了许多年。不料，2009年1月21日收到德国律师来函，说有另一家公司B的展台设计已经于2008年10月在德国专利局作为"美观新设计"注册，而公司A的设计图案与其相同，所以侵权。为此，要求A公司承诺停止使用该设计，并支付5100欧元的罚款。如继续使用，则此后每月罚款5100欧元。在即将举行的法兰克福纸张博览会期间，A公司使用该设计要支付1750欧元及其律师费。

A公司的中国律师马上于23日给予回函，认为该展台是A公司自己设计的，所以有"原创权"。根据德国和中国都签署的伯尔尼公约，其知识产权在签署国之间互相承认。所以，A公司应当可以继续使用该设计。同日，即收到对方律师的回函，坚持原有观点，并起草了费用合同，要求A方必须在28日之前签字后回给对方律师，否则……于是，A公司只能通过熟人说情，匆匆找到笔者救急。

笔者让A方立即给笔者传来相互间的通信，大致一看后就很清楚，这是利用知识产权的"合法"敲诈：B公司是A公司的知情人，知道A公司将持一设计前来参展，便暗地将这一参展设计委托德国律师在德国注册。然后等到A公司来德参展，便通过德国律师以美观设计保护法来"合法"敲诈A公司。该案的麻烦是，再过两天就要举行纽伦堡玩具展，1月31日到2月3日要举行法兰克福纸张展。面对对方这一突然袭击，即使有理都没有时间去说。但此问题不解决，对方很可能告到检察院，展览期间让警察来封展台，后果不堪设想。但此案的好处是，对方在正式展览前向这方开出条件，想乘乱捞一把。既然此案到了笔者之手，总能找到应对之法。

展台相似

展览还没有开始，A公司已经在纽伦堡搭完了展台。笔者让他们立即用手机拍一张展台的照片，通过手机传给笔者。

笔者再查寻B公司在德国专利局申请"美观新设计"的注册原始资料，果然找到。申请资料中写着：申请日为2008年10月15日，（专利局）发表日为10月24日，有效期到2013年10月15日，登记号005719191，登记人为坐落在法兰克福的B公司。登记册上附了从正面、左侧面、右侧面"拍"下的三幅展台示意图，但在新设计的解释栏中，却是空白。看来，是对方匆匆申请的。

这两方的图像比较给我的第一感觉：两者确实相似（见图28，图29）。所以，这点不应当成为这方争论的焦点。争议的应当是：尽管相似，是否就不容许这方使用。

首先要确认，对方将该款式注册是否合法。根据美观新设计保护法§2 GesignG，"该设计款式是新的和独特的。""所谓新的，即在申请前没有公开过与其相似的其他设计款式；所谓相似的，如果它们的特点不同只是在无关紧要的细

图 28　A 公司展台

图 29　B 公司设计

节上。""所谓公开过，指该款式已经被公开过、展览过、公开使用过。"

A 公司已经连续几年使用该展台，即便在德国，也早在 2008 年 7 月的法兰克福博览会上已经使用，即在 2008 年 10 月 B 公司申请该款式保护之前，这种款式就已经被公开过。所以，该款式在申请时，并不符合法律要求的"新"。只是，专利局对申请款式只做形式上审核（如是否属于"样品"），而不做内容上审核（是否"新"和"独特"）。如果有人认为该款式不"新"或不"独特"，可以向法庭申诉。这时，法庭才会郑重其事地审核——这点与专利法不同。审核专利非常严格，但获得专利后，法庭就不再审核该专利是否符合获得专利的条件，因为在专利局审核专利的过程中已经对该项发明做了全面而权威的鉴定，所以法庭不再重复审核。

根据 §39 DesignG，一个注册的新样品，在没有被推翻之前，首先，确认该样品满足法律要求的"新"和"独特"，即受到法律保护。A 公司的中国律师强调，该款式是 A 公司自己设计的，所以拥有"原创权"，当然也就认为拥有使用权。这点并不能这么简单成立。在知识产权法中，确实有原创权法或版权法，但一个工艺设计是否能够享受原创权法保护，关键要看，该设计是否达到了"艺术"层次，即艺术含量有多高。如果艺术含量高，则不用到专利局申请，就自然获得原创权法保护。该设计者不仅拥有使用权，而且可以禁止他人使用，成批生产的商品，只要其原创作有很高的艺术含金量，则整个商品照样享受原创权法保护。但眼前这么简单的展台设计，只是根据设计者个人的口味或迎合顾客的口味（geschmack/taste），还谈不上"艺术"。所以，不享受原创权或版权法保护。如果自己没有去申报过"美观新设计"，就不能保障设计者自己有权使用，更不能去阻止他人使用。

与之相邻的是商标法（markenrecht/trademark law），这里的"商标"是广义的，除了通常理解的某个商品上贴的那个标志外，还包括商品的特殊造型。例如，你看到一辆很低很宽的车就想到一定是保时捷跑车，则这个特征就是保时捷跑车的"商标"。注册商标受到法律保护，不注册的商标也同样受到法律保护。只是，不注册的商标必须获得同行界的公认。A 公司申请的展台设计，显然还没有到可以被同行界认同为"商标"的程度，所以，不受商标法保护。

修改设计

尽管 A 公司设计与 B 公司申请的相似，但根据 §41 DesignG，如果 A 公司的设计在 B 公司申请专利之前就已经在德国（而不仅是在中国）使用过，则 A 公司有权继续使用下去。A 公司碰巧符合这一点，因为 A 在 B 申请前 2 个月，就在德国的博览会上使用过。所以，A 公司在法律上有两条路。

（1）立即向法庭提出紧急起诉，拿出确凿证据，证实 B 公司申请的"新样品"并不新。但现在就剩下两三天时间，如何去起诉？并不是所有可行的法律途径都有现实意义。

（2）根据上述 §41 DesignG，A 公司使用该设计本来就是合法的，上法庭都是赢的。但如果对方就是跟你蛮干，将你告到检察院，检察官一看，果然两种设计雷同，认定是侵权，说不定还真的指令警方来封展台。过后你可以向法庭证明你是合法的，甚至还可以向对方提出赔偿要求，但那又是一场拖上一年半载的官司，获得的赔偿费，恐怕都不够律师费和特地从中国赶来的出庭费，值得吗？

对方律师声称，他们的设计有如此这般的特征，那些都是过后的想象和杜撰。根据法律和判例，仅仅以 B 公司在专利局申请时所提供的图像为准，申请时的图像说明都不算数，更何况对方申请时都没有做任何说明。所以，笔者还是要就事论事地仔细分析其申请在册的图像，到底该设计有何特色。

从图像一眼看去，总体设计没有什么突出之处，唯有两边门柱的两根长棍，用了色彩反差较大的三段式，这就是该"新样品"的唯一特征。

笔者有时把法律问题思考得太深，太迂腐了点，这场争议不就是围绕一个小小的设计吗？不就是为了这两根棍子吗？为什么不能换一种思路来解决纠纷？既然你用了孙悟空的三色金箍棒，那我就用猪八戒的九齿钉耙。为了尽快、尽简单地结束纠纷，笔者让 A 公司改一下这几根门柱。

A 公司改了顶端部分，传来照片后我一看，感觉改得还不够。所谓是否相似，不仅是设计的细节部分是否相似,而要观察两个设计的总体感觉。像这类内部装潢设计,笔者要站在10米到15米左右,来审视修改后的门柱是否依旧雷同于B公司申请美观新设计时的门柱。现在这样修改后,10米之外都看不到修改效果,即总体上感觉依旧。于是笔者让他们最简单地,在这三段中再贴三段彩色塑料装饰薄膜,成了六段。这时两根杆子的总体感觉就完全变了。

化解纠纷

这样简单修改后应当就没事了。对方气势汹汹要赔这赔那,前提是这两个设计相似;要挟的是,他们如果不付钱,就有可能在展览时被警方冲击。其实谈何容易。要实现这一步威胁,只有民法与刑法两条路。

按照民法,对方必须向民事法庭提出紧急起诉,说这方展台设计侵权,要求法庭立即扣押(pfaendung/attachment)其展台。法庭要根据对方递交的材料来判断,是否有充分理由怀疑这方确实侵权,如能确认才会同意扣押。如果过后确认并没有侵权,则对方要赔偿所有因此而产生的损失,对方将承受很大的经济风险。在本案情况下,对方根本不敢这样做,因为过后必输无疑。

按照刑法,对方要到检察院提出刑事检举(strafantrag/criminal complaint)。为了得到检察官的确信,就必须事先去博览会的该展台拍照,将照片与"美观新样品"的登记文本及登记照片一起交给检察院。如果检察官将两者比较,确认是侵权,才会向刑事法庭申请并来没收展台。而对方看到现在这方展台已"面目全非",自己也不敢拿照片给检察院。至于以往这方是否侵权,都不能构成现在去封这方展台的理由。

尽管如此,笔者还是给对方律师写了一封信,指出对方在专利局申请的"美观新样品"是无效的,因为该设计不符合法律要求的"新",要求对方限时自我取消该"美观新样品",否则这方将上法庭起诉,对方必输无疑,还要承担所有法庭与律师费。同时向对方指出,这方现在的展台设计也不是像律师所声称的,是A模仿B的设计,因为A的展台外形与B的设计图案有明显的差异,至少没有涉及B设计图案的核心"创新"部分。

这封信送过去后,再也没有收到对方律师的回函。如此无声无息,一场法律纠纷在未发生时就化解了。小不忍则乱大谋,先要把眼前的展览办好,过后再去收拾这班无赖的公司与律师,向联邦专利法庭提出起诉,从根本上取缔B公司的登记。当然,这也就是出一口怨气而已,已经失去了实际意义。

判例1：知识产权专业杂志 GRUR57，619ff

判例2：联邦最高法院 BGH，GRUR 87，903-LeCorbusier-Moebel

判例3：联邦最高法院 BGH Urt. v. 08.05.1968，Az.：I ZR 67/65- Rueschenhaube

判例4：科隆中级法院 IZR170/05，2008年6月26日

商标法漫谈

一、商标不仅是一种商品标志，其本身就是一种无形资产。商标从产生开始，就一直与经济或市场联系在一起，商标的背后是一场硝烟弥漫的经济大战。人们甚至以商标保护为手段，阻止他人经销，保障自己的市场垄断权。

二、商标形式可以是几个字母、一段文字、一个图像、一个模型，甚至现代又发展出一种颜色、一种香味等等。商标注册后可以无期限有效，是知识产权中保护时间最长的，以致许多新造型设计都希望注册成商标。

三、商标是区别于其他品牌的标志，没有特征的用词、地区名等不能注册成商标。此外，不可以注册的商标又区分出绝对禁止（如使用别人姓名）与相对禁止（如读音相近、视觉相近、字义相近）两类。

四、侵犯知识产权（包括商标）的赔偿额相当高，甚至出售一件冒牌T恤衫、一部侵权手机，仅仅赔偿律师费就可能高达几千欧元。

商标与经济

最古老的时代人们不使用商标，市场上交换的都是农副产品，用袋子装着粮食出售，袋子上并没有任何文字和标记。古希腊时代开始出现了"商标"，也只是在袋子上写下销售商的名字。后来商标也写在出口的商品包装袋上，以便人们知道，该商品出自希腊的哪个商家，商标成为原产地与产品质量的标志。到中世纪手工业者开始使用商标，在作坊的围墙或门上画有该手工业者的标记。随着工业发展，不同厂家生产的工业品的质量可能非常悬殊，于是表征生产厂家的商标使用得越来越多，商标在市场上的意义越来越重要，以致出现了道德不良的商家冒用别人商标的事件，这就开始了商标保护。1874年德国议会颁布了"商标保护法"。只是，那时的商标还只是对实际商品的标志。1960年后服务业兴起，不同企业也有不同的服务质量，商标又推广到服务业。最早的商标只是文字，例如用图章的形式。后来形式多样化到除了文字商标外，还发展出图像商标、式样商标、声音商标等。

到20世纪，商标作为一种品牌标记，顾客买东西非常关注品牌，品牌与产品质量和企业信誉直接联系在一起，成为一个企业的无形资产。该企业在市场上所占的份额，直接与这个品牌联系在一起。例如笔者曾工作过的一家大型电动工具公司，花几千万欧元买下瑞士一家老字号同类产品企业，关闭该企业的开发部门和生产部门，将自己公司的产品外观略加修改后，便贴上该公司的商标投入欧洲市场——花几千万欧元，其实就买下一个商标，即买下该企业原有的市场份额。然后再以同样手段，买下美国的一家百年老企业。于是，商标本身就具有了市场价格。

据业内评价，2013年世界上价格最高的十家公司商标分别是以下几家。（单位：亿美元）

（1）苹果（1850.7），（2）谷歌（1136.7），（3）IBM（1125.4），（4）麦当劳（902.7），（5）可口可乐（784.2），（6）AT&T（755.1），（7）微软（698.1），（8）Mariboro（693.8），（9）VISA（560.6），（10）中国移动（553.7），（11）通用电器（553.6），（12）Verizon（530）。

正因如此，对商标的法律保护等同于对商品和企业的法律保护。只是因为今日商标形式的多样化，如何确定这是一个商标？别人设计采用这个商标是否侵犯了别人的商标权？成为今日法庭内外出现的最大争议。

在德国受到注册保护的商标约150万左右（2013年），每年还有7万左右的商标申请注册。就其法律定义来说，这里不仅指注册商标，也指广义的商标；就其法律保护来说，不仅受到商标法保护，还受到更为广义的民法保护。所以根据具体情况，就会涉及不同的法律及不同的条款。

注册商标

注册商标并不难，只要填写注册的表格、附上商标图案，就可以到慕尼黑的专利局申请。在申请时要说明，该商标是用在哪些商业领域，如旅游业、食品业、家具业、纺织业等等。按照商标法，在不同的领域容许采用同样的商标，如在食品业已经有 ABC 商标，别人在旅游业还可以再申请同名的 ABC 商标。申请本身并不用通过律师，注册费 300 欧元，通常需要七八个月审核。要加急，再加 200 欧元，但也要 6 个月。经过专利局审核通过后，被登记在案，发表在专利局的公告上，商标首次有效期 10 年。注册后，商标后面就可以加上一个 TM 标记（英美为 TM 标记）。到期后还要延长 10 年，则加延长费 750 欧元。如此每 10 年延长一次，没有最长年限。商标就如私人财产，可以由子女继承或转让他人；商标又如知识产权（所以通常与其他知识产权归在一栏）可以禁止他人使用，也可以授权他人使用。而在"禁止"与"授权"上，就可以有许多作为。

实例 1：一位朋友的企业遇上经济危机，清还债务比较累。笔者建议还不如申请破产，另成立新公司以"轻身上阵"。除了为他筹划一系列准备工作外，他公司的商标必须保住，即公司商标转入他的个人名下（zession/transfer）。从法律关系来说，商标持有者是他个人，他只是"授权"容许某公司（他自己的公司）可以使用该商标（markenlizenz/trademark licence）。如果该公司倒闭，他又可以授权新的公司使用同一个商标——从这个意义上来说，对家庭式企业，商标最好持在企业主个人手上。

实例 2：商人 A 从香港批发商进货大陆一家名牌企业的衣服，在 eBay 上设店销售。没想到接到一位律师代表某销售商的信，说他侵犯了商标权，要他赔偿 4000 多欧元，再加律师费。这位商人就不解了，他与那位德国商家都是销售同一家中国企业的产品，怎么这个销售商能说另一个销售商是侵权？笔者一读律师信就知道，是德国商人 B 与这个律师合谋恶作剧：B 经销中国某企业产品，但他不是唯一经销者，他在德国没有经销该商品的垄断权。为此他另辟途径，利用商标权以获得销售垄断权。他没有得到中国生产厂家委托，以他个人名义将该商品的商标在德国注册，或许还申请了国际注册商标。即至少在德国，他成了该商标的唯一持有者。A 卖该企业商品，商品上一定贴了该企业商标，B 就可以指责，你没有得到他的许可而盗用属于他的商标，于是侵权。但要通过法律途径来取消该商标的德国注册却不容易，因为该商标的实际所有人即法人是中国厂家，这些厂家忙于中国市场，哪有闲心来插手国外的法律纠纷？没有得到中国厂家全权委托，商人 A 没有资格去要求法庭取消德国商人 B 的商标注册。所以仅仅从商标法角度（§14 MarkenG），该商人 A 属于侵权无疑，而只能从"反恶意竞争法"（UWG）的角度来抗争。

实例 3：德国厂商也遇上同样问题。德国顾客钱袋较丰满，德国厂商生产的产品在德国销售时价格较高，而出口到发展中国家时价格较低。没想到那些出口商出了奇招，将产品出口到国外转悠一圈后再"进口"德国。这样，就可以以较低进货价、较低销售价来返销德国市场，这完全是合法的销售模式。德国厂商无可奈何，只能以保护"商标"来杜绝，禁止那些出口商在返销德国同样产品时使用该产品的原有商标，其实就是禁止他们返销德国。德国议会也发现了这一现象，认为德国生产厂商的做法不对，便在商标法中增加一条（erschoepfung/exhaustion，§24 MarkenG）：如果厂商将自己生产的产品供货给某批发商，就不能禁止该商人在德国和欧盟境内使用该产品的商标（耗尽原则）。据此条款，如果该商人将商品出口到欧盟的其他国家转一圈后返销德国市场，厂商无法禁止，但商家的赢利有限，因为欧盟国家总体经济水平都较高，所以价格也都不低。但要从欧盟之外的国家返销德国，厂家还是可以以商标法来禁止。德国投资到中国这么多厂家，都是使用德国商标。如果不是法律上有这样的限定，则商人就可以将中国制造的德国名牌产品，不用得到德国原生产厂家认可，以高于中国国内价格、低于德国市场价格返销德国。

当然，德国或欧盟的这一法律，将欧盟国与其他国家分别对待，显然有悖WTO的基本精神，所以遭到了发展中国家的不满。但在WTO下的知识产权协议TRIPS中第一部分的第6条中，确实从根本上排除了耗尽原则，欧洲最高法院也确认，耗尽原则仅适用于欧盟境内，不违背WTO协议（判例1）。

国际注册商标

随着经济全球化发展，在本土生产的产品销向全世界；商家或到国外投资，将自己的技术和商标推向全世界。所以其企业的标志（商标和企业名称）就必须获得各国保护，这就产生了一个个知识产权的国际公约。

最早是1883年的巴黎国际条约PCPIP（公约1. 巴黎条约 Paris Convention for the Protection of Industrial Property，PCPIP），最新版本为1979年在瑞典首都斯德哥尔摩的修改版，现在全世界有152个国家签约，德国是1903年签约，中国是1985年签约（巴黎条约的所有会员国请见 http：//transpatent.com/archiv/pvue152.html#member）。但该合约并没有保障在一个国家注册的商标、专利等，就自然而然能获得另一个国家的保护。而只是表示，如果一个外国人到该合约的签署国去申请，该签署国就必须像对待本国人那样，一视同仁地审理该商标或专利等。例如一个在中国注册的商标或专利在日本（1899年签约）并不受到保护，必须再去日本申请注册，而日本政府不能因为你是中国人而给予拒绝或刁难（Assimilation，Art.2 PCPIP）。但在中国专利局根据中国法律审核通过的商标或专利，并不一定能获得日本专利局根据日本法律的审核通过。唯有对商标申请做了简化，如果在一国注册通过，则在另一国申请时，该国就不再审核，直接给予登记注册（Art.6 PCPIP）。

因为到他国注册专利或商标等需要翻译整理工作，总有一个时间迟缓（Priority）。所以该条约给予了一个申请时间的宽松。对技术性的专利、模型等为12个月，对商标之类为6个月（Art.4 PCPIP）。这点很重要，例如你是1月在中国申请了商标或专利，发现8月有人在美国（1887年签约）也申请了同样的商标或专利，或生产可能带有该知识产权的产品，则你最晚在12月到美国去申请，还在"一年保障期"内。所以根据该国际法的迟缓原则，在美国注册的该商标或专利就只属于你。

但这样的商标你还必须到一个个国家去申请，非常烦琐。1891年又出现马德里国际条约MMA（公约2. 马德里条约，Madrid system for the international registration of marks，MMA），目前签署国有66个，中国与德国分别于1995年、1996年签署，美国犹豫到2003年才签署（马德里国际条约的所有签署国请见 http://transpatent.com/archiv/mma194.html）。根据该条约，你可以通过本国专利局，将申请转到日内瓦的WIPO登记注册，费用为870欧元，延长费用为1200欧元。该机构会将你的商标发表在该机构的公告栏上。如果一段时间后没有疑义，你的商标就自然获得所有MMA签署国的保护，相当于国际注册商标IR。该机构会将你的商标再一一转到你所指定的国家专利局登记注册。

绝对禁止的商标

并不是所有的商标都可以注册。即使没有注册的商标或企业名称等，如果你没有得到别人容许而使用，就构成侵权。在德国商标法中，分为绝对禁止与相对禁止两大类。在商标法§8 MarkenG中，罗列了10种绝对禁止的情况。兹举几个法庭判例。

实例4：罗马教皇保罗二世2005年4月2日去世时，新、老教皇被舆论界炒作得很出名。于是许多商人就以"教皇"申请商标，诸如"教皇麦""教皇啤酒""教皇蛋糕"等，均被专利局驳回。德国足球名星B.Schweinsteiger经常被球迷们昵称"小猪"（Schweini）。于是巴伐利亚的一家肉制品企业就取名商标Schweini，慕尼黑中级法庭判该企业商标侵犯了这位明星的名誉权。

实例5：创建于1985年的海德堡一家时装公司，创建人是Daniel Krause，他以自己的姓名缩写申请并获得了注册商标"Daniel K."。不意后来出现了一位年仅

17岁的年轻歌唱家Daniel Kuebloeck，也卖些廉价纪念品给他的歌迷们，取的商标自然也是他的名字缩写"Daniel K."。老K上法庭要求小K放弃同名商标（因为在同样行业），被法庭驳回。法庭解释说，商标的目的只是区分不同的商品来源，老K生产的是高档商品，小K销售的是廉价纪念商品。所

图30　德国足球名星B.Schweinsteiger

以顾客不会因为商标同名而混淆这两类商品。

实例6：2006年德国举办世界杯足球赛，举办者世足协FIFA发现有商机可乘，便早在2002年就在德国专利局申请商标"Fussball WM 2006"和"WM 2006"，针对850类商品。这样，任何为足球赛生产的商品，只要用上"WM 2006"标签，就得支付给FIFA商标费。该申请经专利局审核后还真给予了注册，遭到德国商家的一片反对声，纷纷申请要求取消该商标注册。专利局再度审核后取消了该商标注册。FIFA因此上专利法庭起诉，法庭判FIFA的商标合法，但要将注册商标所适用的850类商品做相应减少。这下又引来双方的不满，FIFA与甜食生产商Ferrero分别向最高法院提出再诉。直到世界杯前夕的2006年4月27日，德国最高法院做出完全取消该商标注册的判决。理由是：根据商标法§8 II Nr.1 MarkenG，一个商标必须有明显区别于其他商标的特征。"WM 2006"是世界体坛大事"2006年世界杯足球赛"最普遍的缩写，没有任何商标特征。所以根据商标法，该词根本不能构成商标，当然也不能注册。

实例7：当然，上例判决思路也不是绝对的。一家停车场想到了一句顺口溜"PARKEN mit Marken"（凭牌子停车），以此去申请商标，获得了专利局注册。其他停车场不满，个个停车场都是"凭牌子停车"，这是一个最基本的停车规则，怎么能将之注册成商标？言下之意，其他停车场就不能使用这句话了。经过一场法庭争议，2008年4月16日联邦专利法庭还是确认该顺口溜作为商标。理由是：尽管这确实是每个停车场的普遍规则，但能这么押韵、简练地说出这个规则，还是有其独到之处，所以符合"商标"的要求。

183

图 31　保时捷公司的 Boxster 系列

按照商标法，商标必须是象征性的，抽象的，而不能是具体产品造型的复制品。什么才算抽象？什么才算复制？现实中有时很难界定，从而引起了一系列的法律纠纷。

实例 8：汽车公司保时捷（Porsche）对其 1996 年推出的新款式 Boxster 情有独钟，便于次年将该款式不仅申请了造型新设计保护，而且将其申请为保时捷公司的一个商标。两者的区别是，按新设计注册最高有效期为 25 年，按商标注册是无期限的。因为该"商标"与真实的汽车造型非常接近，而且有影响其他汽车公司造型设计之嫌，便被专利局拒绝注册。官司打到联邦专利法院，于 2004 年 10 月还是被法庭以同样理由驳回。但官司打到联邦最高法院时，2005 年 12 月保时捷获胜。法庭解释：该汽车款式进入市场后，有许多媒体报道，这一汽车款式如此具有特征，使人们一看到该款式（不用看到其实际商标）就会想到，这一定是保时捷汽车。所以，这一汽车造型本身就已经是保时捷汽车公司在汽车市场上的一个标志，不用注册，都被社会公认为保时捷汽车公司的一个商标。所以专利局没有理由拒绝该商标的注册。

一个商标通常是一个图案或一组文字，也可两者兼有。所以在一个商标中经常有多重内容，但获得注册的商标中并不是所有内容都可以受到商标法保护。于是在申请的商标中，被划分成主要商标特征与一般商标特征。

实例 9：德国著名甜食生产厂 Ferrero 申请了许多商标，在不同的商标造型上都写有"Kinder"（儿童）字样。过后另一家著名儿童甜食生产厂 Haribo 注册了"Kinder Kram"（儿童推车）商标，Ferrero 到科隆中级法庭提出起诉。在 2003 年的一个同样情形的官司中，该法庭曾判起诉方胜诉，不料过后被最高法院否决。所以这次 Ferrero 起诉后被科隆法庭判输，理由是：Ferrero 的几种商标中，尽管都有"Kinder"这个词，但该商标的主体是商标本身的造型，而不是这个词，即这个词本身没有受到商标法的保护。过后 Ferrero 又告到最高法院，还是败诉。Ferrero 不吸取教训，另一家奶制品厂为一种饭后甜食申请了怀旧性商标"Kinderzeit"（儿童

商标法漫谈

图 32　Ferrero 巧克力的儿童甜食系列

图 33　Haribo 的 Kinder Kram 甜食系列

时代），又遭 Ferrero 在汉堡法庭起诉，2003 年 8 月居然获胜。但 2004 年 7 月在中级法院被驳回，2007 年 9 月在最高法院又败诉。

　　商标是一个商品区别于另一个商品的标志，必须有一定区别于其他商标的特征才可以。所以，并不是所有商标都可以注册。许多经常使用的词汇，如社会、商人、Luxus、多瑙河、南极、春天等通用词，因为含义过泛，没有特征，均不能注册为商标。一家公司自作聪明地取名 Maerzenbier（三月啤酒），其实就是将"三月"与"啤酒"两个通用词联写在一起，被拒绝注册。到欧洲法院起诉，被驳回，认为这只是两个词的简单联写，听起来连着写与分开写没有什么区别。一家果汁厂为其柠檬汁取商标名为"Zitrona"，其实听起来和看起来就像 Zitrone（柠檬），而一种常用名词是不能注册为商标的。

相对禁止的商标

　　在商标法 §9 MarkenG 中，罗列了三种相对禁止的情况。最重要的是，新申请的商标不能与已有的其他厂商的商标或企业标记相同或相似。这里最容易引起纠纷的是"相似"，相似的界限何在？如果仅以文字性的商标而言，相似性主要是考察三个方面：两个商标读起来是否相近？看上去是否相近？意义是否相近？就这三个方面，各举几例。

读音相近

　　实例 10：一家私人电台冒充英国国家广播公司 BBC，取名为 DDC。一家照相器材公司冒牌日本 Canon 牌相机，取商标 Cannon。冒牌德国的漱口水名牌 Odol，取名 Eau Dol。这些都被禁止商标注册。德国著名汽车导航仪企业 Navigon 已经打开了市场，于是另一家小企业便注册了一个读音接近的导航仪商标 Nav N Go，被拒绝注册，并在汉堡的初级法庭上也败诉。

视觉相近

实例 11：德国香水名牌"科隆 4711"，一家粪道清洁公司就取商标名为 4712。尽管这两家公司的产品完全无关，还刚好气味相反，照理是合法的，但还是被专利局拒绝登记。理由是 4711 太出名了，有足够理由怀疑那通粪公司就想借助 4711 香水的名声，说经该公司畅通粪管后，厕所里将香如 4711 香水。国际旅馆连锁店 Holiday Inn 很著名，于是一家私人旅馆就取名 Honeyday Inn。同样道理，判例中不能借用 McDonalds 而给自己的中餐馆取名 McChinese，借用电台 Suedwestfunk（西南电台）而为自己的报纸取名为 Suedwestbild（西南图片），借用 Nescafe 而用 Loescafe。

实例 12：一家航空运输企业取商标"FOCUS Air Logistics"（焦点·空中运输）。通常人一看到该商标，就会想到 FOCUS 是商标，Air Logistics 是该公司的业务范围。而 FOCUS（焦点）刚好是德国一家著名杂志的名字，别人还误以为是 FOCUS 杂志开设了一个航空运输企业，显然属于侵权。经 FOCUS 杂志起诉后，该公司名被法庭禁止。当然，这里的前提是 FOCUS 杂志确实非常著名，否则，在不同领域的商标是可以同时使用的。

几乎是类似情况，法兰克福机场（Frankfurt）是著名国际机场，在远离法兰克福机场 110 公里的小镇 Lautzenhausen 战后建成美军军用机场。美国人读到长长的地名 Lautzenhausen 实在太累，便自己给那里起了一个简短的名字"杭 – 机场"（Hahn）。1993 年该机场改为民用的爱尔兰廉价航空公司 Ryanair 的机场。为了招

图 34　"法兰克福 – 杭"机场

揽客户，便将该机场改名成"法兰克福－杭机场"（Frankfurt-Hahn），给人造成误解，以为那是法兰克福机场用于廉价飞机起落的分机场。法兰克福机场为此提出起诉，但败诉，迄今那个机场还在称"法兰克福－杭机场"。

实例 13：视觉相近不仅在文字或商标的图案上，也在产品的造型特征上。德国运动服装名牌 Adidas 生产的运动鞋的左右鞋面带有特殊式样，是三道。另一家也采取该式样，但取四道，被 Adidas 通过法庭给予禁止。此案一直诉讼到联邦最高法院，

图 35　Adidas 运动鞋

Adidas 公司还是胜诉。法庭解释：Adidas 尽管没有申请过美观新设计保护，但这款式已经成为一个没有注册过但有同等法律地位的商标，而那家公司利用视觉相近来冒牌 Adidas，所以被禁止。

字义相近

盗用别人已经较著名的品牌，而取意义相近的名字。

实例 14：美国色情杂志 Playboy（花花公子）举世闻名，于是另一个同类杂志便借用其名，取名为 Playman；著名冰淇淋生产厂家 Moevenpick（直译：海鸥啄），被人借用而取名成 Moevennest（直译：海鸥巢）；著名生产休假地、花园等家具的厂家 Schatztruhe（珍宝－安宁），被人盗用成 Schatkiste（珍宝－箱）；等等。当然，在法庭上较有争议的还不是取近义，而是取反义。

实例 15：德国邮政局 Post 商标通常都是红字黄底，邮局房子、广告等的特征颜色都是黄色，给人感觉是"黄色邮局"（Gelbe Post）。于是，一家私人邮递公司灵机一动，取名为"蓝色邮局"（Blaue Post）。黄色邮局就以变相盗名来起诉蓝色邮局。2005 年 1 月 28 日科隆中级法院居然判德国邮政局败诉，理由是：德国邮政局只用 POST 一个词，而蓝色邮局却用一串词，怎么可能被人混淆这两个完全不同的企业？笔者想，如果德国邮政局早知道别人会这么玩弄商标，之前就再去注册一个"黄色邮局"商标，则"蓝色邮局"就有借用"黄色邮局"名声之嫌，肯定会被判处侵权。德国邮政局遇上的另一场败诉官司是，一家地方性邮递公司取名 City Post，邮政局要求它不能用 Post 一词以避嫌，结果被法庭驳回，因为两者在读

第二篇　法律与经济

图36　Mars 巧克力

音上、形象上有很大区分，顾客不会混淆两者。换一种情况：如果该邮递公司将 City 写得较小，构图上成为主体 Post 的一个辅助说明，则别人就会将之误解成是 Post 设在该城市的一个区域性邮递公司，那就构成商标侵权了。当然，德国邮政局是老牌官办企业，只能到处受欺，因为民主国家老百姓最要欺负的就是政府。

实例 16：美国著名甜食生产企业 MARS 在德国有分公司，家喻户晓的该公司广告为：MARS macht mobil，bei Arbeit，Sport und Spiel（MARS 让人充满活力，在工作上、体育上和游戏上）。MARS 与这句顺口溜都分别在德国被注册成商标。于是德国一家生产性爱器具的企业灵机一动，在其避孕套的小盒子上也画上一条 MARS 牌巧克力，盒子正面写上：MARS macht mobil（MARS 让人充满活力）。打开盒子后是：bei Sex，Sport und Spiel（在性生活上、体育上和游戏上）。巧克力与避孕套完全是无关的商品，只是以巧克力与避孕套所带来的不同欢乐来类比，以达到广告效应。MARS 公司起诉该公司，认为这样的广告有损 MARS 形象。在避孕套盒子上画 MARS 巧克力是无偿为 MARS 做广告，严格按照商标法，尤其是商标法中的耗尽原则，MARS 公司还无权禁止别人使用。但德国最高法院还是判避孕套生产厂败诉，只是不是以商标法，而是以"反恶意竞争法"（UWG），认为这样的广告，是为了推销自己的避孕套，而损伤了 MARS 牌巧克力在社会上的声誉。

地区商标

最有争议的是以地区名作为商标，例如巴伐利亚啤酒、香槟酒、波尔多红葡萄酒、scotch 威士忌等。因为某地区天下只有一个，所以不能被人注册成商标而独占。于是，商标法 §8 II MarkenG 禁止公司或个人将地区名注册，而只容许通过该地区某个注册协会来商标注册（§100 MarkenG），即所谓的"集体商标（Kollektivmarke/collective trademark）"。注册之后，不仅该协会的所有成员可以使用，所有在该地区的企业都有权利使用该商标，前提是必须按照相似的生产方式。例如使用商标"巴伐利亚啤酒"，就必须确实按照巴伐利亚地区普遍酿酒的方式酿制大致相同酒精度的啤酒。

实例 17：来德初年有一次拜访德国朋友，朋友很慎重地为我开了一瓶香槟酒（Champagne）。我品尝后冒失地问：这香槟酒好像就是（德国的）Sekt。气得那朋友对我说：香槟酒是一瓶瓶制成的，Sekt 是一桶桶灌出的，价钱相差三四倍，怎么会一样？！言下之意，我有眼无珠，居然品评不出这两者之间的差异。

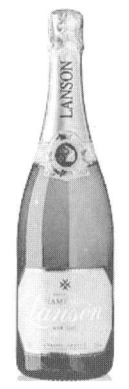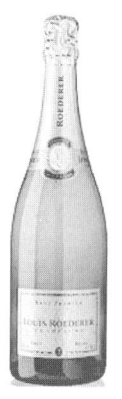

图 37　法国的 Campane　　图 38　德国的 Sekt

后来知道，其实法国香槟酒就是德国 Sekt，即葡萄汽酒。只是"香槟"是法国的一个地区名，按照商标法，只有该地区生产出带汽的葡萄汽酒才容许称之为香槟酒。其他地区同样做法的酒必须另取他名，例如德国的就取名为 Sekt。于是，发源于香槟地区的葡萄汽酒身价就高了。

实例 18：莱茵河畔的小镇 Ruedesheim 的家族酒坊早在 1892 年就开始生产白兰地酒，开创人 Asbach 就是取用法国 Cognac 白兰地酒的生产方式，当时命名该酒类为 Cognac，人们见到名字就知道该酒是什么基本品味。1919 年签署《凡尔赛条约》，法国禁止德国酒厂使用 Cognac 名，尤其后来施行商标法。因该酒厂不是坐落在法国的 Cognac 地区，所以被禁止使用 Cognac 之名，1921 年改用 Asbach 迄今。

据此，国内有些商品取名井冈山、上海、黄河、中南海之类，在德国都是禁止的。有的商标是在有意混淆，例如法国香水很出名，于是将在其他国家生产的香水取名商标"巴黎之旅"，让顾客误以为这是巴黎香水。有些商品的包装盒上有意印上日语或朝鲜语，让人误以为该食品产自或出口到日本或韩国，也算是绕过商标法另出奇招。

实例 19：荷兰一家创办于 1719 年的老字号啤酒厂，1925 年创出品牌 Bavaria（荷兰语"巴伐利亚"），并于 1947 年注册商标，畅销欧美。到了欧盟时代出了问题，1994 年初德国政府在欧盟申请商标"巴伐利亚啤酒"。而 1995 年 4 月该啤酒厂在德国申请商标"荷兰的巴伐利亚啤酒"（BAVARIA HOLLAND BEER），即在商标中写明这是在荷兰生产，以便不被人误解成在巴伐利亚生产。尽管如此，还是遭到巴伐利亚啤酒业协会的起诉。该啤酒厂不仅应诉，还反诉德国政府不能将该酒厂已经使用的"巴伐利亚"注册成自己的商标。该酒厂在慕尼黑初级法庭被

图39 "荷兰的巴伐利亚"啤酒

判输（2003年10月），中级法院又被判输（2004年5月），于是官司打到坐落于卢森堡的欧洲法院，居然被判成半输半赢：在2001年6月28日欧盟商标条例1347/01出现之前已经注册的地区性商标，不能简单宣布无效，而要根据各地的实际情况来确认。据此，2006年11月在意大利的初级法院中，该商标被禁止使用，法庭认为，当意大利酒客看到"巴伐利亚"商标的啤酒时，会误以为是德国巴伐利亚产出的啤酒。而西班牙中级法庭却做出了相反结论：西班牙民众看到该商标，会立即知道这是产于荷兰的啤酒，"巴伐利亚"只是商标而已，所以容许该商标在西班牙注册。

当然，还有一类"地区性"商标其实与产地没有关系，或曾经产于该地区，后来成为一种产品的代名词。例如麦当劳出售的"汉堡包"，别人不会想到这是在德国港口城市汉堡所产，而只表示两边软面包、当中夹肉和酸黄瓜的食物；"柏林果酱油煎饼"（Pfannkuchen）和简称的柏林（Berliner），与柏林几乎没有关系，而只是一种饼的式样。根据商标法 §126 MarkenG，这类"地区性"商标已经成为一种产品或食品的类型（gattungsbezeichnung/generic designation），不局限在该地区使用，但必须做成同样的式样才能用其名。当然，这一类型的"地区性"商标与通常的地区性商标经常界限不明确，往往是在某地区发明后，逐步推广到各地。例如啤酒的类型 Pils，发源于捷克的 Pils 镇。后来欧洲各国竞相仿制，结果成了该类啤酒、甚至整个啤酒的代名词，德国酒馆饭店中称啤酒都是 Pils，除非要特殊的啤酒（如黑啤酒、麦啤酒等）。

所以，要根据具体情况来划分这到底属于哪一类的地区性商标。如果想突出真正 Pils 镇生产的啤酒，就可在该名字前面再加"原产"字样，如 Ur-、Echt-、Original- 等以示区别。

网页取名Domain

建立网站要取一个名称（Domain），当然要取得有意义。但并不是所有网名（即使还没有人注册）你都可以得到。大众汽车公司在国外成功注册了www.

VW.com，却没有在德国本土注册到 www.VW.de，被德国负责注册、坐落在法兰克福的半官方机构 DENIC 给拒绝。大众公司到法兰克福中级法院起诉，居然被驳回，理由是：VW 这么短的网名，必须保留。无独有偶，最近另一家企业一定要注册网名 www.X.de，更被拒绝。告到法兰克福法院，2009 年 5 月 20 日法院判决告输，据说 X 是北约军用车辆的车牌第一个字，尽管没用在网上，也必须保留。

据统计，现在全世界以 .com 结尾的网址最多，有 7847 万个，以 .net 结尾的有 1197 万，以 .org 结尾的有 728.5 万，以德国 .de 结尾的有 1240 万，以中国 .cn 结尾的有 1291.6 万。这么多网址确实无从管起。网站取名原则上采取谁先注册，该名就属于谁（first come, first served）。但有一个前提：取名不能侵犯别人的商标（商标法）或名称（民法），也不能有超出法律界限的恶性行为（反恶性竞争法）。

例如，你不能取 www.BMW.de 或 www.Bosch.cn，因为这是注册过的商标或企业名称，不管别人是否用了该网址，你肯定不能用。甚至意义相近的网址也不能用。例如查电话号码的"黄页"（Gelbe Seite），有人想搞一个查重要网址的网页取名"蓝页"（Blaue Seite），被禁止。许多网站有商业性，所以网站取名不能违背反恶意竞争法，如取名网站 www.studentendienst.de（学生服务），别人以为，是服务学生方面的网站，不料进去后居然是卖礼品的网站。

实例 20：一家提供上网服务的公司 TalkNet，取网站名 www.talknet.de，生意做得小有名气。于是另一家公司就取相近的公司名 Take-Net 及相应的网站名。TalkNet 就到联邦专利法庭向对方提出起诉，2005 年 1 月 17 日获得胜诉。判决中分析到，无论是德语或英语，两个名字的读音还是有足够的相差，意思更是不同。但从两者的造型来看，第一个大写字母 T 很醒目，又加上结尾 Net 一样，这会让人混淆两者。所以禁止后者使用。

实例 21：一家德国企业要做中国生意，发现新华社在德国的网址还没人注册，便注册了 www.xinhuanet.de。运作很长时间后收到一位德国律师的警告信。该公司便通过关系找笔者咨询。笔者解释说，"新华社"不仅中文、其西文 Xinhua 也经常被西方媒体提到。所以，即使其西文没有注册成商标或通讯社名，也已经被业内公认是一个通信机构的名字，从而受到德国法律（人名权）的保护。未经新华社同意，网址用"Xinhua"就属于侵权无疑。法律依据不是德国商标法，而是民法 §12 BGB，即侵犯了别人的姓名权，所以不能使用。

当然，在判例中也有反例。一家电信公司取名 e-Metro（Die Electronic Metropolis）即电子麦德龙，其网页地址为 www.emetro.com。连锁商店麦德龙（Metro）因此起诉该公司在间接盗用 Metro 公司的名字及商标。2008 年 2 月 14 日，汉堡中级法院判麦德龙公司败诉，认为这两家公司产品几乎没有关系，面对的是不同领域的顾客，顾客不太会看到 e-Metro 就联想到 Metro。

抢占网名Domain-Grabbing

有了因特网之后，仅仅在网页取名上又为人提供了发财机会：先将著名企业的名字或商标注册成网名，等那些企业想要建立网页、从而想把自己的企业名或商标用作网址时，发现该网址已被人注册。于是注册者向该企业提出五千、一万欧元的成交价，将网址"卖给"该企业。该企业只能咽下苦果。

网页取名的法律思路

实例 22：坐落在黑森林的企业 EWANI 生产和加工高档赛车，EWANI 既是企业名，也是注册商标名。于是该企业打算建立产品网页，当然想取网址 www.ewani.de。没想到去 DENIC 注册时，被告知该网址已经被 X 注册了。过后得知，这位 X 是一家保险公司雇员，他以个人身份将著名商标及企业名注册了 150 个网址。他自己并不用，而是等待别人想用时可以敲诈一笔。该企业与 X 联系上后，X 提出 5 万欧元成交价，被该企业拒绝，并将 X 告上法庭，要求 X 将网址无偿转给该企业。要理清这个法律关系还不是这么简单，可以从四个领域来讨论。

（1）商标权：X 将商标 EWANI 注册成网址，表面来说确实侵害了该企业的商标权，但商标法并没有绝对禁止使用他人商标。根据商标法 §14, 15 MarkenG，只有在具体的"商业行为"中（geschaeftliche verkehr/course of trade），利用或盗用别人的商标才算非法。X 尽管注册了该网址，并没有以该网址建立网页，更谈不上依靠该网址暨网页来推销与 EWANI 公司相近的产品（这才是法律真正禁止的），所以并没有进入"商业行为"，不适用商标法。相类似的是卡斯鲁尔中级法院对 www.dino.de 一案的判决（判例 2）。从这点来说，如果有人将大众牌汽车改装、并按上奔驰牌汽车的商标，只要没有去出售，或以该车从事其他形式的商业行为（如作为广告等），则奔驰公司就不能以商标法来禁止他使用。

（2）反恶性竞争法：因为 DENIC 只能给出一个 www.ewani.de 网址，这等于堵住了 EWANI 公司以自己的公司名来作为公司网址的可能。表面看来，是恶意阻止（behinderung/hindrance）别的企业发展生意。根据反恶意竞争法 §3, 4 UWG，如果谁通过某种手段对生意竞争者、消费者产生明显的负面影响，就属于恶意的商业行为，要予以禁止……这里又遇到上述同样的麻烦：该条款禁止的是恶意的"商业行为"，而 X 只是占着网址，除了想敲诈一点让对方购买他的注册网址外，并没有想以此来发展自己或其生意伙伴的同类生意。既然 X 不是 EWANI 的商业竞争者，所以不适用于规范商业行为的竞争法。

（3）姓名权：EWANI 也是公司名，所以享受民法 §12 BGB 对姓名权的保护。比上述商标法更进一步的是，姓名权保护并没有以"商业行为"为前提，于是才适用于本案。根据最高法院对网址 www.shell.de 的一项判决（判例3），在对方注册 shell 的时候，已经构成侵害加油站 shell 的姓名权。网客以此网址进入时，天经地义想到的是加油站 shell 的网页，没想到没有网页，或完全是另外内容的网页，这不是在有意制造混乱吗？据此，判例的解释是，上述 X 显然侵犯了 EWANI 的姓名权，于是根据民法 §1004 BGB，EWANI 公司有权利要求 X 无条件地放弃该网址。

（4）违背道德行为：根据民法 §826 BGB，如果有意地、违背道德地损害他人利益，则要赔偿他人因此蒙受的损失。X 的行为是有意的，而不是无意巧合注册了一个与某企业同名的网址。他以著名商标和公司名注册了 150 个网址，自己又不用，显然是想阻碍别人用想用的网址，即以刁难别人为手段来从中谋利，这次他开价 5 万欧元就是证据。这种行为显然不道德（见上述卡城中级法院判决），不仅可以立即要求 X 取消该网址，甚至有权要求 X 对 EWANI 公司所造成的负面影响给予赔偿。

当然，以上只是从法律本身分析而言，实际情况又有许多变数。通过法庭起诉，该企业有权要求对方立即放弃该网址，但无权要求对方直将网址转入该企业名下。按照法庭解释，法庭只能在 X 与 EWANI 两者间，确认 X 不应当使用该网址。但不能因此确认，天下就只有 EWANI 公司最有资格使用该网址，而天下只有一个 www.ewani.de。于是就留下一个可能：对方按照法庭判决注销该网址，但串通第三者，又在最短时间内重新注册该网址，该企业又得重新查询新注册者的信息，一场官司又得重新开始。

所以，为了免去这些劳民伤财的官司，企业通常只能与原注册者商议庭外解决，当然不是以原来的天价，而是给予对方一定的经济补偿。对原注册者而言，如果真的打起官司，不仅将注销网名，还得支付相当的法庭费和律师费。在这双重利弊权衡之下，双方或许能达成一个双方都能接受的交换条件。

侵犯商标权的经济赔偿

无论是根据知识产权法，还是反恶意竞争法，如果你侵犯了别人的商标，对方不仅有权利要求你终止使用，还有权利要求你赔偿经济或声誉损失。而且，这里涉及一种工业化生产的产品，这种"损失"就不仅是直接的经济损失，而且包

图40　斗牛犬

括间接的市场损失，对方开出的赔偿费往往是天文数字。一不小心，一件微不足道的小买卖，就会让你遭到飞来横祸，甚至倾家荡产。

实例23：2007年6月一位家庭主妇在网上eBay出售一件穿旧的不到10欧元的T恤衫，T恤衫上印有一头斗牛犬。该图由美国艺术家Don Ed Hardy所绘，版权卖给了一家美国企业，一家德国企业买断了该图在德国与奥地利的使用权，并以此作为其公司产品的商标。该主妇自己也不知道她所卖的T恤衫是冒牌产品，冒牌产品上印有该图，就成了侵犯该公司的商标。7月24日公司律师写信给她，不仅禁止她继续卖该T恤衫，而且要支付1642欧元律师费，还没算她对公司的经济赔偿费。这位主妇直叫冤，再三表示她只是卖一件旧的T恤衫，这T恤衫又不是她生产的，怎么要她支付这么高的费用？但德国律师捡到天上掉下的馅饼怎么可能网开一面？12月26日律师到法兰克福法庭起诉该主妇，2008年4月14日法庭判决，这位主妇就得支付这么多钱，还要追加整个法庭费和双方律师费。法庭还说，定价1642欧元已经考虑到该主妇不是商业性行为，而是一次性卖侵权的T恤衫。该主妇就为一件旧衣服，2000多欧元没有了，而该T恤衫的正牌新价也就20欧元左右。

实例24：网上交易所eBay上经常兜售冒牌瑞士Rolex表。Rolex公司要求eBay禁止这些买卖，被eBay拒绝，因为远程销售法TMG上只要求相应网站要承担刑法与民法责任，却没有说，受害者有禁止网站销售的权利。Rolex公司将eBay告到德国初级、中级法院都败诉，却在最高法院获胜。2008年4月30日最高法院做出判决：提供非法销售冒牌商品场所的网站也必须承担法律责任，所以必须关注在该网上销售的商品是否冒牌，并采取相应的杜绝措施。

实例25：2008年底一位学生从国内带来10部国产的Sciphone牌手机，想在德国试一下是否能使用，10台报价共为100美元。没想到德国海关人员一看就说，该手机侵犯了美国手机生产企业iPhone的知识产权：

（1）所取商标Sciphone，在视觉上非常接近商标iPhone，所以侵犯他人商标；

（2）手机款式非常接近iPhone手机，所以侵犯他人美观新设计。

海关当场扣留了这 10 部手机，并将资料转给 iPhone 的在德企业。2009 年 1 月 6 日该企业的律师向这位学生开来账单，要他支付 13513 欧元律师费。理由是，该手机侵犯了上述两项知识产权，据他自称，根据判例每项侵权按争议值 100 万欧元计，这就算出 13513 欧元律师费，还没有算对他侵权行为本身的罚款。后经周旋，对方愿意减免一半，那也要 6756 欧元，就因为带这 10 部侵权手机。找到笔者后，笔者说对方律师不可能网开一面，这事只有上法庭才能解决，理由是以下几点。

（1）该手机是否侵权还有待讨论，至少都属于商标的"相对禁止"，而不是"绝对禁止"范畴。

（2）带入的手机马上被海关扣留，该手机严格说来还没有带入德国境内，而是滞留"第三国"。

（3）该手机还没有进入德国商业流通，所以对 iPhone 公司既不会产生直接的经济损失，也不可能产生间接的市场损失。最多算"企图"侵权，而没有"实现"侵权（想偷东西，但事实没偷东西），两者都要受到惩罚，但惩罚量是不同的。

（4）商标法和新设计保护法只针对商业行为，该学生并没有考虑将这 10 部手机卖掉，即没有任何商业行为，所以严格来说不适用知识产权法。

另一位留学生回国探亲时出于好心，为该城市留学生足球队买了一套运动衣裤。没想到在德国机场入关时被海关发现而没收，因为这是一批冒牌的 Adidas 运动衣裤。该学生匆匆与笔者联系，咨询怎样才能取回？笔者答到，没有追加你罚款就算谢天谢地了。

不仅销售冒牌产品将受到法律制裁，生产该冒牌商标的厂家同样要承担法律责任。例如某生产塑料袋的厂家受糖果厂 Haribo 委托，生产该公司糖果的包装袋，这当然是合法的，因为受该公司委托。但如果接受另一想生产冒牌 Haribo 糖果的厂家委托，生产 Haribo 包装袋，则生产塑料袋本身就属于非法生产，Haribo 公司不仅有权要求该生产冒牌糖果的厂家进行经济赔偿，也有权利要求生产该冒牌包装袋的厂家进行经济赔偿。

判例 1：欧洲法院 EuGH，WRP 98，851
判例 2：卡斯鲁尔中级法院 K-OLG NJW-RR02
判例 3：联邦最高法院 BGH，GRUR 02

音乐界的匪警
音乐作品的版权问题

一、音乐作品就如通常的文学艺术作品，享有原创权，谁演唱或播放该作品，都要支付给原创者一定的版权费。这似乎可以归入通常的版权保护法，就像谁要使用一个注册的专利、新款设计、印行一本文学作品等那样。

二、音乐的种类和使用范围太广，儿歌、民歌、教堂音乐，民间节日、民间市场、街上自由歌手，还有饭店、疗养所、室内或露天的音乐会。于是就出现了专门管理音乐版权的机构 GEMA，成为音乐界收取音乐版权的警察。而且认定，所有在德国听到的音乐，其版权都属于 GEMA 一家。

三、在商店买来的唱片，或电视机、收音机里播放的音乐节目，只能在私人范围收听。如果在公众场合播放，如饭店、舞厅、圣诞市场、学校联欢会等，就必须向 GEMA 另付音乐版权费。甚至演唱演奏自己的作品，将自己的作品放到网页上，演唱演奏者都必须先向 GEMA 支付音乐版权费，而很少可以再取回。

四、与 GEMA 法律争议的焦点：哪些场合算是"公众场合"？提供网上上传或下载音乐作品的网站如 YouTube、RapidShare，是否要承担法律责任？

对音乐版权的垄断

举办一次音乐会，要演唱或播放许多歌曲或器乐作品，就要与每一位创作该作品的音乐家签署使用合同。尽管唱片都是从正常渠道买来，但只能在私人范围内播放，不能在公众场合播放。一张唱片中有近20首歌，可能出于20批作者，因为一首歌不是只有一个作者，而是涉及一批作者：作词，作曲，配器，演唱，伴奏，甚至还有负责音响、录音、制作唱片者。如果播放一首杰克逊或邓丽君的歌，还得去美国寻找杰克逊、去亚洲寻找邓丽君的法定继承人签署播放合同，或许还有多位继承人，否则就是侵权。如此烦琐，理论上可行，实际上根本不可能。

为此，法国早在1851年就创建了音乐家著作权管理团体SACEM，由该组织来统一管理该协会成员的版权使用。德国直到1903年才由德国音乐家互助协会GDT创立了德国管理团体AFMA。1913年51位作曲家和音乐出版人与AFMA签署合同，全权委托管理他们的音乐作品版权。此举引起了社会不满，很快被帝国法院宣布这些委托合同无效。1915年GDT创立GEMA，此名沿用迄今。直到1933年9月28日，即纳粹当政半年后，通过法律确认GEMA在音乐界的垄断地位（当时该协会禁止8000位德国音乐团体中的犹太音乐家演出）。二次大战后，1947年GEMA恢复运行，其在音乐界的垄断地位就此确立，即国家立法不容许出现第二个音乐版权管理组织与之竞争，全德音乐家只能与GEMA签订版权合同——任何事物一旦进入垄断，就会问题百出。

德国的GEMA在组织结构上非常古怪，董事会15人（6位作曲家，4位词作家，5位音乐出版商），任命理事会。协会会员分成三类："正式会员"3343人（2012年），他们必须是音乐家，且连续5年靠自己的作品为协会创收3万欧元以上。不满足创收条件的为"非正式会员"6406人，那些本人不是音乐家、但与音乐关联的归为"报名会员"达54605人。

GEMA与世界上75个国家的类似组织签署了双向合约（2013年），号称代表全世界200多万音乐家，管理共计850万份音乐作品的在德版权。由此，GEMA单方面做出假设：在德国演唱或播放的"几乎"所有音乐作品，其版权都在GEMA的管理之下，所以GEMA有权向所有在德公开演唱或播放音乐的人收取作品的版权费。GEMA享有管理音乐版权的垄断地位，许多人也想成立类似的协会，形成与GEMA的竞争，但都被GEMA告上专利法庭，并胜诉：德国只容许存在一家GEMA。

GEMA代理的只是其协会会员及其他国家音乐家的音乐作品版权，无权代理社会上其他音乐家的版权，更无权以这些音乐家的名义收取演唱演奏音乐作品人的版权费。但如果GEMA获悉哪里举办音乐表演或向公众播放音乐，都不知道对方是演唱或播放什么作品，便单方面认定，一定是在演唱或播放GEMA会员或GEMA代表的国外音乐家的作品，GEMA就有权代表他们来收取作品版权费。

如果对方拒绝，认为他们演唱或播放的并不是 GEMA 会员或其代表的国外音乐家的作品，就会被 GEMA 告上法庭。按照通常法庭惯例，起诉方 GEMA 有义务向法庭递交证据来证明对方确实在演唱或播放 GEMA 会员的作品。GEMA 显然很难递交这样的证据。于是在法庭中出现了非常奇特的所谓"GEMA 假定"（§ 13c UrhWahrnG），法院对 GEMA 网开一面，相反要求对方递交证据，证明他们并没有演唱或播放 GEMA 会员的作品。于是，你如何去证明那些国外歌星是否参加了各自国家的音乐版权协会？从而委托 GEMA 来管理他们在德国音乐作品的版权？

正因如此，在德国每个公众演唱或播放音乐的人都要缴纳给 GEMA 演唱歌曲的版权费，名义上由 GEMA 再转缴给音乐家们。这里除了音乐会、舞蹈表演（也用到音乐），还包含所有或多或少要播放音乐的场所，如迪斯科舞场、性商店、life shop 之类，还有酒馆、饭店、咖啡店，尤其还有许多音乐俱乐部和民间节日的音乐表演。就这样，GEMA 在德国获得 8255 亿欧元收入（2011 年），其中 1232 亿欧元留下自用，余者通过复杂的方式在上述这三类会员中分配。例如 2010~2012 年度的情况：正式会员平均每人获 5.8 万 ~6.0 万欧元，非正式会员获 2270~2060 欧元，报名会员仅获得 1300~1400 欧元。

收取音乐版权费

收取版权费通常要根据演唱或播放音乐的场地大小、听众多寡来定，非常烦琐，经常也不很合理。2012 年 GEMA 调整费用结构，与一个个与音乐有关的行业协会谈判，收效不错：音乐会统算门票收入的 5.0%~7.65%，性商店等按门票收入的 5%，德国全年 24 场大规模青年音乐会 DJ 收取门票收入的 5%……对这些领域简化了收费算法，还多少降低了费用。唯有与音乐俱乐部、餐饮业的谈判破裂，于是 GEMA 单方面推出改革方案，于 2013 年 4 月 1 日强制实施。尽管 GEMA 声称收费不会超过门票的 10%，但实际费用的增长幅度据称平均达 6.5 倍，个别领域提高了 10 倍，威胁着这些领域的生存，从而引起了强烈反应。

实例 1：一个 300 平方米的音乐俱乐部，迄今每年缴给 GEMA 共 8000 到 1 万欧元，2013 年 4 月后按新标准要缴纳近 5 万欧元；一个 720 平方米的舞蹈俱乐部，入场费 8 欧元，迄今每年缴纳 2.16 万欧元，以后要缴纳 14.79 万欧元；柏林著名音乐俱乐部 Berghain，迄今每年缴纳 3 万欧元，以后要缴纳 30 万欧元；舞蹈俱乐部 Cocoon 迄今每年缴纳 1.4 万欧元，此后要缴 16.5 万欧元；法兰克福文化中心 Batschkapp 有 2000 名会员，实际常来的只有 500 人。迄今每年缴纳 3000 欧元，以后得按照 2000 人算，达 6 万欧元……

通常放音乐是在室内，如餐馆、酒店、娱乐室等。如果人流量不确定，就按照该室内的面积大小来收费。但有许多放音乐的是在露天，如各种民间节日或民间市场（圣诞市场、复活节市场、各类文化节等），一边卖东西，一边放音乐，都毫无例外地要缴纳音乐版权费，不论他们在放什么音乐。观众都是路人，也无法像室内那样计算面积。于是GEMA信口开河地开价：音乐的声音能传多远，就按这么大的面积算——收费量取决于播放音乐的音量，举办者叫苦不迭。2008年鲁尔区的Bochum市为了圣诞市场、市民节日"Gerthe之夏"与"Bochum Westerntage"，恩格斯故乡Barmen为了"Barmen live"等节日，认为GEMA收费不合理，提出起诉，都败诉。一直打到联邦最高法院，2011年最高法院还是判这些城市败诉（判例1）。各市政府举办所有传统活动或文化活动，都得额外缴纳给GEMA昂贵的音乐版权费。

柏林是靠音乐、舞蹈俱乐部而活跃了城市文化气氛，在世界上享有盛名，许多游客就是为经历柏林文化俱乐部而来德国游览。现在这些俱乐部受到生存的威胁，柏林市政府和餐饮业协会非常着急。全德尤其青年文化气氛较浓的大城市都遇到类似问题，仅仅通过法律渠道无法摆脱GEMA的阴影，只能举行各种形式的抗议。2010年多家企业联合发起网上向德国议会递交申诉的活动，有30.5万人联名，成为德国历史上最大规模的议会申诉案。基民盟、自民党倾向GEMA，绿党、左翼党和海盗团纷纷支持抗议者。

实例2：GEMA收费连幼儿园都不能幸免，因为幼儿园的小朋友也得唱歌。2011年1月GEMA发函给全德国3.6万家幼儿园，说给幼儿园特殊照顾，老师教孩子每首歌收取音乐版权费56欧元。幼儿园都是国家资助的，让幼儿园付钱不就等于让政府付钱吗？巴伐利亚州政府向GEMA提出起诉，居然败诉，仅仅该州就全年为幼儿园支付29万欧元音乐版权费，其他州也都无法幸免。

有些音响公司推出的激光唱片或录像注明"免版税音乐"（royalty free music/lizenzfreie musik 或 library music/freie musik），这里只表示，如果在公众场合播放该片，该片的制造商或经销商不再另向举办者征收额外的播放费。但如果该作品的作者或演唱者本身已列入GEMA，或列入英国的PRS、美国的ASCAP/BMI等名单，则举办者还得支付给GEMA作品本身的版权费。

在德国举办任何音乐会，或在活动中播放、演唱歌曲，都必须事先向GEMA申报。否则如果被查获，不仅要补交音乐版权费，还要多缴20%，并且缴纳等同于版权费的额外手续费。

实例3：2005年7月在慕尼黑的一次民间活动中，一组歌手上台演唱助兴，演唱的歌曲是他们自己创作的，按常人看来不涉及版权问题。过后被 GEMA 探悉，要求组办者支付 437 欧元音乐版权费和 437 欧元办理手续费（因为没有事先申报）。主办者只付了音乐版权费，拒付办理手续费，认为演唱的都是自己的作品。缴给 GEMA 音乐版权费，他们作为原创者也应当从 GEMA 获得这个版权费，两相抵销。至于 GEMA 办理此事根本就没有做什么事，音乐活动也没有给 GEMA 带来什么损失，所以不应当缴纳双份费用。GEMA 将主办者告上慕尼黑初级法院，法院判 GEMA 胜诉（判例 18）。理由如下。

（1）主办者在举办活动前必须向 GEMA 申报将要演唱的歌曲，但没有做。等到 GEMA 花精力来调查确认。由此产生的手续费用，相当于本要收取的音乐版权费，这在许多最高法院的判决中都认为额度是恰当的。

（2）主办者声称，这些歌曲都是演唱者自己创作的。尽管如此，不能断言这些作品的版权就不在 GEMA 处。主办者应当将要演唱的曲目事先交给 GEMA 审核，是否属于非 GEMA 管理的音乐版权（GEMA-frei），但主办者没有做。所以不能轻言这些歌曲的版权不在 GEMA。

（3）主办者声称，这些演唱者演唱自己创作的歌曲，即使要缴纳给 GEMA 音乐版权费，也应当再从 GEMA 获得他们版权的报酬。两者费用相抵销。但主办者没有提供任何证据，他是如何与演唱者即原创者协议的，他们是否愿意将他们的版权报酬来抵销本当由组织者支付的音乐版权费？

一上法庭，那些普通的音乐爱好者，怎么抵挡得住 GEMA 和法官这样的音乐版权法专业户？

类似情况，一位中国参展商参加法兰克福博览会，展出产品有音响设备。为了展示音响质量，他用一张中国唱片演示给有兴趣的客户。没想到博览会上也有 GEMA 的人在各个展台观察，参展商在展览期间就收到支付 GEMA 音乐版权费的账单 150 多欧元，因为他在公众场合播放了音乐，而且没有事先到 GEMA 去登记。

对音乐家的限制

许多歌唱家举办自己的个人音乐会，或音乐家只是介绍自己的作品。作为公演，他们自己必须每场缴纳给 GEMA 音乐版权费，过后再从 GEMA 获得部分分成。迄今有 20% 的人根本无法获得，80% 的人尽管获得，但得减去 GEMA 中间费，所以从 GEMA 获得的分成通常远低于缴给 GEMA 的费用。

实例 4：著名女歌唱家 B.Clear 于 2010 年起诉 GEMA，说她 2007 年全年为了自己的演唱会缴给 GEMA 音乐版权费共 6.5 万欧元，她应当从 GEMA 收回 2.7 万欧元版权费（本来就都是她自己的作品），而该年她从 GEMA 仅获得 1 万欧元，要求 GEMA 补给她。结果败诉，GEMA 说，她实际只缴纳了 2.3 万欧元，能拿回 1 万欧元就算够可以了。她到中级法院起诉，还是败诉，还要支付所有的法庭费与双方律师费。她气愤地说："法院自称其判决是'以人民的名义'，其实是'以 GEMA 的名义'。"她获得了 7000 多位粉丝和全德媒体的声援。

有些音乐家或音乐爱好者自己创作歌曲，自己演唱，将录音放到自己的网页上，让有兴趣的读者能免费收听或下载，也算一件公益事或文化交流。结果，这些作者自己却要为听众支付音乐版权费，因为网页也算"公众场合"。许多街头艺人在民间节日的演唱，如严格按照 GEMA 法律，都得支付音乐版权费，不管他们是演奏什么曲目。而许多国家如法国等，最近都做了法律修改，对非商业性演出（nc）减免费用。而在德国的非商业性演出，如果整个活动是非营利的，创作者与演出者根本没有演出收入，则可以事先向 GEMA 申请，GEMA 或许会酌情降低、但不会取消音乐版权费。

参加 GEMA 的各类会员都要与 GEMA 签署其作品版权转让给 GEMA 的合约。按照要求，每位会员都要申报他们具体的每一个音乐作品。但在 GEMA 合约中被加入一款：所有该作者的作品，无论是否申报，都看作其版权已经委托 GEMA 管理。音乐家自己都没有权利说，他对哪个作品放弃版权。尤其是，GEMA 通过与其他国家相应组织签署条约而代表许多国外音乐家的作品版权。

尽管那些作曲家已经将他们的音乐版权移让给 GEMA，并不意味着，他们对使用他们的作品就没有一点发言权。

实例5：德国女歌唱家 Jeanette Biedermann 演唱歌曲《Rock My Life》一举成名，该唱片出售 41 万张。一家手机生产商与 GEMA 签约，将该歌的部分旋律简短后，成为手机接到电话时的旋律。因为简短，尤其接手机后音乐立即中断，一首很美的歌曲变得面目全非。作曲家反对将这首歌做这样的用途，手机商拒绝，因为原作者已经将版权移让给 GEMA，GEMA 将使用权给了了手机商，该音乐作品法律上与原作者没有任何关系。原作者起诉手机商，但节节败诉，因为法庭认为只有 GEMA 有权利管理原作者的版权。直到联邦最高法院，尽管版权问题上还是败诉（判例 19），但法院确认了起诉者的要求：以后 GEMA 要将一个作品给别人，并以通常音乐形式之外的形式使用，要事先征得原作者同意。GEMA 声称，在与原作者签署移让版权合同时还没有想到音乐作品会用到手机上，所以合同中没有写到这点。但过后在 GEMA 的全体大会上讨论了这事，并通过决议，将合同使用范围扩大到手机等领域。所以 GEMA 认为，GEMA 有权单独决定将音乐作品用于手机。法院判决：GEMA 大会的决议无权改变原作者以前与 GEMA 签署的移让版权合同，所以该大会决议无效！

其实，GEMA 只是部分管理音乐作品的版权，即音乐作品被人演唱或播放时收取版权费。而许多音乐作品是用在其他领域，如电影、广告、手机等，这些不都是 GEMA 的管辖范围，至少是法律模糊区，使用者必须与原作者另有合约，版权收入也归原创者所有。但只要一不小心，或原创者对法律情况不熟悉，便会被 GEMA 给"代理"了。

实例 6：人们一直以为 GEMA 代表了音乐作品的所有版权，于是广告中要使用某段音乐，就与 GEMA 谈判，与 GEMA 签订合同，版权使用费当然也缴给 GEMA。至于 GEMA 回馈多少给原创作者，就是 GEMA 内部的事了。没想到遇上一案，某音乐家对别人没有经他同意就在广告上用他的音乐作品不满。官司一路打到联邦最高法院，法院于 2009 年 6 月 10 日做出判决，判该音乐家胜诉（判例 20）。可能考虑到此判决会引起较大的音乐市场波动，法院直到 11 月 26 日才向外界发布。法院解释了音乐版权法，认为在广告等领域，GEMA 没有法定权利出让音乐版权。根据这一判决，GEMA 与他人的所有广告合同全都作废。使用者要直接与原创者商议，获得该音乐作品的使用权。这对广告界产生了连锁影响。

（1）以后广告价格将因人而异，是广告商与音乐家商议的结果，不再是以前 GEMA 垄断的统一价目表，如此增强了原创作者之间的竞争，活跃了音乐市场。

（2）许多已经与 GEMA 签约的广告商可以拒绝付款，甚至要求退款，因为 GEMA 根本没有权利代表这些版权，怎么可以将不属于自己的东西卖给别人——民法上所谓的"没有法律基础的买卖"。

网上下载音乐录像作品

随着互联网的普及，最初的信息交流很快延伸到网上买卖，音乐作品的交流也就很快在网上蔓延开来。最普及的形式是从网上下载歌曲。因为音乐作品都涉及版权问题，所以网上下载歌曲就成为一大法律问题。最遵纪守法的做法是，网上下载歌曲，支付相应的费用，大约每首歌 1 欧元。可以想象，那些付费出售音乐或录像的网站应当是比较正规合法的网上商店，该商店已经为客户支付了歌曲本身的费用及 GEMA 费用。

现在问题出在免费上传及下载音乐或录像作品的网页。根据 GEMA 假定，所有在德国能听到的音乐作品都可以说是 GEMA 独家持有这些作品的版权。从网上免费下载作品，网页持有者不可能为下载者支付音乐版权费。也就是说，那些下载音乐作品的做法都是非法的，没有支付给作品所有者（创作者和制作者）费用，至少没有支付音乐版权费。谁应当对此承担法律责任？下载者肯定要承担责任。现在争议的是，提供免费下载的网页是否也要承担责任？

2007年初德国议会通过"电信媒体法"（telemediengesetz TMG），将网页区分成两类，法律责任也分成两类。

（1）内容供应商（Inhalte-Anbieter/Content-Provider）：网页中的内容都是由网页所有者自己提供。根据§7 TMG，网页所有者也要对网上内容承担法律责任。

（2）托管供应商（Hosting-Anbieter/Host-Provider）：网页中的内容都是由其他人提供（上传），网页只是为读者提供了存储和展示的场地。根据§10 TMG，网页所有者不用对所有网上内容承担法律责任。

对内容供应商性质的网页，如果网页所有者自己将音乐或录像作品传上网任人下载，显然违法。一旦被发现，作品所有者及GEMA将会要求该网页所有者经济赔偿，所以很少有网站敢明目张胆地去冒这样的风险，而只能使用变通方法。

实例7： 总部在瑞士的著名档案托管公司RapidShare，世界各地的客户都可以将电子文件存储到该公司的网库。具体操作：将文件传送到RapidShare存储器中，立即传回一个RapidShare网址。一点击该网址就可以将该文件重新下载，该网址还可以传给多人。于是，许多从事音乐交流的网页利用这一点，将音乐或录像存到RapidShare网上，自己的网上只是列下这些作品的名字与下载链接。想获得这一作品的读者，一点击就进入RapidShare网，将作品下载到自己的计算机里。表面看来，这些网页只是列了作品名字，并没有存储该作品，别人也不是从他的网页下载的，所以至少他没有侵犯音乐版权。可惜好景不长，2007年被科隆州高级法院判决（判例3），这种做法同样侵犯了作品版权。具体而言：将音乐或录像上传到RapidShare存储器时，上传者还不算侵犯版权；但将该下载地址公布于世，让人任意下载，这时音乐作品将面向公众，上传者开始侵犯音乐版权。

对托管供应商性质的网页，只是别人将违反版权的作品存放在该网页，严格按照法律§10 TMG，他们自己并没有侵犯版权。只有被侵害者告知了网站，网站才有义务消除这些侵权文件。但GEMA认为，这些网站从技术上帮助违法者将侵权作品进入市场，所以GEMA盯着这些网站，官司不断，最著名的是GEMA对RapidShare公司和GEMA对YouTube的官司。

实例8： GEMA去一个个寻找违法的小网页太麻烦，最好直接禁止RapidShare公司存储这些音乐录像作品。2007年初GEMA声称，在www.rapidshare.com

和 www.rapidshare.de 上非法存储了许多许多有 GEMA 版权的音乐录像文件。RapidShare 也不示弱，说他们网上共存储了 1500 万个文件（2010 年初已达 1.6 亿个文件，日访问量 4200 万人次），GEMA 得具体说清存储了哪些 GEMA 版权的文件。首场官司在科隆州法院，法院判决，RapidShare 公司要通过软件、根据文件名来查阅并消除侵权文件。RapidShare 认为这在技术上很困难，上传的文件名都变化了。为此 RapidShare 再到州高级法院上诉。高级法院判决（判例 3）：RapidShare 公司本身没有侵权，但如果 GEMA 指出或自己发现哪个文件侵权，RapidShare 公司就要马上消除——这一判决对 RapidShare 还算有利。

不料 2008 年杜塞尔多夫州法院判决（判例 4），确认 RapidShare 是侵权行为的协助者（Stoerer/disturber），现在使用 MD5-Summe 软件搜索侵权文件还不够，要使用技术更高的软件、采取一切措施来杜绝存储侵权文件。RapidShare 不服，上诉到州高级法院，高级法院取缔了州法院判决（判例 5），认为 RapidShare 只是提供别人文件存储而已，它自己并没有将那些侵权文件公布出来让人下载，所以不能算是侵权行为的协助者。2012 年 7 月联邦最高法院在 Atari 起诉 RapidShare 的类似案件中判决：如果被侵权者向托管供应商明确指出哪些文件侵权，托管供应商有义务立即消除该文件，哪怕用手动方式（判例 6）。

作为参照，2010 年美国网上色情杂志 Perfect 10 在美国加利福尼亚联邦法院起诉 RapidShare 公司，被法院驳回（判例 7）。女法官 M.Huff 解释：侵权文件确实是从 RapidShare 的存储器中下载的，而且是非法行为。但这个非法性不能加到 RapidShare 身上，因为它既没有直接也没有间接地协助这样的非法行为。只有上传者才有上传的资料与下载的途径，RapidShare 从未将下载链接给过第三者，所以 RapidShare 的做法没有违反美国版权法，整个侵犯版权行为仅仅由上传者承担责任。

实例 9：在德国闹得家喻户晓的是 GEMA 起诉谷歌的子公司 YouTube。YouTube 的情况与 RapidShare 不一样，尽管也是读者自己将录像文件上传到 YouTube 网上，但在 YouTube 网上可直接观看录像作品，并且可以下载。只要涉及音乐作品，就自然都是 GEMA 的版权。所以 YouTube 得与 GEMA 签署音乐版权合同。前一次合同是 2009 年 3 月 31 日到期，双方在制订下年度合同时商谈破裂：GEMA 要求，YouTube 每次下载一个音乐录像，就要支付 0.6 欧分。这对 YouTube 来说太昂贵了。据网络市场研究公司 Comscore 在 2011 年 4 月统计，该月中 YouTube 仅在德国被人下载的录像量高达 38 亿部。如果一半为音乐录像，就达 19 亿部，一个月中 YouTube 要支付给 GEMA 共 1140 万欧元。YouTube 仅仅靠广告收入，怎么承受得起。所以建议根据 YouTube 的广告收入来给 GEMA 分成。GEMA 担心收入太少，版权大大贬值，所以拒绝。为此从 4 月 1 日开始，YouTube 在德国不再拥有音乐版权，理论上不能再让人观看和下载音乐录像。

尽管如此，YouTube 继续让人上传和下载音乐录像。2010 年 8 月 GEMA 到汉堡州法院提出紧急起诉，要求法院立即禁止 YouTube 继续让人下载音乐作品的行为。汉堡州法院拒绝 GEMA 的"紧急起诉"（判例 8），认为这事已经拖了一年半，何况只是版权问题，谈不上"紧急"，官司还得按照正常程序慢慢来。直到 2012年 4 月，汉堡州法院才做出判决（判例 9）：YouTube 作为托管供应商性质的网页，即只是提供公共空间给人上传与下载，所以不对这些侵权行为承担责任。如果被 GEMA 具体告知哪些作品侵权，而 YouTube 没有消除该文件，才算侵权行为的协助者（Stoerer/disturber）。这一判决确认 YouTube 没有侵权，这样 YouTube 就不用对 GEMA 进行经济赔偿。但法院要求 YouTube 加强对上传录像的审核。所以该判决不痛不痒，双方似乎都赢，但都不满意。于是 GEMA 到州高级法院起诉，认为现有判决对 GEMA 的法律保护不足；YouTube 也到州高级法院起诉，认为要审核所有上传的录像作品，将影响到人们在网上的创新精神和观点自由。当时刚好在 YouTube 上放映韩国 MV《江南 Style》，全世界观看者超过 20 亿人次，仅仅德国观众因为 GEMA 的阻碍而无法看到，这对 GEMA 和法院都有压力。此案迄今未终判。

当人们想从 YouTube 下载音乐录像时，屏幕上就跳出一块牌子："可惜在德国无法看到此录像，因为里面可能包含未被 GEMA 版权许可的歌曲。"在 YouTube 统计全年哪个录像点击率最高时，居然这块文字牌名列第一，成为笑话。GEMA 对 YouTube 这样抹黑它的行为非常恼火，但过了 3 年后才去慕尼黑州法院起诉，要求 YouTube 不能再提到 GEMA。2014 年 2 月起诉获胜（判例 10），法官认为，这块牌子给读者一个误解，以为是 GEMA 不让 YouTube 播放录像，而其实是 YouTube 不愿意支付版权费而无法播放。YouTube 不服判决，又去州高级法院起诉。同时略修改几个词，继续在屏幕上显示该牌子迄今。2014 年初发生乌克兰事件，人们都到 YouTube 去看有关的时事录像。没想到屏幕跳出的还是这块牌子，尽管 GEMA 从来没有禁止 YouTube 放映时事录像。总之，因为 GEMA 起诉 YouTube 一案，GEMA 在德国灰头土脸，四面楚歌。尤其青年学生都在说：应当立即废除 GEMA。

不用支付音乐版权费的情况

从商店买来的唱片，或在收音机、电视机里播放的音乐节目，当然可以欣赏收听，因为买下这些唱片、收音机、电视机本身的价格中已包含了 GEMA 费用。但这里的 GEMA 费用只针对私人范围内的音乐欣赏，而不包含在公众场合播放音乐。如要在公众场合演唱或播送音乐作品，还要另加音乐版权费。什么才算"公众场合"？面向公众播放的就算公众场合。但私人场合与公众场合的界限有时很模糊，法庭纠纷就是界定这个概念。

实例 10：一位在德土耳其人举行婚礼，邀请了 600 多位客人，有双方的近亲远亲、朋友邻居、同学同事等。婚礼中找来歌手演唱。GEMA 闻讯后认为，600 人的"演唱会"规模不小，属于公众演出，必须缴纳音乐版权费。土耳其人拒绝，认为尽管人数多，但都是自己的亲友，都是他直接发邀请才来的，新婚夫妇在门口一一接待欢迎。所以这是私人聚会，因而拒绝缴纳音乐版权费。GEMA 将该家庭告到波鸿市初级法院，法院判 GEMA 败诉（判例 11）。理由是：区分私人聚会还是公众演出，就看观看演出的人与组办者个人是否有直接关联（verbundenheit/connection），这次活动是否属于一个封闭的社会圈（geschlossene gesellschaft/closed society），而不管人数多少。显然，该婚礼情况符合这些"私人"特征。

实例 11：一家商店的大厅边有店主的办公室，里面偶尔放些音乐，商店大厅里的顾客似有似无地也能听到一点。GEMA 人员发现后，认为这是放给顾客听的音乐，要求店主支付音乐版权费。店主拒绝，认为这个音乐是放给他自己听的。GEMA 将他告到 Erfurt 法院，被法院驳回起诉（判例 12）。法院认为，即使顾客偶尔听到一点，也远远没有达到在"公众场合"播放音乐的程度。

另有一个类似案件，卡塞尔法院判店主要缴纳音乐版权费（判例 13）。该法院认为，尽管是在边上的小间里播放音乐，但要看所用的音量有多大。如果大到商店大厅里的顾客都能明显听到，作为背景音乐而增加了商店气氛，则店主还是要支付音乐版权费。

实例 12：许多牙医在做手术时，为了安慰病人，经常放一些轻柔的背景音乐。为此牙医们都缴纳音乐版权费。不料一位意大利牙医认为这不合理，房间里只有一个医生和一个病人，居然算是向"公众"播放音乐。他拒绝支付，被告上法院，当然被法院判决必须缴付。他进而到欧洲法院起诉，居然胜诉（判例 14）。法院认为，不能简单地把几个病人就说成是"公众"，"公众"是由许多人组成的，所以该牙医不用缴费。按照欧盟的法制体系，欧盟法等同于甚至略高于各国联邦法。为此欧洲法院的判决，通常欧洲各国都必须遵守。但 GEMA 却认为，此案发生在意大利，意大利与德国对"公众"的理解不完全一致，意大利牙医可以不支付音乐版权费，并不能推论德国的牙医也不用支付。

实例 13：一个迪斯科舞厅租给别人搞一个音乐晚会。过后被 GEMA 获知，GEMA 向迪斯科舞厅要音乐版权费。舞厅负责人表示，这不是他办的舞会，是租下舞厅的人办的。要支付音乐版权费，应当由舞会的举办者支付，而不是舞厅房子的主人支付。GEMA 将舞厅老板告到杜塞尔多夫初级法院，要求赔偿，被法院驳回（判例 15）。法院认为，舞厅出租者既不是自己去播放音乐，也不是播放音乐的参与者，他没有义务缴纳音乐版权费；同时，他也不是舞会组织者，他没有义务来为舞会承担法律责任。GEMA 不服输告到州中级法院，又被驳回。法院观点与初级法院相似，只是再加一句：舞厅出租者最多算作提供了别人犯法的场地（Stoerer），GEMA 只能给予警告，要求以后不能再这样（Unterlassung）。如果舞厅主人拒绝这样做，才能要求他赔款。那谁是"组织者"？根据迄今的联邦最高法院判例，组织者是指，由他安排这次活动，通过他的工作促成这次活动，并对整个活动的内容有相当大的影响力（判例 16）。

此外，什么音乐作品完全不属于 GEMA 管理的版权，即 GEMA-freie Musik，从而可以拒绝向 GEMA 缴纳版税？大致有如下四类。

（1）已故词曲作者的音乐作品：根据版权法，作者去世（而不是作品发表）70 年之后，版权自然消失。从 2014 年倒算 70 年，即 1944 年之前去世的词曲作者的作品不再享有版权，GEMA 无权再代表这些人来向你讨版权费。

（2）在世的词曲作者及演唱演奏家：原则上，任何艺术家都有权自己管理自己的版权，而不需要 GEMA 从中渔利。如果这些音乐作品如 CD 或 VCD 的演唱者与演奏者直接与播放者商谈价格，然后授权给播放者可以播放，则不需要向 GEMA 缴纳费用。想获得歌星级艺术家的这种许诺当然很难，但获得普通艺术家的授权还是可能的。但因为有"GEMA 假定"，你必须事先向 GEMA 明确证明，你播放或演出的作品不属于 GEMA 管理的作品。具体列出这些作品的标题、词曲作者及演唱演奏者姓名，必要时列出出版该作品（CD）的公司名称等。或许还得递交这些作者的书面授权证明。如果有一点不可信，就可能依旧被视作 GEMA 管理版权的作品。

（3）无版权作品（freie musik）。有些艺术家出于公益性或出于交流需要等，愿意主动放弃他某些作品的版权。遇上这类艺术家，GEMA 无权去索取别人演唱或播放这些作品的版权费。于是 GEMA 只能在艺术家申请加入 GEMA 时就让其在合同中保证，不得放弃任何一个艺术品的版权。如果该艺术家或艺术爱好者不是 GEMA 会员，则 GEMA 就告诫这些艺术家，必须在发表该作品时明确写明：在全世界范围内，该作者不可后悔地永久放弃该作品的版权。人们可以任意使用，不收取任何版权费。

（4）无 GEMA 版权作品（GEMA-frei）：GEMA 法中只是表示，GEMA "几

乎"代表了世界上所有国家的音乐家及音乐作品。论据是，全世界"几乎"所有国家都有类似 GEMA 这样的组织，全权代理那些国家音乐家的作品。而 GEMA 与"几乎"所有这样的组织有双向合同。但有许多例外。以前知情的在德日本餐馆、越南餐馆就播放亚洲音乐作品，自称是来自越南的唱片。越南那时还没有类似 GEMA 的机构，所以谈不上那里音乐作品的在德版权无偿授予了德国的 GEMA。遇到几次法律纠纷，法官要求使用者能够证明该激光唱片确实来自越南，便能胜诉（判例 17）。当然，这期间越南也成立了相应机构，并与德国的 GEMA 签署了合同。所以要在公众场合播放亚洲音乐的人，就要寻找东南亚还有没有尚无这样音乐机构的国家。

实例 14：笔者 20 世纪 90 年代初举办音乐会，所有作品都是笔者与朋友共同创作，唯有配器与大乐队是德国人。音乐会后就收到 GEMA 账单，要我们支付音乐会演出作品的版权费。20 世纪 90 年代末笔者与另一位朋友两人合作创作一组歌曲，自己作词作曲配器，也是自己伴奏演唱。首演音乐会后在音响公司录制出版了 500 张激光唱片。唱片封面设计时笔者特地没把 GEMA 标记放上，想这样就不用缴纳 GEMA 费了。没想到唱片一到德国市场就被 GEMA 获悉，发来账单收取作品版权费，每张唱片 1 欧元，都不问作者就是笔者自己。

GEMA 就是这样一个持有特权可以收买路费、保护费的文化匪警。但静心想想，即使不考虑历史原因，就现实来看，又能找出一个什么更佳的方法，来规范和实现对音乐作品版权的保护，同时又能不阻碍民众对音乐爱好的热情呢？

缩写：

GDT：Genossenschaft Deutscher Tonsetzer

AFMA：Anstalt fuer musikalisches Auffuehrungsrecht

GEMA：Gesellschaft fuer musikalische Auffuehrungs- und mechanische Vervielfaeltigungsrechte

判例 1：联邦最高法院 BGH v.27.10.2011-I ZR 125/10 & I ZR 1775/10

判例 2：科隆州法院 LG Koeln v.21.3.2007-28 O 19/07-

判例 3：科隆州高级法院 OLG Koeln v.21.9.2007-6 U 86/07，6 U100/07-

判例 4：杜塞尔多夫州法院 LG Duesseldorf v. 21.4.2008

判例 5：杜塞尔多夫州高级法院 OLG Duesseldorf v.3.5.2010-I-20 U 166/09 12 O 221/09

判例 6：联邦最高法院 BGH v.12.7.2012-I ZR 18/11 9

判例 7：美国联邦法院（California）2010.5.18 判决，09-CV-2596H WMC

判例 8：汉堡州法院 LG Hamburg v.27.8.2010-310 O 197/10

判例 9：汉堡州法院 LG Hamburg v.20.4.2012-310 O 197/10
判例 10：慕尼黑州法院 LG Muenchen v.25.2.2014
判例 11：波鸿地方法院 AG Bochum v.20.1.2009-65 C 403/08-
判例 12：埃尔夫特地方法院 AG Erfurt v. 25.01.2002-28 C 3559/01-
判例 13：卡塞尔地方法院 AG Kassel v. 14.10.1999-432 C 152/99-
判例 14：欧洲法院 EuGH v.15.3.2012-C-135/10-Del Corso
判例 15：杜塞尔多夫州法院 LG Duesseldorf v. 16.5.2012-23 S296/11-
判例 16：联邦最高法院 BGH v.19.6.1956-I ZR 104/54-Tanzkurs,
判例 16a：联邦最高法院 BGH v.18.3.1960-I ZR 75/58-Eisrevue II
判例 17：慕尼黑地方法院 AG Muenchen，v. 23.03.2007
判例 18：慕尼黑地方法院 AG Muenchen，v. 24.08.2006
判例 19：联邦最高法院 BGH v.18.12.2008-I ZR 23/06
判例 20：联邦最高法院 BGH v.10.6.2009-I ZR 226/06

网络世界的法律问题

一、在国际化大潮中，互联网的使用越来越广泛，几乎覆盖了日常生活的各个领域。于是由网上经济交流或网上留言所引起的法律纠纷日益增多，总体还是民事纠纷，但增多了新技术，立法也不能立即跟上，所以为司法界增添了新难度。

二、在网上非法上传、下载音乐和录像等文件，是侵权行为无疑，甚至经常冠以"免费下载"的字样。但被侵权者要通过复杂而艰难的途径包括通过法庭，才能最终找到当事人。一旦被确认，当事人通常要支付警告费800多欧元。

三、网站、互联网供应商不得存储客户信息，但事实上很多网站都在存储，公民的信息权得不到有效保护。根据现有法律，网站不准存储读者信息，互联网供应商最多存储客户信息半年，唯有警方怀疑客户有恐怖活动等嫌疑，要通过法庭判决日等，互联网供应商才容许给出客户信息。

四、美国、日本的电影界与音乐界试图推动ACTA国际公约，以保护知识产权，其实际效果是限制人们的网上自由，引发了全欧洲六八学运后最大规模的抗议活动，导致该公约夭折。

上网时留下了痕迹

夜深人静，人们在网上遨游，这里留一段话，那里下载一个软件或录像。甚至出于好心或恶作剧，将一段受到版权保护的录像、软件放到网上，任人下载。自以为，所做的事神不知、鬼不觉。其实，你在网上所做的任何事，都留下了痕迹，他人可以循着痕迹，当然也是非常艰难地，一步一步地找到你，只要他真想找到你。

每个可上网机器都有一个特定的国际号码 IP（Internet-Protocol-No.）或 TCP（Transfer-Communication-Protocol），即你的计算机、数据机/路由器、互联网供应商的主机，都有各自的 IP 地址。如果在网上做了一点侵害他人利益的事，或因为失误而被人敲诈，对方律师会写信威胁你："我们已经掌握了你的 IP 地址。"其实，他掌握的不是你家计算机的 IP，而是你所租用互联网供应商（如 T-online，1&1，O2）主机的 IP。

从技术过程而言，你上网其实有如下几步（见图 41）。

（1）你在自己的计算机上网（IP 1），计算机有线（LAN）或无线（WLAN）地，与你安置在家里的数据机/路由器（Modem/Router）接通（IP 2）。

（2）数据机/路由器（IP 2）与你家的电话线接通。通过电话线，与你注册付费的互联网供应商（Provider/Internetanbieter）的主机接通（IP 3）。

（3）供应商有许多主机，各自有相近的 IP 3，不同的编号 Port。公司临时分给你的只是其中一个。所以，你每次上网，其实都在使用供应商不同的 IP 3。但主机记录了你数据机/路由器的 IP 2，以及你使用该主机的日期和准确时间等，包括你用的是哪个 IP3。

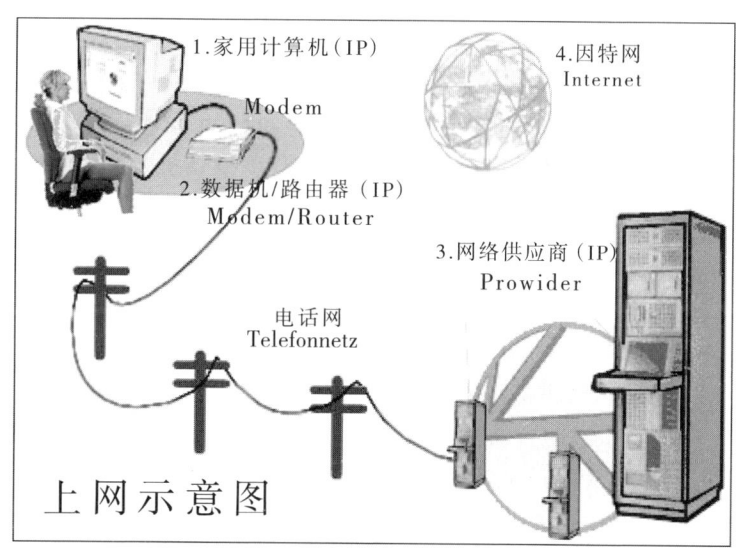

图 41　网上信息流传图

（4）供应商主机（IP 3）与你要上网的网页的供应商主机接通（IP 4），对方就将你互联网供应商主机的 IP 3、Port、使用该主机的时间、翻阅过哪些网页、做过些什么事等，都记录在案（Logfiles 或 Clickstream）。

由此可见，你在网上写了一点东西，非法地上传或下载了哪个录像或软件，被你侵权的网站或企业（如唱片公司、软件公司），可以使用特殊软件（Anti-Piracy-Software），通常是委托专业软件公司，来查询你上传或下载的信息。但对方查询到的，还只是你上网从事非法行为的时间，当时用的 IP 3 地址。以 IP 3 地址，查到你是从哪个互联网供应商的主机（IP 3）进入的。

获得你互联网供应商的信息，才刚刚知道你生活在哪个国家。被侵权的公司要通过国际律师网关系，全权委托你所在国的律师做进一步追查。所以，并不是所有国外企业都有这样的财力和精力，来追踪散布在世界各地的每一个侵权行为。

对方律师找到你上网的互联网供应商，告知该公司，你当时上网写下文字或下载文件的准确时间，所用 IP 和 Port。你的互联网供应商可以据此查阅这个 IP 和 Port 的主机记录，便知道，当时是哪个用户刚好在这个时段使用了该主机，从而可以最终确认到你。你在该公司注册上网时，给出了你的详细姓名、地址。于是，对方公司或律师才终于找到了你。

由此可见，在追寻过程中存在五项充满法律争议的问题。只要你具备其中一项，对方网页就无从找到你的信息，从而也无法追究你的法律责任。

（1）如果对方网页没有记录你上网的情况，或即使记录了，已经被删除。

（2）你的互联网供应商没有存储你使用主机的信息，或即使记录了，已经被删除（按法律规定最多保留 6 个月）。

（3）即使你的互联网供应商存储了你的上网信息，但拒绝告知对方。

（4）即使对方网站找到了你，其实只是找到你的数据机/路由器的 IP 2。谁能证明当时恰是你在使用该数据机/路由器？一个数据机/路由器通常可以同时有多人使用。

（5）你当时是在网吧、酒店或其他公众场合上的网，即使找到数据机/路由器，也无从知道当时是哪个客户使用的。

这五个方面，都是法律模糊区，可谓处处烽火。

网站是否容许存储你的上网信息

个人隐私得到宪法保障。作为隐私权的延伸，20 世纪 80 年代人们强烈要求对个人信息也要保护（datenschutz/data protection）。否则，不知道官方或某企业到底存储了你哪些信息。起因是1983年全德人口普查，政府想顺便了解公民的其他生活情况。没想到被人拒绝，由此引起一场著名的宪法诉讼案，政府败诉。宪法法院判决，"每个人有自己决定自己信息的权利"，属于受宪法第2条保护的基本人权。任何政府机构或企业，不得在没有征得当事人同意的情况下就存储、使用这些个人信息。如果没有获得当事人同意就存储信息，必须获得专门的法庭授权（判例1）。其实，这里的许多原则早在1978年通过的联邦信息保护法（Bundesdatenschutzgesetz）中已经阐明。

当你查阅一个网页后，你查阅的主要信息被存储到该网页的一个logfile文件中，其中有查阅者所用的互联网供应商的IP地址，查阅时间，翻阅哪些网页，下载哪些文件或图片，下载量多少，使用哪个互联网软件（Browser）等信息。这便于网站做统计，如哪些文章、哪些图片特别受人欢迎，人们大都使用哪些上网软件等。也可以利用IP地址间接追寻到查阅者，至少来自哪些国家或地区。甚至，有人还以此进行非法活动。网站是否有权利存储访问该网页的人的信息呢？

实例1：2007年一位上网者起诉德国联邦司法部，因为司法部的网站存储了他（来访者）的信息如IP地址等，从而揭示了上网人的来源，这是与他个人有关的信息。根据联邦信息保护法，没有得到他的同意，司法部网站不得存储他的信息。即使临时存储，他一下网后，网站必须全部删除这些信息。柏林法院判德国司法部败诉，理由是：网站可以根据上网者翻阅了哪些网页、何种方式翻阅等，分析出上网者的个人情况。而在今日的技术条件下，司法部根据IP，很快能借助第三者（上网者所用的互联网供应商），追踪到上网者。司法部则表示，存储这些信息是出于安全考虑。该理由被法庭驳回：即使出于安全，也无法解释为什么要存储所有来访者的信息。法庭表示，司法部网站至少不得存储来访者的IP地址（判例2）。

司法部不服输，到柏林中级法院提出再诉，被再度驳回，承担所有法庭费用。但中级法院对初级法院的判决做了少许修正：容许司法部网站存储部分读者信息作为统计资料，但禁止存储的信息是：读者的IP地址，访问时间，翻阅哪些页面，下载哪些文件（判例3）。过后专家发现，德国联邦议会的网页也在存储读者的信息，所以特地设立了标准起诉书，访问议会网页的读者可填写后，自己向联邦德国议会提出起诉。

但相似的诉讼案，2008年慕尼黑法院却驳回起诉。法院认为，网站只存储了IP地址，没有存储网页访问者的信息。IP地址仅仅是互联网供应商主机的信息。

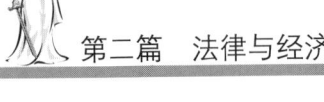

他每次哪怕通过同一个互联网供应商上网，被分配的具体主机 IP 都不同。所以，网站无法轻易地根据浏览该网页的 IP 地址，简单获得背后真正上网人的具体信息。法院认为，联邦信息保护法第 3 条的受保护"个人信息"是指自然人，即"人"的信息。而网页存储的 IP 地址只是"机器"的信息，机器信息不受到宪法保护（判例 4）。

由此可见，网站是否容许存储网站访问者的信息，各个法庭判决都不一，是法律上的模糊区，就等联邦最高法院的最终判决才能定论。但通过这两个判例至少看到，如果通过存储的信息很简单地就能确认某人，这样的信息肯定不容许存储。联邦宪法法院迄今所做的判决确认：迄今还没有法律来规范网站或互联网供应商如何存储使用者的信息。但至少，现在网站这样存储客户的 IP 地址，肯定违背宪法（判例 9）。如果安全性很高地搜集和存储读者的 IP 地址，而且国家安全部门只能受限制地查看这些内容，则原则上还是被容许的。

当你查阅网页时，不仅你的信息被网站存储，还被你自己的计算机长期存储在一个 cookie 文件中。本来是为了你下次再翻阅该网页时能很快被网页识别，甚至有些要密码进入的网页，你不用再次输入就能进去。网上购物时，上次选中的商品这次还没忘记，还留在你的购物篮或兴趣箱里，这都是你自己计算机的 cookie 文件做的事。但保留记录文件的危害在于，如果别人过后看到你的记录文件，就会知道，你曾在什么时候看过哪些网站的哪些网页（你的隐私），警方也可以通过查阅该文件找到你的罪证。更麻烦的是，在你查阅有病毒的网页后，这些网页就在你的记录文件中留下间谍"小木马"，搜集你计算机中的文件名发给作案者，再发去其感兴趣的文件。更有甚者，你上网时打开网上信箱或网上银行汇款所用的用户名、密码等，也被一一记录。于是，同样可以通过"小木马"传给网上作案者。

笔者在朋友中就听闻多例：电子信箱被人破解，黑客进入他的电子信箱、查阅他所有私人和商业秘密，以他的电子信箱给别人乱发邮件，甚至进入他的信箱，改变信箱密码，结果他本人反而无法再进入自己的信箱，黑客却可用他的信箱做任何事情。

实例 2：近日笔者涉及一案，朋友在德国的甲企业发货给荷兰的乙企业，乙企业收到甲企业账单（包括银行账号），要支付给甲企业 40 万欧元。不料黑客进入甲企业信箱，以甲企业的口吻给乙企业发函，说上次给出的银行账号已经作废，请汇入该企业在上海的另一个账号。乙企业信以为真，将 40 万欧元全数汇到黑客给出的银行账号。事发后报警，到中国去查询该银行账号，黑客拿到款后早已取消账号，消失得无影无踪。甲企业自认倒霉，但乙企业也有严重责任。甲企业希望乙企业能平摊损失，被乙企业拒绝，现在留下甲、乙两家对簿公堂，谁应当对这笔汇款承担经济责任？

许多互联网软件都有专门项，由你自己删除存储在自己计算机的cookie文件，或设定不再存储这危险的cookie。

互联网供应商是否有权存储你的上网信息

你自己付费租用的互联网供应商，是否有权利存储你的上网信息？照理也不容许，因为互联网供应商获得你数据机/路由器的IP地址后，在公司的客户档案中很快就能确认到你。而你的上网信息是你的个人信息，同样应当受到法律保护。

实例3：一位网客在网上做了一点非法的事，被警方调查和确认到他。他自认倒霉，但马上想到，一定是他所租用的互联网供应商即德国邮政局下属的T-Online出卖了他。确实，警方从网页留下的资料找到该网客的互联网供应商。然后通过法庭认可，拿着法院判决书去找互联网供应商，供应商只能提供该网客的个人资料。但问题是，警方绕了这么一大圈，事发后这么多时间才去互联网供应商处查资料，供应商居然还没有删除该网客当时的上网记录——如果删除了，供应商也无法提供资料，警方就只能自认倒霉。

于是该网客到Darmstadt初级法院起诉互联网供应商T-Online，认为其存储他的上网记录是侵犯他的个人信息自主权。供应商找到一个技术借口：公司要根据客户上网的时间来计算费用，所以还得暂时存储一下客户的上网资料。法庭责问：互联网供应商每月与客户结账一次，所以存储时间最长1个月，为什么该公司通常要存储客户上网资料8个星期？！法院判决：必须立即删除所有客户的上网记录，最多只能考虑几天的删除时间。

T-Online不服气，又上诉至中级法院。这时该网客指出，他与供应商的合同是：无论上网多少小时，他只统算每月支付多少费用，所以该供应商根本不用为了结账而存储他的上网时间。该公司狡辩道：合同中还有小字写着，客户可以通过该网站转到另一个互联网供应商的主机，即超出通常上网形式所产生的费用要另计。所以，得存储客户信息……中级法庭判互联网供应商败诉，而且严厉警告该公司，如果再不删除客户资料，就构成犯罪。不仅公司要受到更高的罚款，公司法人（总经理）甚至要去蹲监狱。判决中责令该公司必须立即写出和使用相应的软件，以自动删除所有客户上网信息。在没有使用自动删除软件之前，不容许该供应商继续存储客户资料（判例5）。为此，T-Online很长一段时间不敢存储客户资料。

T-Online还不服气，再诉到联邦最高法院，法院再度确认中级法院的判决（判例6）。由此可见，互联网供应商不容许存储用户的上网信息。尽管如此，许多公司还在从事这样的非法行为。

互联网供应商有没有义务告知对方信息

从商业利益出发，没有一家互联网供应商愿意主动"出卖"自己客户的信息，因为这会使它失去客户的信任，从而失去客户。如果一个代表某网站或某企业的律师、甚至警方来向公司取客户资料，一定会被拒绝。所以，对方律师或警方必须先向检察院递交刑事起诉书，检察院认为犯罪较严重，才向法庭递交某网客在网上的犯罪行为的起诉书（也由律师或检察官直接向法庭提出），法庭才会判决，责令互联网供应商查询某时间、某IP和Port地址下，是哪个客户在使用该主机，并递交该客户的完整信息（姓名、地址）。

互联网供应商如果得到法庭判决书，就必须查询主机使用记录，然后递交这些信息。2008年9月1日后，法律有所宽松，对方网站或受害企业可以直接要求互联网供应商查询并递交某客户信息，但似乎很少实现。所以，最后还得通过法庭判决。

如果是通常的民事纠纷，法庭不会做出查询私人信息的判决。法制国原则中最重要的原则之一是权衡原则：公众利益不永远高于个人利益，要根据具体案情来权衡孰高孰低。所以，法庭得权衡犯罪行为的严重程度。通常情况下，对私人信息保护的法律等级远高于日常的经济纠纷，法庭只能对严重犯罪行为才会做出查询该网客的判决。只是，今日的"犯罪行为"含义很广，从杀人放火，煽动民族仇恨，网上上传儿童色情录像，到非法下载音乐，网上辱骂或造谣中伤他人，等等，都算犯罪。追究犯罪行为有利于公众利益，但查询私人信息属于侵犯人权，有害于个人。在具体案情下，两者孰轻孰重，就完全取决于法官对两者的权衡。

实例4：一个音像公司发现有人非法地将该公司制作的一支歌传到网上，任人下载（tauschboerse/exchange），共下载了46次。于是向检察院提出刑事起诉，要求警方查出作案者。警方确实立案调查，查出该作案者。但最后确认，该作案者非法上传的歌曲，实际只被人非法下载过一次，可见犯罪程度较低，检察院决定不再追究作案者而结案。音像公司想查阅检察院的调查档案，以便知道谁在作案，可以从民法角度向对方提出赔款。通常来说，查询检察院有关档案是刑事起诉人的权利，但这次却遭到拒绝。音像公司上法庭起诉检察院，要求法院判决检察院必须交出档案，没想到被法院驳回，理由是：对方只实现一次下载，犯罪程度很低。由此可见，对作案者私人信息保护的重要性，显然超过对他追究侵权责任的重要性。所以，不能将他的私人信息交给音像公司（判例7）。

实例5：警方怀疑一人犯有欺骗罪，搜查该嫌疑犯的家以获得犯罪证据。搜查他的计算机时发现，该嫌疑犯的许多电子邮件有意没有下载到计算机，即还挂在互联网供应商的主机中。警方要他给出电子邮箱密码，被拒绝，理由是：法院只同意警方搜查他的"家"，而他的电子邮件不在家中，警方无权搜查他"家"以外的邮件。检察官再向法院申请，获准后到嫌疑犯的互联网供应商主机中下载了两年来的2500个邮件。嫌疑犯立即向法院提出紧急起诉，声明部分邮件与本案无关。于是，法庭只得同意删除了一部分邮件。尽管如此，他对警方肆无忌惮地到他的互联网供应商那里打开他的电子信箱感到愤怒，他的基本人权（隐私权）受到践踏。他向联邦宪法法院提出起诉，可惜被法院驳回。法院确认，警方这样做是侵犯当事人的隐私权。但从法制国的权衡原则来看，在维护公众利益面前，个人隐私权受到一定的限制是允许的。权衡之下，警方的行为还没有太过分（判例8）。

网上下载或上传侵权文件的民法责任

出现了互联网之后，网上侵权事件越来越普遍。德国图书协会曾对12~19岁的青年做民意调查，62.8%的人已经将网上下载的各类音像文件复制给他人，86.6%的人都知道，这样从网上下载是非法的，但只有55.3%的人认为这样做是错误的。本来，人们必须花钱去买这些录音、录像，网上下载后就不用去买了。但并不意味着，如果没有网上下载他们就一定去购买这些歌曲录像。根据德国音乐界联盟2009年统计，这些下载的作品中，如果不能免费下载，其实只有10%~20%的人真会去买这些作品，即音乐界的实际损失每年约在4亿欧元。但据其估计，从现在到2015年，非法下载的量将每年增加18%。到那时，全世界音像工业将每年损失320亿欧元——据美国Cisco估计，从2009年到2014年，网上的下载量将增长近4倍。

那网上"非法"下载是否一定要杜绝？司法实践中如何有效地杜绝？

非法下载（download）或上传（upload）网上资料，既违背民法，又触犯刑法。根据用户IP地址，就可以通过互联网供应商（Provider）获得侵权者的信息，法律依据是知识产权保护法（民事）。但这样做本身，又侵犯了当事人的个人信息保护，原则上是被禁止的。所以，被侵权者（如音像公司）必须到检察院提出要追究侵权者刑事责任，检察院根据事件的严重程度才能决定是否立案。如果仅仅下载几段录像或歌曲，检察院会认为，这样的犯罪对社会危害太小，不值得立案，绝大多数的案件因此不了了之。迄今只有2004年5月发生过一起，当事人被确认触犯刑法而被罚80天的收入，同时向音像公司赔款8000欧元。

可是到2008年1月，德国议会通过了《存贮上网信息法》。即为了反恐怖活动，要求所有互联网供应商都必须存储客户信息6个月，以便必要时警方可以为调查恐怖分子而查询。这样，事实上把那些非法下载、上传文件的客户信息也同时存储了起来。该法通过后，人们立即到德国宪法法院提出紧急起诉，3月11日宪法法院判决：即使互联网供应商存储了这些信息，只有对非常严重的犯罪行为（刑法条例100a II StPO），才容许将客户信息交给警方，一般的民事纠纷案则不行。2008年7月7日，德国议会又通过《改进对知识产权保护法》，修改了原来的收费法、专利法、商标法、原创法等，9月1日正式施行。于是，法律情况便发生了根本变化。

根据新法的原意，如果侵权者是"商业性"或"职业性"（gewerblich/commercial）从事侵权活动，则受侵害者就有权利直接要求互联网供应商给出用户信息。即对那些私人从网上下载一点资料的行为，受害者无权要求互联网供应商给出用户信息。但这里关键是，如何界定"职业性"或"商业性"？法律实施中经常被解释成：只要非法下载是为了不花钱就能获得录像、歌曲，就属于"出于经济考虑"，即"职业性"或"商业性"。如此一解释，则下载一首歌都可说是"商业性"的。

于是，许多企业委托专业律师，追究网上非法下载或上传者的法律责任。例如，德国四家音像公司Sony，BMG，Warner和Universal，专门委托汉堡的Rasch律师事务所。该律师事务所随时将非法下载或上传文件的IP地址收集起来，由IP地址就可以知道，违法者是通过哪个互联网供应商的主机做的非法事情。收集到一定数量后，律师事务所就集中起来到法庭向互联网供应商提出一次性起诉，要求给出所有这些使用者的姓名、地址。然后，律师向每个个人写信要求赔款。如此，追究侵权行为的案件如山洪暴发，2007年8月一个月内就达4万起，而且与日俱增。2010年德国律师发出了50万封警告函，共索取4亿欧元。

找到你的上网器不意味找到了你

通过互联网供应商，只能找到你上网器的IP地址，从而找到上网器的法定持有者。现在的上网器通常是无线的，可以同时供几台计算机使用。所以，并不一定你刚好在这个时间使用上网器，更不是你在非法上传或下载文件。于是，如果遇上法律纠纷，你是否要为使用或盗用你的上网器的第三者承担经济风险？就具体情况，各个法庭的判决也不尽相同。但从许多判例中，大致可以归纳两点。

（1）如果警方确认你为犯罪嫌疑人，即要启动刑事诉讼，则法庭会要求检察院提供进一步证据，不仅要确认你是该上网器的持有者，而且要证明在这个时段确实是你在从事犯罪行为。否则罪名不成立——刑法只能惩罚直接的犯罪者。

（2）如果私人公司（律师）对你的侵权提出警告或经济赔偿，即属于民事诉讼，则法庭会认为，无论是否你在这个时段使用，你都得赔款，你要为你名下的上网器承担法律责任（haftung/liability）——民法只问谁对该事件承担责任。

实例6：某人为因车祸而死的朋友建了一个追悼网页，不料有人在网页上辱骂死者，这属于严重的侮辱，触犯刑法。建网页者向检察院提出刑法起诉，要求警方调查。警方通过辱骂者留下的 IP 地址，通过该互联网供应商而找到上网器的主人。没想到该主人是一位年迈的老人，不可能去做这样荒唐的事。警方确认一定是他23岁的儿子所为。但该儿子否认他做过这样的事。警方搜索了儿子的计算机，没有获得他上网辱骂的痕迹。尽管如此，检察院还是以刑法 §189 StGB 向他提出刑法起诉。但法庭判该儿子无罪（判例10）。理由是：检察院无法提供明确的证据，来证明网上辱骂确实是该青年所为。或许是第三者偷用了他家的无线上网器，上网辱骂死者。

实例7：一位需要别人护理的退休妇女在半年前就将计算机卖掉了，她也没有上网器。只是因为她的互联网（包括电话）合约期2年，所以还有效。不料她接到律师函，称她非法将一部好莱坞影片录像传上网任人下载，要她支付800欧元（651.8欧元警告费 + 68.2欧元赔偿费）。她拒绝。被告上法院，慕尼黑初级法院判决：因为无法明确肯定该妇女将电影录像上传到网上，即她自己没有做犯法的事。所以她不用支付赔偿费68.2欧元。但她是该上网器用户 IP 的持有者，所以她必须支付警告费651.8欧元，除非她能递交证据，是互联网供应商（电信公司）或电影公司的律师在搜索中将 IP 地址搞错了（判例11）。

许多旅馆、机场等都设有无线上网器，以方便顾客。这种情况下，使用者很杂。如果哪位以此上网器非法地在网上上传或下载文件，则这些旅馆没有义务为这些非法行为承担责任。前提是：旅馆已明确告知所有使用者，不得通过旅馆的无线上网器从事非法活动。

实例8：一个顾客在法兰克福的某旅馆上网，通过网上的 P2P 软件下载歌曲。

被音像公司发觉，并通过互联网供应商找到上网器的主人是该旅馆，通过律师书面警告，要旅馆支付警告费。旅馆拒绝。在法兰克福法庭上，音像公司败诉，并且支付旅馆方的律师费。法庭判决理由是：该旅馆的上网器不是完全开放式的，顾客要获得旅馆给的密码才能上网，说明旅馆已经有所防范。旅馆在给出密码时明确告诫使用者，不得通过上网器从事非法活动。所以，旅馆既不是非法活动的当事人，也不是"协助者"。音像公司去警告旅馆没有道理，反而是非法干扰旅馆的正常运作，音像公司要赔偿旅馆的损失（判例12）。

无线上网器的持有者，是否要对使用该上网器的第三者的非法行为承担风险责任，一直是法律上的模糊区，各地法庭判决情况不同，最后还是由最高法院就下例做了最终判决。

实例9：一个人去休假时，将计算机关闭了，但没有关闭无线上网器（Router），而且上网器的密码还是他从商店买来时的最初密码，从没换过。没想到在他外出期间，他的上网器被人盗用。据记载，2006年9月8日18：32：50，别人通过该上网器从网上非法下载了Logistep公司的音乐作品《生活的夏日》。被侵权的公司通过软件File Sharing Monitor V 1.3.1.查询到该下载是通过网络供应商德国电话局。于是通过检察院暨警方调查，确认是通过该休假人的上网器下载了该文件。于是发函要他支付警告费。他拒绝，而且拿出证据，证实他这段时间根本不在德国。尽管如此，他在法庭上败诉。判决理由是：上网器是他的，他要对所有通过该上网器所做的非法行为承担风险，他是这一非法行为的实际协助者。他应改变上网器的原始密码，或休假时关闭上网器（判例13）。

当事人不服气，告到中级法院，居然胜诉。中级法庭认为：不能简单认定他是这一犯罪行为的"协助者"。他主观上没有犯法动机，客观上没有犯法行为。如果是他家人或朋友利用他的上网器从事非法活动，上网器的主人或许还有一定的责任。本案是一个与他毫无关系的外人，以非法手段使用他的上网器（等同于破门而入偷用他的上网工具），非法下载歌曲。所以，上网器的主人没有义务为别人的非法行为埋单（判例14）。

音像公司不服气，又向联邦最高法院起诉，部分胜诉。法庭认为：他本人并没有从事非法行为，他不是作案者；他主观上也没有帮助别人去作案的意图，不能算犯罪活动的帮凶。所以他没有义务赔偿由他人作案而造成的经济损失。但他作为上网器的持有者，没有尽到防范他人利用他的上网器进行犯罪活动的义务。在当时（2006）普遍市场产品的技术下，人们已经可以自己改变上网器密码，以防他人盗用，但他却没有这么做。以致别人有机可乘，事实也进行了犯罪活动，给音像公司造成了经济损失。音像公司发给他警告信，提醒他作为上网器持有者要自我防范。音像公司的做法有其合理之处，所以他应当支付因为"警告"而不是出于"赔偿"所产生的经济损失（判例15）。

最高法院的这一著名判例，影响了此后全德各地法庭对这类案件的判决：上网器持有者对他人非法使用其上网器不承担经济赔偿，但要承担被人警告的律师费用，最高100欧元。

实例10：一位16岁女孩从网上下载了70张照片，用这些照片做成录像，然后将录像上传到网上。不料被该照片的原作者看到，立即警告该女孩及其父母，父母也签署了"不再重犯"的保证书。尽管如此，摄影师一定要该父母赔偿经济损失，被拒绝。摄影师将他们告到法庭，理由是：父母没有经常教育和监督孩子，还给孩子提供上网的可能性，却不去看看孩子在网上尽干了些什么。所以，父母要为孩子的非法行为承担经济责任。父母反驳说：现在哪个孩子不上网？上网知识不是父母教的，而是学校教的。孩子的因特网知识和能力都大大超过父母，父母怎么去监督他们？但法庭最后还是判父母败诉，理由是：即使到了互联网时代，父母还是要关注和监督孩子。除非父母能提出证据，他们已经尽到了监督责任，或即使尽到监督责任也无法避免这样的事情发生，父母才可以不承担孩子上网给他人造成的损失（判例16）——可惜父母不懂法，在法庭上未做任何辩解：他们是如何告诫女儿不得下载网上音像作品，而且经常监督女儿的上网情况。尽管如此，女儿还是瞒着他们下载作品。在这种情况下父母就不用承担赔偿责任。

非法下载或上传的赔款情况

受侵害者通过律师写信警告侵权者，但真要起诉侵权者也不是这么简单。不仅要耗费大量精力，而且一场官司可以拖上一年半载。所以律师通常只写警告信，索取"律师费"，因为律师费是律师自己赚的，而没有诚意真为被侵权的音像公司索取赔偿费。但其仅仅向侵权者索取的律师费就漫天要价，即根据该侵权行为的争议价格（动辄就是5万欧元）作为争议基值，律师费就高达890欧元。

为了杜绝这一现象，2008年德国议会通过版权法，在97a上规定：对"简单"侵权行为或非商业性侵权行为，最高只能收取100欧元警告费。但何为"简单侵权"（Bagatell）和"非商业性行为"？法律上一片模糊。于是，这些律师找出种种理由，认为该侵权行为已不属于"简单"侵权，还是要价上千。被追诉者通常都下载了许多音乐或录像作品，于是一下就被律师榨取几千欧元。社会呼吁，法律还必须进一步修改和界定，但在更新的法律尚未推出之前，将会有许多人遭殃。

实例 11：一个客户在 eBay 上拍卖一张激光唱片。为了让买者知道这个唱片的歌曲不错，便选了一小段放在 eBay 网上。因为他技术不熟，是以最普通的方式放上去的，没有加上防止下载的设定，即人人可以将这段音乐下载下来。于是，他被唱片公司警告，说他将该公司的音乐作品上传到网上任人下载，违反版权，要他支付 800 欧元警告费。该客户拒绝，理由是：按照法律，对这样小小的侵权行为最多只能处 100 欧元警告费。唱片公司上法庭起诉，果然胜诉。法庭认为：该客户将别人作品上传到网上，不加任何防范下载的措施。这种行为已经超出了法律定义的"简单"侵权行为。所以不适于最高 100 欧元的法律前提，必须支付 800 欧元（判例 18）。

实例 12：一个家庭突然收到 Rasch 律师事务所账单，要他们支付下载两首歌曲的版权费分别为 1200 欧元和 450 欧元。这个家庭非常惊奇，一问才知道，是 12 岁的儿子上网时，看到写着"免费下载"（free download），便下载了这些歌曲。该家庭只能自认倒霉，也没有官司打胜的把握，便支付了 1650 欧元消灾。付完后以为就此结束，没想到几天后又接到该律师事务所账单，又要为另一首歌支付费用。父母一查儿子电脑，居然从该网页先后下载了 295 首歌！于是，每次都是收到该律师事务所的 500 欧元、800 欧元账单，几个月共付出几千欧元。这对可怜的夫妇每天都不敢去开信箱，就担心今天信箱里又躺了几份新的账单。另一位女孩从网上下载了一个惊险故事录音，而且该网页上写着"免费"（Gratis）。结果收到律师账单，居然是 3000 欧元，都不知多少倍于商店里出售的这张唱片的价格。

现代家庭中，普遍都有可上网的计算机，家长也不可能一直监督着小孩。但是，如果小孩上网下载歌曲、录像，并没有因为他们年幼无知而在赔款上有所优惠。一上法庭，几乎没有胜诉的可能。所以也有一些不法的企业，就是通过在网上写着"免费"等来勾引小孩下载，他们可以获得更多的"赢利"。近日德国联邦最高法庭还做出判决：有上网可能的家庭要特别关注小孩，小孩的侵权行为必须由父母埋单。

当然，再严密的法律也治不了一无所有的无产者，那些音像公司最恨的就是遇上穷人。公司花钱委托专业软件公司，为之搜寻网上哪些人在非法下载或上传该公司的音响作品；花钱通过律师，上法庭起诉互联网供应商，获得当事人的姓名、地址；又得花钱通过律师，给这些人写警告信，甚至要求经济赔偿。谁知信去之后毫无反应,只能再花钱到法庭起诉,法庭会判非法下载者败诉并做赔偿。但对方依旧不理不睬。音像公司只能再花钱到法庭起诉,要求法庭强制执行,这时才收到法庭通知,说对方是一无所有的穷人,无法讨债。音像公司血本无归。正因如此,音像公司也不敢轻易上法庭起诉,他们也有很大的经济风险。尤其对很小的非法行为,警告费可能也就100欧元,赔偿更不多,但他们不知道网络的另一端,是个百万富翁还是个穷光蛋。

国际协议ACTA对互联网用户的危害

保护知识产权早已成为所有法制国家的共识。但自从出现了互联网,从音乐电影到文章图片,网上应有尽有。人们在网上欣赏、下载甚至非法复制出售,版权所有者望洋兴叹,无法轻易找到当事人。这是一个有法可循却因为技术原因很难获得实际法律保障的新兴领域。在日本、美国的倡议下推出"反假冒贸易协定"(Anti-Counterfeiting Trade Agreemen ACTA),许多唱片、电影公司是条约的幕后推动者,美国电影协会MPAA出资1亿美元。2011年9月30日由美、加、日、韩等八国签署,次年1月26日欧盟27个国家中22个国家签署。ACTA将成为国际条约。

上述寻找侵权者的难点集中在网站和互联网供应商不给予协助。于是ACTA上写上一句(第23条第4款):不仅文件下载人或上传人为非法者,提供上传下载的网页和互联网供应商也是间接支持者,同样承担法律责任。于是,即使找不到当事人,也可以起诉网站和互联网供应商。即互联网供应商必须监视客户的网上行为,发现违法行为必须给予警告。三次警告无效就立即关闭客户的使用权(Three-Strikes-principe)。以此引起的客观效果是,网站或互联网供应商为了保护自己,必须时时监督顾客,成为实际的"网警"。他们要存储顾客的网上信息,这本身就是违法的。根据德国刑法条例 §100a StPO,只有顾客有严重犯罪行为时才容许监督,而现在却要对所有客户进行监督。

如果有人指责某某客户有侵权嫌疑,不用上法庭确认,互联网供应商就必须给出该客户信息,民众的自由言论权掌握在这些私人企业手中,他们的利益和权利凌驾于信息保护权、公民隐私权、自由表达权之上。民众在网上的一点侵权行为就被提升为犯罪行为——这是政治恐怖。德国司法部长就说:"互联网供应商不是警长。"在"网警"的监督下,人们上网小心翼翼,自我制约,这种心理压力限制了他们的言论自由和行为自由。而Youtube、Vimeo、Wikipedia之类的网站本来就是靠无数读者自愿上传各类文章、图片、录像等为主要业务,大网站都设有博客，Facebook、Twitter 网民天天要上传无数信息和议论，人人都可以在 eBay 将合法、非法的商品上网销售。这些网站只提供一个交流平台，不做监督，所谓文责自负。如果严格执行 ACTA，这些网站几乎都无法生存——由于互联网而刚刚形成的自由幻象世界，一下涌入了大批"网警"。这些网站为应付 ACTA 需要雇用多少"网警"？难怪 Google、Yahoo、Wikipedia 等联手发起抵制运动，Wikipedia 甚至关闭网站一天，Google 在网页标上"检查"以示抗议。

因为互联网的出现，这一代人是享用免费资信、免费录像和歌曲的一代，很少再去思考版权问题，怎么能忍受突然将遭受如此限制。限制网上自由就是限制言论自由，"网警"的行为直接侵犯公民隐私权，连许多自由主义政治家都无法接受。ACTA 到欧盟咨询时，欧盟负责 ACTA 的专员 K.Arif 一气之下当即辞职，呼吁全社会抗议。德国科学机构马克斯·普朗克研究所呼吁欧洲议会抵制 ACTA。后来，欧盟司法专员 V.Reding 表示，保护知识产权不能凌驾于保护言论自由和信息自由。好在欧盟在通过《里斯本条约》时做了修正：欧盟国家要签署国际条约，必须获得欧洲议会同意。ACTA 引发了全欧洲战后最大规模的民众抗议，欧洲议会最后只能拒绝 ACTA，美国电影界忙了半天的 ACTA 就此夭折。

世界到了互联网时代，传统知识产权理念要修正，要通过全社会讨论，在版权所有者利益与公众利益之间重新权衡和重新界定。

判例

判例 1：BVerfG，Urteil des Ersten Senats vom 15.12. 1983，1 BvR 209/83 u. a. – Volkszählung –，BVerfGE 65，1

判例 2：Amtsgericht Berlin，5 C 314/06，v.27.3.2007

判例 3：LG Berlin，23 S 3/07，v.06.09.2007

判例 4：Amtsgericht Muenchen，133 C 5677/08，v.30.9.2008

判例 5：Landesgericht Darmstadt，25 S 118/2005，v. 12.07.2005

判例 6：Bundesgerichtshof，III ZR 40/06，v.26.10.2006

判例 7：Landesgericht Darmstadt，9 Qs 573/08，v.12.12.2008

判例 8：Bundesverfassungsgericht，2 BvR 902/06，v.16.6.2009

判例 9：Bundesverfassungsgericht，v.2.3.2010

判例 10：Amtsgericht Bochum，35 Ds 4 Js 674/05-223-07

判例 11：Amtsgericht München，142 C 2564/11，2011.11.23.

判例 12：Landesgericht Frankfurt/M，2-6 S 19/09，2010.8.18.

判例 13：Landesgericht Frankfurt/M，2-3O771/06，2007.02.22.

判例 14：OLG Frankfurt a.M.，11 U 52/07，2008.7.1.

判例 15：Bundesgerichtshof，I ZR 121/08，2010.05.12.

判例 16：Landgericht München I，7 O 16402/07，2008.06.19.

判例 18：Landgericht Hamburg，308 S 12/09，2010.4.30.

退出合同的法律问题

一、经济领域的交换或合作都是狭义或广义的合同关系，合同法是整个民法的支柱。而合同法中最大的难度和最多的法律纠纷，就是退出合同。签署合同是双方自愿，所以很少发生冲突，却可能因为签署不慎而埋下了冲突的后患。退出合同是双方矛盾累积到最后的总爆发，双方直接面对法庭交锋。

二、签署合同最重要的两点：审视合同主体，书面的内容就是谈判时说好的内容；如何退出合同，即必须为日后由于种种原因而无法持续该项目，保障退出合同的权利。

三、尽量避免自己单方面退出合同，万一退出不成功，将会带来灾难性的经济赔偿。所以要通过种种方式，让对方提出退出合同，尽量把退出合同的"黑锅"推给对方。

四、如果一定要退出合同，就一定要注重法定的退出步骤：先是警告对方，如果在限定时间内再不履行合同，这方将退出合同；到时对方还是没有履行合同，这方才可以书面宣布退出合同。

遵守合同是法制国的最重要原则，早在古罗马法时代就有。只是古罗马法时代，对合同的定义比较严密或狭窄，只有那些具备一定签署形式的约定，如必须有五位证人在场才算合同（contractus）——今日德国民法中只有房地产合同有此规定（§311b BGB）。谁没有遵守合同，就可以对他起诉。而其他民事主体相互间私下不正规的约定（pactum），没有法律地位。即使对方违反了，也不能上法庭起诉。直到中世纪的教会法学，才将"合同"概念推广到所有形式，即任何约定，如口头约定或事实合同，都是广义的合同，都必须遵守，都可以起诉。欧美法学界迄今沿用教会法学中合同原则的拉丁文原文 Pacta sunt servanda（协议都要遵守），并具体落实到民法（§275 I GBG）和国际私法上。

随着合同概念的扩大，民事关系受保护的面当然更广。但因为没有了合同形式，合同与非合同之间界限模糊，由此引发的法律纠纷更多，可见，古罗马法对合同概念的严密定义不无道理，尽管西方学界迄今无法理解，合同原则居然没有出现在古罗马法，而出现在教会法。按照这种广义的合同定义，经济交流处处都是以合同形式进行的，如你在商店买一个商品，无意中就与商店缔结了一个买卖合同：你出钱，对方出货。

没有形式的合同

因为合同定义界限模糊，许多人反而对合同的观念淡薄，签约不太慎重，甚至看都没看合同全文就签署了。签约前对方求你，好话说尽；签约后你求对方，对方便坏事做绝。如以下几例。

（1）预订一个组合厨房，说好1个月供货，结果3个月都不供货。你回绝后在其他商店订货。结果这方说你单方面退出合同，要你赔偿卖方的损失，即支付相当于售价1/4的赔款，在法庭上还是你败诉。

（2）与人签订合作项目，每年支付给对方多少钱。结果一年来对方几乎没为你做事，但你还得全额支付。想退出合同，上了法庭又是你输。

（3）买了一台笔记本电脑或打印机，没用几天就坏了。要退货？没门。……

签署任何一个合同（广义的商品买卖），大都是对方起草了合同，你一定要仔细阅读合同内容，然后才能签字。其中最最关键的是以下两点。

1. 合同主体（vertragsgegenstand/agreement object）

对方提供的货物或服务项目，经常会发生偏离：当初谈的或对方承诺的是整个项目，要做这做那。结果在合同文字中只写了其中一部分内容。过后遇到矛盾时，你说对方没有履行承诺，对方说履行了。一上法庭，法官仅仅审核书面的合同内容，确认对方已经履行合同，只能判你输。或对方事先为了获得项目，价钱被压得较低。于是就在合同内容中做手脚，没有把所有必须做的内容写入。做到半截，声称某项目必须做，事实也确实需要做，技术上不做该项目就无法做下一步工作。而该项目不在合同的内容中。于是提出加钱，要价很高。你被迫加钱，结果大大超出了之前谈好的价格。

2. 如何退出合同（ruecktritt/kuendigung）

因为对方的原因，例如没有履行合同，时间上或质量上远远差于你的想象；有时出于外界原因，使这个项目无法继续进行。这时你必须中断项目，即退出合同。定义退出有三个参照：

（1）合同上已经说明如何退出；

（2）对方公司的普适条例AGB中有如何退出合同的条款；

（3）民法上说明如何退出。

麻烦的是，如果三者同时存在，则合同的法律地位最高，普适条例其次，民法最低，这可能与常人想象的法律等级相反。常人和律师对退出合同的理解往往只停留在民法上，而法官首先看的不是民法，而是合同。因此，对方合同中所写退出合同的内容，往往对他非常有利，对你非常不利，远远差于民法上说的要件。正因如此，你就必须之前仔细研读合同中退出合同是否写了、怎么写的，对你有多大的潜在威胁。

如果签署时没有注意这些问题，过后遇上矛盾，想退出合同，或要上法庭起诉，就必须保持非常冷静的头脑，重新找出当时签署的合同仔细研读，合同上是如何写"合同主体"和"退出合同"的。而不能根据谈判时你与对方谈的情况和印象（口说无凭，全部作废），或想当然地理解合同的主体。必要时可以找律师咨询。然后再权衡利弊，在尚未惊动对方的时候就要设计出自己的对策，看看上法庭之前还有什么步骤要做。

退出合同的法律途径

合同原则是欧洲民族的祖法，也是法制的最重要支柱，所以谁也不愿轻易改变。但司法的目的不是维护祖法，而是彰显社会正义。在现实中，许多合同尽管签署了，但由于种种原因，合同是不合理的，或合同实在无法再这样地继续下去，法律应当保障每个人也有签署不合理合同后再退出的机会。所以，民法虽然在总体上保障合同原则，但也给出一个个"例外"，其中最大的是2002年实施的民法修改，使合同法在欧盟范围内获得基本统一（欧盟条例RL97/7/EG）。据现有民法，退出合同大致有五类。

（1）在特殊领域（如网上购货），你在一定期限内可以单方面取消合同（Widerruf），而不用做任何说明。

（2）对一次性买卖或委托他人做一项目，如果对方有违约行为，你可以退出合同（Ruecktritt）。如果退出成功，则就像没有签署该合同一样，一切恢复到签署前状况：双方退还所获得的物品和钱款。在金融领域（如银行汇款），俗称为"终止"（Stornieren）。

（3）对持续性项目，如果对方有违约行为，或对方的企业状况或项目状况发生了根本性改变，你就可以"解除合同"（Kuendigung）。如果解约成功，则对解约之后行为产生法律效应，解约之前的行为还得按照原来合同办理。而且必要时，你要赔偿对方由于解除合同而遭受的经济损失。

（4）无论一次性或持续性合同，如果因为你方对项目或所买商品的误解或对方之前对你的欺骗而缔结，你可以"取缔合同"（Anfechten）。如果取缔成功，则就像没有签署该合同一样，一切恢复到签署前状况，双方退还所获得的物品和钱款。

（5）如果对方是欺骗你，隐瞒你，以各种假象诱惑你，或在签署合同前没有向你详细说明该产品对你的利弊或风险，因此造成你的损失，你可以过后要求对方赔偿损失（Schadenersatz）。

退出合同的经济风险

退出合同一定会引起双方一场法律争议：一方认为已经满足退出合同的条件，所以单方面宣布退出合同；另一方认为没有满足条件，认为退出合同无效，即合同依旧有效。所以，退出合同的风险很大，不到万不得已尽量不要退出合同：如果不退出合同，显然一方已经遭受到损失和不公；但退出合同，结果没有退出成功的话，另一方要求一方照样付款，或赔偿"非法"退出合同所造成的损失，结果，一方损失更大。所以这里需要特别的冷静和智慧，绝对不能蛮干。

案情：A委托建筑商B修房，B看了房子情况后，与A签署修建合同，修建费用（材料费与人工费）共6000欧元。施工前夕建筑商B发现或找到涨价的借口，说房子的地不平，增加了建筑难度，所以要增加费用，而且一加就是3000多欧元。A不同意，希望少加一点，对方拒绝。于是A单方面退出合同，找了建筑商C来修建。没想到建筑商B过后开来账单，要求A赔偿4000多欧元。A搞不懂了，B一点事都没做，材料费与人工费都没花，怎么可能产生这么多损失？相当于整个工程款的2/3。

这里问题在于，如果A没有道理地退出合同，则对方真有权利要求A赔偿这么多钱。通常人都以为，赔偿损失就是赔偿对方确实产生的实际损失，在本案中几乎没有这个意义上的损失。但法律规定的损失，除了实际损失外，还包含盈利损失。B搞这个项目，除了投入自己的成本外，剩余部分是B的盈利。至于盈利占整个价格的多少比例，要看总价格中人工费与材料费多少，那都是外人很难精确知道的。于是，对方将这一项目的前期人力费用（谈判、测量等），加上盈利，说相当于4000欧元，你能说太多？除非上法庭后由法官委托第三方来鉴定是多是少。

正因如此，主动退出合同的风险很大。如果以是否有足够理由退出合同来与对方争议，有点凶多吉少。所以笔者详细了解前因后果，阅读了所有来往信件与合同，对本案的分析完全换一个思路：不是A方退出合同，而是建筑商B方退出合同，把退出合同的黑锅推给对方。具体思路是以下几点。

（1）签署合同前对方来看过房子，在完全知道地面状况的前提下签署该合同。所以，地面的实际状况是对方自认的。

（2）对方要求增加费用，实际是要修改已经签署的合同；这方拒绝，新修改的合同没有成立，所以原来合同依旧有效。

（3）为此，双方必须履行原来的合同。而对方不加钱就不施工，即拒绝履行合同，可见是对方没有履行合同，单方面退出了合同，怎么会要求这方赔偿对方的损失？相反，应当是对方要赔偿这方的损失。

笔者写了一封信给对方，陈述了上述理由。后来，对方没有了声音。

退出合同的形式与步骤

现在通信形式多样，方便和加速了交流，但也造成了写信、处事的随意性，人们经常是电子邮件来往。尤其在退出合同这样重大的问题上，不仅要通过书面邮寄的形式，还得看一下合同与法律，知道以怎样的形式才能退出合同。往往一个小小差错，即少走一步，甚至少写一句话，就会铸成全盘皆输的后果。结果，本来有充分理由退出合同的，却没有退出成功，造成惨重损失。在此举德国最高法院的实际判例（判例3）。

案情：公司A与金融公司B于2009年8月签署了为期3年的收款管理合同（Factoringvertrag），A委托B向客户追讨欠款，B从追回的欠款中提成4.05%，再加欧洲银行界之间的3个月平均利息（Euribor）。但A至少保证，B每年能从A获得7.5万欧元。没想到2010年1月B书面写信给A，单方面宣布将提成额提高到4.8%。A立即通过电子邮件告知A："不同意提高0.75%的提成额。我公司刚从银行降低了利息，我们在罗马尼亚贷款利息甚至低于5%。您的提高提成额不符合现在的欧洲金融状况。"

尽管如此，后续的几个月中，B在追回欠款后以4.8%提成，将余款汇给A。2010年4月A再度写信给B，不同意这种做法，要求将多扣除的款还给A。5~6月间双方谈判，B建议以往多收的款就不还给A了，但此后提成额可降到3.5%。

过后 A 写信给 B，是否修改合同要另作考虑，但 B 必须先把多收的款退回。B 回复说，现在经济情况下以 4.05% 的提成额无法做，而且退回款是不合适的。最后双方没有达成共识，在后续的几个月中 B 继续以 4.8% 提成。A 受不了，于 2009 年 8 月底单方面宣布退出合同。这时 B 手上还有 A 的 5.2 万欧元，便拒绝转给 A，认为 A 单方面退出合同无效，该合同直到 2010 年底依旧有效，A 必须支付至少每年 7.5 万欧元。A 拒绝，一场官司就这么爆发了。

根据民法 §314 II BGB：如果合同一方没有履行合同义务，则另一方先要警告（abmahnung/warning）对方，并给出期限要求对方改正。如果到了期限对方还是没有改正，这方就可以退出合同。从上述案情总体来看，显然金融公司 B 无理，单方面提价就相当于单方面践踏合同，没有履行合同义务。所以从情理、法律上，A 完全有理由退出合同。

但法律强调，退出合同前必须警告对方。按照法律的做法也很简单，A 书面写信给 B 说几句话即可："要求 B 退回多收的款，而且此后只容许按照合同提成 4.05%。要求对方在两周内给予确认。如果不给予确认，或此后继续以超出 4.05% 的额度提成，这方将提前退出合同。"如果两周内 B 未做确认，甚至过后继续以 4.8% 提成，A 就可以书面致函 B，单方面宣布退出合同，同时要求退还所有多收的提成。如果不退，立即上法庭起诉——如果 A 真以笔者说的步骤和写法去做，无论退出合同还是追回欠款，两案在法庭上必胜无疑。可惜，A 没有这么去做。

A 为了提成的事确实与对方通了邮件，还做过当面谈判，但没有明确以"退出合同"的威胁来警告对方。那上述这些争议提成额的通信是否能算警告了对方？这成为 A 方宣布退出合同是否有效的关键。A 要清晰地意识到，B 方提高提成额与 A 方退出合同，两者尽管有事情本身的因果关系，但在法律逻辑上，两者没有任何关系：即使 A 方没有退出合同，A 照样可以起诉 B 方退款，任何超出合同的款项都相当于 B 方在非法偷窃 A 方的款；无论 A 方是否要求对方退款，都可以以对方没有履行合同来退出合同，但必须按照法定程序去做，而与是否要求对方退款无关。恰恰在这一点上，A 将两件事混为一谈，因为少写几个字而损失了 15 万欧元。

初级法院败诉：在初级法庭上，法庭判决（判例 1）：B 方没有履行合同，必须退款；A 本来可以据此退出合同，但 A 没有事先警告对方，不符合法定退出合同的要求，所以退出合同无效。结论：B 退款给 A 多收的款，A 支付 B 两年的最低提成费共 15 万欧元——A 大亏。

中级法院胜诉：A 又到中级法院起诉，中级法院出乎意料地判 A 胜诉（判例 2），理由是：合同中没有限制双方可以提前退出合同（引注：但要陈述退出理由）。A 多次拒绝 B 提高提成额，双方谈判没有成功。所以，B 单方面宣布的提高提成额无效。尽管如此，B 从 1 月到 8 月多收了 A 方 8696 欧元，相对总提成额的 4.7 万欧元，相当于多收了 18%，这是很高的比例。而且，这种违背合同的行为长达半年多。其间 A 向 B 提出过三次"警告"，B 我行我素。尽管在警告函中没有直接用到"警告"这词（引注：A 写了三次拒绝提高提成额的邮件），但无关紧要。即使 A 没有写警告函，A 已经明确表示拒绝增加提成额的态度。这就相当于警告了 B。如果 B 再这样做，将有可能受到法律惩罚，包括 A 退出合同。因为 B 继续这么做，A 没有其他选择，只能退出合同，即 A 退出合同是成立的。既然 A 退出了合同，合同无效了，A 当然没有义务再支付 B 后续的最低费用。

最高法院又败诉：B 方不服中级法院的判决，又告到联邦高级法院，2011 年 10 月 12 日双方在最高法院调停。

在此要大致说明德国三级法院的功能：初级法院是整理所有与案件有关的资料，并做判决；中级法院不再增加案件资料，仅仅审核初级法院依据这些资料所做出的判决是否合理；高级法院不仅不再增加资料，甚至都不审理案情，只审核在中级法院所援用的法律中，对法律的理解或解释是否有误。通常案件只涉及案件本身的情节，不涉及法律，所以只到中级法院为止。但本案涉及对"警告"的法律解释，即 A 向 B 发过多次信件，尽管没有直接提到"将要退出合同"，是否可以认为 A 已经警告了 B。所以，B 将此案告到最高法院没有错，法院仅就此案，对"警告"一词做出了最权威的法律解释。如果高院的解释有异于中院，中院的整个判决就自然被推翻。

法学界对民法中"警告"（abmahnung/warning）的理解："警告"并没有特定的语言形式，只要能清晰表达"如果对方不能补救，这方将退出合同"的意思即可，而不一定直接用到"警告"一词。甚至有学者认为（如 von Hase 及慕尼黑民法评论集），如果一方已经明确指出对方违背合同，就已经达到了民法 §314 BGB 意义上的"警告"，该学者观点已被多处法庭引用。但最高法院的判决还是认为，在"警告"中必须让对方明确看到，对方的行为是违背合同的。如果再犯，这方将退出合同。总之，对这一"警告"的理解众说纷纭，尚无明确定论。

最高法院认为，民法 §314 II BGB 中特地强调，对违背合同的行为必须先警告对方，希望对方限时改正。过了期限对方依旧不改正，这方才可以退出合同。这个法律条款以前民法中没有，是参照旧民法 §326 I BGB aF 引入的，那是针对没有按时供货的情况，这方必须再宽松一个时间（nachfrist/additional respite），书面警告对方限期供货。如果再不供货，这方将拒绝接受过后送来的供货。所以这段法律的意义在于，这方要让对方明确看到，对方这样做是违背合同的。如果再这样下去，将要承担怎样的法律后果。如果尽管如此对方还是照旧，这方当然可以退出合同。

审核 A 方的所有信件，法官对 A 的五封信一一做了评论，都只是讨论是否增加提成额，最多指出对方的行为违背合同，而没有一封信可以让人看出，如果 B 继续这样做，A 将退出合同，即都没有起到"警告"作用，无论是否直接用了"警告"这个词。至于 B 曾经书面拒绝 A 归还以前多收的款项，只是双方在讨论是否要增加提成额的问题，不能看作是 A 以退出合同来"警告"B 而 B 拒绝 A 的"警告"。

结论：最高法院判决 A 退出合同为无效，推翻了中级法院判决，又回到初级法院的最初判决。

判例 1：美茵茨州级法院 LG Mainz，5 O 308/09，1.6.2010
判例 2：科布伦茨州高级法院 OLG Koblenz，6 U 781/10，23.12.2010
判例 3：联邦最高法院 BGH VIII ZR 3/11，12.10.2011

网上订购的退货问题

一、网上购物变得越来越简单,但没有看到实物,不知网络那边的商家如何,收到货物后很可能又反悔了,想要退货。因为网上订货有这些欠缺,法律上特地保障购买者有无条件退货的权利。

二、保障无条件退货的前提是:卖者是专业户(商家或个体户),买家是私人消费者(不是出于职业、生意等需要)。退货期限通常为14天。对40欧元以内的货物,买者支付回寄的邮费。

三、上门推销、采购旅游等消费者也都享有14天之内无条件退货的权利。

在电子化和网络化的现代生活,买卖商品变得越来越简单,网上按一个键就买下了。但一笔买卖无论价值高低,法律上就相当于签署了一个买卖合同。正因为简便,所以买者也容易轻率。而在网络的那一端,商家为了招揽生意,往往好话说尽,却隐去了商品本身的问题。网络方便了人们买卖,但商品质量参差不齐。或者,因为网上只看到商品的照片和简单说明,并没有看到实物和具体资料,很难获得售货员的直接咨询,更不可能试用。许多人买下后,即收到邮寄到的商品又后悔了,想要退出合同即退货,这就不那么简单。所以,欧洲议会或德国议会,对网上订购的规制突破了传统的合同法,多了一层保护。同样情形也出现在电话推销上。在买卖心理上(未作仔细思考而轻易买下),上门推销和购物旅游等也类似于网上购买的情况，所以法律上对这几种特殊买卖情况，做了同样的特殊保护。

网上订货：可无条件退货

为了保护消费者，德国议会破例对传统的合同法做了修改，对不是客户亲自到卖主那里去建立的买卖合同（fernabsatzvertrag/distance contract），按照民法§312b BGB，如通过网上、电话、信件、传真等建立的合同，要受到更多的保护。根据民法§312d 和§355 BGB：如果网上订货，或通过电话、传真订货，或根据商家的产品目录而电话、传真、电子邮件等订货，则在限定期限内，可以无条件退货（erfuellungsanspruch/claim for performance）。按照法律解释，当买者收到邮寄而来的商品后，买者是否算已经真的买下该商品，尚属未定（schwebezustand/state of limbo），所以买者保留不买该商品的权利。所以严格按照法庭的解释，即使已经收到商品又决定不买的，这时不是"退货"，而是买者正在看货，并决定"不买"，寄还给卖者。当然，有些特殊订货是不能按照该法律条款简单退货的。

1. 消费者与企业

这款法律只对私人消费者（买主）与企业（卖主）之间的商品买卖起作用，而对两个消费者即私人与私人之间的商品买卖（如通过 ebay 或 amazon），或两个企业之间的买卖，不起作用。所以，许多在 ebay 或 amazon 上出售旧商品者，会在下面注明：我是私人出售，不接受退货。如果对方是商店、公司或个体专业户，则对方属于"企业"，适用本款，对方在确认购买时，还必须主动向买者书面表明：你保留退货的权利，如何退货。

对消费者（verbraucher/consumer）的定义，是在民法§13 BGB：任何自然人，如果他买的东西不是为了他的生意需要或个人职业需要，即普通的私人订货，也为私人所用。当然，一些雇员或个体户买一些必要的工作用品，也还能算作"消费者"。

对企业（unternehmen/company）的定义，是在民法§14 BGB：简单地说，就是企业或职业性从事该买卖或生意的企业或个人（个体户）。根据判例，那些只是业余时间从事商业活动的人，也包含在其中，如在 ebay 上就有不少所谓的变相个体户（ebay-power-seller）。

2. 退货期限

退货期限通常为 14 天。前提是，最晚在订货后的 24 小时内，卖主就书面将"如何退货及其期限"以信件或电子邮件的形式发给买主（§112 BGB），上面明确写道：买主有无条件退货的权利，最长退货期，退货通知发给谁，退货邮寄给谁（地址），具体要求在民法§360 BGB上有具体规定。仅仅网上挂着"如何退货及其期限"的条款还是不算数的。如果卖主晚发或遗忘后再补发，则退货期限为买者获得上述通知后的1个月。如果根本没发，或没有按照规定的信息要求来发，则买主永远保留无条件退货的权利。

3. 书面通知

如果买主要退货，要在上述期限内，书面（！）通知对方，不用陈述退货理由。书面通知中，不一定直接用"Widerrufen（撤销合同）"这个词。但必须清晰地表示，他不想要该商品了。或者不写信，直接将货物寄还给卖主。在尚未通过的法律修改中规定，必须写信（§355 I S.2 BGB-RegE）。书面通知对方的形式在民法§126b BGB中有规定，可以通过寄信或传真（必须签名！）。现在，法庭也基本认可通过电子邮件传给对方的信（判例1）。

4. 寄回商品

买者表示退货后，要尽早将货物邮寄给卖者，由买者自己决定通过怎样的邮寄方式（邮递公司，包裹形式）。法律没有规定，一定要用原包装寄回给对方。而且根据民法§357 II BGB，邮寄的风险也由卖者承担。如果货物寄丢了或损坏了，卖者只能自认倒霉。

5. 邮寄费用

根据民法§357 II BGB，如果邮购货物高于40欧元（不包含邮费），并且买者已经支付了买这商品的费用，则回寄邮费全都由卖者出。否则，根据卖者事先的买卖条约，可以由买者出。这点在德国不同的法院尚有争议。有的认为，卖者事先要有专门的说明；有的认为，只要在卖者的普适条例AGB中写明了即可。

对40欧元的界限，如果买者要退货的是多个、甚至同样的商品，则还是要按每个商品的价格来定，而不能将所有退货加起来算是否超过了40欧元。除非有些商品通常是一起买的。如买相机另加特殊镜头等，就可看作是一套。一个判例中是6个椅子，单价30欧元。法庭判决，可以一起加起来算作"一组椅子"（Sitzgruppe），故总价180欧元，卖者要承担全部邮费（判例2）。

买者支付的费用中，还包含商品寄来的邮费。根据欧洲法院判决（判例3），这笔费用也要算到卖者身上，即卖者退还给买者的是全部费用（商品费与邮费）——卖者一下损失两程邮费。可惜在将可能通过的法律修改中规定，无论商品价值如何，寄回的邮费都由购货者承担（§357 VI BGB-RegE），这对消费者的待遇明显变差。

并不是所有的商品都可以如上所述无条件地退货。民法 §312b III BGB 中列举了七类例外。

第 1 类：向远程教育机构的报名合同不能按民法取消合同——已经有专门的远程教育保护法（FernUSG），给予报名参加者具体的足够保护。

第 2 类：短时间租用房子（如休假房），（旅行社）长时期稳定的休假产品，中介公司的各类介绍或交换项目，不能退出——这些已经在民法 §481-482 BGB 上有足够具体的保护措施。

第 3 类：参加保险或介绍参加保险——这在保险合同法中有专门措施，§8 VVG 说明：无论在网上或当面签署的保险合同，签署合同后的 14 天之内，受保人可以无条件取消合同，除非保险的期限本身不到 1 个月（如旅游医疗保险）。

第 4 类：拍卖地产（grundstueck/ground）——因为有专门的法律规范。

第 5 类：订购要定期送货的食品及日常用品 ——这在民法 §474 BGB 中已经给予了足够的保护。这里所谓的"定期"，不一定指消费者是否经常订货，而要看该供货者的供货情况。当然，订阅报纸等不在此列（判例 4）。

第 6 类：在服务业中，住宿，运送，订购食品、饮料及其他业余活动设施，如果该企业必须定时送到的话——这里包含了预定旅游项目，旅店，火车票，飞机票，租车，电影、戏剧、音乐会、体育比赛等的门票，不能退货。这栏项目可以很广，又没有明确的界限。例如预定一个健身项目不能退货，而预定一个按摩项目又可以。

第 7 类：如果在自动售货系统，或当你使用某项目时（如在公用电话亭），已经自动开始计费，则不能退货。如果订购后（如电话卡）是过后才用，消费者还是有无条件退货的权利。

在德国政府最新递交的法律修改草案中，不能退货的项目可能还要补充四项。

（1）对出于卫生原因而有封条的卫生商品，如果订购者损坏了该封条，就不能再退货（§312g II Nr.3 BGB-RegE）。

（2）有些商品必须与其他商品一起购买，也不能退其中的一部分货（§312g II Nr.4 BGB-RegE）。如邮购燃油，店家根据需要已经从大罐油桶中倒出灌好，剩余的灌到其他油桶。如果邮购者过后说不要了，店家无法再灌回到原来的罐中。或已经灌到客户的油箱中，新旧油混合，无法再倒出来了。

（3）订购的酒类饮料，其价格是双方（在网上或电话中）事先讨论商定，而供货期在 1 个月以上的，虽 1 个月后市场价格晃动，也不能退货（§312g II Nr.5 BGB-RegE）。例如一箱酒双方说好 100 欧元，几天后市场价涨到 110 欧元，店家对已经订购的客户当然不能涨价,客户赚进 10 欧元;但如果跌到 90 欧元,若容许退货,则店家就亏损 10 欧元。显然两者都不合理。

(4)付费下载的软件或歌曲等,下载之后,当然不能再"退货"(§356 II Nr.5 BGB-RegE)。

弥补供货人的折旧损失

许多邮购者并不是订购后立即不想要,而是收到货物后,打开包装,检验甚至试用了一下,发现邮购的商品不太理想。按照 2011 年 7 月底才新增加的民法§312e BGB,只要还在退货期 14 天或 1 个月内,使用该商品仅仅出于检验目的的,则照样可以无条件退货。根据§357 BGB,除非订购者真正使用了几天又不想要了,而且供货商又事先专门书面告知过购货者,使用后再退货的要支付折旧费,购买者才要支付一定的使用费。

这里有争议的是,订货者检验该商品到什么程度,才能算上述的"检验"而不用赔偿折旧费?根据现有判例,如果订购者在商店买下该新商品时,通常也可以检验,则网上函购者也有同样的权利以同样的形式检验,只是在自己家里进行而已。检验结果不如意,就可以无条件退货。甚至,该商品检验后就不能再算新商品了,卖主也必须接受。有一人订购了一个睡觉用的水垫,买到后在水垫内灌水,试用,感觉不如意,就退货。邮购商店要邮购者支付一定的折旧费,被拒绝。官司打到最高法院,邮购者胜诉(判例 5)。当然,有些商品如化妆品、卫生用品等,在商店里也很少有打开检验的,所以邮购者也不能打开后再退货。

若邮购商店收到退货后,发现邮购者将商品已经糟蹋到这等程度,绝不仅仅是为了检验商品,因此要求邮购者赔偿。这时,邮购商店(而不是邮购者)必须递交证据,即根据该商品被损坏的程度,证明邮购者使用该商品已经超出了仅仅为检验商品的试用程度。当然,也确实会遇到很差劲的邮购者,为了一次周末舞会,订购一套漂亮的晚礼服。舞会穿完后便去退货,说只是"检验"了一下该衣服,邮购商店如何证明,邮购者是否真正使用过这件衣服?德国议会和法院还没有想出招数来杜绝这种现象,邮购商店只能自想招数,例如在衣服上贴有一次性标签。如果订购者试穿后完全满意,即不会再退货,就可以将标签去掉。这样,那些想一次性使用该衣服的人,就无法带着标签去参加友人的聚会了。

如果确认订购者不仅是试用了,而且真正使用了该商品,订购者要做一定的赔偿。但§312e, 357 BGB 规定,订购者只要支付"使用费"(nutzungswertsatz/ compensation for use)!而不是通常想象的商品的"贬值费"(wertersatz/compensation for devalue），即适用于经济学中所谓的"价值消耗理论"（wertverzehrstheorie/theory of depreciation）。例如花 200 欧元订购一个榨果汁机。该机器通常可用 500 次，现在只用了 50 次，则使用损耗费就是 50/500，订购者只要支付 10% 即 20 欧元。而如果按贬值费来算，这样已经用过的榨果汁机，哪怕 100 欧元都没人要，即店家至少损失 100 欧元。而且法律规定，使用费必须由店家以一定的依据来算出，而不用劳驾消费者自己算。如果订购者只是持有了一段时间商品，但没有使用，则根据"价值消耗理论"，就不用支付分文损失费。在议会尚未通过的法律修改中，将本来只是支付"使用费"的规定，又将变成赔偿"贬值费"（§357 VII BGB-RegE）。显然，这将对订购者大为不利。

2011 年欧盟通过了新的民法修正案 2011/83/EU（VRR），到 2013 年 12 月 13 日前，欧盟各国必须将这一方案的内容写入各国自己的民法。德国民法中要修改的主要是 §312g BGB，2012 年 12 月 19 日已经由德国司法部递交了法律修改草案，但迄今尚未通过，因为新修改的内容对消费者明显不利。所以，网上邮购是一个新的商业领域，会出现许多前人没有想到的问题，其法制的健全、政策的合理，尚需要一个过程，故这几年中还会出现许多法律变动。

退货实例·网上买书

现实中的情况往往没有法律文本上写得这么简单。尽管法律非常完备，对消费者如此保护，但还是经常会遇上意想不到、不尽如人意之处。

实例 1：商界朋友 W 想在网上书店购买《民法评论》L（Luchterhand 出版社，128 欧元）。完成操作后才看到，笔者优先推荐他的是《民法评论》B（C.H.Beck 出版社，109 欧元）。于是，他又购买了 B，想把已订购的 L 取消。只是，有些网上商店的网页做得如此之恶，订购的步骤写得清晰明了，退订的步骤没写或写得一头雾水，想退订没那么简单。W 在该商店的网页上转来转去，似乎已经退订了 L。两天后接到书店的确认函，就是订购了两种。但他忙着出差一周，回来几天后才想起这事，便给网上书店去函，说明缘由后要求取消订购 L。但网上书店说，已经为时太晚（过了 14 天），无法退订，必须付款。于是 W 来找笔者询问：网上订购，不是订购两周内还可以无条件取消订购吗？

笔者一分析他的情况，感觉还不这么简单。民法 §312b BGB 所保障的网上订购可以无条件退货，是专指私人消费者向一家企业订购。网上商店属于"企业"无疑，但 W 可不是"私人消费者"，他也是企业或个体户。他买书不是为了他的业余消遣，而是出于他的职业或商业工作的需要。本来，订购一本书谁也不知道你是私人还是企业，或通常都会被看作是私人买书。但 W 想通过他的公司付款，要求书店开的账单抬头是他的公司，所以，无法再冒充说他是私人订货。于是，民法中对网上订购的保障条款无法用到他的身上。

这就要退一步，按照通常的退货来思考。这里可以考虑的是取消合同（Anfechten）的民法 §119 BGB：如果因为误解而签署了一项合同，过后可以单方面取消。在本例中，他并不想买 L，因为看错了或按错了键，才"买"下了 L。显然，是他在向书店表述自己买卖意愿时，发出了错误的信息，产生误解，按照旧民法属于典型的"表述误解"（§119 I 2 BGB a.F.）。一旦取消合同成功，就相当于没有签订这个合同，W 当然不用缴 L 的书款。但这里又有麻烦，民法 §121 BGB 要求，当你知道发生误解时，必须立即向对方表示取消这笔买卖。所谓"立即"，按照法律原话，就是不能因为当事人的过失延缓递交取消合同的声明。W 知道发生误解后 14 天才向对方提出，那是明显的延误。出于误解而退货的权利，就这样被他自己给丧失了。

于是就剩下最后一招：承认购买合同是有效的（即 W 应当支付 L 的书款），但书店的网页在取消定购上做得如此繁复，让普通购买者无法一目了然，从而造成了订购失误，这一失误构成了 W 直接的经济损失。所以，要求网上书店为此赔款，法律依据是民法 §280 I，241 BGB。

根据民法 §212c I BGB，远程销售企业有义务对其客户讲解销售的（技术）途径。即网上的操作系统要让顾客很简单地知道，如何订货，如何取消。W 作为普通顾客（不是网上专家），尽管做了相当的摸索，仍然不能明确找到如何退订，这就不再是顾客的过失，而是网上商店在系统设置时，没有尽到让顾客清晰明了的义务，造成了 W 的经济损失。根据民法 241 II，311 II BGB，一个合同的建立，各方有义务考虑双方的利益，考虑双方的利益包含签订合同前双方的谈判（网上购买就是签订合同前客户的网上操作）。由此可见，W 犯的这个错，是因为网上商店没有尽到自己的法定义务。为此，根据民法 §280 I BGB，没有尽到义务的一方必须赔偿另一方因此造成的经济损失。赔款额恰恰就是 W 要支付的书款，所以两相抵销，W 不用支付书款。此案几经交涉，后来没有上法庭就获得了圆满解决。

退货实例·退货的折旧赔偿

据德国工商协会对 400 家网上商店的调查，网上购物中的退货率达到 1/7，80% 的商家起诉过客户滥用退货权。滥用退货权最多的是一次性使用的商品，如晚礼服、休假用帐篷、潜水用具等，用完后（两周内）又寄还给商家退货。上述 1/3 的商家表示，退来的货哪怕几乎没有用过，也至少降低价值 30% 以上。有些卫生用品、化妆品等，退来的几乎无法再出售。55% 的商家只能取消出售这些比较容易退货的商品，或将可能退货的损失加到价格上去，价格提高 35%。正因如此，德国民法在赔款上也做了相应改动（§357 III BGB），即如果商家在出售时明确向客户表示，如果退货就要赔偿"价值损失"，而不是以前法律规定的只赔偿"使用损失"。人们为此去欧洲法院起诉，欧洲法院确认德国的法律部分违法。尽管如此，德国现在还在实施该法。

实例 2：A 想买一辆小的新车给刚获得驾驶执照的女儿。自己在车行试车，很满意。确定好车型后，为了降低价格，就在网上买了一辆同型号的小车，1 万欧元。网上商店给他来信，要求他可以先在汽车商店的私人车场里试车，如果不满意，可以立即无条件退货（因为网上购货）。如果完全满意，再去申请上汽车牌照。上了汽车牌照后再要退货，则根据民法 §312d BGB，要赔偿汽车使用损失，即 25% 的汽车价格。

A 不可能长途去另一个城市试车，其实他已经在其他商行试过该车，就让商店直接发货。收到车后他去上汽车牌照，赶在女儿生日那天作为生日礼物给女儿"惊喜"。没想到女儿一点不惊喜，因为不喜欢那颜色。于是，A 只能退货，对方发来了赔偿费 2000 欧元的账单。他是否要支付？

根据民法 §346 II Nr.3 BGB，如果退货时"货物变差了或贬值了"，客户就要赔偿损失。但是，"如果客户是按照规定使用而导致的贬值"，则不用赔偿。

贬值：因为该车几乎还没有被使用，所以没有造成汽车质量本身的"变差"。但新车一旦上了牌照，就被官方写入汽车买卖记录。哪怕没有开过 1 公里路，要再卖出时就成了二手车（年车），价格立即下降至少 20%，即人们公认该车已经被"贬值"了。

使用：按照法律规定，汽车要上路必须要有牌照。所以，A 去上牌照完全是"按照规定"使用该车。所以按照上述条款，他不用赔偿由此造成的贬值损失。

即商家不能根据 §346 II Nr.3 BGB 来要求 A 赔偿损失。于是就找到民法 §357 III BGB。该款补充上述的 §346 II Nr.3 BGB：如果不是出于检验商品质量而使用，导致商品的贬值，并且，商家在缔结买卖合同时明确以书面形式告知过客户，则客户还是要支付商品贬值的损失。

这段法律似乎就是针对买车的。

（1）上牌照并不是为了检验汽车质量，商家之前也已经书面表示，试车可以到商家的汽车场去。

（2）商家在事先就已经向 A 书面指出：如果上牌照后再退货，A 必须支付汽车的贬值损失。

至于贬值费多少，在行内和法庭判例中已经有一个大致的价位：车、家具等为 20%。所以，这点无法与商家讨价还价。最后结论：A 必须支付贬值损失 2000 欧元。

上门推销：可无条件退货

对网上销售或远程销售的法律保护，其实最早源于上门推销时对顾客的法律保护。人是感情动物，经不起别人的热心，容易失去了理性。立法者认为，任何买卖都要给客户保留冷静和理性思考的时间，而不能让客户毫无思想准备地、在特殊环境下被人鼓动而购货。正因为这种现象普遍，德国议会为了保护消费者，最早制定了专门的法律（§312，355 BGB），也是规定在两周内可以无条件退货。

民法 §312 I BGB 对"上门推销"的定义其实有三种情况。

1. 上门推销

在消费者的工作地点或家里以口头的形式推销，并立即缔结了买卖合同或买下某商品。这里关键点不一定指法律所明写的"工作地点"或"家里"，而是指相当于这类的环境气氛下推销。有时在公司的食堂、走廊甚至在商家的办公室里，在休假住房、第三者房间、私人的建房工地或在一个晚会上等，客户没有充分思想准备，被人推销鼓动。如果有争议，推销时是否是在这样的气氛下进行，就必须由客户提出证据，即描述当时的气氛，由法官根据"上门推销"的基本特征、作为个案来判断。如果是通过电话推销就不属于这一类，而归入远程交易，相当于网上交易的民法 §312b BGB。

2. 购物旅游

由类似旅行社的企业组织消费者到一个特定的商店或企业购物。有时组织者表面是廉价甚至免费组织活动，实际是将顾客送去商家购买，他们拿回扣等。所以关键点不是表面的名称，而是实际的旅游节目安排。唯一例外的是，如果说好去参观一个博览会或展销会，在那里的买卖就不能算"购物旅游"。如有争议，客户就要将当时的旅游节目、形式描述出来，由法庭判断，到该商家去购买是否算"购物旅游"。目前法庭判例中被确认为"购物旅游"的名目有：咖啡之旅，聊天（或疗养、学习）郊游，试放电影，漫游活动，（免费）品尝葡萄酒之旅，免费参观健身房之旅，时装表演之旅（出售衣服）……许多人因为获得了免费的食品或物品，感情上过不去，就买了本来不想买的货物。

3. 路上推销

在一个公众场合、消费者毫无心理准备的情况或气氛下推销。例如在公共汽车、轮船、飞机上（在私人汽车上不算），在飞机场、火车站、停车场、公园、广场、路上、商业中心的走道等等。关键是，推销员主动前来与你攀谈和推销，而不是你自己去询问别人。

因"上门推销"而取消合同或退货的法律内容，基本如网上销售，在此不再赘述，仅举几例。

上门推销实例：分期付款买书

实例3：一位推销员去A家推销《欧洲史百科全书》，28卷，每卷100欧元。A被说动后愿意订购，并签署了合同，每月一本，延续28个月。按照合同，订购者想要中途退出，至少要3个月后才行。推销员离开后，A冷静下来想想，感觉没有必要花这么大价钱买这套书，决定退约。根据民法§355 I BGB，对上门推销的商品，购买者可以在14天之内、不用做出任何解释地退货。于是，他当天就给出版社写信，表示不再订购该百科全书。没想到，1个月后出版社还是给他邮寄了第一册，并要求他付款，因为按照合同，A获得三期后才能中止合同。他当即退货并拒绝付款，一场法律纠纷就此开始了。

首先，A与出版社（由推销员代表）签署了一份买卖合同，而且是有效的。按照这份合同，A就是应当支付书费。但A根据民法对上门推销买卖的特殊保护，立即书面退出该合同。于是就要检验，他是否符合适用这些法律的条件。民法§312 I BGB对"上门推销"可以无条件退货的具体条件规定了以下几点。

（1）双方身份：A是消费者，即他买书是为了自用，而不是为了职业；出版社是企业——符合条件。

（2）上门推销：推销员确实到A的家里推销而签订了买卖合同。但法律进一步要求，这次合同完全是这次上门推销产生的结果（因果关系）。现实中的情况往往不那么单纯，例如消费者自己想要买某商品，主动邀请商店的员工来上门服务。尽管也在家中签署合同或买卖，就不能算"上门推销"。所以具体情况要做具体分析。在本案中，显然是推销员上门推销而促成了这笔生意——符合条件。

（3）退货期限：根据民法§355 BGB，如果在签署时商家就书面告知容许在14天内无条件退货，则消费者必须在14天内退货；如果商家过后才告知顾客，则期限为1个月；如果商店根本没有书面告知，则期限是6个月。A是当天就书面宣布退出合同——符合条件。

（4）唯一性：如果就该合同的内容，也可以根据其他法律条款来无条件退出，就不能再使用本条款即不能根据"上门推销"来退货——不符合条件！

如果 A 是一次性付清 2800 欧元，就没有问题。但他订购这套书，实际上是出版社寄给他一本，他付一本的款。但出版社在起草合同时做了手脚，法律形式上成了：他一次性购买这套书 28 册，价格 2800 欧元。但他不是一次性支付，而是分期付款，即他向出版社贷款 2800 欧元，每月连本带利支付 100 欧元。出版社也不是一次性供货，而是每月一次分 28 次供货。这样一来，就相当于 A 与出版社签署了一份"贷款合约"，即做了一笔"金融买卖"。万事撞上"金融"问题，法律情况就复杂了，法律上还真有这样的条款，如果满足一定的条件，消费者可以无条件退出金融合同。这样一来，A 就不能援用上述针对"上门推销"的民法 §312 I BGB。

民法 §510 I BGB 是处理分期送货、分期付款领域的无条件取消合同问题，也仅仅针对私人消费者与企业的合同关系。根据该条款，所谓分期送货是指：对一个相关的多种商品或同一种商品，商家是一部分、一部分地送货，而消费者也是一笔、一笔地分期付款，则消费者容许根据民法 §355 BGB，无条件退出合同，期限规定如"上门供货"情况。由此可见，A 与出版社的合同形式，刚好就是分期送货、分期付款的形式，所以满足无条件退货的条件。

这里节外生枝的是，民法 §510 I BGB 表示，行使该退出权利唯一例外的是民法 §491 II, III BGB 所描述的情况。即如果一个分期付款合同最早能退出时的总额不满 200 欧元，就不可以立即退出合同。A 与出版社签订的合同中，规定要 3 个月之后才能退出，即 A 至少要支付 3 个月的书款，共计 3 × 100 = 300 欧元，即高于法定的 200 欧元。所以，A 最终有权利无条件退出该购书合同。换句话说，如果该书的价格是每本 65 欧元，则 3 个月为 195 欧元，A 还必须付到 3 个月后才能退出。

采购旅游实例：购买衣物

实例 4：退休人 A 参加了一个旅行社组织的采购旅游，"旅游"本身几乎是免费的。到了该大商场后，那里都是降价、特价商品，或美其名曰"出厂价"。A 兴致勃勃买了一件大衣 99 欧元，一副皮手套 39 欧元。回来后刚巧在另一家普通商场看到，同样的手套其实只有 29 欧元，这令 A 非常生气，于是隔周再去时要求退货，因为根据上述民法 §312 I BGB，她有退货的权利。没想到被商店拒绝。她真有退货的权利吗？

（1）双方身份：A 是消费者，买手套为了自用，而不是为了职业；商场是企业无疑——符合条件。

（2）购物旅游：由一家旅行社组织到一个特定的商场去购买，所以也满足条件。这里有时争议的是，经常不是纯粹的购物旅游，还真的顺路去参观几个小景点。尽管如此，如果旅行社专门安排"顺路"到该商场去，则还是适用该法，因为法律上其实是指，某项活动是否通过引导消费者进入一定的地点从而促使消费者去购物。

（3）退货限制：民法 §312 III BGB 中对如下三种情况，取消了顾客无条件退货的权利。

①客户是主动约请商家前来家里商谈购买（而不是商家主动要求上门），并签订了购买合同或买下了商品。如果客户只是邀请商家前来展示或演示一下商品，本来并不打算立即要买，则根据现有判例，客户依旧有退货的权利。

②在消费者的家里（上门推销）或在特定的商场（购物旅游），消费者当场买下商品并当场支付，而商品价格不满40欧元——将退货限制在40欧元以上的价格，一方面不希望为了一点小生意就搞退货之类，加重商家负担。另一方面，也符合民法对上门推销或购物旅游特殊保护的原意。购买小商品，即使在普通的商店中买卖，客户也通常不会这么仔细、冷静地思考。

③该买卖合同是经过公证的，则消费者不能无条件退货——通常指房地产生意。反正该合同过后还要经过公证律师的最后签署，所以客户有充分时间去冷静思考。

这里的第②点刚好涉及本案，因为该手套的价格不满40欧元，但如果与大衣一起算，达到138欧元，则超过40欧元。于是就要审视，大衣与手套是否是有内在联系（如买计算机，同时买键盘和鼠标），显然没有。所以，两者价格不能加在一起。

结论：该顾客不能无条件将手套退货。

判例1：联邦最高法院 BGB NJW 85, 1544/90, 567

判例2：昂斯贝格初级法院 AG Arnsberg von 21.2.2012, 12C 33/12

判例3：欧洲法院 EuGH von 15.4.2010, C-511/08

判例4：联邦最高法院 BGH aaO Rn 16ff

判例5：联邦最高法院 BGHZ 187, 268

合同高于民法

退出合同的法律问题

一、在民法上，出于对消费者的保护，退出合同可以基于多种原因，如不按时供货，供货质量不好，签署合同时这方有误解，对方有欺骗行为，外界情况变化或其他重要理由，等等。

二、如果在合同中已经写到在什么情况下可以退出合同，则以合同所写内容为准。如果没有写，则以供应商的普适条例 AGB 为准，前提是在签订合同时对方明确给你看过。如果没有普适条例，或没有给你看，才以民法上的内容为准。民法内容通常有利于对法律情况不太熟悉的一方。所以，尽可能在合同上不写如何退出合同，也不希望有普适条例。如果有，就要仔细阅读。

三、退出合同有形式要求。在退出之前必须给对方写警告信："如果不在 × 年 × 月 × 日前供货或解决货物缺陷，这方就将退出合同"。到时对方若没有解决问题，这方就可以书面告知对方退出合同。如果缺少这一步骤，则退出合同无效，反而要赔偿对方约货物价格 1/4 的退出合同赔款。

合同高于民法

签署合同时要仔细看一下，合同中是否已经有如何退出合同的条款。如有，因为合同通常是对方事先拟定的，一定对对方有利，对这方不利。此后你要退出合同，还必须严格按照合同限定的情况和方式来退出合同。例如合同中写：只有发生某种情况时双方才可以退出合同。这就意味着，如果不发生该情况，哪怕对方一再延迟供货，形式上你都不能退出合同——按照合同文字，实际上你根本不能退出合同。这时你必须向对方提出增加退出的情况，或索性让对方删除退出合同的条款，或简单注明：退出合同按照民法。

只有在合同上没有明确写退出合同的条件和方式时，才适用笔者如下介绍的民法所规定的退货条件与退出方式，反而对这方有利——合同高于民法！许多律师都会疏忽这点。

根据民法 §323 I BGB，如果 A 方没有按照合同供货，即没有按时供货或所供的货不符合质量要求，则 B 方还不能马上退出合同，即不能单方面宣布退订或退回已送达的货，而必须向 A 方递交书面警告，要求 A 方在限定的、较合情合理的时间内，供货或重新供给符合质量要求的货。如果到了期限 A 方依旧没有供货，你才可以书面通知 A 方，宣布退出合同（ruecktritt/resignation）。

不能按时供货

签署完合同后，双方都要履行自己的义务：A 方交货，B 方付款。相反情况，根据民法 §320 BGB，如果 A 方没有交货（没有履行合同），则 B 方可以拒绝付款；或 B 方没有付款，A 方就可以拒绝交货。至于谁先谁后，就看合同中是如何约定的。如果合同确定 B 方要先付款，B 过后发现 A 方供货很可能会拖延、质量不合格等，根据民法 §321 BGB，B 有权利过后要求 A 方先供货，然后 B 方再付钱；或 B 方只在银行做一个银行担保，要求 A 方先供货。或相反情况，合同规定 A 方先供货，A 方担心 B 方过后拖欠付款，也可以过后要求 B 方先预支一部分款，或到银行做担保。尤其对金额较大的项目，为双方保险起见，经常采取所谓"一步一步"的形式（zug-um-zug/step-by-step，§322 BGB）：A 提供一部分货，B 支付一部分款；款到之后 A 再提供一部分货，B 再支付一部分款……

但有时，A 方不按时供货或根本无法供货（如断货），或供来的货质量不好，则 B 方无论在 A 尚未供货时就退订或收到货之后再退货，都是 B 方单方面退出合同，法律风险较大，一场法律纠纷就爆发了。如果不了解法律，本来是因为 A 方延迟供货或劣质供货，即 A 方没有履行合同，结果反而成为 B 方没有履行合同，法庭上还判 B 方败诉。B 方没有拿到任何货物，还要支付给 A 方货物全价的 15%~25% 作为赔偿。笔者遇到这样的冤案太多了，大的如公司之间几十万甚至几百万欧元的生意或工程项目，小的如私人订购上万欧元的组合厨具、汽车等，怎么经得起这 15%~25% 的赔款。

签订合同或订购，时间上通常有三种表述。

（1）在特定日期、时间供货，如生日礼物、圣诞礼物、结婚礼物等（fixgeschaeft/time bargain）。

（2）在某日之前供货，即具体写明了某年某月某日供货。

（3）在多少时间内供货，如两周或两月内供货。

遇上情况（1），如果对方没有供货，B方可以立即取消订货（§323 II Nr.2 BGB），因为过了那个日子，再供货就没有意义了。

而对后两者，法律要求还是要留给A方一个弥补其过失的机会，即延期供货。旧民法中要求走两步：

（1）书面提醒对方在规定期限内或日子内供货；

（2）如果到时还不供货，要再写一封警告函，明确表示，如果多长时间内不供货，就将退订。

A方再不供货，B方就可以退订。但如此一折腾，就要花去1个月的时间。而实际情况是，如果第一次致函对方没有供货，则第二次致函通常也不会供货。所以在2002年修改民法中简化了步骤，只要写上述的第二封警告函就够了。注意：一定要书面（最好以邮局寄信形式）要求别人限期供货，仅仅口头或电话或不限定期限的书面催促是不够的。

实例1：熟人B订购一套1.5万欧元的组合家具（包括安装），对方没有按照规定时间供货。这方几次去商店催促，拖了2个多月还是无影无踪，便去找律师。律师打电话给对方，对方还是没有供货。结果律师就代表B给商店去函，正式退出订购，B到其他商店定制了一套。过后被原商店告上法庭，要求赔偿全价的25%。经过初级、中级两场官司，这方全部败诉，赔偿费加双方律师费、法庭费共支付了近7000欧元。过后到笔者处诉怨。笔者说：如果你当时不是去商店催促，而是给对方去函，限定对方的供货时间。如果对方还是没有供货，你不仅可以立即取消订购，还可以要求对方赔偿你的所有经济损失，例如由于拖延时间，你只能临时新购同样的组合家具，但价格高了，就一封非常简单的信，便产生完全相反的结果。该案中是这方律师犯了严重错误，但过后他只是表示一下惋惜，律师费分毫不会少要。

要限定多长时间供货就要根据不同的货物情况，考虑A方从接到B方的提醒函开始筹办货物，正常情况下需要多长时间可以供货。对简单货物，A方从自己的仓库取货或到自己供应商那里进货的时间，如1个星期；如要定制货物，则从收到提醒函开始马上制作，到制作完的时间，如2个星期。如果B写的时间短了

（如 4 天），到时间后没有收到货物，再等 2 天还是没有收到，则第 7 天 B 才写了退订函。这时法庭认可的时间，不是 B 书面写的 4 天，而是实际情况的 7 天，即由法庭判断，对供给这样的货物给予 7 天的延迟期，是否合情合理。

实例 2：B 向 A 订购一个首饰，说好 2 天后交货，结果没交货。B 于当天就给 A 去函，限定 A 必须在 4 天内交货。A 给 B 回函说，该首饰刚好断货，7 天内就能送达。据此，B 照样有权利退出合同，因为对这样一个本来 2 天就可以供货的商品，给予 4 天的延迟期是加倍时间了。尽管如此 A 仍不能供货，B 就可以退订。至于无法供货是出于卖方 A 或第三方断货等原因，与买主 B 没有关系——新民法中不再考虑不能供货是属于谁的责任（当然不能出于买方 B 的责任），只要事实上 A 无法供货就可以。根据民法 §323 II BGB，如果 A 方已经明确表示无法按时供货或根本无法供货、不想供货，则 B 方可以省去提醒对方的步骤，直接书面提出退出合同。

实例：因延迟供货而退货

案情：朋友 A 向家具店订购一套组合厨房设备（6000 欧元），过后又在同一家商店加订组合厨房背面墙上的瓷砖（800 欧元）。两者都同时在 10 月 15 日供货，以便安装公司先安装瓷砖（安装费 120 欧元），再在瓷砖上加装组合厨房（安装费 800 欧元）。没想到 10 月 15 日只运来了组合厨房，没有瓷砖。安装厨房和瓷砖的工人对 A 说：这点瓷砖其实根本不值 800 欧元。于是 A 就让工人直接安装组合厨房，完后再自己去买瓷砖，让人砌在组合厨房没有遮住的背墙上。次日 A 写信给家具商店，说预订的瓷砖没有按时送达，何况那些瓷砖的价格也太高了，所以退货，并要求对方将预付的全部款额汇到他的账户。没想到商店不接受，表示过后还得供货。6 星期后，该商店果然来函说瓷砖已到，可以供货。那位朋友一气之下又写信给商店，重申供货时间已过，拒绝接受新来的瓷砖。后来又通过电话联系，对方答应退款，但要扣下 25% 作为退货赔偿。A 为了省纠纷也就同意了。但迟迟不见来款。又电话联系，对方居然要求只退还 25%，75% 的款作为退货赔偿。这就太过分了。

笔者分析了整个订购和供货过程后看到：在没有任何理由的情况下，预订商品后又取消订货，必须支付赔偿费。赔偿费多少与商品的性质有关，各个领域的行业协会都对本行业定出了相应的赔偿额，大都定在所预订商品价格的 25% 左右。根据该商店的买卖通则（AGB），对没有特殊加工的家具是 25%，有特殊加工的家具或是床垫、沙发等是 40%。贴墙用的瓷砖不能算是特殊加工的家具，所以即使 A 毫无理由地取消订货，也就支付 25%，剩下的 75% 必须全部退回。而就在这

25%的赔偿额中，A并不是毫无理由地退出合同，而是对方没有按照合同按时供货所造成。所以，争执的关键应当是支付这25%的问题。

（1）先考察买卖合同的性质：最早签订时是手写在一份商店现成的订购表上，只有预订内容和价格，没有具体供货时间。在预订表反面印有商店的买卖通则，在"供货"栏上写道："如果没有具体写明何时供货，通常在4个星期内供货。"事实上，当时订货时口头上明确说明，要与组合厨房同时供货，但在买卖通则中又注明："所有口头合约——为了确保法律的有效性——都必须以书面形式订立。"商店作为买卖和法律方面的专业户，已经把一切对商店可能不利的漏洞都堵上了。所以从这份买卖合同的形式来说，自然属于"没有确定日期的供货"无疑。即如果商店不供货，买主还必须要有"警告"才能退货。

（2）在此后一份用计算机打印的书面账单上，把组合厨房与瓷砖写在一起，没有提及供货事宜。只是过后用圆珠笔手写上："将于10月15日供货。"这份账单也具有一定的合同效应，明确写明是哪天供货，则由原来的"没有确定日期的供货"转变成"有确定日期的供货"。尽管如此，如果届时不供货，买主必须经过一次警告和给予2周的供货时间，如再不供货，才能退出合同。

（3）能否将该合同算作"有特殊日期的供货"？至少在形式上还不能算，因为合同上没有明确写上这句话。于是要考虑内容本身，即根据该订货的实际情况是否能算作"有特殊日期的供货"，这是一个价值判断，肯定会引起双方的争执：一方认为，过了这期限就不用供货，装上组合厨房后无法再砌背墙的瓷砖；另一方会认为，即使安装了组合厨房也可以拆下重新安装，有一点损失，但不意味着完全失去供货意义。这就要考虑到法制国的权衡原则：安装组合厨房已经支付了800欧元安装费，如再拆再装，至少再支付800欧元，以这样的经济代价来安装背面的瓷砖显然不可能。所以可以认为：过了这个时间就没有现实意义了。根据未修改前的民法§261 BGB a.F.，如果从内容本身可以确认这是"有特殊日期的供货"，则可以认为，在预订时就已经属于"有特殊日期的供货"。这时如果对方不供货，买主就可以立即退出合同。

结论：买主无权要求卖主赔偿因不能按时供货所造成的损失，但卖主肯定也无权要求买主因为退出合同而赔偿卖主的损失（25%）。

供货质量不好

如果A供给B的商品质量有问题，B可以立即退货，但不能立即退出买卖合同。即他必须给予A一个期限，要求A重新供货。如果A到限定的时间还不能供货，

B才可以最终退出买卖合同。

退出合同的本身不是请求权（Anspruch/claim），即不是要求对方为你做什么。而是相反，要求大家什么事情都不要做，本来有效的合同改成无效即可，这在法律上属于形成权（gestaltungsrecht/right to alter a legal relationship）。按照民法 §194 I BGB，只有请求权才有期限，过期作废。而形成权没有期限。所以，退出合同本身没有时间限制。只是按照上述民法 §323 I BGB，你在退出合同前要给对方一次弥补的机会，即给你修理、调换等，这又属于请求权是有期限的。所以对普通商品，因为质量问题而要求对方修理、调换等权利的有效期为2年（§438 I BGB），建房项目为5年。由此可见，通常要退出合同的有效期其实也只剩下2年。

实例3：B在商店买了一台新的笔记本电脑，回家启用后发现屏幕边缘上有一道细细划痕。而这时他在网上看到，同样款式的电脑价钱更便宜。于是，他想以这台电脑有损伤为由而退货，去网上买。显然，这不是那么简单。

严格根据民法 §434 I BGB，所谓一个商品有缺陷，指该商品没有符合购买时约定的商品质量。但在购买时并没有具体约定该商品应当具有怎样的性能和模样。如果没有约定，则法律对下述两点也认为是商品的缺陷。

（1）该商品应当要实现的功能未能实现——对本案，尽管屏幕边缘有一个小划痕，看起来不美观，但并不影响电脑的使用功能。

（2）如果该商品偏离了同样类型商品的性能，而这种性能是厂家应当满足也是客户期待的——通常电脑屏幕边缘不应当有划痕，而这架却有划痕，所以可确认，该商品有民法意义上的"缺陷"。

但民法 §323 V BGB 中又表示，如果该商品缺陷很小，则客户不能就此退出买卖合同——在屏幕边缘有一个小划痕，应当说是很小的缺陷，不注意观察都看不见，更不影响电脑的使用功能。但恰恰这样的商品，外表美观与否还是很大程度上影响到其市场价值。所以尽管缺陷小，但不是民法意义上的"缺陷很小"。所以B有合法权利退货，只要商家没有明确拒绝调换，或者明确表示没有货，B还没有合法权利退出买卖合同。根据民法 §323 I BGB，B必须要求商家在限定期限内调换电脑。如果在限定期限内没有供货，B才可以退出合同。这时B必须书面（！）告知商家，他退出合同。一方面他归还电脑，同时要求商家退款。然后，他才可以去其他商店购买。

实例：违背道德的合同可以退出

笔者想从法兰克福附近的小镇搬家到法兰克福。看了一家租房，空气和环境好，租金便宜。许多人来看房，都看中了。在介绍房客时，前面的房客想把他的组合厨房和其他家具以 3000 欧元卖给后面的房客，那些来看房的德国人都老实地摇头拒绝。笔者一看就看出了名堂：因为房租很合算，所以前面的房客想乘机捞一把，把他根本不值 3000 欧元的家具强加到别人头上。如果不接受这些家具，他就不把后面的房客介绍给 90 多岁的老房东。于是，当他向笔者提出卖家具时，笔者一口同意照价买下所有家具。果然不出所料，他过后仅仅介绍笔者一人与老房东见面。在去老房东家的路上，他要与笔者先签署一份买卖合同，笔者看也没看就签了。就此，笔者见到了老房东，并签署了无期限的租房合同。

一回到家，笔者马上找了一份商店新的组合厨房广告，立刻写信给那位房客，单方面取消笔者所签下的买卖合同："附上最新的组合厨房广告。根据该广告，一套新的组合厨房也就 1000 欧元，而你旧的组合厨房要卖 3000 欧元，这明显违背商业道德。根据民法 §138 BGB，一个违背道德的合同无效；根据刑法 §302 StGB，这种暴利行为是犯罪行为。所以，我单方面宣布退出我所签署的整个买卖合同。"从法律上说，笔者确实可以不买他的任何家具。但一个人为人处世要讲情理，不能做得太绝。于是在给他的信中再附上一笔："我不买你的任何家具，但给你 500 欧元现金作为介绍租房的酬谢费。"他接到信后一惊，没想到我有这么一手。但作为有理性的人就要权衡，他是否要坚持这份买卖合同。如要坚持，意味着可能最终上法庭解决。他要衡量一下他是否有可能反驳笔者所提到的这两点取消合同的理由。如果不行或没有很大把握，还不如立即认输，还能保住他的一点现有利益 500 欧元。于是他马上回信说不要笔者的酬谢费了，但能否以 600 欧元买下他的全套组合厨房。笔者立即同意和感谢。此事的结局不算皆大欢喜，笔者破费了一点，他少赚了一点。

实例：退货并要求赔偿损失

买了一件不称心的货物，买主不仅可以退货，若因为这件货物还造成了买者其他损失，买主也有权利要求卖方赔偿，至少弥补部分损失。

案情：B 从车行花了 9000 欧元买了一辆二手车。因为排气系统有点锈蚀，他花了 500 欧元换了排气管，又花 700 欧元增加了一些美观设施。没想到 1 年多后偶然发现，该汽车开了不是里程表上标明的 7 万公里，而是 17 万公里。于是他到车行退车，并要求车行赔偿他为修车和美观而付出的 1200 欧元。

行车的实际公里数不符合里程表上的公里数，如果车行是知情，就构成欺骗；如果不知情，则车子的实际质量不符合合同要求的质量，即车行供货有严重欠缺

（§434 I BGB）。即无论车行是否有责任，根据民法§434，326 V BGB，B都有合法权利要求退车。通常来说，如果所供的货物有缺陷，客户首先要求对方调换或修理。因为这是二手车，是唯一的一件，不存在调换问题；实际公里数远远超出里程表指示的公里数，这样的缺陷无法"修理"（§326 V BGB）。为此，B不用要求对方重新供货或修理（§275 I BGB），所以也不存在退货的延迟期限问题，B可以直接要求对方退货。但不能忘了，B必须书面（！）向对方表示：因为里程数严重不对，所以要求无条件退货（§349 BGB）。

这里的争议是，除了退款，B还要求赔偿1200欧元，但不是所有投在车上的钱都能无条件要求对方赔款。根据民法§347 II BGB，只有那些"必须"投在车上的费用（修汽车排气管的500欧元），无可非议地可以要求对方赔偿，因为这一投资是为了保障汽车的安全行驶。而为了增加美观投入的费用700欧元，通常没有权利要求对方赔款，除非通过这项措施确实提高了车的价值。B美化了车子，这里的"美观"只是B的主观感觉，客观上是否真提高了车的价值？尤其提高了700欧元？是有争议的。即根据退货领域的民法§347 II BGB，他通常无法获得这项赔款。

但本案情况特殊，造成B方损失完全出于对方的原因。要确认这点，就要找到赔偿领域的民法条款。根据民法§311a II BGB，如果在签署合同时，对方已经知道货物有缺陷，或即使不知道，至少他对这个"不知道"是有责任的，例如没有尽到足够的仔细和负责，则B还是有权利要求对方赔偿因此造成的损失。现在很难知道，对方是否事先知道里程数作假，所以只能对"失职"问题进行讨论。这在民法§276 I BGB有更具体的解释：如果合同中没有明确写明供货者应当承担多少责任，则供货者对其由于隐瞒或疏忽大意所产生的后果必须承担"所有"责任。车上的里程数写着7万公里，尽管买卖合同中没有明确这点，但实际上——尤其在买卖旧车的法庭判例中，法庭基本认为卖者实际已经向买者做出过这样的保证：该车只开过7万公里。无论卖者对此是否知情，都必须承担这个责任。

明确了责任后，就可以援用赔偿方面的民法§284 BGB：如果买者出于对卖者的信任，即供来的商品质量就如合同所写的那样，他得到商品之前或之后为该商品再追加的费用，或宽松点说（！）是"容许"追加的费用。而过后发现，该货并不符合那些性能或质量，则买者有权利要求卖者赔偿这些追加费用。这点比上述§347 II BGB更有利于买者，因为这里没有要求，追加投资是否"必要"，或经过这样投资后该商品是否升值都容许要求赔款。当然，具体案情中还要遵守法制国的权衡原则，审核该笔投资额是否恰当。该车原价9000欧元，B为了车子美观而追加 700 欧元，只占车子价格不到 8%，显然没有太离谱。所以，B 的要求从法律上、情理上都符合民法 §284 BGB 的要求，他有合法权利要求对方除了退还买车款外，再赔偿 1200 欧元。

实例：货物报废后依旧可以"退货"

在退出合同的问题上，2002 年德国应欧洲议会决议而做的民法修改，很大程度有利于买方，不利于卖方。但退货时通常是一方退钱，一方退货。而买方的货物已经损坏甚至报废后，只要满足退货条件，还照样能够"退货"（§346 BGB），这在以前的民法中是不可想象的（参见旧民法 §351 BGB a.F）。

案情：B 花了 1 万欧元向 A 买了一辆二手车，过后其他车行估价，那辆车的实际市场价格只有 9000 欧元，显然 B 亏了。祸不单行的是，没多久，因为 B 自己的原因发生车祸，整个车都报废了。在车行检验时发现，该车的变速箱早在车祸前即买车时就已经不太好，只是该缺陷并不是导致车祸的直接原因。B 本来完全有理由要求退货。可惜现在车已经报废了，拿什么东西来退货呢？

首先要确认的是，无论该车现在是否存在，B 始终保留退货的合法权利，即退出原来的买卖合同。变速箱损坏，B 无法正常使用该车，即 A 提供的货存在民法 §434 I Nr.2 BGB 所定义的"严重缺陷"。于是根据民法 §323 I BGB，B 必须书面告知对方，要求 A 在限定期限内重新供货或修理。但因为是旧车，不可能还有"同样"的第二辆，即不存在"重新供货"问题。从修理费相对汽车价值的角度而言，也不值得再去修理。于是根据民法 §326 BGB，B 可以立即提出退货暨退出合同。B 要根据民法 §323 I BGB 的要求，正式给对方去函，宣布退出合同。要求对方退还所付出的 1 万欧元买车费。

既然退出合同，意味着 B 方要求对方全部退款；对方根据民法 §346 I BGB，也一定要求 B 方退车。但车已报废，于是对方根据民法 §346 II BGB 要求 B 方将车折算成钱款退还。于是，双方都欠下对方的钱款。根据民法 §389 BGB，A 方可以将车折算成钱款与 A 方本来的欠款抵销（aufrechnung/setoff），事实上是拒绝退款。

这里争议的是，这辆车（如果没有车祸）值多少钱？通常按照当时车的出售价为参照，即 1 万欧元。如此，则双方欠款完全抵销，B 方得不到一分钱。但问题是，这辆车在买的时候就有缺陷，按车行鉴定，当时这辆车的市场价其实只有 9000 欧元，加上变速箱问题，最多只值 7200 欧元，即下降 20%。根据民法 §441 III BGB 折价算法的基本精神，可以将折价率换算到汽车的原价上，即考虑变速箱问题，这辆车的当时实际价格其实只有 10000 × 0.8 = 8000 欧元。于是，双方欠款状况就成为：A 欠 B 共 1 万欧元（退款），B 欠 A 只有 8000 欧元（赔车）。双方欠款抵销，B 还有合法权利要求对方支付差价 2000 欧元。

换一种情况，如果这场车祸还就是因为该车的这一致命缺陷所引发，则 B 可以根据民法 §346 III Nr.2 BGB，根本不用退还车辆，而要求对方全额退款 1 万欧元。该款法律表示：如果导致一个货物贬值甚至报废的原因，是供货者造成的（如货物中隐含了致命的缺陷），即卖者没有履行合同在先，并留下了这个隐患；或如果供货者自己使用该货物，也可能会发生同样的情况（如房子或车子被雷击、洪水冲击，买的宠物自然死亡）。以上这两种情况下，购买者在退出购买合同时，可以只要求对方退款，他不用退还已经被损坏甚至报废的货物。

更有甚者，如果车子被损坏不是因为 B 的过分疏忽大意（微小的大意还是容许的），例如在停车场上被无法确认的肇事者撞坏，甚至被人偷走，则根据民法 §346 III Nr.3 BGB，B 同样可以不用退还车辆，而要求全额赔款。该款表示：如果当事人在使用中已经足够仔细（具体定义在民法 §277 BGB），尽管如此该货物被损坏了。则退出购买合同时，他可以不用退还该货物，也不用如上述的折价赔偿，而可仅仅要求对方退款。当然，这一条款似乎有点过分，在学界、政界和法庭实践中遇到了不少争议。但立法者认为，所谓有权利退货，表示该货物存在缺陷，即卖者没有尽到自己应尽的义务。在他还没有尽到义务的期间所发生的问题，他就得承担相应的风险。

正因如此，法庭实践中通常要再细分为：是因为一次偶发事件而导致货物报废，还是因为较长时间的使用导致货物报废？对前者，法庭通常认可买方不用退还原物；而后者，则要根据具体情况再做权衡。

天有不测风云
情况变化而退出合同

一、买卖商品，一手交钱，一手交货，属于一次性合同，退出合同就意味着：一手退货，一手还钱。但有些合同不是一次性的，而要延续一段时间，如租房合同、劳工合同、手机合同或长期供货等，交一次货或延续使用一段时间（如1个月），就付一次款。要退出这样的合同，对以往已经供过的货和缴过的款，当然就不再追回，只取消以后的供货和付款。

二、退出长期合同有两种可能：因为合同基础变化，出于重要原因。法律承认合同基础变化的有三类：合同目的改变，经济上不可能，双方利益比例严重失调。

三、判别合同基础变化要从三方面审核，即必须满足三大条件：合同签署后情况发生了重大改变，早知如此当时就不可能签署该合同，再继续履行这一合同实在无法承受。

根据法制国的信誉原则，任何一方都有义务严格履行自己签署的合同，否则就动摇了经济领域最为支柱的合同原则。但只有在非常特殊的情况下，尤其由于经济环境发生了重大变化，以致再去严格履行现有的合同，情理上有悖于法制国的公正原则时，才能衡合同双方的损失与利益之后，对既有合同给予修改甚至取缔。退出一次性合同（ruecktritt/resignation），就相当于根本没有签署过合同；而退出长期合同（kuendigung/termination），只对提出退出合同之后才起作用，此后双方互不供货和付款，但以前尚未供货或尚未付款的，还必须履行原来合同规定的双方义务。

退出长期合同的形式

取消长期合同，根据民法 §313 BGB 和 §314 BGB，必须明确向对方表示：现在宣布退出合同，kuendigen 一词，18 世纪的原意就是告示或宣布（kundtun），19 世纪转义成"宣布解除合同"，此后演变成一个法律名词"解除合同"。所以，"宣布"在解除合同中非常重要，原则上不一定明文提到"Kuendigung"原词，只要明确表示要求对方不再供货就可以了。当然，用了"Kuendigung"一词就更明确无误。取消合同不需要陈述取消原因，但在许多领域，如解约租房、解约雇员等必须给出理由，否则无效。而且，因为单方面解约通常会引起争议，所以在解约函里最好写下解约的理由。

这样的书面声明要邮寄给对方，如果对方拒绝接受，或挂号信放在邮局里不去取，则还不能算信件送达，这份退出声明依旧无效。所以最好以"投入信箱挂号"的形式，保证邮递员将信件投入收信人的信箱。则无论收信人是否愿意，信是无可非议送达了对方，法律用语是"送达到收信人的权利范围"。有些人只是以电子邮件甚至电话通知对方取消合同，过后对方抵赖没有收到，你就无从证明，法律上成了根本没有取消合同。

此外，民法 §313，314 BGB 的取消合同，是指普遍的取消合同情况。如果哪个领域（尤其涉及社会国原则的领域）通常有专门取消合同的规定，还得按照具体领域的条款来办，即法制国的基本原则：特殊法（speziell）优先于普适法（generell），如退约租房只能用 §543 BGB，解雇雇员只能用 §626 BGB，并不是所有解约及解约理由都有效。

除上述特殊领域外，在通常的经济领域，不需要对方同意而可以单方面取消合同的情况有两类：建立合同的基础发生改变（§313 BGB），出于重要理由立即退出（§314 BGB）。

建立合同的基础发生严重变化

此情况既适用于退出一次性的买卖合同，也适用于退出长期合同。

严格按照合同原则，签署合同后，无论内部或外界发生了怎样的变化，合同双方都必须严格履行合同。但在现实中不尽如人意，继续履行合同不太可能或不太合理。早年德国民法中没有如何应对这种现象的条款，法官还是按照具体情况来判断，确认许多原告或被告可以单方面解除合约。直到魏玛共和国时期，由于战争和经济危机造成货币严重贬值，如签订合同时一个商品的生产成本 130 马克，卖给对方 150 马克。没想到此后两年中货币贬值，物价飞涨，商品成本就达到 160 马克。如果还是按照原来合同，厂家每生产或每卖出一件商品就要亏本 10 马克，显然不合理。历史上有一著名案例：一位房东将房子出租给一家企业，所收房租中已包含该企业使用锅炉的暖气费。没想到货币贬值，暖气飞涨（能源危机），房东收到的房租刚够暖气费，整个房子等于被人白住。房东想解除房约还不行。于是，房东告到法庭而获胜。所以 1922 年议会根据判例情况（习惯法），将这一内容写入民法（制定法）。

建立一个合同，除了有建立合同的目的，还有建立这一合同的生意基础。其中大的基础，是这个社会的政治、经济等大环境，如发生战争、社会动乱、政治突变（如柏林墙倒塌），生意基础彻底改变。两德统一前 A 公司买下 B 公司的产品生产许可证。没想到发生两德统一，西德产品倾销东德，B 公司的产品根本不再有销路，A 公司也不可能再去生产，但按照合同，A 还得继续支付 B 许可证费。这时，A 就有权利单方面宣布取消合同，因为近期发生革命性的变革是没人能预见的，生意基础发生了彻底改变（判例 1）。

小的基础，指合同双方建立合同的主观或客观目的发生变化，例如你之所以会从该公司订货，是因为你考察下来该公司运营正常（生意基础）。不料一段时间后该公司面临破产，是你始料不及的，早知如此就不会与该公司签署长期合同。或你之所以会廉价为一家公司提供服务，是因为该公司的主人是你的亲友（生意基础）。不料该公司转手到与你毫无相干的他人手上，你就不愿再以这样的价格提供服务……这种合同基础的改变也可能出于你自己的原因，如你承接了别人的项目，不料过后健康状况发生重大变化，你无法再继续这一项目。

从这个意义来说，德语的生意基础（Geschaeftsgrundlage），应更广义地理解成"合同基础"（Vertragsgrundlage）方为准确，所以英语中直接译成了"合同基础"（basis of a contract）。只是由于历史原因，德语沿用"生意基础"这个专用名词迄今。

既然是合同基础，该内容就不可能写入合同（判例 2）；反过来说，已经写入合同内容的（既然双方对此已有共识）就不可能再成为合同基础（判例 3）。例如你的伙伴公司进入了破产程序（Insolvenz），你不敢继续对该项目投资。这时可认为，当时建立合同的基础发生了重大变化，你单方面退出合同。但如果当时的合同中就写道：如果双方中有一方进入破产，则……合同上已经写明如果破产该怎么办，就必须按照合同办事，而不能再说公司破产属于"生意基础"的改变。

改变合同基础的三类情况

合同基础的改变，细分可以有下列三类改变。

1. 合同目的改变（zweckstoerung/frustration of purpose）

外界经济环境发生了变化，当时签署该合同时的目的无法实现，如下面"实例2"。这里也可沿用到离婚情况：婚姻中，这方为另一方所签署的合同或所做出的许诺，离婚后再去履行本来只想有利于另一方的合同就失去了意义，即合同基础发生了重大改变，这方有权利取消这样的合同（判例4）。这里包括，父母送给已婚子女的财物（通常是房产）。如果子女离婚了，父母认为，他们赠送的目的是希望他们共同生活（生意基础），现在这样的基础不存在了，所以有权讨回已赠送的房产等货物。这种现象又沿用到同居者身上，最高法院还没有做出肯定的判决（判例5）。如果在生意过程中，生意的发展与自己本来想象的情况不一样，因此造成损失，就不能援用"合同目的改变"的理由，任何人都要对自己的生意承担风险（判例6）。

2. 经济不可能（leistungserschwernis/impairment of performance）

签署合同时，由于之前对自己提供的产品成本估计不足，或过后发生了情况变化，使成本大幅上升，以致如果按照合同所定的价格提供给对方，就会产生过分严重的损失（见实例1）。如发生了人为的灾难（如工厂火灾）或自然灾害（如地震、洪水），造成生产成本提高或物资涨价。但有很多情况未被认可，如原来合同定好供给销售商的价格，尽管暴风雨造成汽油等涨价，还是不能改变供货价格；或由于你自己生产计划改变而造成生产成本上升，不能因此提高合同规定的销售价。

3. 买卖双方的利益比例严重失调（Caequivalenzs toerung/infriction of equivalence）

合同双方一方供货，一方付钱，自愿签署，互相平等。根据签署时的市场情况，双方利益应当基本平衡（否则不可能自愿签署），这种平等及平衡也是他们合同的生意基础之一（判例7）。但过后由于预想不到的事件发生，如战争或金融危机，造成货币严重贬值，甲方以货币计算的成本明显上升，乙方依旧按照原来价格支付，造成甲方损失。尽管如此，甲方还是要单独承担这样的经济风险。但如果平衡过分失调，超出了甲方的承受能力，也超出了社会普遍公认的社会公正，则甲方有权利要求修改合同（判例8）。1921~1922年德国发生严重的货币贬值，使供货商蒙受巨大的损失，由此引发的诉讼案飙升，才导致由于"生意基础改变"而可以退出合同的习惯法写入了德国民法。

有争议的模糊区是，情况怎样改变才能达到民法意义上的"重大改变"？现实中，想取消合同的一方认为发生了"重大改变"，另一方一定否认。或者说，签订合同时双方就应当想到未来几年经济形势和企业情况可能发生变化，任何经济活动都是赢利与风险并存，不能发生不利形势就将风险推给另一方，至少双方应当共同承担风险。所以，法庭对"重大改变"的界定，必须根据具体案情，经常要引鉴历史上的判例。如现有判例中，成本提高60%的才被认可（判例9）。

解除合同的三大条件

德国司法界做事就像做学问，逻辑性很强。仅仅发生生意基础的变化还不够，想取消或修改原来合同的理由还要与生意基础变化有直接的因果关系。根据民法§313 I BGB，确认这样的因果关系即取消合同的具体审核条件有以下几点。

条件1. 合同签署后，合同的基础在客观上发生了重大改变（real Element）。

条件2. 如果早知如此，当时就不可能签署这样的合同（hypothetical Element）。

条件3. 情况改变后，再继续履行这一合同无法承受（normative Element）。

要同时满足这三大条件，才有权利单方面要求根据新的情况修改合同，甚至解除合同。以具体实例来直观地解释这三大条件的具体内涵与应用。

实例1：改变进货价

案情：供货商A与客户B签订了一项买卖合同，供货商从日本进口一批丝织品，进货价12万欧元，转手以15万欧元卖给客户。没想到过后日本发生双方都意想不到的强台风，一时无法生产和运出丝绸，以致欧洲进口的丝绸价格剧增，供货商的进货价高达16万。如果以高价获得的丝绸供给客户，客户支付的依旧是原来的合同价，供货商将损失惨重。于是，供货商向客户提出：或者取消这项合同（解除合同），或者提价到18万欧元（修改合同）。客户拒绝，要求按合同价供货。

从客户角度来看，通常容许供货商拒绝供货的是民法§275 BGB提到的两种情况。

（1）无法供货：这点显然不满足。供货商不是根本进不了货，只是无法以原来的价格进货。

（2）权衡供货商付出的代价与客户的利益：要注意，这里不是两者利益的权衡，而是供货商付出的"代价"或"损失"，与客户的"利益"或"赢利"的权衡。考虑到建立合同的信誉原则，除非供货商为进货付出的代价与客户的赢利相差过分悬殊，否则还是不能拒绝供货。本案中，供货商要付出 16 万欧元代价（而不是 26 万欧元），客户的利益是 15 万欧元。供货商因此不仅没有赢利，还要损失 1 万欧元。但考虑到信誉原则，代价与利益相比较还不能算两者过分悬殊。

据此分析，在通常情况下只能适用 §275 BGB，供货商尽管蒙受损失（经济运作当然要承担风险），是不能拒绝以原价供货的。

但本案的情况是，造成进货涨价的原因非常特殊，所以要审核一下，"生意基础"是否发生了重大改变，即避开通常情况的 §275 BGB，直接以"生意基础改变"的 §313 BGB 来拒绝供货。

（1）客观情况（real element）：双方都承认，由于台风原因，该货的进货价确实发生了大幅度增长。如对此有异议，可由法庭指定专家来鉴定。

（2）签署合同情况（hypothetical element）：如果供货商早知发生台风引发价格飙升，他是不可能签订这样的合同的。

（3）分担风险（normative element）：价格急剧提高，并不是供货商的责任，供货商却蒙受了很大的损失。根据合同双方的信誉原则，如果客户诚实、有责任感的话，他应当主动承担一部分损失，如适当提高价格，或放弃这次订货，而不应把所有损失都推给经销商一人。

据此，本案满足 §313 BGB 所提出的三大条件，供货商有合法权利要求客户提高价格。如果客户拒绝，则供货商就有权利退出合同。有争议时，可以通过法庭起诉来确认。

当然，也可能遇到另一种情况：因为台风而造成欧洲丝绸市场价格攀升，这位供货商其实早在台风之前就已经进货并库存起来。因为丝绸市场价格飙升，供货商本可以以更高的价格出售。现在按照合同却必须以原价出售，心理不平衡。于是找出"生意基础发生重大改变"的理由，要求涨价或取消合同。所以，法庭必须根据具体案情进行审核。例如供货商要向法庭保证，它确实没有库存商品，所有这次要供应给客户的商品都是按照价格剧增后的情况供货。如果过后通过种种渠道发现，供货商其实在涨价前就已经进货，即供货商存在欺骗，则要承担巨额赔款和罚款。

实例2：取消预定旅馆

案情：为了拍摄一次反战的游行场面，电视台以 200 欧元向一家坐落在游行线路上的旅馆租下 2 小时面向大路的阳台。不料游行线路临时改道，不通过这家旅馆前的大道，电视台租下的阳台失去了意义。电视台便事先书面通知旅馆取消该租房合同。尽管如此，旅馆要求电视台支付房费，被电视台拒绝，引用的法律依据正是§313 BGB。

电视台租用阳台的目的，是为了更佳地拍摄游行场面。尽管这点没有写入合同，但双方都知道，这个目的就成为整个合同的"基础"。没想到游行队伍改道不通过这里（real element），这既不是电视台也不是旅馆造成的，但摧毁了合同的基础——如在阳台上还能大致看到游行通过，就算部分摧毁了合同基础。

如果早知道游行不通过这里，电视台不可能租用这家旅馆的阳台（hypothetical element）。而电视台现在再去租用该阳台，失去了租用的意义。如果按照合同进行，等于电视台白白送钱给旅馆，电视台当然不想继续履行这一合同。

但如果电视台退出合同，又意味着旅馆将蒙受损失。那谁应当承担或分担这个损失？这就要进一步确认，旅馆方面在签署合同时，是否事先了解这一"合同基础"。如果了解，那就表示，旅馆在签署合同时已经考虑到将可能承担的损失（normative element）。在合同上没有提到租用阳台是为了拍摄游行场面，即这不是合同的内容之一，但却是整个合同的基础。电视台只是租用一两个小时阳台，却要支付200欧元，显然，无论旅馆方面如何解释自己不知情，法庭有理由假设，旅馆是利用这次游行机会来抬高阳台的租金，旅馆方面完全知道这次电视台租用阳台的目的（基础）。

所以在本案中，电视台退出合同完全符合民法§313 I BGB的条件或三大特征（element）。

但根据该法律条款，电视台即使有权利退出合同，也要考虑到对方的利益，尽可能部分修改合同，而不是完全取消合同。但在现在情况下，没有任何一个方案可以既让旅馆赚到点钱，又让电视台在这家旅馆拍摄到游行场面，所以无法修改合同。于是根据民法§313 III BGB，电视台可以完全取消合同，拒绝支付任何租用费。从法律形式上说，容许退出合同的民法§313 BGB，优先于房客有义务支付房租的民法§535 II BGB。

换一种情况，如果当时在合同中就写明：如果游行队伍果然从这里通过，就支付200欧元，否则就支付150欧元；或者合同上写道，无论游行队伍是否改道，电视台都得支付200欧元。即在签署合同时，双方就合同基础是否会被严重改变而有过商定。则游行队伍改道后，电视台还是必须按照合同进行，不符合退出合同的合法条件（normative element）。这种情况已经被最高法院确认（判例10）。

正因如此，许多懂法的商人与你签署合同时，往往将"退出合同"的条件写入合同，而且对你退出合同的条件写得非常苛刻，对他自己退出合同的条件写得非常宽松，造成明显的"不平等条约"。但许多人缺乏法制意识，往往不注意这些细节。结果遇上问题后，因为该情况已经写入合同，民法中保障双方在一定条件下可以无条件退出合同的保护就丧失了。

不是所有变化都可退出合同

不是所有情况（生意基础）发生变化，都能满足退出或修改合同的条件。关键是，按照常人的理解，该情况变化及风险是否能够预见。如能预见，哪怕这种情况下继续履行合同，将会导致公司倒闭，都不能满足"严重变化"的条件，即不能退出合同。尤其是，如果这样的变化居然是当事人自己造成的，就更不能退约，因为这违背了商业道德（判例11）。

通常情况下，首先要依靠自己的力量，尽可能克服这些变化所带来的困难，包括承担相当的损失。例如因为欠款的第三方企业倒闭，造成这家企业资金紧张。尽管如此，不能以此为理由中断与他人的合同，因为企业倒闭在这个经济社会非常普遍。又如买下一块地，以为可以建房，不料买下后，建房申请被官方拒绝。最高法院判决说，当你买下这块地的时候，就应当想到，很可能这块地上不得建房，所以不能简单声称，这是没有预料到的"生意基础"的改变。或买下别人申请专利的技术，过后该专利申请被专利局拒绝——既然是"申请"专利，就有被专利局同意或拒绝的可能，所以，该申请被拒绝是在预期之中的（判例12）。

如果即使满足因为"生意基础"改变而容许解除合同，法律上首先要求的还不是立即取消合同，而是修改合同（anpassung/adjustment，§313 I BGB），修改不成才能退出合同。

这就要求，这方要主动与对方商谈如何修改合同。如果对方拒绝商谈，就可以援用民法§323 BGB，单方面退出合同。如果尽管商谈，但双方达不成共识，就要通过法庭判决。即在起诉时必须明确说明：已经做过商谈，但商谈不出双方都能接受的方案。因为是一方自己理解认为"生意基础"发生了重大变化，这样的变化是否存在？是否到了非常严重的程度？在法庭上，这些都必须由起诉方即退约方提供翔实可信的证据。

实例3：退出座机电话合同

案情：A与电信公司签署了为期至少2年的座机电话合同，2年后才可以解约。

不料 1 年后，A 因为职业原因而搬家，搬入的地区根本无法使用原座机电话。但根据合同他还得继续缴费。他提出单方面取消合同，理由是：（1）他搬了新居后，电信公司没有办法将线路接到他的新居，即按照合同，电信公司所应当提供的服务无法实现，是电信局的问题；（2）当时与该电信公司签署电话合同，是因为他住在这个区域。现在搬离了该区域，当时合同的基础发生了根本变化，于是根据§313 BGB，他可以解除合约。

该官司一直打到最高法院，法院判 A 败诉（判例 13），理由是以下两点。

（1）在签署合同时就可以预见的风险，必须由签署者自己承担。A 在签署合同时，尽管不知道 2 年内他会搬家，但他应当知道，他也有可能搬家（风险）。该合同只是 2 年，A 在签署时应当做好最多损失 2 年费用的心理准备。

（2）搬家是 A 自己决定的，他在决定时，就已经仔细权衡过搬家带来的利与弊。所以，这是 A 个人利弊权衡的结果，不应当将利留给自己，将弊推给别人。

判例 1：最高法院 BGHZ 129，236，253f

判例 2：最高法院 BGH 90，74

判例 3：最高法院 BGH ZIP 91，1600

判例 4：BGHY 84，361，368

判例 5：BGH NJW 08，3277

判例 6：BGH NJW 84，115；91，1535

判例 7：BGH NJW 58，906；59，2203；62，251

判例 8：BGH 77，198；NJW 62，30

判例 9：RG 102，273

判例 10：BGH ZIP 91，1599，1600

判例 11：BGH ZIP 04，2384，2388

判例 12：最高法院 BGHZ 83，283，288

判例 13：BGH 30.4.2009-I ZR 42/07

三方大战：险中求胜的运土诉讼案

本文这场诉讼延续五年半，经历三场庭审，最终全胜结案。关键在于以下几点。

一、从一开始就仔细审察案件经过，从中找出对方破绽，看到我方理由。而且不仅要从法律形式上，更要从实际内容上，做到合情合理合法。

二、第一次起诉书或应诉书的撰写几乎决定了最终官司的胜负。在撰写之前要了解法律与判例，然后根据法律与判例的基本精神来整理和陈述案情。

三、论述案情不仅要从法律形式上（合法性论证），而且要从法律内容上（合理性论证）。既要找到对方的破绽，也不能完全纠缠于破绽，让人产生利用别人失误来逃避自己责任的感觉。

法庭不是医院：一位庸医对病人诊断错误，从而没有对症下药，过后找到良医还可以重新诊断治疗，或许还能补救。而在法庭上，前面律师陈述过的事实不能修改，陈述过的理由不能改口。所以过后请来再好的天才律师，也只能在前面律师圈限的死胡同里打转转。正因如此，笔者经历几次挫折后，再也不接手初级法院败诉的案子，因为这些败诉不一定是这方无理，更多是在初级法院中这方对案情的陈述及解释理由有严重过失，而到中级法院是不能改口的，这就在根本上决定了其在中级法院也将败诉，而与承办的律师好坏没有很大关系。

案情经过

2003年张先生在法兰克福附近买下一块建筑用地，8月17日以23万欧元的价格统包给建筑公司WENO建房，公司委托个体经营者R任项目负责人。本来说好3个月内完工，没想到拖了3个月还没有开工，张先生心急火燎。

10月16日R约张先生和RAU公司经理RAU在建筑工地见面。张先生与RAU互不相识，也没有互相介绍。R声称，挖地基时挖出的泥土没有地方堆放，必须运走。张先生表示，邻居家的用地还没有建房，可以临时放土。R又表示，这些泥土反正质量不好无法再用。张只能表示，如果不能用，当然只能运走了。

次日张先生收到R从WENO公司发来的传真（用WENO信签，法律形式上R是以WENO公司名义）说运土费用必须另计另付，要张签字确认同意后发回给他。因为建房合同上写明WENO承担所有建工费用，怎么又要张先生另付？张立即打电话到WENO公司，秘书告知R去休假了，2周后才回来。张电话打到R的手机，R刚好在开往东欧的高速公路上，接到电话非常恼火，不做任何解释和讨论地说："如果你不签字，就立即停工！"为了尽快动工，张先生只能签署了该传真，但在正文边上的空白处手写道："既然R先生说该泥土无法用，就只能运走。"

几天后张先生去工地，看到挖出的土已经全被运走。11月3日张先生收到运土公司RAU的账单，要张先生支付1.8万欧元。他向邻居打听，都说根本不会花这么多钱。张立即通过建房者协会找到鉴定师L，L来工地测量和估算，认为账单中把土算多了，价格也大大超过市场价。于是张先生将L的鉴定报告寄给RAU，要求降价，被拒绝。张也拒绝付款。过后张先生打听到，R与RAU很可能有亲戚关系或特殊合作关系，欺你外国人不了解行情又不懂德国法律，所以联手坑你。

RAU公司一想，直接委托这一项目的是R先生即WENO公司，于是转而要求WENO公司付款。WENO拒绝，认为在运土问题上R不能代表WENO，而是直接代表张先生，运土项目与WENO无关。

第一场官司：RAU起诉WENO，RAU败诉

2005年RAU到WENO公司的注册地Braunschweig中级法院向WENO提出起诉。11月30日法院邀请张先生与R先生作为证人出庭。RAU为了将项目委托推到WENO公司身上，在起诉书上明确写道：RAU与张先生没有任何关系，是R代表WENO委托他们运土的，所以WENO首先要埋单。

张先生出庭口头表示：他不仅没有委托RAU公司运土，甚至都不认识RAU

本人。运土前日与 R 在工地见面，只看到 R 身边还有一个陌生人。所以根本不可能与 RAU 谈论运土的事情。

R 先生书面表示：运土前日 RAU 与张先生在工地做过交谈。因为工地小无法放土，该泥土质量又差无法回用，所以必须运走，运走价格是每立方米 15~17 欧元。张同意。所以 RAU 次日就运走了一半泥土。这时 R 接到 WENO 公司秘书的电话，R 马上给张先生发了传真，他必须签字确认由他承担运土费用。如果运土项目通过 WENO 公司，则 WENO 还得从中加费 10%~15%，所以张先生希望直接委托 RAU 运土。运完后，RAU 给张先生发账单。2 周后 RAU 告诉 R，张先生没有付款。R 马上打电话询问张先生，他说已经付了。又过 2 周后 RAU 收到张先生邮寄的鉴定师的信，说价格太高。在此 R 表示，要清楚地声明：WENO 公司与 R 既没有书面也没有口头委托过 RAU 运土，此项目与 WENO 公司无关，完全是张先生与 RAU 双方的事。

法庭最后相信 R 先生的说辞，认为是张先生直接委托 RAU 运土，2006 年 1 月 11 日判 RAU 败诉（判例 1）。具体判决理由是以下几点。

（1）RAU 是受人委托来运土，这点双方都没有争议，所以总得有一方支付运土费。本案最重要的当事人 R 先生表示，他是代表张先生而不是代表 WENO 公司来委托运土。所以 RAU 与 WENO 之间没有生意关系，RAU 自然没有权利要求 WENO 支付运土费用。

（2）RAU 与张先生应当非常清楚，R 不仅为 WENO 工作，也作为个体户而为其他人工作。在运土前日的工地谈话中 R 明确表示："该运土项目是张先生的事，账单直接寄给张先生。"之后 RAU 根据 R 先生的话而将账单寄给张先生。这不是过后才改变主意而将账单寄给张先生，而是那次工地谈话的直接结果。

（3）WENO 公司经理 M 出庭做证，说他曾经接到张先生电话，埋怨收到的运土账单上费用太高。即张先生并没有埋怨他怎么会收到账单，这就说明，张先生并没有否认他与 RAU 有直接的合同关系。

（4）张先生在 2004 年 1 月 28 日出庭做证中间接表示，他当时相信他直接参与了运土合同。而且确认，在有关 WENO 的问题上"我不想说什么，因为这事与 WENO 无关"。而且反复表示："运土的账单将直接寄给我。"

（5）R 先生不是为 WENO 而是为张先生而与 RAU 谈判。R 还表示，他受到张先生的全权委托。至于要运走多少泥土，就要看委托的范围多少，但与 WENO 肯定无关。何况，无论 R 是否有张先生的全权委托，R 先生对 RAU 已明确表示，他是为张先生谈判。至于 R 在此项目中有何个人目的，R 先生与张先生之间又有什

么关系与本案无关，不做进一步讨论。

显然，尽管张先生没有直接参与这次法庭诉讼，而只是作为证人出庭。但这次法庭判决对张先生非常不利，因为法庭的结论指明：这笔费用不应当由 WENO 承担，而应当由张先生支付。

尤其是，张先生在这次诉讼中犯了严重错误。他轻听他律师的建议，不仅作为证人出庭，还自己联名参与起诉 WENO（streitverkuendung/third party notice）。这样，他的律师为他打了一场不花精力的官司，但可以收取这场官司的所有律师费——律师首先考虑的不是当事人的利益，而是自己的利益。而 R 非常聪明，只作为证人出场，而且向法庭书面明确表示，他不参与联名起诉。

其法律后果是，如果张没去联名，则无论官司结果如何，判词如何，他可以不予接受。现在张不能认同这样的判决理由，即认定他应当支付这笔费用。而张先生不可能到中级法院起诉去推翻这样的判词，那等于自己掏钱为别人打官司。不去再诉，意味着张先生接受了法庭判决，包括接受了法庭所做的判决解释。那后续张先生面对 RAU 的诉讼怎么办？

根据民事诉讼条例 §74 ZPO，其实是根据最高法院判例（判例2），这样的判决对张先生应当没有必然的影响，但情理上毕竟不利。张先生一气之下把该律师回绝了，请求笔者来帮他打这场官司，笔者就此进入了这场法律纠纷。

第二场官司：RAU公司起诉张先生

RAU 在 Braunschweig 法庭败诉后，便将矛头对向张先生。RAU 的律师给张先生来函：法庭判决中已经明确表示，是张先生全权委托 R 先生，从而委托 RAU 运土，所以张先生必须支付所有运输费。而且，上次官司是张先生拒绝支付运土费所引起的，张先生还得追加赔偿 RAU 公司在上次诉讼中败诉的所有损失（法庭费与双方律师费）。他"劝解"张先生悬崖勒马，否则将张先生起诉后，张先生将再承担新的法庭费与双方律师费。限定张先生2周内答复，否则将正式对他提出起诉！

笔者让张先生按兵不动，哪怕对方律师来函都不予理睬，不写回信，不接电话，直到收到法庭正式来函（起诉书）后才开始启动。这样就能不透露给对方任何信息，让对方在起诉时多犯点错误。而起诉书上所犯下的错误，过后是无法修改和弥补的。

果然，不久收到了法兰克福州级法庭转来的 RAU 起诉书。对方从对自己有利的角度描述了事件过程，引用 Braunschweig 州中级法院的判决结果（这次运土是张先生直接委托 RAU），张先生也在 R 起草的"此次运土费用另计，由运土公司直接与张结算"上签字确认。从事实到法律，似乎都无可非议应当是张先生付款。

张先生给笔者口述了整个事件经过，按照时间顺序书面写下来，并按此顺序附上所有原始资料。笔者仔细阅读了整个案卷及其原始资料。那是 200 多页的"长篇小说"，还要读两遍，才能把整个事件的来龙去脉搞清楚，看到双方的一个个破绽——这就是一般律师所不愿下的苦功夫。

读完后分析案情，感觉这次官司有可能打赢。打官司要出手狠，不能像张先生所希望的降点价，而是要么全付，要么分文不付！笔者为张先生写下了 20 多页的反诉书，从对己有利的角度考虑法律论证的内容，概述了事件经过，然后分别从形式与内容两个方面来具体认证该案。

合同形式论证：张先生是否委托了 RAU 运土

R 声称他作为个体户，在这次造房项目中，他既代表 WENO 公司，又代表张先生。于是，这方要求 R 拿出张先生给他的全权委托书。R 拿不出，甚至连要求张签署的自费运土单都是用的 WENO 信签，张也只是给 WENO 回函——向谁回函，就是与谁建立合同关系，与第三者无关。所以，即使确认这份传真是一个新的合同，那也是张与 WENO 之间的合同，而与 R 个人和 RAU 公司肯定没有关系。结论：合同形式上，张先生没有全权委托 R 更没有委托 RAU 做任何事情。

RAU 在前次法庭诉讼中，为了将责任推给 WENO 公司，声称他从来没有与张先生交谈过。现在他无法轻易改口说，张先生与他直接交谈并委托 RAU 公司运土。RAU 急中生智，谎称那次工地见面时，张先生的父亲在场，是张的父亲与他谈到运土的事，并委托 RAU 来运土，而其实张的父亲根本无权代表张先生。尽管如此，这方询问对方，当时交谈是以什么语言进行的？RAU 说是以德语。后想想不对，又改口说以英语——张的父亲既不懂英语，更不懂德语，只会中文。结论：RAU 在法庭面前欺骗。

该泥土是否能再用？对方拿出由 WENO 主管人与 R 一起到工地考察泥土质量所做的鉴定书。鉴定结果，该泥土无法再用，必须运走。笔者仔细审核该鉴定报告，那上面有 WENO 主管与 R 的签字，签署日期：2003 年 10 月 23 日，笔者一核算，发现日期不对，那天 R 还在东欧休假，怎么可能去工地考察？该文件是过后伪造的！笔者将该情况写信告诉法庭，R 只能向法庭表示，那份报告是当时做的，他是过后补签的字——伪造证件，属于犯罪行为！

再一一审阅 RAU 公司的运土单时又发现做假：每车运土时都由司机签署运土单，但有好多张没有司机签字。显然，对方伪造了运土单，企图在运土数量上提高费用，但没想到这方会这么仔细审阅。过后对方只能勉强表示，运土单本来应当由张先生亲自签字。因他不在工地，所以只能象征性地由司机签字，只是没有在所有单据上签字——这些破绽还找到了不少。通过这些只想给法官看到对方的职业道德之差，从而争取法官在道义上站在这方。

RAU 要求张先生付款的唯一书面依据，是张先生 2003 年 10 月 17 日给 WENO 公司写的"同意运土，费用另计"的传真。但这在日期上也有问题。那日张先生接到 R 的传真后与 R 手机联系，R 已在休假路上。过后张先生将传真发到 WENO 公司，R 根本不可能看到传真件。等他休假回来时土早就运完。他在没有看到张先生的传真即没有得到张先生同意的情况下，已经委托 RAU 公司运土。所以，这份传真只能说明，张先生曾有委托 RAU 运土的"意向"，而不能成为 RAU 获得张先生委托运土的佐证！

即使在这份传真中，张先生在边上又"画蛇添足"地手写上："既然 R 先生说该泥土无法用，就只能运走了。"显然，这是对确认函的附注，也是保留意见：如果该泥土并不像 R 所言那样无法再用，就不能被运走！这之前的 2003 年 10 月 11 日，WENO 公司曾委托鉴定师 Haag 博士来工地对泥土作鉴定。鉴定师认为，该土是可以再用的；而且这之后法院指定的鉴定师也确认，该泥土可以再用。所以，这份张先生"确认函"的结论是：该泥土不得被运走！

法兰克福的法官向张先生说：这家公司显然不是自己前来运土的，而是受人委托。RAU 公司事实上为你做了事，最终你必须付款！——但这点不成立。RAU 没有得到土地主人的许可来运土，就等于偷土。张先生都有权利追回泥土，哪有偷土者还冠冕堂皇地来向受害者索取偷运费的？RAU 公司受 R 委托运土，同样无法解脱偷土的恶名：张三唆使李四到王五家偷东西，被抓后能强词夺理地说，"这是张三让我来拿东西的，所以不是偷"？法官为息事宁人，在法庭调解时会口头（！）说出这样的话来对张先生施压，希望简单结案。但正式判决时，法官是不敢拿出这样荒唐而不合逻辑的理由，所以不用怕法官的"恐吓"。

合同内容论证：即使合同有效是否要支付

通常律师认证也就到此。但仅仅对合同形式的认证是不够的，会给人造成因为对方手续上的一时差错或一点不健全，被这方利用而企图分文不付的印象。不付是合法的（形式），但不合理（内容），更不合道德。法庭主持的是公正，而不仅仅是遵从法律形式。于是要难度更高地论证：即使张先生全权委托了WENO公司运土，而且同意另开账单支付，张先生是否真要付给WENO这笔费用？如果要，则付给WENO就相当于付给RAU；如果不用，那就更谈不上付给RAU。这就回到张先生与WENO公司最初的合同关系上。

2003年9月3日的合同附件上写道：WENO承担重新填土与加固地基工作（Nr.16），负责所有施工设备（Nr.23）……由此可见，挖土、运土、填土等都是WENO的义务，合同的统包费用中都已经包含这些内容，不应当再由张先生额外负担。所以根据合同，WENO无权要求张先生承担这笔费用，而应当自己承担。

许多公司在签订合同时，会在附上的普适条例（AGB）上为自己日后增加费用留下后路："如果有其他一次性的意外开支，还得由客户承担。"于是WENO可以声称，运土属于"意外开支"，因为事先没有想到挖出的泥土不能再用或无处堆放。但这点不成立。张先生与WENO签订的是统包合同（pauschalvertrag/lump sum contract），统包的意义就在于，该项目的"所有费用"是一次性报价，一次性结清。如果此后由于特殊原因而增加几十、几百欧元还可以接受，现在增加近2万欧元，从根本上违背了"统包"的本来意义，违背了合同法中的信誉原则（民法§242 BGB）。所以本案不适用普适条例中的该条款（民法§307 I BGB）。

WENO可能会强调法律的形式：张先生毕竟签署了"愿意额外支付运土费用"，所以现在根据自己的许诺来支付。但这点也不成立，理由如下。

（1）张与WENO已经有建房合同，所以运土合同就不再是独立的合同，而是从属于建房主合同的附加合同，必须与主合同一起考虑。根据民法§305 I BGB，对已经在主合同中签署过的内容（挖土、运土、填土等），在普适条例或附加条例中的相应条款内容（运土）均为无效。在建房主合同中已经含糊地包含了挖土、运土、填土等内容。如果当时合同中只是包含其中一部分工作，另一部分还是要张支付，则在签署主合同时WENO就必须明确指出，而且必须指出另付的费用大致多少。

（2）张先生建房基地的泥土是否能再用或能否存放，这在签订主合同时就应当知道。WENO从未提起过，却临时突然传来一份附加合同。发给张的附加合同是WENO事先起草而不是与张先生商量下来的文稿，也不给张先生有斟酌的余地和时间（不签署就中断施工）。这种对张先生来说没有任何预感、出乎常人想象地"突然"增加费用，合同法中属于"突然与多重含义的条款"，该条款不得作为合同的一部分，即无效（民法§305c BGB）。如果双方对此有争议，由制定该条款（附加合同）的一方承担责任。

（3）当然，民法 §305 II BGB 中还是容许有例外情况，即如果在普适条例或附加条例中的相应内容已经向对方明确指出，则该合同条例还是可以适用。但立法者也看到，许多公司会以此来欺负那些对法律不清楚的普通客户。于是民法 §10 III Nr.2 BGB 中特地注明：如果签署双方的一方是企业，另一方是个人（消费者），则这样的例外也不存在——这情况刚好合适于本案。

结论：即使张先生当时签署的附加合同，都为无效。

第二场官司：RAU公司的反驳与败诉

对方看到这样的回诉函一定非常震惊，无论在事实情理上，还是在法律依据上，对方都居于劣势。对方拖延一段时间后写来反驳函，这下动真格了，一写34页。尽管量很多，但实质内容并不多，给人感觉理屈词穷，强词夺理。例如以下几点。

（1）谈到张先生与WENO的合同时对方声称，他们并不了解也没有兴趣了解WENO与张有何事先约定，本案只讨论运土问题本身——对方不希望将运土合同附属于WENO的建房主合同。可惜，张先生当时将同意运土的传真是发给WENO，而不是发给RAU。

（2）声称该泥土是沙土不适用于回填。但对方又说不出道理，只能要求法庭委托鉴定师重新鉴定——这之前WENO和张先生都分别找过鉴定师，有书面证明该泥土可以回用。对方即使否认，也不能在自己没有找人鉴定的情况下就将泥土运走。此外，对方认为，建筑公司不能将泥土存放在邻居的空地上，因为这是他人的私有土地。而事实上，张先生已经获得邻居同意，临时存放泥土，所以即使是私有土地，也同样可以使用。

（3）张与WENO签署的建房合同，列了所有WENO应当完成的项目。这说明，WENO并没有统包所有项目，合同上没有列到的项目必须张先生另外付钱——这就是建筑公司很恶劣的地方。合同前声称统包建房的所有工作，你付完钱后就不用再操心了。你签合同时看到的是一长串具体项目。作为建房外行，以为这包含了所有建筑项目。等你签完合同后，建筑公司就处处设法加钱：没有列入合同的项目费用当然由你承担。如果你聪明一点，就应当在合同上加一句总则："该合同包含了直到建成该房的所有费用。"当然，这事闹到法庭，法庭会根据你们合同的总体情况来判别当时签订合同的初衷（统包），而不会完全限定在合同所列的具体项目上。

对方强调最多的还是张先生签署的"愿意额外支付运土费用"的传真。

（1）张先生声称不认识RAU，但没有否认当时在工地上与RAU讨论过运土问题。而且张在B州法庭做证时还表示："该泥土必须运走。"这说明张当时就决定委托RAU运土。至于是否全权委托R来处理这事，显然不很重要。在当时这么紧的时间中，R出于为张负责而想按时完成项目，所以没有注重"全权委托"的法律形式。因为三方一起在工地现场讨论决定，张先生的（口头）委托也是同时针对R与RAU。过后R让张先生签署的该传真，只是让张书面确认前一天讨论的结果——对方知道传真的形式有问题，所以将张先生委托之事推前一天，工地谈话反正死无对证。

（2）张先生在Braunschweig州法庭做证时还承认，他早晚会收到运土账单，只是不知是WENO还是RAU寄来。这说明张自己也认为，他委托的运土项目要另外付钱。张收到RAU账单时并没有对收到账单表示异议，只是对费用高低表示异议，希望降价，被我方拒绝——这点也是事实。只是，张先生如果以"降低费用"来应诉，就表示他确实与RAU公司有合同关系，他肯定败诉。所以这次法庭上，张从一开始就整个拒绝付款，根本否定委托RAU运土，可谓是一步险棋。

（3）当时张很清楚，如果不将泥土运走，施工就无法进行，最终会影响完工，对他损失更大。张先生在Braunschweig州法庭做证时表达得非常清晰："R先生在电话中表示，如果不把土运走，就立即停止施工。所以，我只能同意了。"提到这点是对方的败笔，这说明张先生委托运土是出于无奈。这就可以反过来解释：对方是以"停工"为要挟（另一种形式的威胁），来强迫张先生同意运土，"以威胁与欺骗所签署的合同，过后可以单方面撤回"（民法§123 BGB）。而且，这也确实完全符合当时的实际情况。

接到对方的信后，这方再度就对方观点一一反诉，就如上述理由，笔者一落笔又是20页。然后出庭调解，自然各说各的理，根本不可能调解成功。最后法官出面（口头）建议："既然别人为你张先生付出了劳动，你就得付钱！"因为我方书面陈述和认证得滴水不漏，笔者认为法官只敢口头这么说，形成书面时必须回到我们的书面认证去，不相信法官有这个本事来推翻我方的观点。所以张先生非常强硬地拒绝法官建议，等待正式判决。

2009年3月25日法庭正式判决（判例3），判对方100%败诉，承担所有法庭费与双方律师费。法庭判决的关键依据，恰恰是笔者上面对该合同内容方面的论证，笔者算点到了要害。

第三场官司：RAU再度起诉张先生

RAU做梦也没想到会败得这么惨，立即向州高级法庭提出再诉。作为最后一博，除了继续聘用原来的律师外，又请来德国著名的建筑领域的专业律师团，以形成最佳的律师阵营。但一切都是徒劳，只能在前面律师圈限的死胡同里打转转，根本没有用武之地。

2009 年 3 月 25 日州高级法院判决（判例 4），对方依旧 100% 败诉，就连判决理由都没变。判决书上最后写明：此是终审，败者不得再向联邦最高法院再诉——对方输定了！

作为后话。尽管对 RAU 公司的两场官司全胜了，但耗去 5 年多的精力也够窝囊，而整个纠纷全是因 WENO 公司的施工极不负责引起，该做的项目不做或拖延。所以我方接着去 WENO 公司谈判，要求 WENO 赔偿和退回 6 万多欧元。该经理全部拒绝。于是笔者写信给 WENO 公司，详细论证他们的错误所在和我们索取赔偿的法律认证。该函写得如此详细严密，让对方看到，换一个开头就是起诉书！对方依旧不理。

于是，这方省去法庭催款的通常程序，直接起诉对方。对方出场的律师正是在上述第一场官司中帮助 WENO 打败 RAU 的 Siebert，所以有点棋逢敌手之意。我方在法律形式上也有先天不足，例如根据建筑法规 VOB（而不是民法 BGB），如果对方施工有问题，必须在 2 周内就向对方提出赔款，过后作废。这方没有做。到完工一年多笔者审核双方文件时才发现这一漏洞，赶紧补发账单。好在进入法庭后，那些法律都作废，法官考虑更多的是具体内容，而不是法律形式。经过几番恶战，2010 年初法庭判决我方 100% 胜诉，追回了 6 万多欧元赔款。对方到州高级法庭再诉，又拖了 1 年，最后这方获得全胜。

判例 1：Braunschweig LG，22 0 1128/05

判例 2：BGH 36，212 /216

判例 3：LG Frankfurt 2/27 O 209/06

判例 4：OLG Frankfurt 17 U 143/08

第三篇 法律与社会

刑法原则与刑法论证

一、刑法与民法是人类最古老的法律，在古罗马时期就建立了刑法原则：没有法律规定，就不算犯法，不得惩罚。而且，古罗马法对刑法提出四大基本原则，成为今日刑法的基础。

二、德国司法中，确定罪行有非常严格的原则，即必须满足三大要素：犯罪行为、非法性、承担责任。

三、刑法必须写出某犯罪行为的重要特征，确定"犯罪行为"时，当事人必须同时严格满足所有特征，才能构成"犯罪行为"，而且犯罪行为要与犯罪结果有直接的因果关系。

四、在确认是否要"承担责任"中，要观测当事人是有意还是无意做了犯罪行为，如果无意，是出于疏忽还是出于误解？如果误解，是对事情的误解还是对法律的误解？是能够被人原谅的误解还是应被禁止的误解……

人类是群居动物，不群居在一起就无法生存，更无法延续。群居形成了人类社会，形成了社会分工。要达到社会稳定，就必须建立一个能为全体社会成员共同接受的社会准则。该社会准则的上限是道德，底线是刑法。人与人之间的相互联系和交往就是民法——无论这个法律成文还是不成文、以法律形式还是以宗教形式。所以，刑法与民法伴随着人类社会的产生而形成，先于家庭、民族、国家而出现，几乎全都源于传统法与习惯法，尽管现在许多写成了文字成为制定法。这个社会就是有这样一些人，不愿遵循人类的社会准则。对这样的人必须给予惩罚，既是体现社会公正，也是警示每位社会成员，都要遵守社会准则。

但仅仅有法律还是无用，还必须有执行法律者。远古时代主持法律者是巫师、族长、医生，后来是国王、县官，近代才出现了职业法官，但通常也由国王、政府或议会任命。于是，法律又与政治联系在一起。政治与法律的交织，法律可以成为一个民主政体执政为民的监督，也可以成为专制政权扼杀民意的利器，而德国纳粹时期的法律尤其是刑法，就成为后者。为此，战后联邦德国痛定思痛，对刑法的处理格外小心，处处设限，由此德国刑法成为世界上最为严密的法律之一。

古罗马法的刑法原则

刑法可能要算人类最古老的法律，先于文字的产生。而刑法的系统化、法理化，是到古罗马法时期形成，其建立的刑法原则成为世界各国刑法的法理基础。例如依法原则，即"没有法律规定，就没有犯罪，没有惩罚（nullum crimen, nulla poena sine lege）"，最早是德国哲学家费尔巴哈（1804~1872）从心理学角度，重新提出和证明了这一古罗马刑法原则，并被法学界公认。该原则被直接引用到今日的法律中。例如德国宪法中规定：只有谁犯有事先已在《刑法》中写到的犯罪行为，才容许惩罚（Art.103 II GG）。德国刑法原文照搬德国宪法的这句话（§1 StGB）。欧洲人权公约中规定：如果一个人的行为事先在本国刑法或国际法中没有说要惩罚，则不容许因这一行为而受到惩罚。同样，惩罚的量刑不得超过在他犯罪时刑法中已经限定的惩罚量（Art.7 I EMRK）。进一步细化该原则，就具体到"四大保障"，也是通用古罗马法的原文（拉丁文）。

1. 刑法书面原则（Nullum crimen sine lege scripta）

刑法要通过一定的权威机构以文字化的刑法为准——德国民法领域可以兼用不成文的习惯法，甚至法官可以通过法律解释来弥补法律漏洞。但在刑法上却不容许，除非该习惯法只是在限制刑法而不是超越刑法。

2. 刑法明确原则（Nullum crimen sine lege certa）

刑法中对犯罪行为要定义得非常明了，行文非常清晰，而不能有太多的伸缩性。尤其要回避不肯定的价值判断的语言（如道德，信任），以防止被法官任意解释或任意延伸到本来不该被惩罚的行为。

3. 禁止参照原则（Nullum crimen sine lege strcta）

在民法中，如果遇上一个法律漏洞，法官可以参照其他领域的法律条款来弥补。例如民法的许多领域已经有"同居者具有与婚姻者同样的权利"，而在租房法中仅仅承认夫妻之间有这样的权利。法官可以参照其他法律领域，确认在租房法中同居者也应有这样的权利（尽管法律上没有这么写）。而在刑法领域，法官却不能自作聪明地去参照另一段刑法或民法。例如对同样一个含义不清的法律概念，在其他领域已经对这个概念有过讨论和公认，这些公认却不能自然而然地取来作为对刑法中同样概念的解释。但如果这样的参照有利于减轻犯罪者的量刑，却被容许。

4. 禁止溯及既往原则（Nullum crimen sine lege praevia）

对犯罪者定刑不利的新法律，不准回溯到以前的犯罪行为。这一原则已经写入德国刑法 §2 StGB。当然在援用判例时，因为判例是法官对法律的理解和诠释，所以如果以后适用同一法律条款的判例情况发生变化，容许引用以前的案件（判例1）。这一原则后来又沿用到行政法等领域。

综上所述，最重要的其实就是一点：法律原则（gesetzlichkeitsprinzip/principle of lawfulness）。这有两层含义：（1）只能依据法律定罪；（2）只能依据法律惩罚。

看上去老幼皆知、老生常谈的常识，但要在司法实践中体现出来却不这么简单。英国也称"没有法律不得判刑"（No punishment without law），但英国即使在刑法领域也使用习惯法，以过去的判例作为判案依据，因为没有成文刑法，就不知英文的 law 是否对应德语的 Gesetz 或拉丁语的 sine lege。但也可见，英国人民非常信任他们的法官，而德国人民因为有过惨痛的教训，所以不再轻信法官。

为此，在德国刑法中要不厌其烦地罗列所有可能出现的犯罪行为，悉数该犯罪行为的特征。时代在发展，出现了许多新技术，从而也多了许多新的犯罪方式，刑法跟不上形势，但没有刑法规定还不能定罪。例如因特网是新技术，网上虚拟空间里的犯罪行为如何追究？以前交通工具只有马车，很少有人会偷用别人的马车，一般用完后再还回去。现在却有自行车，有可能被人偷用。德国议会不仅要给各种犯罪行为以明确定义，而且要对每个犯罪行为都限定明确的判刑范围。换句话说，一个人做了有害于社会的不道德的事，一般百姓会认为这是犯罪。但只要在刑法中没有列入，就不能以此定罪。而且，还不能参照相类似的法律来定罪。

举例：纳粹时期对刑法原则的践踏

仅仅据纳粹时期的许多法律实践，就可以看到法官是如何违背这些刑法原则的。

（1）民法中可以设立"普适条款"（generalklausur/general clause），"违背传统道德"的合同无效（§138 I BGB），做生意时要讲"诚信"（§242 BGB）。如果民法中没有具体规定的内容就按照这些普适条款来判案。这些条款都是比较笼统、定义不太明确的价值判断，所以在刑法中禁止使用。纳粹之前的魏玛共和国刑法中,开篇第 1 条就明确写上:"没有明确的法律规定不得定罪。"但在纳粹时期,1935 年 6 月 28 日德国议会通过刑法修改,刑法第 2 条写上:"谁做了违背刑法的事情,或根据刑法的基本思想和根据健康的'人民感觉'值得惩罚的行为,将受到惩罚。"(§2 StGB)这种"基本思想"和"人民感觉"(volksempfinden/traditional public feeling)都是不明确的价值判断,即在刑法上引入了普适条款。于是司法实践中,法官将纳粹思想解释成"人民感觉",实现对犹太人与异议者的惩罚。

(2)刑法中对受到惩罚的行为有明确定义,例如刑法中规定偷用别人汽车和自行车是犯罪,但偷用他人的其他东西就不得借用该条款定罪,即禁止参照原则(analogieverbot/prohibition of analogy)。而在纳粹刑法中因为引入了"人民感觉"之类的普适条款,法庭实践中法官就参照民法中的"违背传统道德""不讲诚信"等内容,一下扩展了刑法范围。例如,1936 年 3 月 13 日德国最高民法法院判决:"民法§138 BGB 中提到的违背好的传统道德,其本质上包含了人民感觉和纳粹世界观。"(判例 2)于是,剥夺犹太人的财产也被解释成符合"人民感觉",因为犹太人做生意"违背好的传统道德"。反对纳粹观点更成为违背"人民感觉""违背良好道德"。通过这些普适条款,纳粹其实废除了古罗马法以来的刑法原则。

(3)新建的法律不能回溯到以前的案件(rueckwirkungsverbot/prohibition on retroactive legislation)。1938 年两个人拦下一辆车,并强行抢走了该车。两人被逮捕后,当时的刑法没有对抢车犯罪的特别定义,或没有定罪定得这么重,所以严格按照刑法原则不能对这两人定罪或定重罪。帝国议会立即于 1938 年 6 月 22 日通过新法《抢劫汽车法》(Autofallenraubgesetz),抢劫汽车者可判处死刑。并规定,该法律从 1936 年 1 月 1 日开始生效。法庭就以该新法判处两位抢劫犯死刑。类似情况,1933 年 2 月 27~28 日发生国会纵火案,德国议会于 3 月 29 日通过《死刑法》,包含判处纵火者死刑(之前纵火者不判死刑),并以此判处自称是国会纵火者、荷兰人 M.v.d.Lubbe 死刑。战后 Lubbe 家属要求德国法院给予平反。但联邦德国是法制国,纵火是犯罪行为,此案拖到 1968 年 5 月柏林法院才改判死刑为 8 年徒刑,直到 1980 年全部取缔纳粹时期的法庭判决,才实际上给予了平反(判例 3)。但检察院不服再诉,柏林高等法院又取消该判决,维持 1967 年原判(判例 4)。1983 年联邦最高法院才最终判决,不再审理该案(判例 5)。

(4)所有判刑都必须经过法院,这是自古以来形成共识的法制原则。但纳粹要镇压犹太人和异己者,其规模之大,人数之众,难以计数,绝大部分的人也没有可以被纳粹作为借口的犯罪行为(许多还是孩子),所以无法让他们一一通过法庭判刑。于是,纳粹创出了史无前例的集中营,不经过法庭程序,由政府部门直接"宣判"剥夺他们的自由权，将他们关入劳动教育营（Arbeitserziehungslager）和集中营（Konzentrationslager）。前者有200多处，关押50多万人，美其名曰"劳动让人自由"（Arbeit macht Freiheit），即劳动教养或劳动改造。后者多达1000多处，关押几百万人。仅仅在集中营中死难的犹太人就多达400万人。二次大战后劳动教育营和集中营在德国绝迹了，很多遗址成为人权教育中心，但不经过法庭程序由政府部门直接剥夺一个人自由权的劳教制度，却蔓延到许多其他国家。

定罪三要素

定罪的最基本要素有三点：犯罪行为，非法性，承担罪责。在分析案情时，要对这三点一一检验核实。从法官、检察官到辩护律师，他们的所有工作或能力，就反映在如何对同一个犯罪行为或犯罪结果，就这三个方面做出各自不同的解释和判断，其解释直接影响判决结果，对同样事件可以从重罪解释成轻罪甚至无罪。

实例1：路上见到A在打B，不能就此认定A在犯罪。首先，A打B构成"犯罪行为"无疑。然后要看A的行为是否"非法"。例如他是否出于自卫或保护另一位？打B为了避免更为严重的事件出现？出于教育孩子？如果确认非法，还要问A是否要对这一行为"承担责任"。例如A是否精神错乱或醉酒？是否满14周岁？是否出于误会或误伤？等等。如果不满足其中一点，则尽管他触犯了刑法，也不受刑法惩罚，最多按民法赔偿。

实例2：20世纪80年代一位留德博士生怀疑妻子有外遇，一气之下杀死了妻子。过后以谋杀罪被判处无期徒刑，在监狱中度过了20年岁月。几乎同样情形，几年前一位男士怀疑他的妻子有外遇，不仅杀害了她，而且残酷地分尸埋藏想毁尸灭迹，可谓罪大恶极，过后他却以杀人罪被判刑8年。客观上同样的情形，却判得天壤之别，让人无法接受。不能说法官判案也会有轻重之别，对这样的人命大案，法官也不敢造次。但如果了解德国刑法，对法官的判决也会有几分理解。同样杀死了人，刑法中分为三类：（1）谋杀（Mord，§211 StGB）：以杀死人为目的，毫无例外被判处无期徒刑。（2）杀人（Todschlag，§212 StGB）：没想到要杀死对方，因失手而导致对方死亡，判处5年以上徒刑。（3）疏忽大意杀人（fahrlaessige toetung，§222 StGB）：例如因为开车不小心发生车祸"杀死"了对方，最高判处5年徒刑或罚款。由此可见，前面那位丈夫以谋杀定罪，判无期徒刑；后面那位丈夫以杀人定罪，通常判10年，能说出点理由就能判短一些。法庭上他说妻子在日常生活中极度限制他用钱，他想吃一块比萨饼都被拒绝等。

犯罪行为（Straftat·Delikt/criminal act）

犯罪行为指人体即自然人的行为。狗咬伤人不算犯罪行为，除非在狗主人的指令或煽动下咬伤了人，狗主人才算犯罪。企业是法人而不是自然人，企业做的任何不道德行为可以犯法，可以罚款，但不算刑法意义上的犯罪。只是，企业行为是人（如经理）的操作下进行，所以只能归罪到经理个人在犯罪，那就可以承担刑法罪责。

实例3：一位熟人在法兰克福开公司，因为语言和专业障碍，便高薪聘用专业的德国人士做公司财务，让德国税务师做税务，应当万无一失。但财务税务做得不尽如人意，不符合税务局要求，税务局将罚款单5000欧元开给了公司经理个人，认定他的公司有偷税漏税企图，总经理个人（而不是公司）要承担罪责。几年后公司生意上被人骗走钱，总经理拿出自己私人的钱应急。没想到不久警方突击搜查经理的家，经理被公诉，罪名是：他的公司已经丧失支付债务能力，他没有及时向法院申请破产，属于经济犯罪，他被判处相当于9个月收入的罚款。

这里的"行为"是广义的，有时不行为（unterlassung/non-act）也同样构成犯罪。

实例4：见到一个车祸重伤的人却不主动救助或打电话给警方或医生，眼看着伤员死去，你就是杀人犯（totschlag/manslaughter）；自己的孩子发高烧，没有及时送去就医，导致孩子病亡，你也是杀人犯，将被判5年以上徒刑。更为严重的是，如果你有意不给一个非亲生的婴儿或残障人吃饭，导致饿死，即你明知对方将因为你的不作为而死亡，属于预谋性的，你就成为谋杀犯（Mord/murder），毫无例外地被判无期徒刑。当然，如果确实是忘了送饭，就属于疏忽大意杀人，最高判处5年徒刑。

行为与结果的因果关系

犯罪行为要与犯罪结果联系在一起（kausalitaet/conditio sine qua non），即这个结果是否由于该行为引起。

实例5：A打了B，B受伤后紧急送医院治疗，没想到路上遇上车祸而死，则A就成了杀人犯。这有两条思路。

（1）因果关系（kausal）：如果不是A打B，B也不会去医院，就不会死，他的死是由于A引起。

（2）客观情况（objektiv）：因为紧急送医院，车速较快，难免发生车祸，即车祸与A打B有因果关系。

换一种情况，如果医院抢救不当而死，则 A 还得算杀人犯，因为不能指望医院一定按照最佳方案、最佳水平进行抢救。但如果 B 在治疗中遇上严重医疗事故而死，人们不会预料到医院会发生这么严重的事故，尽管他的死与 A 有因果关联，但客观上他的死亡责任不能推在 A 的头上，A 就不能算杀人犯。

由此可以引申出，如果 B 当时并没有受伤，但他被打后担心再被打，仓皇逃跑，不幸在横穿马路时被车撞倒而死，则 A 就成为杀人犯，因为无论在因果关系上，还是客观情况中，他的逃跑和死亡都是直接由 A 打他引发的。

实例 6：A 用铁棍打伤了 B。B 尚未倒下，C 又上来用匕首刺伤 B。B 被送到医院后不治身亡。A 和 C 谁是杀人犯？这要根据法医验伤后才能确认。

（1）如果 A 和 C 的行为对 B 都是致命的，则两人都是杀人犯。甚至，如果 D 提供或卖给 A 或 C 铁棍或刀具，也是同罪，因为 3 人的行为都是导致 B 死亡的原因，即刑法（其实源于民法）中的等价理论（Aequivalenztheorie）。D 或许会感到很冤，如果不是他提供工具，A 和 C 也会用其他武器。但 A 和 C 恰恰是用了 D 的武器。如果不是该武器，"或许"会是另一个结局。

（2）如果 A 的行为只是打伤 B，而 C 的行为才是对 B 致命的，C 为杀人犯无疑，则还要进一步审核 A 的行为与 B 死亡是否有因果关系。

①如果 A 打伤 B 后，B 因为受伤或神志不清而丧失能力再躲避 C 的刺杀，即 A 的行为间接导致了 B 的死亡，则 A 也是杀人犯。

②如果 A 打伤了 B 后，B 本来可以逃跑或至少没有影响他防范 C 的攻击。尽管如此还是被 C 刺死。即 A 的行为被 C 的行为中断，或称 C 的因果关系超越了 A 的因果关系，A 为杀人未遂罪。

确认犯罪行为举例：偷窃

刑法中，必须对所有犯罪行为有明确的定义（bestimmtheitsgrundsatz/principle of clarity and definiteness）。如对偷窃罪，不能泛泛地说"偷窃者要最高判刑 5 年"，而必须具体定义什么算偷窃（刑法 §242 StGB）：如果谁"拿走"（wegnehmen）一个"属于他人的"（fremd）、"可移动的"（beweglich）"东西"（sache），并有意（Absicht）要"非法地"（rechtswidrig）"占为己有"（zueignen），则要判处最高 5 年徒刑或罚款。即确认偷窃罪必须同时满足上述的 7 项特征，许多常人眼里的偷窃行为可能还不能构成刑法意义上的偷窃罪。

就上述引号中所提到的 7 个特征，来审核下面的"偷窃"例子。

（1）有人离开饭店时，误穿上了别人的外衣回家。因为他主观上没有"占为己有"的目的，所以只能算"拿走"，不能算偷窃。有人暗地将别人家的电线接到自己家，即偷用别人家的电。但被偷窃的东西必须是"可移动"的，而电甚至都不算"东西"，所以偷电不属于偷窃。后来法官和议会发现这一法律漏洞，再增加§248c StGB，偷电尽管还是不算偷窃，但可以定罪。同理，土地不是"可移动"的，偷偷将自己房子或土地的边界标记移向邻家，不能算偷土地。

（2）偷偷拿了别人家的工具，使用完后又放回原地，即他没有意愿将工具"占为己有"，所以不构成偷窃罪。其实刑法中有条款规定：非法挪用别人的汽车或自行车将最高判处3年徒刑或罚款（§248b StGB）。但这里仅指汽车和自行车，没说其他东西，不能参照此款而沿用到挪用工具上（禁止参照原则）。但如果该人将挪用后的工具扔掉，或放在其他地方，就构成偷窃罪。因为这时可理解成：原主人已经完全失去了对该工具的所有权，所有权永久转移到挪用者手里。至于挪用者是自己占有该工具，还是将之送人或丢弃，全是挪用者的权利了。当然，如果他自己并没有使用，而是出于报复而将工具偷来并销毁，即他只想销毁，没有"占为己有"的目的，就不算偷窃，只能算损坏他人财产罪，最高判处2年徒刑或罚款（sachbeschaedigung/damage to property，§303 StGB）。

（3）某人去世后遗产属于子女，但子女尚未办理继承手续，该财产暂时没有主人。如果这期间被人偷了（如家佣）——既然没有主人，也就谈不上剥夺了"他人财产"，所以不能算偷，而只属于侵吞（unterschlagung/embezzlement，§246 StGB），将自己持有但不属于自己的财产非法占为己有，最高判刑3年。借了别人东西不归还而占为己有，就更不能算偷，也算侵吞。在路上捡到一只钱包占为己有，该钱包的原主失去了对钱包的实际控制权（gewahrsam/custody），即随时可以拿到并支配该物的权利和可能，钱包没有主人，也就不能算偷。人们对此行为非常不满，许多法官勉强将之归为侵吞罪。但这又遇到与另外法律现象之间的矛盾：德国街上经常有废弃的家具等，人们可以去捡，没人说这是非法的，因为那些家具已经没有主人或主人已经放弃了他们的所有权。那捡家具的人是否也算侵吞？显然不算。

（4）一个顾客在开架商店拿下一个商品，偷偷放进自己的皮包，被商店监视器发现，在付款前就被商店保安员抓住。照理说，商品尚未走出付款处，空间上还属于商店。但该顾客将商品隐藏得如此之好，通常人们不可能发现，而隐藏之处又属于个人隐私，俗称"国中之国"。于是根据"国中之国"理论（enklaventheorie/enclave theory），该顾客已经将商品占为己有，从而构成偷窃罪。相反情况，如果一位雇员想把公司的一个工具偷回家，先将该工具藏于公司内他人不知道的地方。这还没有构成偷窃，因为尽管别人看不见，但别人可能或遇巧会看见，即最多构成图谋偷窃罪。换一情况，A 与 B 合租一套公寓，共同出资买了冰箱。过后因为产生矛盾，A 私自将冰箱卖掉了，就属于"偷窃罪"，因为冰箱属于两人共有，A 偷窃了冰箱属于 B 的份额。

（5）一位顾客购买了一套自家花园大门的雕塑装饰品，安装后发现装饰品有缺陷，所以拒绝付款，要求商店调换。商店不想折腾，趁夜将该装饰品偷偷地从顾客花园的门上取走。这不构成偷窃，因为在购买合同中写明，在没有付款前，商店保留该商品的所有权，即商店依旧是该商品的所有人，从而谈不上偷取了别人的所有权。

（6）学生 A 将一本书卖给学生 B。B 已经付钱，而 A 迟迟不将书给 B，于是 B 趁 A 不在偷偷取走了该书。尽管 B 偷取了 A 对书的所有权，但从实际情况来看，B 本来就有合法权利获得该书，B 的行为是合法的，不属于偷窃。换种情况，如果 A 事先说好一周后将书给 B，而 B 不到期限就偷偷取走书，就属于偷窃，因为一周之内书的所有者依旧是 A 而不是 B。

非法性（rechtswidrigkeit/illegality）

刑法中罗列了许多犯罪现象，如谋杀、偷窃、纵火、侮辱他人等。但从主观上来说，并不是发生所有这些现象就一定非法，即"合法"的犯罪现象是容许的，不构成犯罪。

实例 7：刑法 §40 StGB 对胁迫罪（noetigung/coercion）的定义是：如果谁非法地、以暴力或威胁的手段来威逼他人做或不做某事，则要被判处最高 3 年徒刑或罚款。这里强调了必须是"非法地"，现实中的许多胁迫并不是非法。如别人欠债不还，你通过种种手段给予对方压力逼其还债，就不构成胁迫罪。教师、家长软硬兼施地"胁迫"孩子好好读书，也不构成胁迫罪。父母甚至以一定的暴力来胁迫孩子读书或做事，从这点来说也应当是合法的，只是刑法 §223 StGB 中并没说。如果"非法地"损伤他人身体才算犯罪，更何况打人是侵犯他人宪法保障的人性尊严，所以无论主观目的如何，任何损伤他人身体的行为都是犯罪行为，将被判处最高 3 年的徒刑或罚款。甚至对未成年的孩子、残疾人等采用暴力，要罪加一等最高判刑 5 年。但这在现实中很难实现，所以立法者对父母体罚孩子的问题只能装蒜，这成为刑法的灰色地带。法庭形成的判决共识是：如果父母体罚孩子的目的是为了孩子好（而不是自己泄愤），而且体罚没有给孩子遗留下心理上和身体上的创伤，则不追究父母刑法责任。

实例 8：一位路上受伤者 A 要赶紧送医院，守候在边上的 B 不断向路上行驶的车辆招手希望停下来，却没有一辆停下。无奈之下他在路上放一根木柱截拦。一辆车子停下后他强行胁迫司机 C 将伤者送往医院。从形式上说，B 犯了胁迫罪（§240 StGB）和剥夺他人自由罪（§239 StGB）。如果说为了自卫也不符合，司机并没有攻击他。但 B 却符合刑法 §34 StGB 中的"紧急状况"（notstand/emergency）：如果谁遇到生命、身体、自由、名誉、财产等威胁，为了解除威胁他采用了损伤他人权利的行为。只要权衡之下，他所受到的威胁远远超过他人的权利，则他的行为不算非法。显然，A 的身体和生命要高于 C 的自由权，所以 B 的行为不算违法。同样道理，如果为了紧急送一位病人去医院，开车超速甚至闯了红灯都不算违法，因为交通规则不能与人的生命相提并论。类似情况，如果 C 殴打 A，A 回击 C 就属于正当防卫（notwehr/self-defence，§32 StGB），而如果 B 上去劝阻 C 并与 C 打了起来，就属于"紧急救助"（nothilfe/emergency relief，相当于正当防卫），A 与 B 的行为都是合法的。

实例 9：作为极端的历史名案，古希腊哲学家 Carneades（公元前 213~前 128）提出一个想象试验：遇到海难时，两个难友只有一块木板，只能承受一个人。如果其中一位难友置另一位于死地，夺取木板逃生，他是否算犯罪？这里涉及伦理学与法哲学的一个基本问题。古罗马法学家西塞罗（公元前 106~前 43）对此认为，两个人不能各取一半以逃生，而只能两人中取一人。如果这两人完全等价，只能像抽签那样留下一个，所以逃生者无罪。德国启蒙哲学家康德（1724~1804）进一步分析道：这位逃生者的行为不是无可非议的（unstraeflich/inculpable），但不能对其惩罚（unstrafbar/impunitive）。即不能因为处于紧急状况就拥有了杀人的权利，因为人有维护自己生命的权利，也有不损害他人生命的义务。但在这样的紧急状况下，他面对眼前就要死亡的恐惧，大大超越了此后面对法律或法官的恐惧，这时的法律已经失去了意义（法律靠威慑以警示世人能做什么，不能做什么），所以就不能再用法律来定罪。

先哲的观念直接影响到德国刑法对"紧急状况"的拟定。以牺牲别人的生命来挽救自己的生命，他的行为既满足"犯罪行为"（杀人），也绝对"非法"，而且是"有意的"，但他"不承担罪责"，因为海难不是他自己人为造成的。在这个极端情况下，他除了"杀害"他人以挽救自己外，没有其他选择。根据 §35 StGB，他可以免于刑事追究。换一种情况：在一场大火中，某人为了抢救出自己家中的古董饰品，夺路而走将别人挤倒，这就不能援用"紧急状况"的条款来为自己免罪，因为该条款只当威胁到人的生命和自由的情况时才能援用，而财产保护不在其列。

实例 10：纳粹时期除了集中营之类绝对违背法制外，许多行为至少形式上符合法制原则。例如充满种族歧视、剥夺犹太人权利的"纽伦堡法"是德国议会民主通过的，过后政府"依法执行"、法庭"依法判案"，法律实际上成为纳粹镇压人民的工具。纳粹时期发生多起军人违命抗命甚至谋杀希特勒案，谋杀未遂者以谋杀罪被判处死刑，也是按照当时有效的刑法，所有这些从法制上何错之有？二战后，著名法学家 G.Radbruch（1878~1949）发表了著名文章《合乎法律的非法性与超越法律的合法性》，指出纳粹时期的许多法律违背人类的基本良知，所以其法律本身非法，人们有天然权利和义务去抵制这些法律，这就是著名的"Radbruch 公式"。战后德国的司法实践中，多次以"Radbruch 公式"来突破形式上的法律。

实例 11：1962 年 10 月发生《明镜周刊》事件，杂志公开了北约想在西德部署核武器的国家军事秘密，按照刑法，这就构成叛国罪（landesverrat/treason，§94 StGB），杂志主编、责任编辑和作者被捕，将被最高判处无期徒刑（这使人联想到 1931 年揭露德国秘密研制战斗机的《世界舞台》事件）。但最后他们都被无罪释放，因为他们触犯刑法的目的是为了挽救一个更高的价值（世界和平），他们的行为是合法的（参见刑法§34 StGB，判例 6）。类似情况发生在 2005 年 9 月的《西塞罗》杂志事件，该杂志发表的有关恐怖活动的文章中引用了德国刑事局的秘密资料，触犯了刑法。因为《明镜周刊》的前鉴，德国检察院不敢去惩罚杂志，而去惩罚泄露机密的政府官员，他们构成泄露机密罪（geheimnisverrat/betrayal of state secrets）。警方突击搜查了几个相关杂志的编辑部，最后检察院还是放弃追究个人罪责，因为他们是"合法地"触犯刑法。但杂志社却将德国政府告上法庭，2007 年 2 月德国宪法法院判决：德国政府搜查编辑部是公然侵犯宪法保障的新闻自由（判例 7）。类似情况，一位记者装扮成军人去收集资料，被发现后起诉，结果被判无罪释放。

实例 12：谋杀希特勒构成犯罪行为无疑，但却是合法的行为，不仅免于刑法惩罚，而且成为英雄而受人纪念。世界上最早将谋杀暴君案载入史册的是古希腊时期（公元前 514 年），古希腊也因此进入民主社会。欧洲近代思想界认为，从自然法角度，人民有天然权利举行起义来抗议暴政，美国、英国、法国的法学界都赞同这种起义权，将之视作基本人权之一。但德国思想界（如康德）就反对，认为这样会被个别人作为借口来反对合法的政府，而同时代的诗人席勒却赞誉这样的起义权。直到发生了纳粹的惨痛教训，战后德国才将人民的起义权写入了宪法（widerstandsrecht/right of resistance，Art.20 IV GG），而且作为永远不得修改的宪法条款。

承担罪责（Schuld/guilt）

依据法制国原则，也是直接引自"人的尊严不可侵犯"的宪法原则（判例8）：没有罪责不得惩罚。即一个人即使做了违背刑法的行为，且没有任何合法的理由，还不能因此受到惩罚，还要审核，他对这样的犯罪行为是否有个人责任。这点法国与意大利有所不同：如果一个人的行为有害于社会，尽管不完全出于他的个人罪责，也照样给予惩罚，这些国家将保护全社会的利益看得更为重要。

不承担罪责的理由

小孩、智残者、吸毒或醉酒后的人都有行为能力（handlungsfaehigkeit/acting capacity），但不是所有犯罪者、至少在其犯罪的瞬间都有意识到自己是在犯罪的能力（schuldfaehigkeit/criminal capacity），而这是犯罪者对犯罪行为承担责任的前提。这里没有要求从宗教、哲学角度去理解犯罪行为，而仅仅从社会学角度，从一个人的年龄、精神状况等来判断，这个人是否有能力判断他的行为有害于社会。如果犯罪者明明知道他的行为有害于他人，尽管如此他去做了，他就要受到刑事追究。否则，尽管他从事了犯罪行为，但他没有犯罪责任（例如年幼无知或酒后失去理性），所以免于追究——如果追究，就会造成一个没有犯罪责任的人受到了犯罪惩罚，违背宪法。

在刑法中，至少两类人被确认没有犯罪责任：不满14岁的儿童（§19 StGB）和精神错乱者（§20 StGB）。精神错乱到什么程度才能免于刑法追究？界限含糊，成为法庭争议的焦点。至少对于神经有点受损的人，其受惩罚的程度也会相应的降低（§21 StGB）。除此之外，还有客观情况造成的不承担个人责任的问题。

实例13：一位司机知道汽车的换挡部分略有问题，要去检查修理。老板因为有一个紧急订货要他立即去短途送货。他向老板提出了汽车问题，老板还是强硬要他去送货，并威胁否则将解雇他。他只能去送货，没想到就是因为换挡不便而发生了车祸撞死人。"犯罪行为"（开车撞人）、"非法性"（汽车有问题还开车）都属实无疑，但在"承担责任"上，他不敢冒着被解雇的风险抵制老板指令，而换挡部分略有问题，通常短途内不至于发生车祸。所以两者利益权衡，他还是开车去了。对此，法庭上还是判他无罪。当然，如果是刹车部分有问题，开车很可能出车祸，则他的罪行就可能成立，即尽管他有被解雇的风险，也不能去送货。

实例14：一个人喝醉酒后打人或"误拿"了别人的自行车，警方确认他确实喝醉了酒，就不能再追究他打人或偷车的刑事责任。当然，如果因醉酒而闯了祸，虽对他不能直接追究刑事责任，但对他喝醉酒一事还是可以追究责任，因为这是在他清醒的时候对自己、对社会不负责地喝了超量的酒（§323a StGB）。但刑法规定，对其醉酒给予的惩罚程度，不得超过他酒后打人或偷车本应受到的惩罚程度。当然，如果他喝得还没有醉到完全失去理性的程度，则还是要给予惩罚，但可以酌情减小惩罚量（§21 StGB）。有的人利用这点来报复他的仇人，酩酊大醉后殴打对方，甚至拿出事先准备好的器械。如果警方能够确认，他是在酒醉之前就做了精心策划，甚至还配备了打人器械，说明他至少醉酒之前是有意识地做这样的事，完全知道这样做将会给对方造成怎样的伤害，即完全"理性"地犯罪，所以照样要追究他的刑事责任。同理，如果上述酒后偷车者在偷车时东张西望、鬼鬼祟祟，说明他尽管喝醉了一点，但完全是有理性地偷车，则也无法逃脱刑事惩罚。

有意与无意

刑法中，惩罚的通常是有意的（vorsaetzlich/deliberate）犯罪行为，而无意即不小心（fahrlaessig/careless）所造成的犯罪行为，通常免予惩罚。如果对后者也要惩罚，就必须在刑法中明确写出，而且量刑减得较轻。例如谋杀罪是无期徒刑（§211 StGB），杀人罪至少判刑5年以上，甚至无期徒刑（§212 StGB），而不小心造成别人死亡，最高判刑5年（§222 StGB）；打伤他人最高判刑3年（§223 StGB），危险地打伤他人最高判刑5年（§223a StGB），而不小心伤害他人，最高判刑3年或罚款（§230 StGB）。

实例15：某人开车时突然一只胡蜂飞入车内，在他头上转，或一时胸口闷或手发麻，失去了对方向盘的控制，车偏了一下撞死了边上骑自行车的人。因为他"无意"杀人，所以不能算杀人犯。

所谓有意，是指犯罪者在做之前就有明确的犯罪目的（如偷某物），而且这样做就是为了实现自己的目的（偷到了）；所谓无意，指犯罪者本来没有想做犯罪行为，但由于疏忽或误解而铸成了犯罪事实。由此可见，有意与无意都是主观心理，外人很难看到。而在现实中，一个人做事往往介于有意与无意之间，界限模糊。因为确认有意与无意对判刑结果影响太大，所以成为法庭争论的焦点。在此要对"无意"做进一步的讨论。

"无意"的第一意是疏忽（nachlaessig/careless），就是没有尽到自己应当小心行事、处处想到不能损害别人权利的义务。在民法中，疏忽还要区分成一般的疏忽和过分的疏忽。如雇员损坏企业的东西，如果是一般疏忽就不用赔偿，如果是过分疏忽就要赔偿。在保险业中，如责任保险或房屋防盗保险。如果家中被窃，是主人一般的疏忽，保险公司就要赔偿；如果是过分疏忽（如门没有关上，或房门备用钥匙放在信箱里），保险公司可以拒绝赔偿。

实例 16：建筑工人 A 站在脚手架上，想把一块废砖扔下去，没想到下面刚好一个过路客，过路客中砖身亡。显然，A 不是有意砸死过路客，而是出于疏忽，不能归入"有意"犯罪（§212 StGB）。但本来就不容许 A 将砖扔下，实在需要扔下就应当十分小心，必须对周围的人负有责任感。如果这样，这场悲剧就不会发生。所以 A 是有责任的，要根据 §222 StGB 以"无意杀人罪"判刑最高 3 年。

实例 17：A 想报复 B，在 B 的生日宴会上将一块石子扔到他家窗口，想砸破玻璃让 B 的生日宴会扫兴。没想到玻璃碎后，碎玻璃溅到站在窗沿的客人 C，C 的眼睛严重划伤，过后失明。这时就要分开讨论：他砸玻璃，属于有意的犯罪行为（损坏他人财产），根据 §303 StGB 他要被判刑最高 2 年的徒刑，而且要蒙受损失的人 B 主动向检察院递交申请，检察院才会追究 A 的犯罪行为；他又伤害了 C 的身体，这不是他的本意，是无意或由于过失而造成的犯罪行为，不能按照 §223a StGB（危险地打伤他人）最高判处 5 年的徒刑，而只能根据 §230 StGB（无意打伤他人）最高判处 3 年徒刑。因为其实这只有一个行为（扔石头），只能对损坏财产和损伤他人两者中挑选一个惩罚（禁止重复惩罚原则），即定较严重的"损伤他人罪"。当然，B 和受伤者 C 还可以通过民法来要求 A 赔偿 B 与 C 的经济损失。

"无意"的第二意是误解（irrtum/mistake），这又要区分对事件的误解和对法律的误解。

对事件的误解：误以为别人做了犯罪的事，为了抵制而伤害了别人，即自己做了犯罪的事。例如，以为别人要欺负你或欺负他人（殴打、抢劫、强奸等），出于自卫或保护第三者你挥拳甚至拔刀打伤了对方；以为别人偷了你的东西，堵住别人不让走，强迫对方拿出钱包让你检查，别人拒绝后你又打了对方，对方无辜被你伤害。正因如此，对因为误解而伤害他人的行为，也要有一定的法律限制和制裁。刑法上分成两类误解。

（1）容许的误解：即无法避免的误解。通常人遇到这种情形都会产生误解，而且都会采取相似的抵制行为。根据刑法 §17 I StGB，对这样的行为不追究刑法责任。例如，以为某物是自己的，便损坏了该物。后来知道是别人的东西，就不能根据刑法 §303 StGB 按照损坏他人东西（sachbeschädigung/damage to property）来论罪。或晚会后误穿了别人的大衣，也不能根据刑法 §242 StGB 以偷窃来论罪。

（2）禁止的误解：即可以避免的误解。一般人遇到这种情形通常不会产生这样的误解。或即使产生误解，也不会采取这么激烈的手段。至少应当再细致观察一下，或许这样的误解可以避免。根据刑法 §17 II StGB，对这样的行为要追究刑法责任，但量刑减轻。

对法律的误解：做一件事时，以为是合法的，其实是犯罪行为。如买下一辆自行车，付钱后以为这车就是属于他的。卖主还没有交货（所有权还在卖主手上），自己就拿走了，构成偷窃罪。

如何处理因为对法律误解或缺乏法制意识而出现的刑事案，德国学者分成两种观点："有意理论"认为，只有犯罪者自己知道他的行为是犯罪，才能说他是"有意犯罪"。"责任理论"则认为，不能因为一个人没有法制意识，就可以减轻对他的刑罚。现在政界与司法界基本接受"责任理论"，对法律的误解也被归入"禁止的误解"，法官可以在量刑上略予考虑。

实例 18：某学生 A 在酒店喝酒。每喝一杯，店主就在 A 的酒杯垫子上用圆珠笔画一条线，喝完后按照划了多少线来结账。A 为了少付款，偷偷用橡皮抹掉了几条线。店主发现后告到警方，A 的行为已经不是简单的少付几杯酒钱，而是犯了"伪造文件罪"（§267 StGB），而且是有意犯罪，将最高被判处 5 年徒刑。A 没有想到，刑法中的"文件"是广义的，指所有记录一个人的想法或与他人生意关系的文书。酒杯垫上画的线条，记录了酒店与酒客之间的买卖关系和数额，所以就是"文件"。

实例 19：一位华人在跳蚤市场上出售武术刀，认为这是表演用具，应当是合法的。但武术刀是用钢制成的，开锋后也可以非常锋利，至少表面看来与真的刀具一样，所以可以被归入武器类。他被德国警方以"非法出售武器罪"逮捕，处以罚款，并留下犯罪记录，后来都影响到他加入德国国籍。

实例 20：一位猎人看到树后有动静，以为是一头野猪。一枪过去，发现打死的不是野猪，而是另一位猎人。他犯了误杀罪，最高判刑 5 年。另一种情况：猎人本来想杀害仇家 A，没想到搞错了人，杀死了 B，即"搞错对象"（erro in persona vel objecto）。或没有搞错对象，但出手时枪打偏了，没打到 A，却打死了 B，即"打错对象"（aberratio ictus）。这两者似乎都是"误杀"。但这样的"误杀"不能减刑，按杀人罪甚至谋杀罪论处。刑法上对误解的界定有一个基本原则：被误解的对方是否同类？前例中将人误以为野猪（或物），人与野猪不是同类，所以罪行可以减免。后例中将 B 误以为 A，A 和 B 都是人，是同类。猎人以杀"人"为目的，至于最后杀死的是 A 或 B，法律上是平等的，对社会的危害也是一样的，所以罪刑不可减免。

其实，刑法上对"疏忽大意"并没有具体定义。学者与判例对此的基本共识：从个人知识与能力来说，他完全有能力去当心某情况（主观）；在实际情况下，他也有义务当心某情况（客观），但他却没有足够的当心，以致损伤了他人的身体、生命或财产。由此可见，如果一个人酒后驾车，他都没有这个能力或较弱的能力来控制方向盘或注意路上的交通，以致撞伤甚至撞死了人，他撞人本身都不能算是"疏忽大意"，不能以"疏忽大意伤人"或"疏忽大意杀人"来论罪。但他在酒醉后至少还有能力知道，酒后不能驾车，驾车容易发生车祸。即他驾车前已经明确知道酒后驾车是非法的，也预见酒后驾车可能发生车祸，尽管如此他仍去驾车。从这点来说，他构成了"疏忽大意伤人罪"（§230 StGB）或"疏忽大意杀人罪"（§222 StGB）。

当然，发生事件后还是要考虑因果关系。如一个人超速驾驶甚至醉酒驾车，突然从路侧跑来一个玩耍的小孩，被车撞倒甚至撞死。这时专家就要前来实测并鉴定。如果鉴定结果是，即使该司机没有超速行驶，没有醉酒，也无法避免这场车祸。这时该司机就不能按照"疏忽大意伤人"或"疏忽大意杀人"来定罪，即对撞伤或撞死人本身不负责任，最多按通常的超速行车或酒后驾驶来罚款。

判例1：最高法院判决 BGHSt 21，157，宪法法院判决 BVerfG，NStZ 1990，537
判例2：帝国最高私法法院 RGZ150，S.1（4）
判例3：柏林州法院 LG Berlin，Beschluss 15.12.1980，510-17/80，StV 1981，140
判例4：柏林州高等法院 KG，Beschluss 21.4.1981，4 Ws 53/81，NStZ 1981，273
判例5：联邦最高法院 BGH，Beschluss 2.5.1983，3 ARs 4/83-StB 15/83，BGHSt 31，365
判例6：联邦宪法法院 BVerfG Teilurteil 5.8.1966，1 BvR 586/62，610/63 und 512/64
判例7：联邦宪法法院 BVerfG，Cicero-Urteil，Az：1 BvR 538/06
判例8：联邦宪法法院 BVerfGE 95，96，140

复仇·惩罚·教育

漫谈对犯罪者的惩罚

一、民法是处理私人与私人之间的矛盾，其主导思想是侵害方对受害方的经济补偿；刑法是处理私人与社会之间的冲突，自古以来的主导思想是受害者对犯罪者的报复，所谓"以眼还眼，以牙还牙"。随着社会文明化程度提高，由受害者个人进行复仇，转向由国家出面惩罚。从个人与族群间的仇杀，转向囚禁与罚款。

二、同样一起犯罪事件，既是对被害者个人的伤害，也会对整个社会产生恶劣影响。所以对犯罪者的惩罚，也是并行着两重思路，同时采取两种法律途径：以检察院代表社会提出刑事诉讼，惩罚形式为监禁与罚款；受害者个人提出民事诉讼，要求犯罪者赔偿受害者的经济损失，惩罚形式为经济赔偿。

三、18世纪自由主义时代的刑法理论（绝对刑法理论），是通过刑法体现社会公正，对恶者与善者赏罚分明。19世纪社会主义时代的刑法理论（相对刑法理论），是通过刑法以减少社会犯罪，即教育犯罪者不能再犯，威慑其他社会成员不能从事犯罪活动。

刑法与民法的异同

刑法与民法的目的与手段都略有不同。

民法是处理私人与私人之间的经济纠纷，被告与原告都是私人，只是消除被告给原告造成的经济损失，使一切状况恢复到受损之前的状况。例如撞坏了对方的车，则修完车之后就算了结；撞坏了对方的人，则要赔偿医疗费和由于对方一时无法工作等所产生的经济损失。而刑法处理的是私人与社会之间的冲突，偷了东西或杀了人，似乎也是私人与私人之间的纠纷，但对社会产生了恶劣影响。于是将该刑事案件人为地分为两场互相独立的官司：一是刑事官司，被告为私人，原告为社会（由检察官代表），只考虑该行为对社会产生了什么恶劣影响，以此判刑（坐牢或罚款）；一是民事官司，被告与原告都是私人，只考虑该行为对受害人及其家属造成了什么经济损失，要求赔款。虽然这是同一件事，但可以完全分开打官司。对经济损失情况比较简单的，也可以将民事官司附带在刑事官司上（nebenklage/accessory prosecution），让同一个法官既判刑事官司，又顺便判民事官司。

在确定罪行（刑法）或责任（民法）问题上，刑法远比民法严格。例如刑法不容许出现含义不清的"总体条款"（generalklausel/general clause），而民法容许；刑法也不容许参用情形相类似的其他刑法或民法条款（Analogieverbot/prohibition of analogy），而民法容许。所以，刑法定罪比较死板严密，民法可以运用得比较灵活，伸缩性大，学问也多。

但在确定判刑量（刑法）或赔偿量（民法）问题上，刑法却远比民法宽松，或法官判案的上下权限较大。民事上一旦确认一方要对某损失承担责任，则无论损失量多大，都要判处被告人全额赔偿。即使被告人承担不起，也要分期付款甚至个人或企业破产，那是另一回事，"与本判案无关"。而刑事定量上非常宽，例如杀人罪要判5年以上，却上不封顶，法官可以有从5年到无期徒刑的判刑空间。偷窃罪最高判5年，言下之意也可以几天、几个月，都是法律授予法官的权限。法官判案定量时要做许多考虑，例如该犯罪行为的社会影响，被告人犯罪时的主观动机和手段恶劣程度，再犯的可能性，家庭与年龄，等等。这就涉及根本性的刑法的目的问题：为了惩罚和报复犯罪者？为了"杀一儆百"以威慑他人？为了使被告不再犯类似的罪行？学问大大多于民法。

民事向刑事转变

其实，自古以来刑事与民事是没有区分的。那时只有一个法律精神，就是对等的赔偿关系：如果损伤了别人的财产，就得赔偿别人的财产；损伤了别人的生命，就得一命抵一命——这是中国其实也是全世界古老民族的司法传统。现今考古到最古老的成文法古巴比伦的《汉谟拉比法典》（公元前1792~公元前1750年），上面就有一条："如果一位建筑师为一位市民建了房子，建得不够坚实而过后倒塌了。如果压死了房子主人，则判该建筑师死刑；如果还压死了该房子主人的儿子，则判该建筑师的儿子也是死刑。"（§§229/30，Hammurabi）

出于同一法典的经典名句"以眼还眼，以牙还牙"，到古以色列时代发展成"以命还命，以眼还眼，以牙还牙，以手还手，以脚还脚，以火还火，以伤还伤，以鞭还鞭"。即使到古希腊时期，公元前621年雅典出现的第一部成文法（Dragon）中还写道："如果谁将别人的眼睛损坏了，他自己也要忍受损坏他自己眼睛的痛苦，而不能用其他形式（如金钱）来补偿。"

直到古罗马早期的《十二铜表法》，才将"以眼还眼"的法律修改得略微人道些，希望双方能谈判得到一个双方都能接受的方案。如果达不成和解，则还得实行"以眼还眼"。由此可见，古罗马法尽管形式上区分了私法（delicta privata）与公法（delicta publica），但那时的公法仅仅指战争中"出卖国家"或"出卖部落利益"（如临阵脱逃）之类的真正意义上的"公"法。而对私人之间，无论经济纠纷还是杀人放火，依旧是对犯罪者与被害者之间的利益平衡，即司法形式上依旧是现代意义上的私法，尽管这个私法也可以判处被告人死刑、体罚或罚款。

相反，在文化落后的日耳曼部落中，却早就出现经济补偿的形式，甚至有相应的赔偿表。例如杀死一位普通人赔偿100头牛，杀死一位奴隶赔50头牛，杀死一位贵族则要赔几百头牛。在13世纪的《萨克森明镜》中罗列了更细致的赔偿表，例如（1镑相当于一匹马的价格，1镑=20先令，1先令=12芬尼）：偷或杀死一只鸡赔偿0.5芬尼，偷或杀死一只鸭或鹅赔偿1芬尼，1头猪或牛赔偿4先令，1匹干活的马赔偿12先令，1匹跑马赔偿1镑。

因为杀人对社会影响较大，所以除了赔偿被害人家属外（wergeld），还要另缴付给公共社会（国王）罚款（busse/atonement），例如杀死一自由男子，赔偿18镑，罚款30镑；杀死一雇佣男子赔偿10镑，罚款15镑；杀死女子，赔偿与罚款减半，向国家支付"罚款"，才是现代意义上的刑法的开始。直到1152年红胡子皇帝巴巴罗萨颁布的《大国家和平法》，才将司法权全部归到政府，起诉者不再是受害者，而是国家任命的检察官。犯罪者对受害者的个人赔偿越来越少（现仅残留伤痛费 schmerzgeld），而公共惩罚（罚款、鞭刑、死刑等）越来越成为惩罚犯罪的主要形式。于是，刑法与民法完全分离。

刑法报复的意义

为什么要对犯罪者进行惩罚？惩罚的传统目的是报复（rache/revenge）。世界各民族都保留了复仇文化：一个人被杀害了，他的家人出于仇恨一定要想方设法报复,这也是家人对死者的义务,所谓一天不杀死对方,死者、他的家属和他所属的部落就一天得不到安宁,就如莎士比亚《哈姆雷特》中的王子哈姆雷特不惜放弃国王地位也要为父复仇。阿拉伯民族的复仇上升到宗教教义,成为被害者家属一种神圣的义务:家人被杀后,复仇者不能洗澡,不能理发,禁酒禁欲。在进行复仇行动时,要说出被害者的名字和简短的复仇理由。复仇之后,复仇者才能告别神圣而脏乱的生活状况,回归到世俗和洁净状态——就像被害的亲人重新回归到被害前的状况,灵魂得到安息。

当然,这种复仇文化对社会有其积极意义,让犯罪者看到,如果他从事犯罪行为,他将早晚受到报复,心灵上永远得不到安宁。所以,对犯罪者的反击(vergeltung/retaliation)本身,也是对犯罪者的自卫(praeventive verteidigung/preventive defence),至少让想犯罪者不敢犯罪,或犯罪后不敢再犯。如果犯罪者得不到应有的惩罚,不仅鼓励他再犯,也鼓励其他人犯罪。这种心理效果在各种文化中都得到略微文明的体现,如佛教中的"善有善报、恶有恶报",基督教中的最后审判,即不一定由受害者家属直接去报复,菩萨或上帝会为你报复。对防止再犯问题,德国民法中也间接援用了这样的思路,例如可以通过法庭起诉要求对方放弃某种行为(unterlassung/forbearance,如民法§1004 BGB)。只要法庭判决或对方同意,也就不再进一步追究了。

人与人之间的直接仇杀也有严重的负面效果,经常会引发连锁性仇杀(kettenrache/chain revenge),甚至扩大到氏族间仇杀(sippenmord/kinslaying)。日耳曼人和阿拉伯人后来想出了以钱抵命的方式,所谓"钱血交换",可以说是一种历史进步。《古兰经》中写道:"赔款保留了他们的生命。"(Sure II,173,175)但钱额之高,往往使犯罪者及其亲属倾家荡产,否则还得一命抵一命,这就成为对犯罪者足够的惩罚。后来索性由国家出面,通过规范化的法制来惩罚犯罪者,而不让受害者直接参与仇杀,两家之间的怨怨仇仇就此画上句号,无疑是一个更大的进步——欧洲终于从传统法出发,也是基于传统法的基本理念,发展出了现代刑法。

1595年荷兰的阿姆斯特丹发明囚禁即以蹲监狱作为惩罚形式,于是惩罚的形式也从最初的死刑、截肢、体罚、罚款等,发展到只有囚禁与罚款两项。而其产生对犯罪者个人、对整个社会的效应,也与原来极端的惩罚手段相近,但更加人道化。

绝对刑法理论 absolute Straftheorie

按照现代刑法理论,犯罪行为是一种罪恶(uebel/evil),而剥夺犯罪者的自由权或财产权,也同样是一种罪恶。根据黑格尔(1770~1831)推崇的世界秩序:犯罪行为是对法律的否定，而惩罚是对法律的"否定之否定"。即采用罪恶手段来惩罚罪恶，目的是为了杜绝出现更多的罪恶。惩罚的原始目的是受害者对犯罪者的报复，这种以报复为目的的惩罚已经被近代法学家否定，德国宪法法院也曾对此做过明确的解释。

到 18 世纪的启蒙时代，出现了以国家出面、通过刑法对犯罪者的惩罚。这样的惩罚没有被害人的复仇目的，仅仅为了主持社会正义。即犯罪者破坏了社会秩序，通过惩罚而重新恢复社会秩序。就如康德（1724~1804）所言："法官对犯罪者的惩罚，唯一就是因为犯罪者犯了罪。"他甚至极端地说："哪怕这个社会马上就要解体，也要在解体之前把杀人犯处死，以实现理想的公正社会，尽管这个惩罚已经对犯罪者个人和对这个社会失去了现实意义。"这就是所谓的绝对刑法理论，惩罚犯罪者不考虑对犯罪者个人或对社会有何影响，惩罚与社会效果是分离的（拉丁文 absolutus = 德语 ausloesen：分离）。康德推崇最古老"以眼还眼"式的惩罚原则（Talionsprinzip），犯罪行为与惩罚程度绝对相等；而黑格尔的观点略宽松点，只要犯罪行为与惩罚程度在价值上基本相等即可。

这种理论奖罚分明，法官判案仅仅根据犯罪者对受害人的危害程度来定刑，减少了法官的随意性。但缺点是，"以眼还眼"式的惩罚模式不仅不符合犯罪者的利益，经常也不符合受害者的利益。例如误伤了对方，对方可能更希望获得经济补偿。或者出于种种主观与客观原因，如由于一时贫困而一次性偷窃了别人的食物，社会也不希望过重地惩罚犯罪者。

只为了实现一个理想的公正社会（"公正"本身如何定义就受人责疑）而不顾对社会的影响，其惩罚效果可能适得其反。更何况，按照现代法制国的权衡原则或人权原则，如果能找到其他合适的方法达到同样的目的，则尽量不要剥夺他人的基本人权（体罚或失去自由均为剥夺基本人权）。因为这样的惩罚本身没有设置目的，所以也谈不上采用其他形式以达到同样的目的。

相对刑法理论 relative Straftheorie

早在古希腊时代，人们（如柏拉图）就提出所谓的相对刑法理论：惩罚罪犯应当要考虑达到一定的社会效果（拉丁文 relatus = 德语 bezogen：考虑到），即为了预防同样的罪恶再现。

1813 年德国法学家 P.v.Feuerbach（1775~1833）在修订巴伐利亚刑法时，从心理学角度提出了对犯罪者惩罚的（唯一）目的，是威慑其他社会成员不能从事同样的犯罪行为，即惩罚的着眼点是其对社会的影响（总体预防，Generalpraevention）。

这里包含两层含义：从正面来说，使国民对法制更有信任感，看到国家确实能实现对恶人的惩罚和对善良人的保护；从负面来说，这样的惩罚也是威慑普通百姓要遵纪守法，否则将受到同样的惩罚。但这种做法存在一个潜在的危机和不合理：有时政府为了威慑社会或表彰自己，将犯罪者当作威慑的工具。本来不应当判得这么重，却判得很重；或有时就此个案的特殊性，本不应当给予惩罚或惩罚得这么重，但担心别人以为此罪较轻而步其后尘，所以还是判得很重。

1882年法学家 F.v.Liszt 教授（1851~1919）从犯罪者对社会的实际威胁出发，提出了针对限制犯罪者个人的措施（特殊预防，Spezialpraevention）。这里也包含两种途径：从正面途径，教育犯罪者使之重新做人，重新回归社会（犯罪是偏离社会准则的行为）；从负面途径，教训犯罪者，通过惩罚（如监禁、罚款）强迫其就范，不得再犯以保护社会。这种做法是从根本上改变犯罪者。但教育到什么程度才能改变犯罪者？惩罚到什么程度才能使之就范？也不是简单可以确认的。

如果一个小偷在偷窃时摔倒而成了残疾人，以后身体上就根本不可能再去偷窃了。则按照严格的相对刑法理论（特殊预防），该小偷不可能再犯，对他的惩罚也就失去了教育他不再犯的意义。同样情况，战后德国一直在全世界追踪当年的纳粹分子，要将之捉拿归案。两年前德国从南美一个小岛抓住一个当年的纳粹分子，已经90多岁，即使纳粹重新上台，这位老头也不可能有所作为了。如果按照相对刑法理论（特殊预防），惩罚他已经没有任何意义。但尽管如此，德国政府不惜重金将他引渡回德国，举行审判。显然，这里援用的是相对刑法理论（总体预防），目的不是惩罚这个老头，而是做给国人看，任何罪犯，尤其是灭绝人性的罪犯，德国政府会想方设法、哪怕到天涯海角、哪怕过了半个世纪，也要捉拿归案。

可见，无论总体预防还是特殊预防，都从不同侧面揭示了刑法的意义与可能采取的措施，但都各有利弊。所以德国学界将两者混合成所谓的统一理论（vereinigungstheorie/association theory），其中较有代表性的现代法学家是 Claus Roxin（1931~）。他将法律、判决和执行三者分开：法律要定得严厉，用总体预防的负面思路（威慑社会成员不得从事犯罪活动）；判决也要严厉，同时实现总体预防的正面思路（展示国家能实现对社会保护）与负面思路（展示国家能实现对恶人的惩罚），以及特殊预防的正面思路（只要可能，以教育为主）。但执行以特殊预防的正面思路（以教育）为主。

Roxin 的这一观点获得了德国政界和司法界的基本认同，具体反映在确立刑量的基本原则即刑法 §46 StGB 上：以当事人的罪责作为确定刑量的基础，同时考虑该判刑对当事人未来社会生活的影响——前句是以绝对刑法理论为基础,后句是考虑相对刑法理论,尤其是"特殊预防"的正面思路。该条第 2 款具体罗列了 6 个考虑的方面:

(1)犯罪的原因和动机;

(2)犯罪行为所反映的犯罪者的基本道德;

(3)践踏社会义务的程度;

(4)从事犯罪活动时的手段和影响;

(5)犯罪者以前的生活、人品和经济状况;

(6)犯罪之后的态度和他想弥补罪过的意愿。

1977 年宪法法院所做的判决中,也指明了刑法的基本原则及思考优先顺序(判例 BVerfGE 45,187):犯罪与惩罚的平衡(Schuldausgleich),预防(Praevention),犯罪者回归社会(Resozialisierung),对所犯罪行的赎罪与报复(suehne/vergeltung)。尤其是那些犯罪者已经偏离了普遍的社会准则,经过监狱后不能使他们更加远离社会(Entsozialisierung)。如果他们出狱后都找不到工作,生活在最低贫困线上,不就在逼迫他们再去犯罪吗?事实也是如此,许多罪犯被关押若干年出狱后,不仅没有痛改前非、重新做人,相反犯罪倾向更加严重。如果出现这种情况,从相对刑法理论而言,就说明德国刑法的失败。所以许多学者在研究,如何才能使犯罪者尽管进入监狱,但出狱后能重新融入社会(Resozialisierung),不再犯罪。检验一个国家刑法优劣的最重要指标,就是看这个国家被判刑的犯罪者的再犯率。

惩罚的形式

自古以来的惩罚形式是体罚(包括死刑)、囚禁和罚款,现代的惩罚形式是囚禁和罚款。观察现在的犯罪形式分布(2012 年):偷窃 238.0 万起,街上犯罪(如抢劫、强奸、破坏设施)135.7 万起,欺诈 95.9 万起,损坏东西 67.4 起,有意伤人 38.4 万起,贩毒 23.7 万起,侮辱人 21.6 万起,暴力案 19.5 万起,非法移民 8.9 万起,网上犯罪 8.8 万起,经济犯罪 8.2 万起,非法占有武器 3.3 万起……由此可见,许多犯罪都是经济原因造成,所以现代刑法也以罚款为主。据 2012 年统计,全年共判刑 68.2 万人(2008 年为 75.8 万人),其中 82.15% 罚款,17.85% 囚禁,判囚禁的人中居然还有约 30% 直接保外在家,还不是保外就医。

在判囚禁中,除了无期徒刑外,最高就判 15 年。而被判无期徒刑者(2011 年全德 2048 人,占囚禁者 3.4%,100 位女性),以前还真是"无期",1977 年 7 月宪法法院判决,终身监禁一个人丧失最基本的人道,必须保障给人可以重新获得自由的希望，否则违背宪法第 1 条 "人的尊严不可侵犯"，所以必须限定坐监狱的最高年数。最后德国议会通过为 25 年，即判无期徒刑者（唯有谋杀案）至少坐牢 15 年，最多坐 25 年（刑法 §57a StGB），实际平均为 18 年。该罪犯是否能提前释放，不仅要看该罪犯的服刑好坏，更重要的是要让一位犯罪心理学家考核，该罪犯出狱后是否有再犯的潜在危机，如果确认没有，就可以释放，因为现代刑法的主要目的就是减少再犯。

在被判囚禁中，不仅为这些囚禁者保留了相当人道的生活环境，尤其对年轻囚犯，给他们提供在监狱中学习知识与技艺的机会，以便他们出狱后能很快融入社会，独立生活，而不能让他们走出失去自由的小监狱，进入缺乏生存机会的大监狱。

或许有人会感到，德国的刑法太轻，杀了人也就判几年，更不用说偷窃等行为了。其实，如果将刑法的定位不是放在惩罚犯罪者，而是放在如何减少犯罪率上，那么降低犯罪率最好的途径就是改善社会环境，即保障社会公正与社会保障，以减少产生犯罪的土壤。尽管德国的刑法如此之轻，但德国的犯罪率连年下降。当然，德国对犯罪者的轻判也带来新的问题，即如何权衡对犯罪者的惩罚与对社会的安全保障之间的矛盾。

一位强奸犯，1985 年因强奸一位 15 岁的女学生而被判刑 5 年半，而且不能保外。服满刑期后释放，没想到 5 年后旧病复发，在他的大众牌面包车里又强奸一位 14 岁和一位 15 岁的女学生，1995 年被判处 14 年徒刑（最高刑 15 年），不得保外。2009 年他将出狱，但据两位犯罪心理学家分别鉴定，都确认这位年已 59 岁的强奸犯依旧有继续作案的可能。所以慕尼黑检察院在他出狱前夕向法庭申请，要求该罪犯释放后继续留在监狱（Sicherheitsverwahrung，安全保管），以保障社会安全。但被州法院拒绝，因为刑满释放就是释放，继续关押的唯一前提必须是该罪犯多次犯罪。而他第一次犯罪是在 25 年前，所以不再计入犯罪。第二次犯罪的受害者尽管有两人，但因为是同时，所以只能算一次犯罪。而在此后的监狱生活中他没有犯罪，所以不构成 "多次犯罪"。检察院再告到联邦法院，依旧被拒绝。

知道这位罪犯将要回家，该镇里的老百姓举行示威抗议，认为这样的人生活在民众中间，民众的安全得不到保障。为此告到欧洲人权法庭，但被人权法庭拒绝。结果，该城市的警方只能不惜代价地派警察 24 小时监视该犯人，以保障民众安全，可谓代价惨重。2009 年欧洲人权法庭判决德国的安全保管制度违背人权，必须取缔。判决词长达 40 页，最重要的观点是：对依旧有犯罪倾向的人刑满后继续关押（安全保管制度），尽管是为了保障民众安全，但同时侵犯了当事人的基本人权。置于国家最高地位的应是人权保障，而不是内部安全。

抗议文化与法制国底线

漫谈集会自由与社会秩序

一、2009年是世界金融危机年，2010年德国却沦为市民抗议年：斯图加特市民抗议重建火车总站，汉堡市民抗议小学改革成六年制，巴伐利亚不满议会而举行全民投票禁烟，下萨克森州村民抗议建造38万伏高压电缆经过该州……据统计，2010年德国网络流通词第一位是"愤怒市民"（Wutbuerger），新闻界称2010年是德国"市民抗议之年"。

二、一遇到群众抗议，似乎就没有了法制，平日井井有条的德国社会突然乱了起来，示威者与警方还发生肢体冲突，许多参与者因此被起诉。法院同情示威者，却必须维护法律尊严。示威者在挑战法制国的底线，而如何审判示威者就可以看到这个社会法制的临界点。要了解真正的欧洲现代文化，就要从欧洲抗议文化看起。

三、公共场所如商业区、游乐区，以及提供给购买者或游客行走的对公众开放的区域，尽管私营，依旧要承担社会责任，提供给人们集会的可能。和平抗议（例如堵路、阻碍交通等）不是暴力行为，不适用刑法的胁迫罪。

抗议之年说抗议

民主社会就是抗议社会，只要市民不满政府决策，又对议会充满失望，便自己走上街头游行抗议，战后德国历史就是一部抗议历史：20世纪50年代抗议德国再武装和加入北约；60年代因抗议戒严法而爆发轰轰烈烈的六八学运和后续左翼恐怖组织的"红色之旅"；70年代（所谓红色十年）因抗议建立核电厂和要求裁军而诞生绿党；80年代因抗议法兰克福机场扩建而引发枪杀警察事件，抗议北约在德国境内布置核武器（50万人到波恩抗议美国总统里根来访）；90年代两德统一，才让德国街头安宁了十年；新世纪一开始，抗议声浪便一波高于一波……抗议是公民社会的基本特征，是人的基本权利，德国宪法甚至写明：在特定情况下，公民有举行抗议的权利（Widerstandsrecht/right to resist）。

德国采用间接民主，公民选举自己信任的人作为民意代表（议员）组成议会，由议会决定政府组阁和对重大事情的决策（立法）。所以，议会决策所代表的应当就是民意，而上述这些国家政策都是在议会民主通过的，为什么却引来市民的如此不满，不惜采取如此激烈的抗议手段呢？问题之一就是"间接民主"。如果国家的所有重大决策都像瑞士那样直接由全民投票决定（略似古希腊民主），而不是由议会代之，就可能避免许多争端。但在战后起草西德基本法确定西德基本政体时，基民盟主席阿德纳就反对直接民主，他对社民党党魁C.Schmid说："我与您之间的区别不仅在年龄上，而且在观念上：您相信人（老百姓），我不相信人，我从来就没有相信过人。"他主张不能让老百姓直接参与政治决策，即要实行间接民主。这是基于魏玛共和国的教训，纳粹当年民间支持很低，就是因叫嚣要通过公民投票决定是否要继续为一战战争赔款而走红，赢得了下届德国大选。所以，民意代表（议会）与真正民意之间的分歧，早在制定德国宪法时就已经埋下。

国家政治是执政党与反对党的共同政治，其基础却是国民的公民意识与参政意识。如果说联邦德国初期议会还能多少代表民意的话，随着战后一代充满理想主义色彩的政治家相继退出政坛，新一代职业型、政客型政治家相继成为议会主体，民意代表与民意之间的鸿沟也越来越明显。政治家决策考虑的首先是自己的仕途、政绩（形象工程）和其背后的政治与经济利益。随着经济和小康社会的发展，战后新一代百姓越来越少关心政治、参与政治，各党派的党员、工会会员等不断萎缩，大选时的公民投票率连年下降。于是，政治家演政治家的戏，老百姓唱老百姓的歌，民意代表与民意之间的距离越来越远，议会决策与老百姓意愿之间必然产生冲突。面对冲突，老百姓无法通过议会和法庭解决，于是只有"揭竿而起"上街抗议，政府只有出动警察保障政府项目的实施。

抗议的法律问题

抗议的形式多样，从上街游行，到阻碍交通、阻碍施工。更有甚者，六八学运中抗议学生与警察互相扭打，20世纪70年红色之旅（RAF）"以人民的名义"抢劫银行，枪杀经济界、法律界代表人物如中央银行行长、企业家协会主席、最高检察官。初到西方社会，感觉西方社会真到了资本主义的垂死阶段。但在西方生活久了，感觉这个社会似乎就是在抗议声中步步发展，步步健全。再生活久了，如果政府颁布的一项经济紧缩政策或要出兵伊拉克、阿富汗等，居然没人起来抗议，反而感觉奇怪。

抗议活动会给旁观者造成错觉，认为在一个民主社会，只要到了抗议的份上，抗议者就可以无法无天。且不讨论已经获得警方许可的游行示威，还有更多没有被警方许可的示威，直接干扰交通或到企业中集会示威，示威者与警察都可以大打出手，更何谈什么民法、刑法了。但西方不仅是民主社会，还是法制社会，抗议活动中整个法制失效了？显然不可能。

抗议活动是西方法制社会的临界点，历年来不知因此发生了多少官司。因为"聚众闹事"而被罚款上百欧元，官司都可能一路打到最高法院、宪法法院，通过媒体渲染而触动全德老百姓的神经。这不是"闹事者"为了几文钱罚款，他们要向政府争一个理，争一个势，还要争一个法。所以，了解西方社会抗议活动的法律问题，更能加深对现实西方的认识和理解。纳粹时期慕尼黑大学生"白玫瑰"组织就因为在大学散发反战传单，索尔兄妹和他们的3位同学、Kurt Huber教授都被判处死刑。这与今日罚款上百欧元可谓天壤之别，从中也可以看到这个社会的变迁。只是这样的案件太多，在此仅挑3个较著名的案件来介绍宪法法院对抗议活动的法律解释。

技术说明

抗议过程：发生"非法"抗议活动后，警方会赶往现场阻止。警方逮捕或记录下为首者，由检察院以"聚众闹事"罪名提出公诉，通常罚款或监禁，但立即保外。

法庭起诉：抗议者在初级法院败诉后就上中级法院；再败诉就上高级法院。再败诉就以宪法中的"集会自由"为依据，上宪法法院申诉。

宪法法院：宪法法院受理这些大案通常有八位法官，八位法官各自判决，然后以少数服从多数的民主原则来决定申诉者胜诉或败诉——法制中也体现民主。法庭不仅发表多数派法官的观点作为判决，也附上少数派法官的观点以增加法庭判决透明度。如果是4:4打平手，则起诉方败诉。

法兰克福机场集会抗议遣返外国人

联邦宪法法院 2011 年 2 月 22 日判决（判例 1）。

随着德国外国人政策及政治庇护政策收紧，许多外国人因为得不到居留延长许可而必须离境。但通常不愿离境，从而被强行递解出境。递解出境时必须得到法兰克福机场和航空公司协助，法兰克福机场就自然成为各方关注的焦点。德国社会有许多充满人道精神或理想主义的团体与个人，主动出来抗议警方和机场的行为，全力保护在德国举目无亲、前途无望又非常贫困的外国人。

2003 年 3 月，一批人权保护者前往法兰克福机场，在机场大厅集会抗议，分发传单给机场办理机票的柜台工作人员，这就干扰了机场的正常营业，破坏了机场的"友好气氛"。机场经理层非常恼火，叫来警察驱逐抗议者。同时向示威者颁布"禁止进入机场"的禁令（hausverbot/house ban），理由是：机场是一个私营企业，有权利禁止任何人入内——法兰克福机场是德国联邦政府、黑森州政府与法兰克福市政府三家以"私人名义"合办的企业。

根据民法 §903 BGB，一个物（这里是机场大厅）的所有者，可以任意使用该物，使用中可以杜绝外界的任何影响。根据民法 1004 BGB，机场所有者可以要求捣乱者消除对机场的不利影响。如果担心受到进一步捣乱，可以通过法庭起诉，禁止对方进入机场大厅。根据《机场使用准则》，任何人在机场集会、散发广告或传单，都必须事先获得机场的同意。"为了保障机场的正常运作，不容许任何人在机场大厅（Terminal）未获得机场认可地集会。"若有人尽管如此还是集会，机场将根据刑法 §123–124 StGB 以"破坏房内和平"罪（hausfriedensbruch/unlawful entry），对当事人提起刑法起诉。

机场还没有起诉示威者，示威者已经向法庭提出紧急起诉，要求法庭确认该机场禁令违法，立即取缔。但无论从民法角度还是刑法角度，机场确实有颁布这样禁令的合法权利，示威者在初级、中级和高级法院全部败诉。于是，他们只能向联邦宪法法院申诉，要求宪法法院根据宪法第 1 条（人权保护总则）、第 5 条（保障观点自由）和第 8 条（保障集会自由），确认机场禁令违反宪法。宪法法院非常重视该案，由八位法官同时审理和判案，最后居然以 7∶1 判决示威者胜诉，从而推翻了三级法院的判决。基本理由如下。

根据宪法第 1 条第 3 款所写"下述的基本权利作为直接有效的法律，对立法、行政和司法都有约束"，即基本人权不仅对国家的某些机构、行为方式有约束作用，而且对所有国家权力都有约束。该段提出了在保护基本人权问题上，公民与国家的重要区别：公民原则上是自由的，公民不直接受基本人权的约束，而且通过基本人权被确认为自由人；国家原则上是不自由的，受到基本人权的限制。当然，国家作为中介人，要调节不同公民之间的自由界限。但国家本身不能作为自由人通过行为来表达自己的意愿，而要与民众之间的各种不同观点都保持一定的距离，尊重不同人的不同观点。这一基本人权原则也包含国家在民法领域的许多行为。

集会自由

根据德国宪法第8条，所有人都有合法权利，不用向政府申报或获得政府许可，就可以和平地、不携带武器地集会。只有公民在露天集会，政府才可以通过法律给予一定的限制，而不是禁止。

宪法保障集会自由，并没有保障每个人都可以在任何私人的地盘上举行集会，但也没有限制集会只能在公共场合如广场、街道上举行。许多原来的公共场合如商业区、游乐区，尽管已经承包给某些私人企业，或已经被某个私人企业买断，但那些区域中提供给购买者或游客行走即对公众开放的区域，依旧要保障人们集会的可能。尤其当该集会的主题与该区域的经营直接有关时。

即使是国营企业，或国家参股一半以上的企业（如法兰克福机场），尽管在法律形式上也属于私营企业，但他们更有义务提供给公众集会。即使这些企业有真正的私人企业参股，这些私人在加入企业时就要心里清楚，这个国营或半国营企业对宪法保障的集会自由要比通常的私人企业承担更大的义务。法兰克福机场是黑森州政府和法兰克福市政府共有的国营企业，至少在对公众开放的机场大厅，必须容许公众在那里集会。只有那些不是所有公众都能进入的特殊区域（如机场内部办公区域），才能拒绝公众集会。

为了不影响机场的正常运作，机场可以限定在机场大厅的哪些位置（如签票柜台边上）不可以集会，而且要做出具体说明，让人相信，在那里集会会严重影响作业。但法兰克福机场没有这么做，而是泛泛地禁止人们在机场的任何地方集会。更何况，该集会的主题内容（抗议遣送外国人）还直接与机场业务有关。

宪法中只提到"露天集会"，这里的"露天"不仅指自然界的"露天"，也包含封闭的大厅。关键是，该场地是否对所有公众开放。所以，在机场大厅的抗议集会也同样受到宪法保护。法兰克福机场颁发的禁令是援用自己设立的机场管理条例，引用民法§903，1004 BGB，而且禁令还获得了法庭确认。但任何私法所保障的权利，原则上都不能超越宪法所保障的个人自由。尽管机场宣称，机场大厅主要用于票务和登机等，但也要尊重宪法保障的集会自由。秉承法制国的权衡原则，就连政府也必须容忍一定程度地中断交通来满足人们在人行道、车行道上游行，设法留出场地供人集会游行。机场应当设立更详细、更透明的机场管理条例，让人们知道，在机场的哪些地点可以集会游行。不仅如此，只要没有事先获得法兰克福机场准许，机场就对任何集会内容不做区分，无期限地禁止在机场的任何地方抗议集会，显然违背宪法。

观点自由

根据德国宪法第5条，任何人都有权利以语言、文字、图像方式来自由表达和传播自己的观点。保障新闻自由和报道自由，不设立新闻检查（唯一限制对儿童和他人名誉的保护）。艺术、科学、研究、教学是自由的，唯有教学上不得传播违背宪法的内容。由此可见，观点自由的内容与空间比集会自由还要广阔，更没有传播观点的地点限制，人们可以在任何能到之处来传播他的观点。机场方面认为，这样散发指责机场的传单，在顾客中会产生"不舒服的气氛"，从而"影响机场生意"。抗议者之所以散发传单，是因为他们的集会要求没有获得机场准许，他们的观点被机场蔑视，他们对机场的指责被看作影响机场的生意——机场根本就没有这样的权利，要求别人的行为和观点要远离政治争论和社会冲突，只为了赢得机场客户们的"舒服气氛"。抗议者在机场大厅散发传单，形式上何异于在大街上散发传单？机场最多可以指明在机场散发传单的地点、时间、形式等，以免过分影响机场运作。而现在机场居然不做说明、拒绝商议地一概拒绝抗议者在机场大厅集会，那是违背宪法保护的"观点自由"。

堵住德国军营抗议核武器 之一

德国联邦宪法法院1986年11月11日判决（判例2）。

许多抗议者实在对政府没招了，就强行堵路，不让车辆通行。例如六八学运中，学生抗议《图片报》诋毁学生运动，发动全德学生堵住《图片报》各个印刷点大门，不让当日印出的《图片报》出厂，引起全德警方出动。德国年年将核废料从法国运至北德储存，年年沿路被堵，警方只能将堵路者一一抬出……一旦堵路，车辆无法通行，检察院通常援用刑法§240 StGB中的胁迫罪（noetigung/coercion），认定抗议示威者"以暴力胁迫他人（司机）违背自己的意愿停车"，从而提出刑法起诉。该款内容是：如果谁用暴力或威胁的恶意行为强迫别人做一件事、容忍一件事或放弃一件事，将被判处最高3年徒刑或罚款。情节恶劣者，将

被判处半年至 6 年的徒刑。

表面来看，堵路显然违法，德国历史上许多判例都可以佐证。

德国近代：1885 年某人为了阻止别人拿东西而将人堵在房间里，帝国法院判处他胁迫罪（判例 3）；1911 年一批人堵路阻碍一位自杀者的送葬队伍，帝国法院判处这批人胁迫罪（判例 4）；1923 年一批人堵住运输车通道，迫使运输车司机停车，帝国法院又判处这批人胁迫罪（判例 5）；1942 年某人用自行车堵住另一辆在驶的自行车，迫使那位骑自行车妇女下车，帝国法院判处他胁迫罪（判例 6）……

二次大战后：某人因为阻挡他人从左行道超车，联邦最高刑事法庭判他胁迫罪（判例 7）；20 世纪 50 年代发生多起学生堵路抗议事件，各州法院判决均以胁迫论罪（如判例 8）；日常生活中被判为胁迫罪的有：一位妇女为丈夫保留停车位，站在空车位上不让别人停车（判例 9）；一人站在一辆轿车前不让开车（判例 10）；一人站在有轨电车的轨道上不让电车通行（判例 11）……

六八学运后，堵路示威成为最主要、最广泛的民众抗议形式之一，检察院依旧沿用传统的法律思路，判处一个个堵路者"胁迫罪"。这就引起了人们的反思。无论民众还是法学界，整个社会毕竟对游行示威者（多为理想主义者）多一份道义上的认同和支持。20 世纪 90 年代德国发生了两起著名的宪法申诉案，改变了历来法庭对堵路抗议的习惯判决：第一起被判处有罪，第二起被判处无罪，并以此成为迄今的定论。

1979 年 12 月 12 日，北约在布鲁塞尔举行的北约成员国外交部长和国防部长联席会议上做出决定，在一部分欧洲国家（包括德国）将安装带有核弹头的中程导弹，同时与苏联谈判削减核武器。在 1983 年 11 月中旬的日内瓦会议上，欧美与苏联谈判最终破裂，德国将在各处设立 108 个火箭发射点和 96 个巡航导弹。此举引起全德哗然，到处掀起抗议浪潮。但传统形式的抗议没有效果，于是许多组织和个人，少则几十人，多则几百人，到各地德军或美军基地去堵路，不让车辆进出。德国警方全线出动开路……事件过后，许多示威者都以同样罪名"胁迫罪"遭到检察院刑法起诉，由各地法院审理。因为法官间观点不一，对同样案情，各地法院的判决各异。例如：

（1）Reutkingen 案：初级法院判处无罪，图平根中级法院判处每人罚款 600 马克（即 300 欧元），斯图加特高级法院维持中级法院判决；

（2）Muensingen 案：初级法院判处 400 马克罚款，图平根中级法院、斯图加特高级法院维持原判；

（3）斯图加特案：初级法院判处无罪，中级法院判处 100 马克罚款，另有两人判处 640 马克罚款，斯图加特高级法院维持原判；

（4）Neu-Ulm 案：初级法院判处 200 马克罚款，巴伐利亚高级法院维持原判；

（5）Schwaebisch Gmuend 案：初级法院分别判处 1500、500、400 马克罚款，Ellwangen 中级法院和斯图加特高级法院维持原判。……

总之，这些堵路抗议者最晚到中级法院，都被判处或多或少的罚款。于是，他们联合起来向卡斯鲁尔联邦宪法法院提出申诉，要求确认这些法院的判决都是违背宪法，应全予取缔。宪法法院的法官们互相间也争论得难分难解，最后 8 位法官表决时，居然以 4∶4 打了平手——这就意味着，堵路抗议者败诉！这就是历史上著名的"宪法法院堵路案一号"（判例 12）。

堵住德国军营抗议核武器 之二

德国联邦宪法法院 1995 年 1 月 10 日判决（判例 13）。

也在 1983 年春，德国要在 Grossengstingen 的军事基地布置有核弹头、型号 Lance 的短程导弹。有人在报纸上发出广告：谁愿一起去堵路？5 月 9 日上午 9 点，一批和平爱好者涌向 Grossengstingen 军事基地，全天人数变化在 15~40 人。上午 10∶30，一辆军用邮车驶出基地，5 位抗议者立即坐到公路上，军士长命令邮车在距离抗议者前几米处停车，要求抗议者让路。无效。邮车只能又驶回基地，示威者立即离开公路。

这时军方通知警方，警方出动。12∶15 又有一辆军用食品车开往基地，示威者又重新坐到车行道上。警方要求示威者让开，告知他们的行为已经构成胁迫罪。示威者不予理睬。警方只能将示威者一一搬离车行道，食品车驶入基地。12∶30，该食品车又要离开军事基地，示威者又坐到车行道上，警方又将示威者一一搬离车行道……就这样，一天中示威者与警方发生了多次拉锯战。

过后，检察院将示威者以胁迫罪提起公诉，地方初级法院根据各人收入不同，分别判处罚款 225 马克和 375 马克。示威者不服，向图平根中级法院再诉。在法院调解中检察院已经感觉，中级法院很可能会判检察院败诉，便主动做出量刑上的让步，即示威者只要象征性地缴纳 75 马克和 250 马克罚款即可，此案就算了结。但示威者断然拒绝这一调解，一定要争出个完全无罪的判决。

中级法院从整个情况考量，再考虑到他们毕竟是为了追求理想目的（fernziel/long-term objective），所以判决全部无罪释放。检察院不服，向斯图加特高级法院再诉。高级法院没有立即判决，而是先听取联邦最高法院对此案的意见。联邦最高法院认为，在判断是否有罪的问题上，不予考虑作案的动机是否属于理想主义目的；但在确定量刑时应予考虑。据此，高级法院驳回示威者请求。

示威者接着向联邦宪法法院申诉——如此大动干戈，就是要争一个理和法，而不是为了减免75或250马克罚款。联邦宪法法院并没有从示威者的堵路动机出发，而是直接从构成胁迫罪的法律本义出发。法律争议的是："堵路"是否属于"暴力行为"？因为"暴力"是构成胁迫罪的前提。经过学者般的步步论证，宪法法院最后确认：坐在车行道上（堵路）不属于"暴力"，从而不构成胁迫罪。而且指出，各级法院将"暴力"概念任意延伸到和平抗议上，违背宪法。当然，宪法法院的法官之间也发生严重的意见分歧，但最后8位法官中，终以5∶3的一票之差，判定了示威者胜诉。

德国鉴于纳粹时期的惨痛教训，在刑法领域把关非常严密。宪法第103条第2款明文写道："只有触犯法律上明确写出的犯罪行为才能给予惩罚。"这款严格限定了司法范围，法官必须严格按照法律甚至法律文字来判断某行为是否构成犯罪，绝对禁止根据自己想象、参照其他领域的法律或根据前人判例，来任意外延法律的概念。哪怕明显感觉这种行为已经突破了道德底线，应予法律制裁。但只要刑法上没有写就不得定罪。

示威者的行为是和平的，即使在堵路现场，也没出现示威者与被堵路者或警方的肢体冲突。从这点来说，不能说示威者采用了"暴力"行为。他们只是坐在路上，开来的车辆主动停车，而不是示威者挥舞拳头或使用器械强迫司机停车。为此，德国政府代表、检察官和法院另辟思路，说示威者尽管不是以直接的暴力手段，而是通过静坐给被堵路者一种心理压力，强迫他立即停车。其效果和对被堵路者造成的心理和生理损伤，与直接动用暴力是一样的，最终效果（停车）也是一样的。所以，堵路者的行为就是刑法所表述的暴力行为。

但宪法法院不苟同这种诠释，认为这是对"暴力"一词内涵的自我延伸。一个人的行为经常会因受到种种社会压力而改变，但并不是造成社会压力的人都要受到刑法追究。刑法限定以暴力手段迫使一个人的行为改变的才予刑法制裁。用了"暴力"一词，就必须有直接的肢体暴力。宪法法院并不否认，德国刑法中没有写到的内容就一定不构成犯罪。但如果对这种行为制裁，德国议会必须修改法律（德国议会迄今没有或也不敢对此立法），在没有修改之前，各级法官不得自作聪明地按照自己推理、按照其他或以往法院的判例来判案。

据此，宪法法院推翻了自己的前次判例，确认"堵路抗议"不违背刑法。

判例1：联邦宪法法院 BVerGE 1 BvR 699/06
判例2：联邦宪法法院 BVerGE 1 BvR 73, 206
判例3：帝国刑法法院 RGSt 13, 49 [51]
判例4：帝国刑法法院 RGSt 45, 153 [156f.]
判例5：帝国法院 RG, DJZ 1923, S.371
判例6：帝国法院 RG, HRR 1942, Nr.193
判例7：联邦最高刑事法院 BGHSt 18, 389 [390]
判例8：巴伐利亚州高等法院 BayObLG St 1953, 145 [147]
判例9：巴伐利亚州高等法院 BayObLGSt 1963, 17[20]
判例10：巴伐利亚州高等法院 BayObLGSt 1970, 71[72]
判例11：卡斯鲁尔州高等法院 OLG Karlsruhe, NJW 1974, S.2144[2147]
判例12：联邦宪法法院 BVerfGE 73, 206 – Sitzblockade I
判例13：联邦宪法法院 BVerGE 1 BvR 718, 719, 722, 723/89

手术是成功的,但病人死了

医疗事故的法律赔偿问题

一、发生手术事故,受害人同时有多种申诉渠道,如向检察院提出"医生损伤身体"的刑法起诉,向医生协会提出"医生缺乏医德和医疗能力"的指控,让医疗事故调解机构仲裁经济赔偿,到民事法院向医生提出起诉。各种渠道都各有利弊。

二、医疗事故不仅指手术事故,其可归纳出7种类型:误诊、误疗、遗漏手术器械、手术器械消毒不够、手术后疏忽、医疗新手、缺乏医疗证明。

三、医疗事故赔偿有5个方面:重做手术或恢复健康费用、增加的生活设施、照料与家务、职业收入损失、疼痛费。

今日的医学中,病人成了工程师手下的一台机器,医学书呆子眼中的一只青蛙,外科医生刀下的一段猪肠。只要这个工程师的操作有点差错,这台机器发生点故障,或控制机器的电脑有个小病毒,那位躺在手术台上的病人就怕连青蛙的待遇都没了——医学堕落到今日机械学的水平,是现代医学的悲剧之一。这样的医疗事故发生在谁身上都是倒霉,倒霉后只能通过法律渠道来救济——医学又转入到法学,医生也得靠警察和法官来监督,以保障病人们的"青蛙"和"猪肠"待遇,这就是现代医学的悲剧之二。

案情:留学生冯琴在一家私人医院做一个切除痔疮手术,医院特别使用了新开发的自动肌肉切除机器。没想到手术过

———————————————————————————————————— 手术是成功的，但病人死了

程中可能机器失灵，冯琴手术后不能坐，不能躺，痛苦不堪。到医院去复查，还说一切正常。最后只能到其他医院复查，才确认这是一起严重的医疗事故，而且无法挽回，因为如果再开一刀，可能伤势更重。她才 20 出头，人生的路还很长，却将被病魔缠绕一生。走投无路之际，来到笔者处咨询。

遇到医疗事故后，根据不同的严重程度，分别有四个法律途径：

（1）通过检察官，提出刑法起诉（Strafanzeige）；
（2）通过医生协会，吊销该医生的行医资格（Berufrechtliche Anzeige）；
（3）通过调解机构，以经济补偿做庭外解决（Schlichtungsstelle）；
（4）民法起诉，要求经济赔偿（Schadensersatzklage）。

四者可以同时并用，也可以只取其中之一。

以伤害人身罪提刑法起诉（Strafanzeige）

根据刑法 §30 StGB，如果谁因为疏忽大意而损伤了别人的身体，将被判处最高 3 年的徒刑或罚款。参照民法 §26 I S.2 BGB 的解释，所谓"疏忽大意"，是指对他人没有做到通常人所应当持有的谨慎。在联邦民事法院的判决中就曾举例：如果医生在动手术时身体很累，时间很紧，思想无法集中等，都属于"疏忽大意"（判例 1）。在其他判例中还多次提到，如果医生对这次手术没有把握，就不能做这样的手术，而不能把病人当作试验品。

从这点来说，如果医疗事故是由于医生的不小心谨慎而引起，并事实上对冯琴身体产生了严重损伤（尽管不是有意的，这点恰恰是法律的本意），严格说来已经构成刑法意义上的犯罪。这点同样适用于如果医生没有得到病人同意，对病人做了某个开刀手术，也属于犯罪。

具体步骤：你可以自己到医院或诊所所在地的警察局去递交刑法起诉书，或仅仅向警察口述，由警察做笔录，警察也会问一些具体的情节，你可给出相应的证据和证人。然后，警察局会将之转送给有关的检察官，由检察官负责审理。如他确实感觉问题严重，检察官就到法院向开刀医生提出公诉。当然也可以全权委托律师办理。这里要注意的是法定的时间限制。根据刑法 §7b I StGB，你必须在事发后的 3 个月之内递交刑事起诉书，过后就只能递交刑事检举书了。两者的区别：对刑事起诉书，检察院必须受理，即使过后认为案情较小而不愿进一步追究，也要给递交者一个明确回答，递交者可以自己去民事法庭起诉。而递交刑事检举书，递交完就与递交者无关了。对于大案两者没有区别，检察院一定会追查到底。而对小案，两者就有区别了。

第三篇　法律与社会

　　提出刑法起诉，是最简单而且没有任何经济风险的法律途径。但拖得时间长，收效不是很大。因为刑事诉讼的对象是医生，即使立案，惩罚的也只是医生，解你一口冤气，但与你本身的经济利益没有任何关系。尤其是，如果你还同时向该医生提出民事赔偿，根据迄今法院的实际经验，提出刑事诉讼很容易给你的民事起诉带来不利。原因是，如果你同时提出了刑事和民事起诉，照理说两个法庭应该分别审理，刑事法庭只审理医生是否达到了要追究刑事责任的程度，而民事法庭只审理由于医疗事故医生是否要给予受害人经济赔偿。但现实情况是，许多民事法庭的法官如果知道你也递交了刑事起诉，就有意拖着不办案，等待刑事起诉的结果——照理是不允许的，但这是法庭现实。如果刑事起诉确实判了医生有罪，则民事法庭就跟着判该医生要赔你多少钱；但如果刑事法庭判该医生无罪，或因为罪行轻而免予追究，民事法庭就把那些判处无罪的理由拿来照抄一下，然后判你输。

　　如果刑事法庭与民事法庭的审理尺度一样的话，倒也无所谓。但事实上，两者完全不同，前者严格，后者较松。在刑事上，检察官或法官衡量的对象是，该医生的行为对整个社会所产生的危害性（这就是刑法的意义），而对于个案，只是审核该医生是否犯罪的一个具体例子，除此之外与原告无关。而在民事法庭中，权衡的只是原告与医生两人之间的经济利益，谁应当赔偿多少钱，而与整个社会没有关系。从刑法来说，不能轻易地因为一个医生出了一次医疗事故，就把医生送入班房，而要权衡医生在这次医疗事故中失职的严重程度及其危害性。从民事法庭来说，只是确认这次事件是否属于医疗事故。如是，则要算一下这次医疗事故给病人带来了多少经济损伤和肉体痛苦，这是医生要给予赔偿的。

　　在具体审理过程中，两者的区别也很大。例如在聘用医学专家鉴定问题上，在民事法庭，你是受害人，你可以选定或推荐自己信得过的鉴定人，这样你可以多少影响鉴定人的判断，而鉴定人的鉴定结果在总体上决定了这场官司的胜败；但在刑事法庭，因为刑事案与你无关，所以鉴定人由检察官选定，你没有丝毫权利对鉴定者造成影响，甚至都不知道谁在鉴定。在民事上，如果医生给错了药，医生可能也就承认了，接下来的只是赔钱多少而已（医生也有保险）；而在刑事上，检察官还要进一步让专家鉴定，尽管医生承认给错了药，但事实上是否真给错了？给错的程度和危害性是否达到了一定要把该医生送进班房的程度？……

　　综上所述，因为刑事与民事在审理目的和审理过程上有这么大差别，而刑事审理明显对受害者不利，所以受害者如果要向医生提出民事经济赔偿，就尽可能放弃对医生的刑事追究。几十年前病人无法看到保存在医生那里的医疗记录（作为医生的私有财产），病人担心一旦向医生提出民事赔偿起诉，医生会偷偷修改医疗记录。所以只能委托律师，以第三者身份先向对方提出刑事检举，要求警方乘医生不备立即下手取出医疗记录。但1982年联邦法院做出一个判决，说病人有权看到自己的病史记录。因此，通过律师提出刑事检举以获取医疗记录也就没有必要了。

刑法与民法还有一个很大区别：刑法是通过结果（医疗事故）来追究原因，即只讨论医生在开刀的一瞬间是否"疏忽大意"——根据原因来定罪；而民法原则上不讨论原因，只讨论结果。事实上因为医疗事故病人受到了本来不应当有的伤害，造成伤害的人必须对受伤害者进行经济补偿。从法律形式来说，刑法要求受害者或检察官提出证据来证实医生有罪，而民法（对较严重的医疗事故）则要医生自己来证明，自己没有过失（注一）。

在冯琴的例子中，指责医生在开刀前没有把握，若医生递交一份开刀成功的清单，你就输了；指责医生没有集中精力，就更加证据不足。而在民事法中，发生了医疗事故，病人的身体受到了严重伤害，这是不可否认的事实。既然伤害了他人，就至少经济上要给予补偿，合情又合法。

以不尽职来取消行医资格（Berufrechtliche Anzeige）

任何职业都有职业道德，医生职业道德的提出可能是所有职业中最古老的。西医之父、古希腊医学家希波克拉底提出了一系列医生的职业道德，过去人们在开始行医前都要进行一定的仪式，在教堂中向希波克拉底宣誓：在未来的行医中，要坚守行医道德，以自己的良心和最好的医术来治病救人（希波克拉底宣誓）。而到了现代医学，医学道德成了一纸空文，每个州只能设立医生协会，制定行医守则。例如巴登府州的行医守则中开篇就写道。

（1）医生服务于每个个人和全体人民的健康——医生是为人民服务的行业，而不是拼命赚钱的行业。

（2）医生的职业性质不是工业生产——不是流水作业线那样对待病人，而要对每个病人个体负责。

（3）医生行医的特性是自由职业者——持照者就应当是行医者，而不应出现靠行医来牟取盈利的中间商。

（4）医生职业要求，每个医生都凭自己的良心和传统医学道德来为人治病——医生不是商人，不能按经济盈利多少来唯利是图，而要讲道德良心，因为医生的对象是人，对人负责是所有职业中最高的道德要求。

第三篇　法律与社会

根据行医守则，医生的任务是：保障生命，维护或恢复健康，减少痛苦。2400年前希波克拉底在《医学笔记》中对医生任务的原始定义也是迄今仍有效的西医的职业准则："对以往的（病情）给予解释，对（病情的）现状给予认识，对（病情的）发展给予预计。在这基础上（对病人）进行治疗。在治病过程中有两个可能：有利（病人的健康），而不是损伤（病人）。医学包含三方面内容：疾病、病人、医生。医生是医学的掌握者，病人要协助医生来抵抗疾病。"（文中括号为笔者译时所加）。

在治疗中发生医疗事故，不是"有利病人"而是"损伤病人"。从这点来说，为冯女士开刀的医生没有履行行医义务，违背了行医守则。受害人可以直接向诊所或医院所在地的医生协会提出申诉。具体方法：找到医生协会地址，书面或口头向医生协会申诉，提供相应的证明资料，要求医生协会审核该医生的行为是否违背了行医守则。医生协会根据申诉去调查和审核。如情况属实，轻则警告或要求该医生去进修，重则临时甚至永久吊销其行医资格（注二）。

但向医生协会投诉与向检察院投诉的情况相似，除了可能为受害者出口气外，对受害者本人没有其他帮助。相反，如果受害者还想对医生提出民事赔偿，向医生协会投诉还会对此造成负面影响。首先，医生协会的审核仅仅是针对医生，你的案情只作为一个例子来审核，而与你其实无关。甚至审核结果后来怎么处理该医生都不知道，因为医生协会没有义务通知你审核结果。其次，医生协会只是根据行医守则来审核该医生，看看该医生是否违背了，违背到什么程度。至于你受到多少损失与医生协会无关。再次，医生协会不是病人协会，其本意是保护医生的权利。只要这个医生不是过分违背行医守则，从而影响整个医学界声誉，医生协会不愿轻易去惩罚同行。

因此，如上述刑事起诉的情况，医生协会的结果不一定对受害者有利。如果你同时在民事法庭向医生提出赔偿，民事法庭又会等待医生协会的审核结果。一旦结果说，该医生没有严重违背行医守则，就连累到你在民事法庭的诉讼结果。因此，除非受害者愿意冒任何经济风险、只想惩罚该医生，不建议受害者轻易去医生协会投诉。

当然，每个个案情况不尽相同。以冯琴案为例，如果仅仅在医生开刀出现事故的问题上去告医生不一定成功。因为尽管医生失职，但是否失职到要吊销行医执照的程度？出现事故后，医生明显看到发生了医疗事故，不是想方设法通过医疗方法给予弥补和挽回，而是靠打吗啡来掩盖拖延，加重了对病人的伤害，这不仅是失职，简直是在犯罪。

调解机构的庭外解决（Schlichtungsstelle）

医生与病人经常发生纠纷，官司太多，所以20世纪60年代在医生协会内设立了调解机构，专门调解两者矛盾，希望医疗事故的赔偿能在庭外和解。这个调解机构由一个法官和几个医生组成。尽管该机构设在医生协会内，但总体说来还算对受害者负责和公正。

最大的法律问题在于，该机构经过审理而提出的调解方案，形式上是个决定，法律上只是个建议，而不是法庭判决，只有在双方都愿意接受的情况下才有效。只要一方不同意，便成了废纸一张。有些医生为了拖时间，就希望你最好去调解机构，一拖就是一年半载。如果调解结果对医生不利，便予拒绝，最后你还得上民事法庭起诉，得再重新拖上很长时间。过去有些医生欺负受害者没有法律知识，以此拖过了起诉期（即发生医疗事故或发现是医疗事故的3年内必须提出，过时不再审理），然后再拒绝调解。这时病人想去民事法庭起诉都不行了。直到1983年联邦法院根据这种情况做了判决，法定的有效期3年，要把在调解机构审理的时间去掉，这才堵住了这个法律漏洞。

通过调解机制来庭外解决还有一点对受害者不利。在民事诉讼中，事故鉴定者是由受害者选定，而庭外调解中却由调解机构选定。这样，受害者无法影响鉴定者，而这点往往是非常重要的，因为不同的鉴定者对同一病例的鉴定往往分歧很大，好与坏、正确与错误都是价值判断，没有统一标准。如果鉴定者和调解机构做出了对你不利的建议，就会直接影响到你此后在民事法庭的胜负。

鉴于此，如果你对自己的成功不是很有信心，且不想去法庭冒风险，则可以去调解机构一试。否则还是建议先通过律师，直接与医生商议争取庭外解决。如果医生不接受，就直接去民事法庭起诉。

民事起诉要求经济赔偿（Schadensersatzklage）

最后，就是到民事法庭向医生提出经济赔偿的起诉。

如果你发现医生可能在治疗的过程中发生了医疗事故，要及时换医生，或让第三者鉴定是否出了医疗事故，因为原来的医院或医生通常不愿承认自己犯了医疗错误甚至造成医疗事故。在判例中读到很多事件，医生是错误诊断，而病人也已经发现有点不对，但没有及时更换医生，一直挨到病情很严重了才换，结果太晚了。尤其是许多医疗事故的症状有时间性，如果不及时更换医生鉴定，过后在法庭上就递交不出很硬的证明材料。何况对自己身体的损伤可能更大，甚至过后是无法弥补的。

起诉期限：根据民法§195 BGB，事故发生或过后发现是医疗事故的3年内必须提出起诉，过期作废。兹举正反两例：一位病人颌骨开刀10年后才发现当时的开刀有问题，提出起诉。医生说，一切太晚了。但法官认为不晚。另一位病人，感觉他因为接触护理木料的药水而受了伤，与生产厂家联系要求赔款。谈判7年后没有结果，就自己找专家鉴定，然后起诉厂家，被法庭驳回。理由是，他与厂家商谈几年无果后，就应当马上中止谈判提出起诉，现在过期作废。

律师：要尽量找到专业律师。尤其在医疗事故问题上，律师一方面要对医疗事故本身的专业熟悉，至少大致懂点医学；另一方面涉及赔款问题，什么医疗事故造成什么样的身体和心理损失，该赔多少，这不是所有律师都能定量说出的。有位熟人在药房拿错了药，服用后身体反应剧烈，及时赶到医院治疗才算得到控制。最后找了律师向药房提出赔偿，几经周折，药房就支付了伤痛费150欧元了事——或者是这位律师对医疗赔偿无知，或者律师得到了对方什么好处，让对方给了150欧元就算完成了任务，吃亏的是受害者。

医疗事故的类型

在四十年前，发生医疗事故后要求赔偿的情况较少，病人多半自认倒霉，因为他们把医生看作是医学的上帝。德国有句术语：与医生打官司会让你倾家荡产。后来发现，医生不仅是普通人，而且很多都像商人那样唯利是图。明明不应开刀的，为了赚钱而一定要你开刀，或一定要你做某项手术。在德国，每年有3万~4万病人要求医生赔款，索赔成功的也要上万。

在赔偿上，补偿的是病人受到的身体伤害，而身体伤害必须与医疗事故有因果关系。"手术是成功的，但病人死了"——这就是现代医生最希望找到的解释。但在一个复杂的手术中，医生的每个动作都可能出错，但哪个动作出了错？要查到这点谈何容易。于是法官只能委托专家鉴定，看看在通常医生所具有的医疗水平下是否会产生这样的结果。笔者为此查了许多判例，就现有判例来看，比较典型的有如下七类医疗错误。

（1）**误诊**（diagnosefehler/diagnostic errors）：限于人体疾病的复杂性，误诊确实经常发生，所以法庭在处理上比较小心、宽容。但对比较明显的疾病，或由于医生的疏忽大意，或因为医生水平过低，或对已经做出的化验、拍片结果等没有足够的思考，从而没有查出，这就是法律所不能原谅的（判例2）。

（2）**误疗**（therapiefehler/therapeutic errors）：病人刚好在周末受伤进了医院，住院医生草草治疗。等周一主治医生再复查，已经造成了无法弥补的损害；因为胃癌要切除一部分肠胃，结果切除的几乎是应该切除的一倍以上（判例3）。本来治疗该程度的乳腺癌可以通过较小的手术或其他疗法，结果简单地把整个乳头切除了事（判例4）；新生婴儿有点缺氧，没及时给予输氧，造成婴儿终身残疾（判例5）；开刀时本来可以保全的神经系统，却被不必要或不小心地切断了（判例6）；本来可以用保守方法治疗，却用了开刀切除手术（判例7）。

（3）**遗漏手术器械**（fremdkoerper/extraneous matters）：手术后，医生把纱布，甚至剪刀、钳子等遗忘在人体内，这绝对属于医疗事故，因为开完刀后要清点器械，这是可以避免的（判例8）。一个案例：一位女士胃开刀后痛得比以前更厉害，去了几家医院复查都没查出。几年后终于查出，原来一把断的剪刀留在肚子里。于是又重新开刀取出。官司打了几年，可惜只赔偿了几万欧元。

（4）**手术器械消毒不够**（mangelnde hygiene/poor hygiene）：一位病人手术后发高烧，而且同日做手术的另两位病人也有同样症状。这一定是这批手术器械没有达到应有的消毒程度所致。注射的针头没有足够消毒而造成针口红肿，也同样属于医疗事故（判例10）。

（5）**手术后疏忽**（versaeumnis/failure）：做完手术后，医生要观察病人的恢复情况，而不是开完刀就了事（判例9）。很多疾病或手术后造成的后遗症，并不一定由于手术造成，而是因手术后伤口没有得到应有的护理而造成。

（6）**医疗新手**（anfaengeroperation/beginner operation）：没有足够经验的医生不容许为病人做手术。即使有行医资格，并不意味就容许该医生做较大或较复杂的手术。如要做，身边要有有经验的专治医生指导（判例11）。如果该医生没有能力或没把握做这样的手术，必须将病人转给其他医生（判例12）。

（7）**缺乏医疗证明**（fachbegutachtung/peer review）：医疗或手术后，医生必须写一份书面结论给病人或病人的家庭医生，反映这次医疗手术的情况，哪些方面还要观察等。如果没写或写得不全，因此误了病人，也同样算医疗事故（判例13）。

结合冯琴情况，开痔疮是传统普通手术，绝对不应当开成这个状况。现在用了新技术，而医生对该技术不熟，从而酿成悲剧。究其原因，属于医生至少在这类手术上还是新手。

医疗赔偿的类型

赔款数额从全世界比较来看，最高的是美国，其次是德国。在德国大城市中，每年都要付出几百万欧元的医疗事故赔款。1995年汉堡大学医院发生的一次大型医疗事故（辐射量用得过高）中，400名病人提出起诉，汉堡市政府赔款1500万欧元。

医疗事故后的赔款类型很多，比较典型的有以下几点。

（1）**重做手术或恢复健康费用**：如果发生医疗事故，医生或医院就必须想方设法、通过医疗方法来给予弥补或减轻，由此产生的所有费用概由医生承担（判例14）。如果因为医疗需要做某些特殊的疗养，费用也由医生承担（判例15）。

（2）**增加的生活设施**：医疗事故后，病人有比普通人更多的生活需要，如一个残疾人的房子、车子和行走都需要有特殊设施，严重的甚至需要护理。这些因为伤残而造成的更多生活需要都由造成这一伤残的医院或医生承担。根据判例，所谓"更多生活需要"是相对没有伤残的情况来定的（判例16）。

（3）**照料与家务**：病人本来可以做许多家务，伤残后无法料理家务，需要雇人帮忙，或需要家人多做家务。这些费用（佣人）或变相的费用（家人）必须由医院承担。

（4）**职业收入损失**：伤残后不能正常参加职业，或不是所有职业都能胜任，不能工作这么长时间。由此产生的经济损失由医院承担。对有自己公司的老板或个体户，他们的收入损失只能根据这之前多年的平均收入与伤残后的平均收入来比较，算出损失，必要时由中介的经济专家来鉴定。

（5）**疼痛费**：联邦法院在1955年做了一个重要判决：对受伤害的人，除了上述的直接经济损失补偿外，还要给予一定的额外补偿（判例17）。这给获得疼痛费提供了法律依据。一个退休工人的手因为医疗事故而部分损坏，他没有直接经济损失（因为退休），但不能因此而不给予补偿。

经济赔偿的数额相差很大，为了给读者有个大致的数量概念，限于篇幅引录4个：因为假牙装错而损坏了一个牙齿，赔偿1000欧元；因为腿关节受伤，导致10%工作能力损失，赔偿6000欧元；因为半身不遂，赔偿10万欧元；由于接生事故，造成孩子终身身体和神经残疾，赔偿15万欧元。

联系到冯琴一案，笔者读了她的来函后给她打电话安慰，谈了法律的各个途径。她的案子中，确认医疗事故是毋庸置疑的，赔偿也是肯定的。但关键是怎样按照上述的赔偿内容来算出她的赔偿数额，这涉及生活的方方面面。她必须找一名医疗事故方面的专业律师才能给她算出具体让法院接受的赔偿数额。通过她的真实例子也告诫所有旅德华人：能避免的手术尽量避免。德国医院从来就有小题大做的积习，尤其那些私人小医院，为了赚钱，最好在所有病人身上都划上一刀。他们自恃医术高明，甚至还要用最先进的医疗器械——也可能是最危险的医疗器械。成功的概率当然很高，但失败的可能也很大。万一出错，不仅影响终生，遗恨终生，还要惹上无休无止的官司。留下的余生，全泡在病魔和法庭上了。赔偿的一点钱也全送给了比医生没有好多少、同样是拼命赚钱的律师了。

注一：如果提供证据者在对方，则对方找到了十条理由，你只要在十条理由中反驳掉一条即可；相反亦然。所以法律上谁要递交证据或认证对方或自己无过错，经常是法庭争论的焦点。

注二：专业协会的权限很大。哪位律师有犯罪行为，通常一定被律师协会吊销律师资格。但红色之旅的 Mahler（原为红色之旅辩护律师，后来自己投身红色之旅）20 世纪 70 年代参与了红色之旅谋杀行动，被捕后坐了 10 年监狱。出狱后在柏林申请律师许可，律师协会照样同意。

判例 1：联邦最高法院 BGH 1985，2193

判例 2：杜塞尔多夫州高等法院 OLG Duesseld. VersR.1987，994；科隆州高级法院 OLG Koeln VersR.1989，631

判例 3：明斯特地方法院 LG Muenster，Urteilv.23.8.1990，Az：II 0283/89

判例 4：斯图加特州高等法院 OLG Stuttgart，VersR.1989，295

判例 5：威斯巴登州中等法院 LG Wiesbaden，VersR.1988；奥登堡州高级法院 OLG Oldenburg，VersR.1992，197

判例 6：联邦最高法院 BGH，NJW1984，661

判例 7：卡斯鲁尔州高等法院 OLG Karlsruhe，Med R.1983，147

判例 8：奥古斯堡州中等法院 LG Augsburg，ZfS 1986，70；慕尼黑州中等法院 LG Muenchen I，NJW 1984，671

判例 9：汉姆州高等法院 OLG Hamm，Med R.1983，189

判例 10：法兰克福州高等法院 OLG Frankfurt，Beschluss v.18.10.1990，Az：12 U 256/89

判例 11：联邦最高法院 BGH，NJW 1984，655，Organisationsverschulden

判例 12：杜塞尔多夫州高等法院 OLG Duesseldorf，MedR.1985，85，Uebernahmeverschulden

判例 13：纽伦堡州高等法院 OLG Nuernberg，VersR.1988，855

判例 14：联邦最高法院 BGH VersR.1987，408

判例 15：联邦最高法院 BGH VcrsR.1970，129

判例 16：联邦最高法院 BGH，NJW 1974，41

判例 17：联邦最高法院 BGH Urteilv.6.7.1955，NJW 1955，1675

父母要赔偿孩子引起的损失

儿童的风险责任

一、父母不仅拥有抚养子女的天然义务和权利，也要承担子女引起的经济风险。是否要赔偿未成年子女引起的损失，要看父母是否尽到了监护的职责，或尽管尽责也无法避免这样的事故发生。

二、根据孩子的不同年龄段，不同的天性，不同的生活环境，对小孩的监护要求是不同的。而且，监护孩子与教育孩子联系在一起，以表扬和警告、限制等为手段。

三、确认父母是否尽职，先从通常情况审核，即不同年龄段的孩子要监管到什么程度；再从特殊情况来审核，即父母对自己孩子的闯祸特性是否采取了特殊措施。

四、照管别人孩子，组织孩子们的各类活动，就同时承担了孩子们所有可能发生的事故风险。

案情：卢女士的儿子冬冬只有 2 岁多，总希望有人同他玩。他家前面是一家意大利餐馆，那家有一个 5 岁的女儿，每天下午从幼儿园回来就来找冬冬玩。不料有一个傍晚，两人和一个稍大的女孩在餐馆外玩。那个女孩用石头到处乱划，最后划到一辆停放在餐馆外的汽车上。冬冬看着也拾起一块石头在那车上划了起来，被卢女士发现后才收了手。但车上已经留下几笔不深的划印。那 5 岁的女孩马上叫来车主（她母亲），车主认为都是冬冬所划，并有她女儿做证，要求卢女士赔偿 500 多欧元（附上账单）。这对卢女士是一笔不小的开支，不得已找笔者咨询。

损坏东西要父母赔偿

孩子属于整个社会,但孩子闯下的祸却属于父母。

根据德国民法§823 I BGB,谁有意或无意损伤了别人的身体或东西,有义务赔偿由此引起的损失。这里所指的损伤东西,包括损坏、损伤、弄脏东西,或使别人一时无法使用等。冬冬尽管才2岁多,在别人车上画画而损伤了别人的车,根据民法,他就有义务赔偿别人的损失。但他才2岁多,经济能力上不可能赔偿别人的损失。所以民法§828 BGB上说道:

(1)如果不满7周岁,他对所造成的损失不予负责;

(2)如果已满7周岁、未满18周岁,并且还没能意识到他可能造成危害的严重性,则对他所造成的损失也不予负责。

那谁来赔偿损失?民法§832 BGB对此做了相应规定:小孩监护人(如父母)或根据合同而承担监护的人(如幼儿园或小孩照管人)有义务赔偿损失。父母是小孩的法定监护人,父母要赔偿由于小孩闯祸引起的损失。民法中相类似有关承担法律责任的条款还有以下几条。

§831:谁雇用人完成一项目,如果被雇者在完成该项工作时损伤了他人或他人东西,雇主负责赔偿。

§833:谁豢养了动物,如果动物咬伤了人或损伤了东西,由豢养人赔偿损失。

§836:谁家的房屋倒塌砸伤了他人或砸坏了他人东西,该房主人赔偿损失。

以上这些赔偿者,都是出于自己的利益而雇用人、豢养动物或拥有房子。所以由此引起的损失也由自己承担。但§832所涉及的是父母与孩子的抚养关系。根据传统观念和法律,孩子属于父母的私有财产,因此孩子闯了祸当然由父母承担。但根据今日的法律和社会观念,孩子不再是父母的私有财产,而是社会的财富。父母生儿育女不再为了保障自己年老后的经济利益(鼓励孩子赡养父母,但不强制),而是在为社会做贡献。所以孩子闯了祸理应由社会(国家)来承担。现在根据民法,却反过来要"贡献者"再做贡献,由父母承担经济责任。这在法律逻辑上站不住脚,在法学界也引起了许多争议。

父母是否尽责是关键

为了理清这种逻辑关系,法律上必须找到解释:为什么由父母承担孩子引起的损失?根据民法,父母作为孩子的法定监护人,有义务和权利来护养、教育、监护孩子和确定孩子的住处(§831 I BGB)。这里的"监护"首先是保护孩子不受他人侵害，其次是"监视"孩子不损害他人。"监视"毕竟是从属于"监护"的内容之一，理论上不能因为"照顾"父母就天经地义应该承担孩子的经济风险（判例1）。尤其是，如果父母已经尽到监护的义务，即对孩子已经有足够的教育和处处当心。尽管如此孩子仍惹了祸，这时如果要父母赔偿，则就连§831 BGB的基本精神都违背了。所以§832 I BGB的第2款写道：如果父母已经尽到了监护义务，或即使尽到义务也无法避免这样的事情发生，则父母不予赔偿，即受害者只能自认倒霉，因为他遇上的对象是孩子，孩子是整个社会的财富，也是社会的未来。

由此可见，确认父母是否赔偿小孩引起的损失，关键在于在该具体事件中父母是否失职。但是否失职是个价值判断，没有明确的界限。联邦最高法院曾就此做过解释：根据事件的具体情况，就像任何一个有理性、合情合理的父母那样，已经尽了自己的最大努力来避免孩子闯这个祸，则父母就算已尽到了父母责任，不用赔偿（判例2）。

通常说来，如果张三损害了李四，则李四要拿出证据说明确实是张三违法侵害了他——提出证据的义务在受害方。但从§832的法律顺序来看，小孩闯了祸，被害者不用拿出证据来证实小孩父母没有尽责，就可以要求其父母赔偿。如果父母认为他们已经尽责，或即使尽责也无法避免，父母必须向对方或法庭提出他们已经尽职的证据。

父母要尽责，指在特定情况下父母要特别当心小孩。这里涉及"特殊情况"本身，涉及小孩的发展情况：小孩的年龄、自制能力、个性等（判例3）。为此，司法实践中将小孩的情况又区分成"通常情况"和"特殊情况"两类。联邦最高法院认为，在审理父母是否尽责的问题上，首先要从"通常情况"出发，然后考虑"特殊情况"（判例4）。

监护小孩的通常情况

通常情况下是根据小孩的年龄来划分的。兹举几个典型判例，来看什么情况下父母必须当心或可以"放纵"孩子。

4岁以下的小孩容易冲动，他们的举动难以预计。所以对他们要特别小心（判例5）。可以让4岁的小孩短时间地独立在家附近的儿童玩乐场（判例6），但不能在没有大人陪同的情况下过马路（判例7）。4岁的孩子穿着滑轮鞋过马路是有风险的（判例8）。

5岁的孩子如果已经学骑自行车1年，而且能比较平稳地骑，则可以认为，在通常情况下他不会摔倒（判例9）。但对7岁以下的小孩通常不能将他们看作比较熟练掌握了骑车技术的人（判例10）。

一个上学的7岁孩子，在父母仔细叮嘱下可以独立去上学。7~8岁的小孩基本有能力根据父母的指示或劝解做事，所以对他们不一定要步步"跟踪"地关注（判例11）。

11岁的小孩基本可以让他较长时间地单独在房间里玩（判例12）。将近成年的17岁孩子通常认为能独立外出，或父母由于休假而让他独立在家一段时间（判例13）。

实例1：一个15岁小孩与父亲开车去游泳。路上父亲停车去买香烟。离车前父亲再三叮嘱，开车门下车前要先看看前后的交通情况。尽管如此，小孩还是突然开门下车，刚好一辆自行车开过，被打开的车门撞倒。自行车被撞废，骑车人撞得倒下后严重脑震荡，无法上班。上法庭后，父亲详细叙述了他当时叮嘱孩子的情况。也就是说，他已尽到了父母看管孩子的义务。作为15岁的孩子，父母不可能寸步不离地守在身边！最后父亲胜诉，不用给予任何赔偿。但如果换一种情况：父母让孩子单独或与其他小孩一起去其他城市玩，最后发生了同样事故，父母就要承担所有法律责任，因为让这样的小孩单独出门远游，父母没有尽到应尽的责任，因为这样年龄的小孩不可能像成年人那样应付各种突发情况。

实例2：如果孩子在家玩一头削尖的木棒，父母没有给予制止，这肯定是父母的失责。但后来孩子在外面用没有尖头的小木棍打伤了人，或损坏了物，就不能因为父母的失责而要父母赔偿，因为在这具体情况下，父母的失责（即纵容孩子在家玩木棍）与事故的发生（用小木棍损坏了物），没有直接的逻辑关系（判例14）。

监护小孩的特殊情况

人与人都不一样，不仅小孩情况不一样，父母情况和环境情况也不一样。根据儿童学家的研究和法院判例，以下情况父母要特别当心或可以略微放纵小孩。

（1）小孩的心理发展得越早熟，对小孩的照看可越少。例如3岁的小女孩，如果骑过一段时间小自行车，就可以在车辆较少的路段骑车（判例15）。

（2）对小孩的教育见效越小，对这个小孩的照看就要越多。例如一个小孩经常恶作剧，甚至经常有犯罪倾向（判例16）；或一个小孩骑自行车时经常有冒险性（判例17）；经常在家玩火（判例18）；经常到马路上踢足球（判例19）；与其他小孩一起玩时进攻性较强（判例20）；等等。

实例 3：一个 6 岁的小孩点火烧着了另一个小孩的衣服。他父母认为，这是他们所没有想到的事，因为通常情况下，一个 6 岁的孩子不可能用火去点别人衣服，所以这不是父母教育的失职。后来经过法院调查，该小孩在这之前也曾有过一次点火烧其他东西。尽管以此还不能自然推论这小孩也可能点火烧其他小孩，但他以前点火烧其他东西已经足以引起父母重视，并采取相应的教育措施。父母没有做或做得不够，所以孩子这次点火烧衣服就是父母的失职，要承担法律赔偿（判例 21）。

教育孩子的方法

严格地说，父母对孩子的照管义务和教育义务是两回事，前者出于父母的利益，后者出于孩子的利益（判例 22）。但事实上，两者有许多共同的地方：对小孩教育得越好，小孩闯的祸就越少。所以现在经常将这两者混为一谈。根据不同情况，照管和教育孩子有不同的方法。根据专家们分类，通常的方法有劝导、解释、练习和考察。这里的"考察"，要与对孩子的警告或表扬结合起来。

另一种方法是，采取种种措施使孩子客观上难以闯祸。例如，有冒险倾向的孩子就不给他自行车或滑轮鞋；对爱玩火的小孩就要把可能引火的打火机、火柴等藏好。如这通常的方法失效，就要加重照管，强令禁止孩子的某些不良行为，经常监视孩子的行动。在禁止孩子做某事时要给予解释，使孩子能更好地理解和接受。当然，对接受能力不太好的孩子，还是免去过多解释，免得越解释越糊涂（判例 23）。有些孩子不一定能领会为什么要"禁止"，对他们就要做不断的监视（判例 24）。当然，法庭也反对那些寸步不离的监视，这不仅在实践上不可能，事实上也没必要，而且违背要逐步培养孩子自立人格的教育目标，在教育者与被教育者之间失去了基本信赖（判例 25）。

如果上面的方法还是不见效，就必须求助于政府有关部门，如到市青少年局咨询，紧急时与青少年法院联系等。这时国家会参与孩子的教育。孩子教育不是本文范围，这里只是说明：（1）如果一个孩子无法教育，则在法律上始终有办法；（2）父母是否尽到教育责任，是法庭决定是否应当由父母赔偿孩子造成损失的标准。

回到卢女士的情况

杜塞尔多夫中级法院曾有一个判例表示，父母可以让一个 2 岁的孩子在四周围起的花园里玩，但不能让他在来往人很多的超级市场门前玩（判例 26）。如果按照这个判例，则卢女士只能将才 2 岁的小孩短时间放在一个四周围起来的花园里玩，而现在居然让他到餐馆外的路边去玩，这是一个失职。

根据判例，2.5岁的小孩在有交通的路上行走，必须由大人搀着（判例27）；5岁的孩子在父母的关照下才可以独立在人行道上玩，但父母要时常照看（判例28）；一个正常发育的8岁小孩才可以不用父母照看地独立在人行道上玩（判例29）；一个拥有3个孩子的母亲让2岁小孩在路上玩不算失职（判例30）。

根据上面的讨论可知，学术界和法庭基本达成共识：一个4岁以下的孩子是基本没有理智的，或他们的行为是无法预知的。只要存在一定的外界条件，他们就会做出任何"蠢事"。卢女士的儿子才2岁，路上有小石头，他拾起小石头是可以想象的；路边有车子，他在车上画画也是可能的——2岁的小孩把石头吃下去都有可能。换句话说，卢女士事先就知道，孩子有可能用石头到车上画画。尽管如此，她没有事先设法杜绝这样的事情发生，这是父母的失职。

由此可见，卢女士的小孩所闯的祸是源于父母照管的失责。所以根据民法§832 BGB，其损失必须由父母承担，除非她能找到一个非常有力的证据或描述，说明她在儿子闯祸的问题上确实已经尽到了最大责任，尽管如此还是发生了。或她即使尽了责，这场祸也在所难免，则卢女士才可以免去赔偿。现在这样的理由显然都不存在。如果换一种情况，儿子不是2岁，而是12岁，且卢女士已经反复叮嘱过，不能在别人的东西上乱涂乱画。尽管如此他还是画了，则卢女士不用承担由此引起的损失。

委托他人照管时的法律责任

以上为叙述简化，将承担责任赔偿的人都说成"父母"。其实法律上的严格表述还包括照管承担者。对小孩来说，当然主要是父母，但有许多例外情况，例如以下几种情况。

（1）小孩在假期中到祖父母、外祖父母等亲戚家度假。通常认为，这期间该亲戚家已经接受了对孩子的监护义务。这时孩子惹的祸也应当由该亲戚家承担责任（判例31）。

（2）临时让邻居或熟人照看一下孩子，并不能因此就认定，照看者承担了由孩子引起的法律责任。例如去幼儿园领回自己小孩时，顺便领回邻居家的小孩（判例32）。或看到邻居家小孩因为父母不在而大哭，于是领来照看一下，直到其父母回来。

（3）到其他小孩家去玩或参加生日晚会，对方父母要承担这个孩子的法律责任（判例33）。不仅如此，如果这个生日活动是让另一个成年人组织，该组织者就要承担法律责任。一位 21 岁的职业学校学生在实习期间，帮助组织一次孩子的生日晚会。没想到孩子闯了祸，最后 Celle 中级法庭判他赔偿一切损失，因为他尽管自己都不知道接受了这样的组织工作，实际上他不仅接受了组织工作本身，也接受了整个生日晚会可能发生的风险。

（4）父母付钱白天或全天托人领养孩子的家庭或机构，如寄养家庭、幼儿园、学校等。在这种情况下，原则上都由寄养家庭、幼儿园或学校承担责任。根据联邦最高法院判例，孩子监护人（父母）有权将他们的监护权移让给第三者（判例 34）。但最高法院又认为，将监护权移让后，并不意味着父母就一点责任都没有，而是继续存在（判例 35）。尤其对那些具有一定长久时间性的教育，如要孩子当心交通、不能玩火等（判例 36），父母应当要一直教育孩子。如果小孩白天被人托管时玩火出了事，不能说父母（晚上与孩子在一起）就没有责任。哪怕将小孩全天寄养给人，父母没有直接的照管责任，但有组织和确定照管的责任。具体地说，父母的义务如下：

（1）有义务选择可靠、负责的家庭照管孩子（判例 37）；

（2）有义务向照管的家庭说明，孩子在哪些方面特别容易闯祸（判例 38）；

（3）有义务经常到寄养家庭去看望孩子，看看领养家庭是否在认真负责地履行他们的监护义务（判例如上）；

（4）要经常向寄养家庭询问小孩的情况（判例 39）。

如果父母没有尽到上述四个方面的责任，则孩子在寄养家庭闯了祸，孩子父母也要承担一定的法律责任。

实例 4：孩子在老师的带领下去参观博物馆，小孩因为东摸西摸或打闹，碰坏了一只古董展品。这时就不是父母的责任，而是带队老师的责任，因为老师在进博物馆前就应当向孩子们说明参观纪律，看到小孩打闹或乱摸时应及时制止。

最好参加家庭责任保险

有小孩的家庭最好加入一个家庭责任保险，一年全家仅 70 欧元左右，因为谁也不能预料自己的孩子（包括自己）什么时候会引起一场大祸。如果孩子突然冲到马路上去捡一只球，迎面而来的汽车紧急刹车而撞上另一辆车或路边的房子；或小孩玩火闹起一场火灾，那就是几万、几十万的经济损失。如果由于父母教育失职，则一下就倾家荡产了。

实例 5：一位德国人邀请一个外国家庭来德国旅游。为了他们能获得来德签证，该德国人写了经济担保，该外国家庭如愿地来到了德国。没想到有一次该外国家庭出去游览时，小孩不当心过马路，迎面而来的一辆货车紧急刹车，没有轧到小孩，但车上的货物翻了下来，造成 20 多万欧元损失。因为是由孩子引起的，理应由孩子赔偿。因为孩子小（10 岁），应当由其父母赔偿。但父母只是短期旅游，也没有那么多钱，而且可能随时离开德国，让受害人根本找不到。于是对方就找到出具经济担保的德国人。该德国人大叹倒霉，好心（邀请和担保）没有得到好报，结果卖掉了自家的房产来还债（为人赔偿）。

卢女士就是因为没有家庭责任保险，500 多欧元都要自己付出。当然，即使有了家庭保险也不能疏忽对孩子的教育和照管。如果孩子真闯了祸，轻则根据民法 §832 BGB 受到经济损失，这点有了家庭责任保险就可相安无事。但如果闯下大祸，则父母不仅要蒙受私法意义上的经济损失，还要受到公法意义上的刑事起诉，父母都可能去坐牢。根据刑法 §361 Zif.9 StGB，如果作为一个 18 岁以下孩子的法定监护人，由于他的失责而没能阻止小孩本来可以被阻止的犯罪行为，则法定监护人要受到监禁的惩罚。

判例

判例 1：杜塞多夫州高等法院 OLG Duesseldorf NJW 1959

判例 2：联邦最高法院 BGH VersR 1965，606；1969，523；1980，278，279

判例 3：联邦最高法院 BGH NJW 1984，2474，2475 等

判例 4：联邦最高法院 BGH NJW 1984，2574，2575

判例 5：杜塞多夫州高等法院 OLG Duesseldorf VersR 1992，1233

判例 6：联邦最高法院 BGH VersR 1964，313，314

判例 7：联邦最高法院 BGH NJW 1967，249

判例 8：哈姆州高等法院 OLG Hamm NZV 1995，112

判例 9：杜塞多夫州法院 LG Duesseldorf VersR 1994，484

判例 10：法兰克福初级法院 AG Frankfurt VD 1995，67

判例 11：联邦最高法院 BGH NJW 1995，3385；1996，1404

判例 12：联邦最高法院 BGH VersR 1957，131

判例 13：哈姆州高等法院 OLG Hamm OLGZ 1992，95，96

判例 14：联邦最高法院 BGH VersR 1964，1023，1024

判例 15：Bersenbrueck 初级法院 AG Bersenbrueck VersR 1994，108

判例 16：联邦最高法院 BGH NJW 1980，1044；1996，1404

判例 17：联邦最高法院 BGH VersR 1961，838

判例 18：联邦最高法院 BGH FamRZ 1996，600，601

判例 19：联邦最高法院 BGH VersR 1961，998

判例 20：联邦最高法院 BGH NJW 1995，3385

判例 21：奥登堡州高等法院 OLG Oldenburg FamRZ 1994，834

判例 22：帝国法院 RG Recht 1911 Nr.1554

判例 23：联邦最高法院 BGH VersR 1964，313，314

判例 24：联邦最高法院 BGH FamRZ 1964，84

判例 25：联邦最高法院 BGH NJW 1984，2574，2575

判例 26：杜塞多夫州高等法院 OLG Duesseldorf FamRZ 1980，181

判例 27：杜塞多夫州高等法院 OLG Duesseldorf VersR 1992，1233

判例 28：联邦最高法院 BGH VersR 1957，340；1958，85

判例 29：帕绍州法院 LG Passau Vers

判例 30：不来梅州高等法院 OLG Bremen VersR 1958，64

判例 31：策勒州高等法院 OLG Celle 1994，221

判例 32：卡斯鲁尔州法院 LG Karlsruhe VersR 1981，142，143

判例 33：联邦最高法院 BGH VersR 1964，1085，1086

判例 34：联邦最高法院 BGH LM Nr.8c

判例 35：联邦最高法院 BGH 1968，1672，1673

判例 36：杜塞多夫州高等法院 OLG Dueseldorf VersR 1992，321，322

判例 37：联邦最高法院 BGH NJW 1968，1672，1673

判例 38：海姆州高等法院 OLG Hamm VersR 1990，743，744

判例 39：联邦最高法院 BGH Vers 1958，563

法律纠纷中的书信往来

一、做生意讲究诚信，古人说"君子一言，驷马难追"。但到现代社会，传统道德丧失殆尽，哪怕"君子三言"都没用，必须留下书面凭证。一上法庭，所说的话抵赖得干干净净。而许多官司，最终胜败还就取决于当时双方是怎么商定的。所以，所有商定尽可能以书面形式记载。但书面本身形式不拘，内容不拘，可以用任何语言。

二、有些过程，根据法律就必须是书面的、邮寄的形式，例如账单，提醒函或警告函，退出合同，等等。如果不以书面和邮寄形式，就相当于根本没有向对方表示过这个意思，哪怕这期间已经打过多次电话、写过多次电子邮件，一上法庭全部作废。

三、有些事情（如保修期，退约期等）是有时间性的。如果不是书面告知对方，一过期限就失去了保修或退约的权利，过后都无法弥补。

无论是生意场上或与官方机构打交道，都免不了意见交往。传统形式都是信件交往，现代社会提供了许多技术可能，可通过电话、手机短消息、电子邮件、传真、寄信等方式。本来应当不存在交流问题，更不存在法律问题，没想到也经常问题重重，甚至许多官司败诉，就因为当时没把这封信贴上56欧分邮票寄给对方。这些年来笔者涉及的许多官司，知识层次从教授、博士、公司总经理，到学生、导游、餐馆跑堂，居然都会栽在这样一封简简单单的信上——是邮寄还是通过电子邮件？还不涉及信件本身的内容好坏。所以有必要专文谈一下这最最简单的"中学生问题"。

口说无凭

在法制国家，一定要注重书面形式。通常情况下，可以先口头沟通，这样比较简便迅速，可能也就解决问题了。但一旦遇上不顺利，或该内容事关重大，就必须以书面形式，通过邮局寄给对方，以免别人钻空子。

书面的内容和写法不拘形式，写在一张废纸上都可以，圆珠笔、钢笔、水彩笔，唯有不宜用铅笔。更无所谓语言好坏，错字错句都没有关系。自己德语不行，则写成英语，在华人圈中甚至写成汉语也无所谓——法律上从来就没有说，合同一定要用德语写。最重要的是，留下一个双方签字的书面凭证，以防对方过后抵赖。如果过后果然要上法庭，如果是英语、汉语的，就自己翻译一下，对方接受该翻译就可以。如果对方说你翻译得不准确，就可以由法庭指定专人翻译。

例1：朋友A因为还有几项要参观，想延期1周回国。他给国航办公室打电话，告知原委，想延期到下周的飞机，他的机票本来就可以延期3个月。对方一口答应。朋友又重复说了一遍，对方还是同意。朋友再复述一遍，对方依旧心平气和地同意。放下电话后笔者问朋友："别人已经答应了，你干吗还要唠唠叨叨地重复这么多遍？我在边上听了都嫌烦。"他却说："这年头做事太不牢靠，必须问她三遍才能心里踏实。万一到上机的时候说我机票作废，我损失就惨了。"笔者就想，现代人都被奸商们搞害怕了，说话都成了废话。

例2：熟人H买了新房，要买组合家具。去商店时营业员殷勤有加，确定了订购价值1.6万欧元的组合家具。预订时H问对方，如果过后感觉不合适是否可以退订？对方一口答应，并强调这个预订只是表示您有这个订购意向而已。H再问一遍，对方还是说没问题，安慰H不用担心。为了保险起见，H再问一遍，对方还是说可以。

预订后到了时间无声无息，根本不供货。H去电话问，说还没到货。1个月后再打电话，还是同样回答。再过1个月后再去电话催促，依旧如此。H已经住入了新房，但做饭只能用临时买的小电炉。他到另一家商店，那商店说马上就可以供货。H想把前面订的退掉。保险起见去找律师询问，那律师居然说可以退订。于是，律师给商店打电话催促，催促3天无果，便为H给商店写了退订书，H在另一家商店买了组合家具。

这下，原来的商店很快寄来一份账单，要H支付4000欧元退订费，H当然拒绝，店家真卖出这套组合家具也赚不到这么多钱。上了法庭，H居然败诉，再加双方律师费和法庭费，一下6000欧元付诸东流。H到笔者这里说，律师水平太差，要笔者帮忙起草再到中级法院起诉。笔者一读初级法院的判决书，H说他连问对方三遍，是否订购后可以无偿退订，对方都一口肯定。而对方在法庭上居然说，她从没说过这句话——死无对证！气得H都说不出话。笔者就说：当时你不用去反复问三遍，一遍就够了。然后你手写一张便条："可以无条件退订。"让对方签字，这场官司你100%赢。事实上，没打官司对方就认输了。现在即使再好的律师，到中级法院还是你输，你还要再多损失许多欧元。

例3：熟人Z气呼呼地找到笔者，说他的生意伙伴应当要退还给他近1万欧元，因为他当时搞错了重复汇了两次。过了一年多还不退，期间给对方打了不知多少电话催促，对方后来连电话都不接了，所以Z一定要上法庭起诉！

笔者不能轻信Z的话，要亲自看看他们之间的所有书面资料。Z说他都是打电话交流的，对方很清楚怎么回事！笔者说，你给对方打过的所有电话全部作废——对方在法庭上一定全部抵赖，除此之外你没有写过信。也就是说，到现在为止，你根本就没有向对方讨过欠款，怎么能说对方不归还你的欠款？一切都必须从头做起。

于是，笔者为他写给对方账单：我买了你货应当支付多少，实际支付了多少，我多付了多少，请求将多余的款一周内汇入我如下账号。Z说不用给账号，对方都有。我说不行，写账单就要像写给一位素不相识的陌生人那样。

账单去后，对方果然没有汇款。那就再写一封很客气的"提醒函"（erinnerung/remembrance）：一周前给您发了账单，您一定忘了汇款，请您在一周内将款汇入我的如下账号。

再过一周后还是不见汇款，那就再写一封"警告函"（mahnung/warning）：两周前我给您发了账单，您一定忘了汇款，请您在一周内将款汇入我如下账号。如果到×月×日不见汇款，我就被迫只能通过法庭了，而且欠款要加10%的年息。

过后对方果然汇款了。估计到律师处咨询后知道，如果上法庭他必输无疑。

例4：同样情况也发生在与官方打交道上。一位学生M到移民局申请签证延长，他的德语不行，官员又刁难他，还没有去正式申请，在挂号的窗口就被拒绝了。去了4次，排了4次长队，连号都没挂上。M来找笔者，问是否要找律师。笔者一了解情况，他从来没有书面申请。通常确实不用书面申请，但遇到有意刁难的官员，你就必须都用"书面"，否则到了法庭，官员也会耍赖，说你根本就没有申请过，或你申请的是另一种居留形式。把你没有递交申请的责任反推到你身上。

于是，笔者不拘形式地书面为他写了几句话，说明情况，根据外国人法的哪款哪条，申请居留许可。让 M 见了官员后不用说话，就把这份书面申请给对方。如果拒绝，也不用争执就去找移民局部门主任，还是呈上这张申请。

M 再去移民局时，官员话都没说就给了他居留延长，因为你是书面申请，对方不能再抵赖说你没有申请。而要拒绝，作为移民局办事员都没有资格，必须由他的上司即部门主任书面答复，具体说明拒绝理由才行。如果明显是官员无理，他怎么敢将书面申请转交给他的上司？

例5： 一位开中餐馆的 A 收到一批半成品的春卷已经发霉，立即给发货公司打电话，提出两个方案：再补寄春卷，或者退货退钱。对方一口答应。次日对方就开车过来取走发霉的春卷，但没有再供货。不久 A 接到对方发来的账单，要他支付 400 欧元订购春卷的款。他想一定搞错了，没有当一回事。再过后收到了对方的警告函，A 再不付款就要被告到法庭了。这下 A 才来找笔者，以为是法律问题。笔者问"对方来取货的时候，你是否让对方写一句'春卷已经取走'的便条？" A 说："没有。"那以什么才能证明对方取走了春卷？ A 一下目瞪口呆，人还能做得这么没有信誉？但现在对方就这么做给你看，你也不可能为这 400 欧元去打一场耗时间耗精力又没有把握的官司，聪明点只有付钱——这张收条就值 400 欧元，但这与法律没有关系，只是缺少了证据。

电话与书信

即使电话联系和讨论，最好也是先给对方发一封信（可以是电子邮件），将讨论的主要议题、建议和解释写成文字发给对方，然后再打电话，只是解释信中的内容，或以信中内容为基础讨论。这样，对自己，可以在谈话前理清思路，多一分思考；对别人，可以给一个谈话前针对你方内容的思考，不至于你提的问题，对方都没有思考的时间和余地。在德国公证处，公证律师都必须事先将要公证的内容邮寄给要公证的对方，如有修改，也要事先修改。临公证时不准增加或减少内容，就是为了给要公证者双方或多方事先有足够的思考和意见反馈的时间，不搞突然袭击。在协会的会员大会上，所有议题都必须提前 1 个月发给与会者，也是这个道理。在德国，这样讨论问题已成为社会共识，而在旅德外国人中，还没形成这样的意识，难怪外国人交谈时出尔反尔的现象也相对多。

即使电话或当面交谈之后，如果该问题有点重要，过后就主动给对方写信总结一下交谈结果：今天我们讨论时达成的主要共识（或协议）是：一、×××，二、×××……视内容的重要程度，可以通过手机短信、电子邮件、传真、邮寄甚至挂号邮寄。这样，一方面给人感觉你做事有板有眼；另一方面给对方看到，你对这事非常认真，对方所做的口头许诺必须兑现！尽管你去了信并没有要求对方签字确认后寄还给你，即严格说来没有构成书面合同，但对方也没有对你所写的提出异议。如果过后对方抵赖他的许诺，上法庭时，你递交这封信的复印件，你的说辞可信度就很大。遇到多次案件，一个价格较高的买卖居然顺口说了算。对方看你这么不认真，无所谓，也就对他自己的许诺不当回事。

对旅德外国人，德语不是母语。尽管你与对方的交谈中完全听懂了对方的话，但如果过后对方抵赖（上法庭后抵赖得有声有色），法官潜意识地会想到，是否因为你语言欠缺而误解了对方意思？所以对"先天不足"的旅德外国人，更要注重交谈前、交谈后落下书面资料。有时甚至与对方交谈后，马上在日记本上写下：某月某日几点钟，与某人电话，谈了什么要点，达成什么口头协议。如果过后遇上法律纠纷，你能拿出你当时的记录原稿给法庭，你在法官面前的可信度就大增，法官认为你是个办事严谨的人。这样认真的人，如果没有听明白，一定会问到明白为止，所以不可能因为语言或不认真而误解对方的意思。

因为有语言欠缺，而两人谈话只有两人知道，过后死无对证，所以对方就可能欺负你语言欠缺而坑害你。尤其现在许多商家通过电话做广告，电话中你其实没有明确答应对方，或碍于面子而含糊其辞。过后对方先下手为强，立即给你寄来相应货物，还附信说：我某年某月某日与你电话联系时，你一口答应要我们立即供货，非常感谢您对我们的产品有兴趣……

最好以邮寄形式

例6：F经理想在限定期限内中断合同。因为事关重大，让笔者帮他给对方写退约书。笔者了解整个合同情况后，仔细起草了退约书。次日问F是否寄出，他说，当晚就已经传真给对方了，他通常做生意都这么做。确实，在没有争议的情况下发传真就可以，甚至打一个电话，退约书就生效了。但问题是，这件事情事关重大，如果过后对方有意说没有收到该信，而这方又过了退货期限，补写退约书都不行，对方说你没在限定期限内退约不能再退约了。由此闹出法律纠纷，可就是几万欧元的赔款。所以，笔者让F可以先传真过去，这样时间比较快。但过后一定要将退约书再通过邮局挂号寄去，留下有自己签字的复印稿和邮局凭据存档，许多人邮寄完后都不留底稿，以为反正计算机里有存档。以后上法庭时，都拿不出一件合法的书面证据。

例7：一位开诊所的医生C找笔者，说他的房东不给他租房延长，要赶他将诊所搬出门，那是在砸他的饭碗。案情是：该大酒店已经将该套房间租给他多年，年初时租约期满要再延长 10 年。酒店经理给他写了一封信，说明新的租金。如果他同意，让他签字确认即可。他签字后，夫妻两人将信亲手送去。不料过后经理换人，新经理不愿将房子租给他，鸡蛋里挑骨头地提出两点理由：（1）双方没有签署租房合同，（2）在旅馆档案中没有 C 签过字的信。笔者对此分析说。

（1）租房合同没有法定格式，即不拘形式，只要对方提出一个价格，这方接受这个价格，就算"合同"生效。所以，C 签了字之后的该信就已经是"租房合同"了。

（2）对方声称没有收到 C 的信，这就麻烦了，死无对证。法庭上 C 是起诉人，不能作为证人，唯有他妻子可作证人；对方经理是被告，也无法作为证人，对方只要找任何一位秘书证明他们没有收到该信即可，也算证人。前者是当事人的妻子，后者是当事人的雇员，做法庭证人的可信度都打折扣。于是一个说送了，一个说没收到，你让法官信谁？如果当时 C 不是自己送去，而是通过邮局挂号寄去（1.8 欧元！），就没有这样的法律纠纷了。现在就为省这 1.8 欧元，得上法庭拼搏一番才能解决此事，而且凶吉未卜，各占 50%，那可是 C 今后 10 年赖以生存的饭碗！

最后果然上了法庭，笔者告诉 C，该案胜负的唯一关键点就是：C 是否将该信送达了。C 要将"送信过程"叙述得声情并茂，根据他对整个诊所状况的描述可以逻辑推断，C 对这份租房合约签字无疑，而不可能还有第二种选择。这就使法官从内心深处相信他确实送了这封信——所谓"关键点"就是：这一点赢，就全赢；这一点输，就全输。即使过后有再好的律师，上中级法院、高级法院，也还是输。所幸对方及其律师没有这么周全的思考，只简单地、干巴巴地陈述一句"没有收到信"。而简单陈述（behauptung/claim）是法律争辩中最大的忌讳，但不负责任的律师就都是这么写的。法官最后判决："C 妻子的证词可信。"C 总算险胜了这场官司——就为当时省 1.8 欧元邮费，闹出这么大一场官司，耗下的时间、精力、心理压力是无法用金钱衡量的。

例 8：近日又收到 K 博士来函，问是否应当向对方起诉，风险如何——这是笔者写本文的直接起因。5 年前，他在巴登符州的一个疗养城买了房子，保修期 5 年，到 2011 年 10 月 27 日。他念念不忘这个日子，之前委托专人检查房子，包括自己看到的，列了一张房屋不合格之处的清单。到期前的 3 月 20 日通过电子邮件写给对方，要求造房公司免费修理。过了 3 个月没有回音。便又电邮给对方催促，对方才回音，说下星期约时间来看一下。然后又没了音信。于是 K 分别在 7 月、9 月、10 月初、10 月底给对方写电子邮件催促，直到 11 月 17 日再给对方写信时，才获得对方回信。对方很客气地说：查了档案，你房子的保修期（10月27日）已过，他们不再负责免费修理——对方就拖到你保修期过了，才给你回信。

K去追问，对方很不客气地回函道："已经告知你，房子保修期已过。如果你是这之前就写来房屋缺陷书（mangelanzeige/notification of defects），我们还可以考虑。但在我们的档案中没有看到你的房屋缺陷书，所以不予考虑。而且，就此结束我们之间的书信往来。"

房屋缺陷书并没有法定格式，K写的第一封信就完全可以作为房屋缺陷书。法律上也没有限定该书一定要通过邮局寄去，但因为现在是电子邮件，对方就可以抵赖没有收到过房屋缺陷书。如果当时K不是以电子邮件给对方，而是同样的文字打印出来，贴一张0.55欧元的邮票寄去。则不用任何证明，对方必输无疑。所以，此案关键点就只有一点：K如何在技术上证明，他写给对方的第一封电子邮件对方收到了？如果收到，是否就是K提供给法庭的这个邮件？因为打印电子邮件时，打印者可以对文字做任何修改。这样一算，K用电子邮件的形式都不如用传真的法律可信度高，他胜诉的把握都不到50%。而所有错误，就是因为当时图省事，没有通过邮局将该信寄去。对方利用你缺乏法制意识，省了他一大笔修理费，还反过来说你在无理取闹。

M问到笔者，笔者感到非常痛心，但确实也没招：谁能从技术上证明对方收到了该信？而且是收到这样内容的信？如果这是一件人命大案，警方会不惜代价将这封信的去处查得水落石出。但现在是一件关系几千或许上万欧元的民事案件，谁来为你做这样的调查？你有权利根据IP地址要求网络公司给出对方邮件的记录？你在公然侵犯公民的隐私权！于是，你得先与网络公司打官司，让法庭判决网络公司必须给你对方的信息。如果发信过了半年，即使官司打赢，网络公司仍可以说：所有客户信息，一过半年全部消除——法律上，网络公司只有保留半年的义务。

电子邮件和手机短信不能作为唯一的法律证据，而只能作为辅助的法律证据。

例9：熟人H与别人签署一份合同，项目完后对方不愿全额付款，就利用合同中的一些措辞不严密或模棱两可之处。H找到笔者，详细叙说当时签合同前后的情况。笔者查看了他们签合同前的所有手机短信，即许多合同内容其实这之前就通过手机短信讨论过。于是，笔者将这些短信整理出来像故事那样，使法官看到整个签约过程及合同上文字的实际内涵。因为短信的一来一往非常合乎逻辑和情理，所以法官就倾向这方的说辞及对合同的解释，结果H胜诉，尽管没人认为，手机短信与电子邮件可以作为法庭证据，但也没有法律说不能作为证据，这就取决于法官了。

例 10：熟人 Q 将一个商品价格传真给对方，要求对方如果接受该价格，就在传真件上签字并传真回来。对方也如此做了。过后对方抵赖签署过这份合同。进入法庭时，这方向法庭递交了该传真件，不料对方否认该传真件的真实性，说是这方伪造的，传真技术上确实可以伪造。这时法官就主动问这方，是否还有当时的往来电子邮件等作为佐证？这方提供了当时的电子信件，整个过程非常合乎逻辑，法官就判该传真件真实，即对方败诉。

很多官司的胜负，最后就取决于某一合同或某一封信是否真实，或双方是否收到。如果你做事很正规，别人就知道你有法制意识，大家也就老老实实地做事。如果别人发现你做事马马虎虎，都不重视书面邮寄等小节，就看到有机可乘，于是别人顿起邪念，骗你一把，算是捡来的便宜。这就是为什么这样的冤案在德国人之间很少听说，而在德国人与外国人的交往中频频出现的原因。

自己的小例

例 11：笔者想圣诞前去伊斯坦堡旅游一周，向一家德国旅行社电话询问，对方说马上可以给笔者预订，并给了笔者确认号码。过后笔者没收到任何邮件，不放心就电话询问，居然说该旅行团取消了。笔者当即表示不满，因为笔者已经为此拿了休假。对方还厚颜无耻地说，可以安排笔者明年 3 月去旅游。笔者明确拒绝，表示以后绝不会通过该旅行社旅游。

不料笔者外出几天回家时，居然收到对方对笔者明年 3 月旅游的确认，而且写道："感谢您在电话中预订了明年 3 月的旅游。您得到这封确认函的 5 天内，还可以单方面取消预订，否则，该预订就正式生效（verbindlich，即过后不得取消）。"对方还很懂法律，电话合同过后必须有书面确认。笔者一看日期，刚好过了 5 天期限，取消的时间都没有了。

法律上，笔者没有任何义务去理睬对方，这是对方没有得到笔者的授权给笔者订的，与笔者何干？但如果我不反应，过后对方就将机票、旅馆确认函都给你寄来，当然包括账单。一上法庭，对方咬死说笔者自己打电话预订的，笔者当然矢口否定。于是双方说辞相反，无一人可信。然后就看实物证据，笔者处一无所有，而对方有一份邮寄给笔者的书面确认函，笔者还不能轻易否认收到。而笔者收到后居然没有任何反应，显然，笔者的行为有悖常理，说辞也不符合逻辑。即使笔者说收到后给对方打过电话取消，对方同样一口否认，或说笔者打电话是笔者确认要去。对方再向法庭递交两次（预订和确认）所做的书面"电话记录"（又是伪物证），说钱某几月几号几点打电话预订哪个旅游项目。到时，人证、"物证"俱在，笔者有口难辩。法官一定感觉对方说得可信，这场官司笔者必输无疑。只有上帝知道笔者确确实实蒙受冤枉，但上帝又不会下凡来为笔者出庭作证，而法官只能按照常理和简单逻辑去判断——这毕竟是小小民事案，而不是重大刑事案。

于是，笔者只能忍气立即给对方写信，还不能简单说取消（过了期限已经不能取消），而要将最重要的内容书面留下，以防以后真上法庭时，笔者也有第一手书面资料。信中说明以下几点。

（1）笔者根本没有预订过，当时不仅明确拒绝，而且说明为何拒绝。

（2）您没有得到笔者的授权而为笔者预订，不仅是犯法，而且是犯罪。

（3）这本来不是笔者预订的，所以笔者没有任何义务给您回信，写此信只是为了警告您，不得以犯罪手段来做生意。

（4）限定您必须在收信后1周内给笔者书面确认：笔者从没在您处预订过——当然笔者并不指望对方再回信确认。

写完后马上先传真给对方，次日再贴一张邮票寄过去，留下的复印件和对方信件还得保存起来——这真是飞来横祸，忙了一个晚上，气了一个晚上，分文没有，还赔了4欧元邮费。唯一目的就是防止以后可能上法庭，有口难辩。在这个物欲横流、唯利是图的社会，即使一个有点法制意识的人，也同样会处处倒霉，但法制意识会帮助他不至于倒大霉。

超越道德底线的暴利
发生在巴黎的律师费风波

一、遇到法律纠纷，一定不能感情用事，而要冷静对待。双方对阵，就像下明棋，是靠智慧，而不是靠冲撞。表面客客气气，各自心知肚明。

二、首先要找出所有与此有关的资料，双方的信件往来或签下的合同，仔细阅读。既要找到对己有利的内容，更要找到对自己不利的破绽。经常要设身处地：如果我是对方律师，我会以什么理由来进攻这方。

三、在正式回应对方之前，尤其在起诉之前，先想想还有什么遗漏的，还要补做什么工作，以便对自己更为有利。一旦上诉，所有情况就成定局。例如对方没有付款，仔细审核资料后发现，这方连正规账单都没有发过，或提醒函都没有写过；或因为对方没有履行合约而想退约，却没有给人书面警告，等等。有些胜诉的条件就是自己创造的。

2004年9月欧洲旅游对华开放甫始，欧洲边防对旅欧华人如临大敌，某旅游团在巴黎机场下机后尚未入关，就差点被原机遣送回国。几经主办的旅游公司奔波（下称A公司），总算被机场警方放行，放行时法国警方只是轻描淡写地说了句："对不起，这是一场误会。"而没有任何负疚感。但事件过后，主办的旅游公司却引起了两场法律纠纷：一场就如本文所述；另一场是旅游团回国后，以此风波为借口拒绝支付剩余的旅游费，还要求旅游公司赔偿精神损失费，在国内法庭上获得半赢。

― 超越道德底线的暴利

紧急事件：巴黎机场风波

一个24人的旅游团赴欧洲考察，首站法国巴黎，地接社为德国F城的A旅游公司。没想到下午13：40刚下戴高乐机场，全团就被法方边境以偷渡嫌疑而扣留在机场，并办理将于次日10：00全团遣返中国的手续。A公司接获消息后，赶忙通过当地导游就地寻找律师，到17：10找到巴黎的S律师。律师开价6.72万欧元，几经商谈降为1.3万欧元。因事件突发而紧急，如果不把旅行团救出，损失不可估量。尽管律师费非常高，A公司也没有其他选择，只能认命。律师表示，电话上的口头同意还不够，必须书面确认。于是这方赶紧给对方发去传真："委托S律师处理该案，这方支付律师费1.3万欧元。"于是，19：00后律师才开始正式工作。

半小时后，A公司得不到律师的任何信息，而旅游团从拘留点通过手机打来电话，说法国警方已经强制旅游团成员签署遣返同意书。A公司心急如焚，马上与中国驻法国使馆联系，使馆派出官员直接赶往机场处理事件。20：10律师与A公司联系上，告知扣留旅行团的原因，并定于次日上午与警方面谈。这时旅游公司告诉他，中国驻法使馆已经出面解决了此事，估计所有团员都能放行，所以要律师先等待使馆方面消息，不宜再自己出面。估计法国方面看到中国使馆出面，想必该旅行团不会是偷渡团，于是到晚上21：30将全团放行。A公司总算松了一口气。

这时巴黎的S律师来电话，要他们履行事先的律师费合同，立即支付1.3万欧元。这方表示，这事最后其实不是你律师解决的，而是使馆解决的，怎么能支付给你这么高的费用？如此讨价还价，对方同意降价到1万欧元，但这方希望降价到6000欧元。对方不接受，而且威胁，将通过法律途径起诉A公司。A公司匆匆找笔者求救，看看有什么奇招来平定此案。

笔者当然不会轻信A公司的鸣冤，而让他们将整个事件过程根据时间顺序列表成文，附上所有相关资料。因为许多人叙述事件经过，都会朝着有利于自己的一方，添油加醋，感情用事。思路不清的人甚至把事件都说得颠三倒四，漏洞百出。以后一上法庭，会被法官认为是"伪造事实"，马上败诉。只有笔者亲自阅读了所有与此事件有关的文字资料，这才是双方都无法抵赖的事实本身——既要找到对我方有利的证据，更要找到对我方不利的证据，知己知彼方能百战不殆。

读到这方当时给对方的传真原文，就文字意思延伸来理解，是明确表示：只要对方"处理该案"（无论花费多少精力，是否成功），这方都得支付1.3万欧元。所以法律形式上，这方毫无疑义就得支付这么多钱！要减少费用，必须从合同内容入手，从根本上否定该合同的合法性。所以本案的最终出路，要么全额支付，即确认该律师费合同为合法；要么分文不付，即确认该合同为非法。没有降价的中间道路可谈——这点必须从一开始就思路清晰，选择清楚。

暴利：民法与刑法的论证

普通人一眼就可以看出，这次律师费争议的焦点和起因是律师费太高了。按照德国法律，计算律师费有两个途径。

（1）**根据律师价目表**：即根据半官方推荐的律师价格表。该机场事件属于外国人法与行政法，在德国，这样一个案件的争议值也就每个案件3000欧元，24人就是7.2万欧元。如果按照德国律师价格表，律师费约2000欧元。德法的司法情况相近，法国也应当大致如此。显然，S律师不会甘心赚这么点钱。

（2）**根据双方合同**：原则上，双方可以签署任意的合同，这是宪法保障的行为自由。但这个自由也受到法律制约，不能自由到超出道德底线。以这种算法，24人就统算，但大致还得考虑处理该案所需要的工作量及每小时律师费。显然，该律师是通过这一方式来计算的，于是就以为可以漫天要价。结果，价格高到了暴利程度，这就超出了道德底线，于是既违背民法，还触犯刑法——超出道德底线不仅违法，而且犯罪。

从民法角度

并不是所有与人签署的合同都一定要兑现，在特定情况下可以单方面取消（anfechtung/avoidance，§119，123 BGB）。甚至根据德国民法§138 I BGB，违背道德的生意从根本上就无效（nichtig/void），只是要问违背到什么程度。暴利是违背道德的商业行为（§138 II BGB），审核是否属于暴利有两条思路。

从客观上来说，暴利者所提出的价格（gegenleistung/counterperformance）是否大大超过了他给予对方的商品或服务（leistung/performance），后者只能以市场价来计算。根据现有判例，如果价格超出市场价格一倍以上，就构成暴利。例如该城市这样的房子租金通常300欧元，房东趁你急着找房而开价600欧元；通常修理该车只需要500欧元，修车行欺你不了解行情而向你要价1000欧元。在本案中，根据该律师实际所付出的劳动，根据市场价估计也就1000~2000欧元，现在却要价1万欧元，显然，满足客观上的暴利行为。

从主观上来说，民法§138 II BGB专门提到了四个主观因素，即利用受害者遇到困境、不了解情况、智力较差（如儿童、年迈、智残等）、失去自我控制（如酗酒或吸毒时），其中的两个因素居然在本案中遇上。

（1）**利用受害者对市场不熟悉，漫天要价**。A公司坐落在德国，对法国的律师费行情不熟悉。办理这样一个案件，律师开价1.3万欧元（起先更贵）。这方以为，法国的律师费可能就这么高，所以同意了。而S律师是法国律师，最清楚法国实际的律师费行情。甚至他作为律师，都有义务主动就律师费问题回答当事人咨询——这也是法律咨询的一个方面。结果他明知故犯，有意隐瞒市场情况，就构成典型的"暴利"。

（2）**利用受害者遇到突发事件，趁火打劫**。当时旅游团被困机场，很可能几小时内就会被遣送回国，将对A公司的经济和声誉造成很大的损失。这就属于典型的突发事件。好不容易找到一位律师，律师开出再高的天价也只能承受。可以想象，如果时间上不是这么紧，A公司至少可以再找几位律师询价和选择。而S律师也明知A公司一时没有其他选择，才会开出如此天价。

由此可见，S律师完全违背职业道德与商业道德，当事人在无知、紧急和被迫的情况下所签署的付费许诺，全都无效。如果法律上确认无效，就相当于旅游公司根本没有与律师签署过这份许诺。于是就按照律师咨询法，在没有合同的情况下就以通常的市场价即按照律师收费表来重新计算律师费。

从刑法角度

根据德国刑法 §302a StGB，暴利不仅是非法行为，而且是犯罪行为，最高要判刑3年，严重情况下甚至最高判刑10年。对一位律师，犯罪还不是简单地被判刑或罚款，而且要被终身剥夺律师的职业许可——一个没有基本道德的人怎么可以担任律师？这位律师居然敢冒这样的刑法风险来从事律师工作。

德国法律与法国法律的异同

笔者只是以德国法律为依据来做法律分析，但本案毕竟发生在法国，根据属地原则，只适用法国法律。那法国法律是否等同于德国法律？

天下只存在有法制还是没有法制的区别，而不存在这个国家的法律与那个国家的法律的区别。世界上法律或正义（recht/right）只有一个，英美的海洋法系，是采用传统日耳曼民族的习惯法，即通过以往判例（rechtsprechung/jurisdiction）来实现；而德法的大陆法系，是靠制定法且成文法（gesetz/law）和判例来实现，许多法律其实就是根据已有的判例来制定或细化。在暴利问题上，德国首先通过法律（gesetz/law），同时也有无数判例可作参照。至于法国是通过直接的法律还是判例或两者兼而有之？笔者不知道。但有一点是明确的：只要法国是法制国家，就一定不会容忍违背道德的现象存在。尤其在商业社会，商业道德是维系商业社会得以存在的基础。

事实上，人类自古以来就反暴利，只是古代的所谓暴利更多反映在高利贷问题上。最古老的汉穆拉比法中禁止利息高于33%，古印度教中禁止利息超过本金。基督教的《旧约》和伊斯兰教的《古兰经》都禁止收取利息，因为这是利用别人有难而积累自己的财富（《新约》回避讨论）。德国与法国的法律主要源于古罗马法，抵制暴利在古罗马法里就有（拉丁语 laesio enormis，超出正常的价格）：康茨坦丁大帝时规定，利息不得超过12.5%；古罗马法最终成型的查士丁尼时代，利息不得超过4%~8%……这一精神后来延伸到各个经济领域，形成各国法律中的反暴利法。除了利息问题外，还有房租、中介费、商品价和服务费等等。例如房租高于该城市平均价的50%就算暴利，不仅多收的钱要退回（民法），房东还要作为经济犯罪而被判刑（刑法）。

全世界的反暴利法都是从这个思路而来，所以不用担心与考证法国是否有反暴利问题，最多在对暴利的界限和惩罚上有轻有重。例如德国刑法对暴利者最高判刑3年，特别严重的判刑10年（§291 StGB）；瑞士最高判刑5年，如果是职业性搞暴利则最高判刑10年（Art.157 StGB）。

律师在起诉或辩解时都喜欢引注法律的某款某条，或猴年马月的法庭判例。笔者当然找不到法国相应的法律条款或判例。但无所谓，也无必要。只要理解暴利的基本特征，并以此陈述事实经过，法官读了之后，他会帮你找到所有的法律条款与判例，法官的法律知识与素质明显超过普通律师——法官有义务根据案情而不是当事人提供的法律依据来做公正判决。如果他感觉心里没底，会自己翻阅资料，起诉人没有义务帮助法官去查找法律或判例。

万事俱备 只欠东风

经过这番法律"论证"，笔者对A公司说：处理这事尽管不能心狠，但必须手辣，笔者可以以将支付给对方的律师费降为零。但成功之后，希望你们凭自己的良心支付给对方一些，毕竟对方还是做了一些事。只是办案不能操之过急，而要细心审核。必要时，尤其在进入法律诉讼之前，还要看看是否还缺少什么证据，甚至等待和创造新的条件即新的证据，以寻找最佳的出击机会。只有"万事俱备"，才能"借助东风"。

根据德国的律师收费条例§18 III BRAGV，结案后律师必须写结算账单，而且必须列出具体工作项目与价格。笔者想，法国的律师收费法应当也大同小异，所以笔者要审核一下律师账单,看看这1万欧元(!)的律师费能分成哪几个具体项目及相应的工作量。因为事实上毕竟只有不到3个小时的工作。没想到A公司居然说,对方只给了银行账号,天天催款,但账单却从来没有写过。

这下,笔者完全清楚了所有背景,也证实笔者上述的论证完全正确。

(1)对方很清楚这是一种暴利,万一传出去,甚至不幸被法国警方或有关部门获悉,那就不仅是该律师费合同无效的民法问题,而且是犯罪行为,他都可能被检察院公诉,他的律师执照会被立即吊销。所以他很聪明,在当时接受该案时,他没有直接与A公司签署费用合同,而是让A公司单方面给律师写书面保证,即在合同上,他没有留下任何手迹。这样如果以后追究起来,该律师可以推说:"我没有想收取这么多费用,是对方一定要支付给我这么多钱,我何罪之有?"但另一方面,既然这方写了这份保证,仅仅从民法的形式而言,这方还必须支付这么多钱。

(2)当时机场事件还刚开始,律师还不知道该案的难度,即不知道将为该案付出多少劳动,所以先让对方"预付"这么多费用似乎也没有错,以后总结账时可以多退少补。但现在事件已经过去,工作量已经看到,所以现在开出的账单,可就是最终的账单。工作不到3小时,就要支付1万欧元,律师怎么敢开出这样的账单?所以,利用外国人没有法制意识,以上述这方签署的费用保证书为依据,要你立即汇款。这样,如果以后被追究,律师可以说,我没让他们支付这么多费用,他们多汇来的款就存在我这里,用作以后可能再发生的案件——又将罪责推卸得一干二净。

于是笔者对A公司说:现在必须不露声色,客客气气地要求对方开书面账单,而且必须通过正规的邮路寄来,不能通过电子邮件或传真等。于是对方再来电话时,这方很客气地说:按照德国财务制度,必须根据账单原件才能汇款,否则无法做账,税务局查账时会惹麻烦。这下对方怔住了,如果拒绝写账单,道理上说不过去,而且明摆着做贼心虚。但他还没有怀疑太多,也是无奈,果然将1万欧元的账单寄来——这下,他的罪证落入了我方之手!

尽管如此,还不能轻易出手。笔者再让A公司将事件经过写成法语,尤其是其中律师所做的工作。然后托人到巴黎去找到一位法国律师,花100欧元让律师根据事件经过,做一个书面鉴定:按照巴黎律师行的市场价,律师做这些工作,通常收取多少律师费。该律师鉴定下来说:本案最多1000欧元——已经高达每小时350欧元!由此证实,S律师开出的价格居然是市场价的10倍!

现在万事俱备,就等笔者写一封落笔锋芒的法律信了。

有理有据 义正词严

尊敬的 S 律师：本公司非常尊重并承认您为此事件所付出的劳动，但希望得到您谅解的是，基于以下三点原因，本公司无法全额支付给您 1 万欧元（附一：您出具账单的复印件）：

一、您当时电话中答应，通过您的交涉可以将所有旅游团成员解救出来。但事实上，警方已经强制要求所有团员签署遣返书而等待随时被遣返。即您的许诺并没有兑现，而其结果将会导致所有团员被遣返，其心理损伤和经济损失不可估量。在这样的紧急情况下，为了对全体团员负责，本公司必须寻求其他途径。所以在当日 20：10 之后，是中国驻法国使馆独立地为解救这些团员奔波，并没有得到您的任何支持和协助。最后也是由使馆独立地圆满解决了这一事件。（附二：整个事件经过的时间表）。

二、您是从 17：20 开始接手，工作到 20：10。仅仅 3 个小时的律师工作——何况期间您还主要处理其他顾客的案件——居然要索取 1 万欧元工作报酬，最初居然要索取 6.72 万欧元。根据我方过后的法律咨询，就目前巴黎的市场行情，您的这些工作最多产生 1000 欧元的律师费。（附三：巴黎 F 律师的咨询报告复印件）。即您所收取的费用，高出市场价 10 倍，这已经在客观上构成了暴利行为。

三、产生这样暴利的主观原因，是因为您利用以下几点。

（1）我公司遇到突发事件，为解救被困的旅游团团员而急于寻找巴黎律师，但一时无从找到，时间上又不容许再等待与再寻找其他律师。于是您就开出天价，无疑是乘人之危，趁火打劫。

（2）我公司不了解巴黎方面律师的法定收费标准（如果有的话）或市场价格。而您作为法国律师，也没有给予我们任何这方面的信息，这无疑是蒙骗不知情者。

基于以上所述，从民法上，我方当时写下的费用许诺全为无效；从刑法上，您的行为已经构成经济犯罪。但考虑到您在处理这次事件中也付出了劳动，无论结果如何，我公司应当支付给您相应的报酬。所以希望您秉承合情、合理、合法的法制原则，重新开具您的律师费账单。

黄连苦药 心照不宣

这封信挂号寄去后，估计对方一下噎住了，几个星期来再也没有电话过来催款，也没开来新的账单。笔者对 A 公司说："没想到我这一枪，对方就应声倒地了，缓不过神来。他上法庭必输无疑，还会顺路揭出他的犯罪行为，料他没有这份胆量。"这个案件就算了结。

没想到一个月后，A 公司又来找笔者求救，说该律师尽管不敢来讨债，但怨气未消，在巴黎旅游界诽谤 A 公司欠债不还，对公司的形象造成了恶劣影响，希望笔者能再出击一下，堵住他的诽谤。于是笔者再开了一剂中药"黄连"，让他咽下去有苦都说不出，谁让他这么黑心欺负海外的华人企业？其实，双方都很清楚对方的用意，这是一场心照不宣的心理战。

> 尊敬的 S 律师：上次给您去信后，一直没有听到您的回音，却时时听到您在巴黎诋毁本公司的传闻。或许您对我方拒绝支付给您律师费的观点不赞同，但您作为职业律师，应当了解法制国家的争议文化，知道如果别人拒绝支付给您费用，而您又认为这样的拒绝是非法的，您就可以通过法律途径，即到法庭起诉我公司来维护您的合法权利，我方也随时等待着应诉。但您却没有这么做，而是以造谣惑众的非法手段来诋毁我公司，抹黑我公司的声誉，从而影响我公司的生意，造成直接、间接的经济损失。为此，我只能正式告诫您：从今天起，如果再听到一次您诋毁我企业声誉的传闻，我将立即在巴黎法庭向您提出起诉，要您赔偿所有直接与间接对本公司所造成的经济损失。

此信义正词严，还发给了他可能去造谣惑众的企业与机构。不仅以正视听，而且让他无脸对人——一位律师不敢走法律渠道，而是用背后诽谤他人的非法手段来应对一个法律纠纷。从此以后，再也听不到他对律师费问题的声音了，此事最终"结案"。

后记：此案过去 5 年后，听巴黎朋友说，该律师后来果然出事，被警方追捕，已经逃离法国。这就证实，这位律师不在我处翻船，也会在他处覆舟，但受害者就不知多少了，估计都是朴实、但缺乏法制意识的外国人。所以，笔者找出当年的义书资料撰成此文，以告诫海外商界朋友：你进入法场的第一位敌手，可能就是你自己聘用的律师。

图书在版编目(CIP)数据

德国：法律精神与司法现实 / 钱跃君著. —北京：社会科学文献出版社，2014.12
ISBN 978-7-5097-6618-7

Ⅰ.①德… Ⅱ.①钱… Ⅲ.①合同法-司法制度-德国 Ⅳ.①D951.63

中国版本图书馆CIP数据核字（2014）第237114号

德国：法律精神与司法现实

著　者 / 钱跃君

出 版 人 / 谢寿光
项目统筹 / 刘骁军　芮素平
责任编辑 / 蒋北娟　关晶焱

出　　版 / 社会科学文献出版社·社会政法分社（010）59367156
　　　　　　地址：北京市北三环中路甲29号院华龙大厦　邮编：100029
　　　　　　网址：www.ssap.com.cn
发　　行 / 市场营销中心（010）59367081　59367090
　　　　　　读者服务中心（010）59367028
印　　装 / 北京鹏润伟业印刷有限公司
规　　格 / 开　本：787mm×1092mm 1/16
　　　　　　印　张：21.75　字　数：404千字
版　　次 / 2014年12月第1版　2014年12月第1次印刷
书　　号 / ISBN 978-7-5097-6618-7
定　　价 / 68.00元

本书如有破损、缺页、装订错误，请与本社读者服务中心联系更换

版权所有 翻印必究